本书是 2024 年度国家民委民族研究项目

"正义论争视野下西方族裔政治危机的

思想根源探究"(2024-GMD-089) 的成果

本书是安徽省高校优秀青年人才支持计划项目

(gxyq2020159) 成果

本书获淮北师范大学学术著作出版基金资助

宋伟冰 著

权力与道德

视域下近现代西方社会政治秩序观念研究

上海三联书店

目　　录

导　言

　　秩序是人类生活的一个基本需要。对于一种社会政治秩序来说，如何避免混乱和失序，从而保持平稳发展既需要高超的智慧更有赖于稳固的根基。权力与道德是人类政治实践的产物，它们不仅产生于人们对混乱无序社会政治生活的不满，同时也反映出对美好生活的向往和追求；权力和道德不仅蕴含了人类幸福和美善的希望，也是剜除社会政治机体病灶和腐败的重要凭借。权力和道德与人类社会政治生活密切相关，一切权力和道德的产生和发展都离不开社会政治生活，它们寓于社会政治生活之中，同时权力与道德对人类社会政治生活的稳定与有序也发挥着重要作用。从社会政治生活的秩序化方面来看，它们共同构成为社会政治秩序的基本要素，二者相反相成，为社会政治生活的稳定与有序共同奠定基础；它们在相互作用的同时沿着各自的运行轨道共同维护社会政治秩序，促使人类走向文明，为社会创造福祉。

一、问题的提出与学术价值

　　人类进入社会政治阶段以后，伴随实践活动的开展，产生了多种社会政治秩序形态；与此相对应也形成了不同性质的权力和道德认识。资本主义社会政治秩序产生于 15—16 世纪，500 年来它逐渐从西欧一隅扩展成为全球性的秩序类型，表现出不寻常的适应性和生命力。中国是目前具有相当竞争力的社会主义国家，这是一种超越资本主义秩序的人类政治文明新形态，它比后者更具优越性和生命力。作为当今世界同时存在的两种基本秩序形态，二者相互影响、相互竞争。从权力和道德的层面看，中国政治学界尤其是从事西方政治思想研究的学者需要进一步认真剖析资本主义性质的社会政治秩序类型，对作为这种秩序形态基础的权力、道德及相关要素的基本内涵、相关关系、阶段流变及秩序的基础性规范条件等方面深入探讨。

本书从近代以来西方政治思想史的角度,探究权力、道德及衍生要素在社会政治生活中的起源与发展。主要通过对近现代西方政治思想领域影响深远的政治哲学家如马基雅维里、霍布斯、卢梭和罗尔斯等人著作的研读,比较深入细致地探究权力、道德等之于社会政治秩序的作用、功能及二者的紧张关系,摸清它们的演进逻辑和发展趋势。目的在于从权力和道德的基础层面深度解剖资本主义社会政治秩序类型,探寻它的兴衰成败。一方面希望从中获得有益启示,另一方面也能够知己知彼,更加主动从容地应对其带来的风险和挑战。

本书的价值:首先有助于培育和树立积极的权力观和道德观,促进政治生态向好发展。一方面既警惕权力的"坏"倾向,又关注其在创造有序良善社会政治生活方面的能动作用;另一方面,在探索权力政治运行规律的同时,强调道德和价值的内在规范,关注道德问题和价值观念在维护社会政治秩序方面蕴含的强大力量。其次在于深化对西方政治思想史领域中权力和道德的演进及关系的认识。通过对西方政治思想领域影响深远的思想家文本的研读,探明近现代西方社会政治秩序中权力与道德的发展脉络及理论关系,比较深入细致地探究权力、道德情感等思想要素在社会政治秩序中发挥作用和功能的基本逻辑及其存在的张力,摸清二者在社会政治秩序中的发展与演进趋势。再次,有助于从观念层面挖掘与考察西方资本主义社会政治秩序形态的内涵和特性,同时也是对资本主义重要政治思想家秩序观念研究全面化、系统化的进一步尝试。最后有助于准确理解西方"自由社会政治秩序",对于审视中国特色社会主义秩序提供了重要参照;不仅要警惕拒绝借鉴他者政治文明成果的态度,还要批判地吸收他国的有益经验,从而构建有中国风格和中华民族气派的社会主义秩序新形态,提升中国特色社会主义政治文明水平。

二、研究思路与主要内容

本研究立足于西方政治思想,关注近代以来西方社会政治秩序中权力和道德两个基本构成要素,以马基雅维里、霍布斯、卢梭和罗尔斯的政治哲学为切入点,以他们生活的时代特征为时间线索,力图阐明权力、道德及其理论关系;探明它们在西方社会政治秩序观念中呈现的基本逻辑和脉络,探究它们在不同思想家、不同历史时期呈现的阶段特征及对社会政治秩序特性的影响,辨明在现当代的发展趋势。总体来看,马基雅维里从权力的有效运作审视政治生活,通过一种权力机制、依靠统治者的力量和德行打造社会政治秩序;霍布斯关注国家秩序和生命安全,寻求赋予主权者无限权力的理由;卢梭开创性地围绕公民之道德意志试图建立正义而富有道德、人们服膺并能长期存续的社会政治秩序。罗尔斯不仅强调权力运用的基础性规范条件,还深入探讨了良序社会必须要有公平正义感作为道德基础。本书基本思路如下:

16 世纪以来西方思想界呈现出明显的世俗化和历史化特征,马基雅维里作为在当代中西方政治思想界最有影响力的一个著作家,他在强调现实政治生活和古代政治史方面表现出强烈的自觉性。本书首先在从国家理由学说、新道德观、世俗政治视野下宗教的道德功能及君主的德行、统治权等方面梳理并诠释马基雅维里的权力政治观,指出其对霍布斯现实主义权力政治的启示和指引。其次,在第二章和第三章阐述霍布斯的现实主义政治秩序观念。以人性论和自然法理论为着眼点,探讨霍布斯自然状态理论的性质及其思想中关于权力、国家和自然法的特性、作用等,厘清这些思想要素对霍布斯政治秩序观念的奠基作用;第三章的重点在于探讨国家本质、主权者与主权权力、臣民义务、主权者与法律关系、国家权力与个人自由等,深入剖析霍布斯现实主义政治秩序观的特征和侧重点,指出其存在的缺陷并做出合理评价,引出卢梭基于道德情感社会政治秩序观念对霍布斯和马基雅维里的批判与补充。第四章和第五章着重探讨卢梭的社会政治秩序观,一方面从良心、情感、理性、正义原则、人性论等方面探讨其秩序观的道德基础;另一方面从自然状态、自然情感、社会契约、公意的政治化等思想要素探讨卢梭基于道德情感社会政治秩序观的两种证成方式(教育与政治),从而凸显秩序观念中"人民"的重要性。最后一章的重点在于考察大众民主时代背景下权力与道德在当代的发展与演进,受卢梭和霍布斯的启发,罗尔斯探讨了公正权力与公平正义道德情感的平衡和协调,这是良序社会观念的一个重要关注点。

除导言外,本书主要内容如下:

第一章:西方政治的世俗化与马基雅维里的新政治观。16世纪以降西方思想界开始对中世纪哲学之普遍性范畴和命题进行批判和反思,逐渐形成一种与历史习俗有关的学说。权力和道德作为理解社会政治秩序的基本要素,在世俗化的社会政治观念中不仅被思想者赋予新的内涵,还对二者的关联性带来了新理解。马基雅维里从古罗马共和国政治生活中选择大量值得关注的历史事件和政治时刻,从而打破了以前"秩序井然的宇宙的无时间的连续性"这一认识。他力图建立一种具有"现实主义色彩"的政治科学,不仅关注权力在社会政治秩序中的核心功能,还关注权力的运用、维护及其蕴含的目的实效性等。马基雅维里开创了"现实主义政治"及对西方基督教和古罗马道德的漠视与怀疑的政治传统,如果这是近代西方政治哲学中一个新的发展趋势的话,那么他堪称近代政治哲学的创始人。

第二章:霍布斯现实主义政治秩序观的基石:人性与自然法。受马基雅维里的启发,霍布斯也不从超自然的蕴含丰富"道德"价值的目的论视角看待政治。认为主宰人的行动和原则不是正义、虔敬等传统道德,而是人们追求权力的自然本性,或者说是人追求生存、安全和荣誉的欲望的必然性。霍布斯的政治哲学更加规范,在逻辑上也更加严密,其政治哲学的一个出发点在于从普通人身上就能发现的人性和自然法,这发展了由马基雅维里开创的现实主义政治观念。他把马基雅维里的众多鲜活政治历史事例中凸显的关于权力认识之无处不在的"困惑"以抽象化和逻辑化,以人性、自然状态和自然法为原料给"权力的永恒游戏"编织了一层正当性外衣。霍布斯赞美人在政治生活中展现的高超政治技艺,颂扬权势、力量和德行(如欺骗、违背信义),以及现实利益在打造和平与秩序中发挥的重要作用。他的道德理论是否定性的、消极的,是对死亡恐惧及恶的避免,这种道德哲学与古典著作家具有重要差别。道德不是激情的适度而是与"互为你我,和睦相处"的问题,正是由于死亡恐惧这一激情才促使人们产生以自利目的为基础而抱有"自我保存与和平"的良善愿望。

第三章:持守和平秩序的"人为"国家。国家立于恐惧与希望之上。从长远来看,只有国家才有能力克服战争;只有国家才能克制人们的自然欲望和激情,这是霍布斯赋予国家存在的理由(raison d'être)。基于"死亡畏惧"的自然激情及理性的指引,促使以霍布斯为代表的哲学家产生一种从"自然国家"意识向更具完备形式和完善特性的"人为国家"意识的转变;它起源于死亡恐惧的避免,加上自然法的指引,国家因此具有了道德意义和道德基础。国家是秩序的象征,是人们生命与和平意志的凝聚与统一,是拥有无限自然自由权的人在理性自然法的指引下践行信约的结果。国家也是自然状态中无组织的人之力量的结合,而人们的力量最终汇聚于主权者身上,后者运用这一力量确保和平与安全。在国家里,自然法转变成了国法,它成为主权者进行统治的工具,人们对任何"意欲"之事物的无限权利(自然自由权)也在相当程度上转变成对主权者服从的义务了。当国家建立之后,拥有强制权力的主权者产生的恐惧力量迫使人们信守诺言,它是社会政治秩序得以维持的一个根本动因。

第四章:卢梭社会政治秩序观念的道德基础。霍布斯式以纯粹强制权力为手段打造的社会政治秩序存在重新立约的风险且维持成本过高,卢梭对霍布斯政治哲学在这方面论证的缺失做了系统思考。他始终将理性置于积极的道德情感之下,其政治哲学的一个主旨就在于挑战现代性及其导致的道德堕落。卢梭以人的道德情感为基础阐述一种以"良善和正义"为基本属性和重要特征的社会政治秩序。它不仅有赖于政治权力,更需要道德的稳固基础,这种普遍的善和道德意志是社会政治秩序的显明真理。卢梭的著述具有深刻的人性善根基,通过对人类历史发展进程中道德的探察,向人们表明自然存在丰富而充沛的积极情感,这颠覆了霍布斯的人性观念。

第五章:卢梭基于道德情感政治秩序观念的证成。"一个良好社会政治秩序何以可能?"是卢梭关注的一个重要问题,他提供了两种相互关联的解决方案:一种是公民道德教育,把人培养成为道德完善的公民;另一种是具有充沛道德力量的政治国家,以使公民在自我统治中乐享自由与幸福。面对堕落和腐朽,卢梭力图让人转变为自然人,当认识到自然状态失而不可得后,转而通过"政治"和"教育"的手段实现人的社会政治理想。他这一认识的坚定程度全部反映在人类进入社会以后义无反顾地做政治共同体之公民上面。历史无法返回,人类也无法回到自然状态,只有重新唤醒泯灭的自然情感,以此为基础构建具有更高水准的社会道德。正因为此,一方面《爱弥儿》的教育思想顺理成章;另一方面《社会契约论》等政治文本中提供的政治方案也得以显现,通过它们构建起"道德"和"权力"共同发挥作用的支配社会政治生活与秩序的"新的训导"。

在政治方面,卢梭是以政治原理(国家、制度、政府、法律等政治主体)的"实然"与"应然"相对照和冲突的方式得以呈现的,也就是通过对现实政治不满的表达,解释并批判罪恶和不幸产生的原因,从而提出政治的理想模型与基本架构。他不满足于仅仅让人们生活在稳定而有序的共同体之中,而更具雄心地探寻一种能够满足这些更高要求同时也更加道德的良好政治秩序。"公意"是卢梭最具独创性的一个基础性政治概念,其政治观念中的每个理论问题在一定程度上都以某种方式与它相关。通过以公民为构成要素的"普遍意志",卢梭自信能够促使人们克服个人的"特殊意志",从而建立一种极具道德底色的政治共同体。

第六章:罗尔斯基于公平正义感的"良序社会"。从 19 世纪中期到 20 世纪中期,大众团体、工人运动和普选制在社会政治生活的发展使这一时代越来越表现出大众民主的时代特征。作为社会政治秩序之基础的权力和道德要素也随之呈现出复杂面目,二者的紧张关系与政治哲学领域中"自由平等正义"的价值冲突纠缠在一起。罗尔斯以"自由""平等""公平正义"等为核心议题探讨权力、道德的复杂关联,看到权力与道德对社会政治秩序的深刻影响。罗尔斯对"良序社会"权力因素的阐述集中于"正义是社会制度的首要美德"和"社会基本结构是公平正义的首要主题"的论断上;他不仅认可现代西方民主政体运用积极政治权力实现正义的理想和"共同善",还把公平正义作为权力概念及社会政治制度的一个基本构成要素。

受卢梭启发,罗尔斯也关注人们通过自然本性及道德情感的发展增进公民对社会的忠诚与依恋、对社会政治体系的理解和信心,以及人际信任在维持社会政治秩序方面所具有的重要意义。良序社会的道德基础在于人心的稳定,而这有赖于道德情感的稳定性。罗尔斯从休谟的人性论中获得启示,通过诉诸于道德心理和道德情感提出维持社会长治久安的两种基本方式:一是公平正义感,即人们按照公平正义原则的要求而行动的有效期望,从人们的内在心理和情感层面获取保证社会政治秩序的道德力量,为良序社会提供坚实根基;另一是正义感与善的一致性。

三、学术观点与可能的创新点

权力和道德是政治思想领域的两个基础概念,对二者及其关系的探讨是从基础层面理解社会政治秩序的关键。对西方政治思想史的研读是政治学研究的一个基础,本书重在从西方政治思想层面拓展西方社会政治秩序观念研究的视野,不仅为解剖资本主义社会政治秩序类型提供了切入点,也为认识西方社会政治秩序观念提供了“权力和道德”的可靠立足点,同时还为现代政治走向民主与文明提供了值得借鉴的政治资源。本书的主要学术思想和观点概述如下:

1. 十六世纪以来西方政治思想呈现明显的世俗化特征,人们越来越强调在现实社会政治生活中基于经验经历的具体判断;政治思想家主要通过对与神性对立的人性、世俗政治、人文艺术,以及古代社会政治历史文献的追溯而试图完成这一转换;从政治思想的角度来看,基于世俗政治生活发现的政治知识不仅能够描述现实政治世界,还能对世俗社会政治生活做出充分合理的解释。

2. 马基雅维里是怀着政治哲学的意图转向历史研究的。基于现实社会政治问题,他力图从古代历史事实和政治生活中发现秩序、和平与安全的治国方略,从而阐述一种在形式和内涵上不同于中世纪的以权力和“新道德”为核心的现实主义政治秩序观念。马基雅维里笔下的社会政治秩序需要权势(Kratos)和道德(Ethos)共同为它奠基,道德及道德义务激励的行为在大多数情况下适合于政治的寻常状态,而在国家危急时刻则需要示之以权势的手段,甚至是反道德的恐怖手段。

3. 霍布斯不像马基雅维里那样仅在重要历史关头和政治事件描述的基础上解释社会政治秩序的性质,从而把它定位于不同阶层互动和冲突的平衡。霍布斯更强调社会政治秩序的严整性和规范性,试图从激情、欲望及理性中建构一种完善而完备的秩序,以摒弃马基雅维里式“动态冲突型”社会政治秩序类型。政治意义的根源在于“人的需要”,人性欲望中不仅具有支配性和统辖性的政治原则,还蕴含最为迫切的政治目的,这是霍布斯的“新政治科学”。霍布斯关于正当国家秩序的思考并不完全与马基雅维里国家理由学说相同,而是站在国家理由学说与现代自然法学说的交汇处,以精细并富有逻辑的人性、自然状态和自然法理论为基础进行论证;在自然状态的刺激下构建一个发于人的激情欲望和理性的,同时也能够对人的激情和欲望进行控制的具有绝对权力的"利维坦"。霍布斯对国家统治类型的正当性做了非常简化而冷峻的处理:事实上的统治即证明了它的合法;"冷峻"在于抽离了正当国家的道德基础和道德根源,他的核心关切在于避免人类因冲突而过早死亡;在由激情导致的冲突无法避免的情况下,通过强制性权力使死亡恐惧维持在最低水平,其政治原则和规范原则就是对和平秩序与生命安全的优先考虑。

4. 卢梭与霍布斯的差别是根本性的,卢梭政治哲学的一个重要贡献在于为社会政治秩序寻找一种充沛的源于人类自然本性的道德力量。在公意的最高权力之下,为了使人们能够按照公意行事,卢梭树立了一个毫无权力的立法者,这与霍布斯笔下的主权者完全不同;这一差别凸显出他们阐述了两种完全不同的社会政治秩序类型。卢梭之所以利用立法者来维护社会政治秩序,在于他看到了以纯粹的强制权力和权宜之计为基础的社会契约所具有的缺陷;正义而稳定的政治共同体(国家)不能仅凭借强制性公共权力来打造,它还需要具有"韧性"的内在道德力量的支持,以弥补"刚性"秩序的"脆弱"。

5. 卢梭与霍布斯的国家一样具有强大力量,权力的剑柄都握在主权者手中。霍布斯的君主就是主权者的化身,主权者和君主在身体上的统一使其意志、行为因其自身的存在而正当;在卢梭笔下,君主则是"行政官总体"的称号,君主意志与公意因主体的差别并不一致,君主权力是主权者或国家力量的一个组成部分。卢梭的"道德理想国"并不简单地仅仅是由公意这一"抽象虚幻"的政治概念演绎的虚无缥缈的"乌托邦",他力图通过"公意的政治化"消解和回应批判者对其思想具有"抽象性"和"虚幻性"的指责;这不仅体现在政府统治权的论述上,还体现在对法治和民主主义政治体制的基本设计之中。

6. 卢梭通过"教育"和"政治"的方法证成社会政治秩序。他对道德基础的强调并不意味着像柏拉图一样把"法律和权力"作为"第二等理想国"的次优选择,毋宁是论证道德理想国中除教育方法之外的又一个必要条件,而政治方法(法律和权力)可能还更为"必要"。在卢梭看来,社会与自然、人的道德发展与自然本性的冲突在很大程度上是由于物质的不平等带来了人际、政治、道德和文化的腐败和堕落,因此建立一个"公意"指导下以道德为底色的理想国家(或"政治社会")才是人类的希望,这是卢梭政治哲学的重要目的之一。

7. 罗尔斯的公平正义理论不仅是一种政治理论,还是一种有关道德情感的理论:一方面他认可现代西方民主政体运用积极政治权力实现正义的理想和"共同善",另一方面把公平正义及正义的道德情感作为权力概念及社会政治制度的一个构成要素。在罗尔斯看来,霍布斯为和平秩序和生命安全提供了一种"权宜之计",但仅仅凭借主权权力锻造长久的社会政治秩序不仅存在理论困难,更犯下了事实性错误。罗尔斯的精神实质和思想基础更多地倾向于卢梭,他从卢梭那里看到了公意及自然情感、道德心理和正义感对社会政治秩序的长久存续及人们对美好生活向往方面所发挥的重要作用。在他看来,"稳定性问题"不仅是由理性人缺乏"共有的合理信念"引起的,更是理性的"搭便车者"因为"信任匮乏"和内心焦虑等道德情感(包含正义感)缺乏引起的。这不仅需要类似霍布斯意义上的强制权力保证公民生存和安全的最低利益,更需要在公平正义指导下使人们获得更高层次的善与幸福,而这离不开内化于人心的对社会政治秩序的道德信服和认同。

四、研 究 方 法

本书属于西方政治思想史的研究,主要采取唯物主义研究方法、观念史研究方法及文本研究方法。

1. 唯物主义研究方法强调思想家思想的时代性,认为思想观念不是先在的,它处于被客观存在决定的地位,人的观念是对外界或客观实在的刺激。因此,政治思想家的思想是对其所处时代和阶级地位的反映,这使其具有强烈的历史阶段性特征。本书的一个重要目标就是确定处于不同历史时期的四位政治思想家的政治问题,阐明他们思想中权力与道德的时代内涵及与其相对应社会政治秩序观念呈现的历史阶段性特征。

2. 观念史和文本研究方法。观念史研究方法强调政治观念在人类政治生活中的作用,认为政治行为受政治观念的重要影响,而政治观念就存在于政治思想家所撰写的文本之中。因此政治思想史研究就要从这些文本中挖掘、梳理重要的政治观念,解读著作中政治概念和观念的变迁。通过对本书涉及四位重要政治思想家著作中权力观念、道德观念及其关系的深入挖掘和梳理,解释他们对社会政治秩序这一永恒问题的不同回答,挖掘他们思想中蕴含的政治资源,正确评估西方资本主义社会政治秩序观念。

第一章　西方政治的世俗化与
马基雅维里的新政治观

中世纪思想者追求在神学、理性思维之下不受时空限制的智慧，他们基于不受时空限制的"认知能力"，探究构成普遍事物的具有普遍合理性的知识。对于历史习俗或经验，人们无法用先前的规范进行理性的归纳和演绎，思想家们常常无意识地关注它们，他们尚未找到有效地研究特殊事物的手段。16世纪以降，西方思想界开始对中世纪哲学之普遍性范畴和命题进行批判和反思，逐渐形成一种与历史习俗有关的学说。从政治哲学的角度来看，基于世俗政治生活发现的知识不仅能够描述现实政治世界，还能对世俗政治生活做出充分合理的解释。因为历史习俗本身就是一种人们在现实生活中基于经验经历的具体判断，是在历史长河中不断积淀下来的，它成为了思想者的研究对象。

一、文艺复兴以来政治哲学的世俗化与历史化

与中世纪流行的普遍思维方法相比，这种对特殊事物的研究需要转换旧的思维和方法，因为它们是"偶然的和有时间性的"，是"基于认知者一时的肉体感性知觉"[1]；它们处于时空之中，有强烈的时空和环境限制。这一趋势波及了政治思想领域，政治哲学家主要通过对与神性对立的人性[2]、世俗政治、人文艺术，尤其是古代社会政治历史文献

---

[1]　波考克：《马基雅维里时刻》，译林出版社，第5页。
[2]　人文主义学术是在对神学的反思下兴起的。学者们对神学和宗教的反思是与人的认识、人学目的论的阐释携手并进的。如剑桥学派的波考克所指出的，"人文主义学术的技艺，如我们将要看到的那样，在塑造古代美德的形象时太人性化，在塑造时间中的（转下页）

等世俗事物的追溯而试图完成这一转换,文艺复兴时期的不少人文主义者是其代表。通过对这些思想家文本的研究和归纳,凯利指出,"文艺复兴人文主义在很大程度上是根据文艺复兴时代对古典文化的理想化和依靠历史的领悟,努力在道德、社会、政治以及文学术语上模仿古代希腊人和罗马人来定义的"。①16 世纪的马基雅维里在《君主论》《李维史论》及其他政治著作中,比较详尽地梳理并分析了古罗马共和国的政治史,从古罗马共和国的政治生活中选择大量值得关注的特殊事件和政治时刻,从而打破了以前"秩序井然的宇宙的无时间的连续性"。就像波考克所阐明的,通过对这段历史的追溯,他把古代蕴含的特殊性和历史性以一种世俗化的政治呈现在人们面前。②

　　基于现实社会政治问题,从古代社会政治历史事例中探索政治经验逐渐成为一种时尚,"历史占有头等重要的位置"。布鲁尼曾写道,历史知识是人们现实判断的向导,"(往昔的)相似行为结果将鼓励或阻止我们根据当今的实际情况行事"。③历史也是例证的宝库,"它为思辨地理解人类世界和某种自知提供物质材料"。④在人文主义者看来,历史是一个自足的领域,"历史视角"是人的理性和智力成熟的标志和体现,它是人们认识现实世界乃至宇宙的方法。客观地说,历史给人们带来以往没有的智慧和知识,同时也带来了往昔的政治野心和贪婪。不过无论如何,政治无法与历史分离了,否则就会变得无用。

(接上页)人生形象时太社会化",这大大挤压了神学的语言类型与符号的空间。参见波考克:《马基雅维里时刻》,译林出版社,第 56 页。

　　"认识你自己"在这一时期重新成为人们思考问题的起点和萦绕于大脑的重要"理念"之一。在霍布斯看来,这句话教导人们,"由于一个人的思想感情与别人的相似,所以每个人对自己进行反省时,要考虑当他在'思考'、'构思'、'推理'、'希望'和'害怕'等等的时候,他是在做什么和他是根据什么而这样做的;从而他就可以在类似的情况下了解和知道别人的思想感情"。(霍布斯:《利维坦》,商务印书馆,引言第 2 页。)对于卢梭来说,"自知"(self-knowledge)与"自察"(self-examination)则是人们获得关于人类真知的源头,这也是其政治原则的基础和政治观念的前提。

　　① 凯利:《多面的历史:从希罗多德到赫尔德的历史》,生活·读书·新知三联书店,第335 页。

　　② "共和国的特殊性和历史性包含着历史及其世俗化的特殊性;也包含着把大部分历史批判为价值缺失。"波考克:《马基雅维里时刻》,译林出版社,第 58 页。

　　③ 转引自凯利:《多面的历史:从希罗多德到赫尔德的历史》,生活·读书·新知三联书店,第 357 页。

　　④ 凯利:《多面的历史:从希罗多德到赫尔德的历史》,生活·读书·新知三联书店,第371 页。

启蒙运动以来,这种基于历史视角的政治研究方式不断成熟,试图从事实真相中发现真理。它在这一方面与政治哲学的研究目标并无二致,如果说政治哲学在于探索"普遍性的准则"的话,政治史研究则"考察准则的施行与实现,以及实现准则的条件与结果"。[①]霍布斯就是怀着政治哲学的意图转向历史研究的,"哲学为人们的正确行为提供准则。然而准则远远不如例证徼戒切实有效。通过记叙实例,拓宽人的经验,揭示准则是如何被人遵循或被人无视的,昭示由此而来的成败得失。从而较之传授准则本身,更为有效地使人能够在具体的情势下,奉行那些准则——这就是历史的任务。使人审慎,使人深思远虑的,不是哲学,而是历史"。[②]尽管"自然状态"在不少思想家那里是与市民社会对比而设想出来的假设状态,但英国的不少思想者如道德哲学家亚当·弗格森却赋予自然状态以历史性的理解,认为它是人类历史的真正野蛮阶段:"在古代的和野蛮的历史学家以及从新大陆,尤其是从北美洲来的民族志信息的帮助下,这个野蛮阶段可以被重新建构。"[③]这种基于经验历史的研究方式,即便在理性主义兴盛的欧洲大陆,在 18 世纪唯心主义的德国思想界也产生了深刻影响。

二、历史视野下现实主义政治的开端:
马基雅维里的权力政治观

15 世 60 年代末(大约 1469 年)马基雅维里出生于佛罗伦萨,这一时期佛罗伦萨的人文艺术达到高峰。人文主义者一般要熟悉古代历史和道德哲学,以训练成具有参与公共政治生活能力的公民,就如"西塞罗反复强调的,这些学科能够培养治理国家所需的主要价值观:让个人利益服从公共福祉的意愿;对抗道德朽败和专制统治的渴望;实

[①]　参见施特劳斯:《霍布斯的政治哲学》,申彤译,译林出版社,第 101 页。"卡西尔认为启蒙运动的一个理想是自然和历史之间有'不可分的统一'(indivisible unity),《新科学》便是此理想的又一范例。"凯利:《多面的历史:从希罗多德到赫尔德的历史》,生活·读书·新知三联书店,第 422 页。

[②]　施特劳斯:《霍布斯的政治哲学》,申彤译,译林出版社,第 95 页。

[③]　凯利:《多面的历史:从希罗多德到赫尔德的历史》,生活·读书·新知三联书店,第440 页。

现最崇高目标的雄心,也就是为自己和国家争得名誉和荣耀".①马基雅维里自小(有资料显示为刚满 7 岁)就接受了这种具有良好人文基础的教育方式。29 岁的他即在佛罗伦萨共和国中一个重要的政治机构第二国务厅担任秘书长一职。他熟知共和国的重要政治事务,任职期间起草了大量涉及外交事务的政治报告。②马基雅维里的出使任务使其与当时欧洲的主要统治者如教皇、法国国王路易十二、神圣罗马帝国皇帝等有过直接接触,并在《君主论》对他们做了评价。1502 年10 月 5 日,他受命与切萨雷·博尔贾会面。在与之接触的四个月时间里,后者对马基雅维里的政治思想产生了重要影响,博尔贾因而也成为他在《君主论》中论述治国术的重要研究对象。通过《君主论》的献辞可知,马基雅维里通过对古代政治历史经典著作的阅读,根据自己的从政经验与政治思考,自视为向君主提供实际建议的人。1512 年,共和国在西班牙的入侵下覆灭,美第奇家族再度执掌政权,马基雅维里入狱并于 1513 年 3 月被营救出狱后,他在佛罗伦萨附近的乡下生活。直到 1527 年去世,他再未能获得政治职位(1520 年被佛罗伦萨大学选任为有年薪的历史编纂,也曾接受教皇利奥十世关于"佛罗伦萨政体"的咨询)。

不过,政治生命的黯淡却带来了学术上的明光。马基雅维里在学术上的才华显露出来,他学识渊博,根据以往的政治经验总结并探索

---

① 斯金纳:《马基雅维里》,译林出版社,第 5 页。

② 报告中记录了他对当时政治人物和事件的看法,构成了马基雅维里日后政治创作的重要蓝本。他于 1499 年第一次出使,访问弗利(Forlì)的统治者卡塔丽娜·斯福尔扎(Caterina Sforza)。在《君主论》中提到这位女性统治者时,马基雅维里总是充满敬意。一年后,马基雅维里又被派往法国国王路易十二(Louis XII, King of France)的宫廷。他与路易十二有过数次交流,其中一些讨论被直接写入了《君主论》的第十三章,马基雅维里在这里严厉批评了路易十二在意大利的策略。1502 年,马基雅维里被派往罗马涅(Romagna)地区,访问其统治者切萨雷·博尔贾(Cesare Borgia)。马基雅维里对他的观察构成了《君主论》第七章的主要内容,他认为博尔贾具有超人的勇气,可以从心所欲,行动毫不拖延并伴有雷霆万钧之势。就像斯金纳所说的,"马基雅维里意识到,博尔贾绝不是军事起家的暴发户,而是'必须严加提防的意大利新势力'"。斯金纳:《马基雅维里》,译林出版社,第 11 页。不过 1503 年10 月的再次会面,他认为博尔贾只寄望于以前的"好运气",并指出"公爵的能力有重大缺陷"。在下一年马基雅维里被派往罗马,密切观察教廷的选举。他评价新当选的教皇尤利乌斯二世(Julius II, Pope)"疯狂""鲁莽",将给意大利带来灾难,而这些判断在《君主论》中得到了延续。1507 年,神圣罗马帝国皇帝马克西米利安宣称他或前往罗马接受加冕。马基雅维里被共和国派往他的宫廷以便探明皇帝的真实意图。他在发回的报告中称没有人知道皇帝的真实想法,因为皇帝自己也不清楚。这种极度贬抑的评价同样出现在了《君主论》中。

经国治世之道,其重要政治著作如《李维史论》《君主论》《用兵之道》(又译为《战争的技艺》《兵法》)与《佛罗伦萨史》都是在这一时期完成的。恩格斯在《自然辩证法》中称其为"政治家、历史家、诗人,同时又是第一个值得一提的近代军事著作家"①。

佛罗伦萨的韦奇奥宫

(马基雅维里曾在此任第二国务厅秘书长一职,处理佛罗伦萨所辖行政文书往来)

佛罗伦萨政治思想的历史是一部摆脱神意的普遍秩序和等级权威的历史,这也是世俗的公民共和国及公民精神发展的历史。"人们对但丁(1265—1321)的公民爱国主义有着强烈的记忆",但丁指出,"使佛罗伦萨摆脱宗派统治,是使意大利在一个普遍帝国中恢复政治和精神健康的一部分;就他的思想的这一部分而言,他认为人类的改造是由帝国而不是教会的权威完成的"②。马基雅维里对佛罗伦萨、古罗马共和国历史的研究,不仅仅出于对古罗马政治体制的崇拜,还在于从中发现摆脱现实政治困境之道的努力。正如凯利所认为的那样,"奎恰尔迪尼和马基雅维里都……受到政治危机和政治挫败的启发,都被驱使去探索困境的原因,甚至可能去寻求摆脱困境的方法"。马基雅维里的《君主论》可以视为此种认识的明确表达,它是一部从其

①　《马克思恩格斯选集》(第三卷),第445—446页。

②　波考克:《马基雅维里时刻》,译林出版社,第54页。

生活时代及特殊经历中探寻能够给予现实政治以指引的著作。在马基雅维里看来，意大利的政治危机迫切需要一场"革命"，而在旧的政治道德观念领域来一场"革命"尤为重要。

不过马基雅维里的"革命"没有给他带来多少荣誉反而是不已的诋毁。十六世纪之后，他被视为教导阴谋心术传授邪恶的导师，不少思想者指责他削弱了政治生活中的道德根基。随着人们对马基雅维里思想研究的深入，不少人认为，他从学理的角度建立了一种具有"现实主义色彩"的政治科学，他当之无愧地居于该思想的源头：在《君主论》第十五章中，马基雅维里明确指出：

> 因为我的目的是写一些东西，即对于那些通晓它的人是有用的东西，我觉得最好论述一下事物在实际上的真实情况，而不是论述事物的想象方面。许多人曾经幻想那些从来没有人见过或者知道在实际上存在过的共和国和君主国。可是人们实际上怎样生活同人们应当怎样生活，其距离是如此之大，以致一个人要是为了应该怎样办而把实际上是怎么回事置诸脑后，那么他不但不能保存自己，反而会导致自我毁灭。因为一个人如果在一切事情上都想发誓以善良自持，那么，他厕身于许多不善良的人当中定会遭到毁灭。①

当代英国著名的哲学家和政治思想史家以赛亚·伯林也认为，马基雅维里的发现"凝聚在一个原理之中"，即"我们为我们自己定位取向，必须要以人们实际上如何生活为原则，而不是以人们应该如何生活为原则"②。对于与现实政治对应的理想政治之最大谬误，在于其具有的虚幻且不可实现的特质，对这点的反叛就是马基雅维里著作中所蕴含最深刻的自觉性，其自称当时"一流思想家"的自信大概就根源于此。③因此，他的著作力图给人们展现出一幅真实的政治世界图景，希望读者更加了解这个可观察、可把握的世俗世界，政治就是真实世

---

① 马基雅维里：《君主论》，商务印书馆，2015年重印，第73页。
② 施特劳斯：《关于马基雅维里的思考》，译林出版社，第464页。
③ "马基雅维里对于他希望在人间看到其实现的社会，或者——如果对于一个十分具体务实的思想家，这听上去有些大而无当的话——他希望在自己的故乡甚至在自己的有生之年就能看到其实现的社会，有着非常清醒的认识。"伯林：《反潮流：观念史论文集》，译林出版社，第51页。

界之事而非另一个"天国世界"的事。①从马基雅维里的文本来看,他抛弃了传统政治哲学的"应然"(what ought to be done)想象,力图揭示人类政治生活中的"实然"及其认识为现实政治世界所带来的实际效果。

马基雅维里在共和国及共和国内的人性视野下探讨目的与手段的关系,从国家权力的合法性及有效运作的角度审视现实政治生活。就是在这一过程中,现代人认为马基雅维里开创了"现实主义政治"及对西方基督教和古罗马道德的漠视与怀疑②的政治传统,如果这是近代西方政治哲学的一个新的发展趋势的话,那么他堪称近代政治哲学的创始人。马基雅维里开创了试图把传统伦理道德从政治学中分离,进而用新道德观念重新审视政治的先河。"古典思想家隐秘地、而且怀着明显的厌恶态度所揭示的那个腐化堕落的信条,马基雅维里明目张胆地、欣然自得地加以宣扬。"③他对现存体制和秩序的质疑,在于对新政治秩序探求的努力,正如施特劳斯揭示的,"《君主论》所传授的,是关于社会奠基的全新学说,而《李维史论》除此以外同样也传授了的,却是关于社会结构的全新学说,即关于最佳社会结构的全新学说"。④他对

①　费希特等人指出,马基雅维里"对于彼岸世界,采取了忘却或者否定的态度,而且,他迷恋于异教罗马的世俗荣耀,从而忘却了或者拒绝了对于耶稣基督的尊崇效仿。他们的意思是,他忘记了对不属于狭义的政治事务的一切去进行思考"参见施特劳斯:《关于马基雅维里的思考》,译林出版社,第 267 页。

②　参见凯利:《多面的历史:从希罗多德到赫尔德的历史》,生活·读书·新知三联书店,第 282 页。培根也认为,马基雅维里是一个卓越的现实主义政治思想家,具有完全的现实视野观察并思考政治生活。

另外,早期西方马克思主义理论家认为,西方社会的统治方式已经从传统的政治统治和经济压迫转向了文化和意识形态统治:通过文化和意识形态的作用使工人阶级认同资本主义的文化秩序。鉴于西方现代化过程中理性主义文化价值体系造成的恶果,他们强调应把马克思主义哲学视为超越西方理性主义的主体实践论哲学,以"实践"为基础,以"人类社会"为研究对象,以"人的自由和解放"为目的,以政治批判、经济批判和文化价值批判为主要内容的现代哲学。文化哲学成为西方马克思主义哲学的本体论。(参见佩里·安德森:《西方马克思主义探讨》,高铦、文贯中、魏章玲译,人民出版社,1981 年版)葛兰西、阿尔都塞通过对马基雅维里思想中对宗教与道德的漠视,以及对国家安全和秩序、政治权力、统治权的关注和分析,希冀利用政治哲学史的理论资源处理当代的政治问题,从而为现代社会开出药方。如葛兰西在《狱中札记》中将《君主论》称为一部"政治宣言",认为马基雅维里所要求的"现代君主"是"通过具体创造的幻想,影响四分五裂的人民,唤醒并组织人民的集体意志"。

③　施特劳斯:《关于马基雅维里的思考》,译林出版社,第 2 页。

④　同上第 293 页。"马基雅维里发现了新的体制和秩序,他将这些新的体制和秩序,与现存的旧的体制和秩序对立起来。他发现了新的领域,探索了新的领域……他是一个手中没有军队的战争酋领。他必须征募他的军队。他征募这支军队,只能凭借他的著作。《李维史论》的最后部分,为他所发动的战役及其准备行动,作出了提示。"施特劳斯:《关于马基雅维里的思考》,译林出版社,第 228—229 页。

现实政治和世俗政治生活中具体事例的关注,在于从中发现蕴含的普遍性真理,以向掌权者提供指导和咨询。对马基雅维里来说,这是一种全新的学说,《君主论》的首要目的"不是向一位当代意大利君主提供特殊的咨询忠告,而是就全新国家中的全新君主这个问题,阐发一个全新的学说,或者是就最为惊心动魄的政治现象,阐发一个令人心动魄的学说"。①如果说《君主论》以"君主"为主要论题阐述新的社会政治秩序和体制创建的话,那么《李维史论》则以"民众"作为主要论题,力图揭示使社会政治体制和秩序得以维系的观念。正因为此,弗里德里希·迈内克认为,尽管这两本政治著作的论调形成了强烈反差,"《君主论》中的君主主义偏向与《论李维》的共和主义色调截然相反","但这反差纯粹是表面上的",它们共同指向国家,共同指向了"国家之理由"(raison d'état)。从这两个文本阐述的思想可以发现,国家政体之差异全赖"一国人民中间的'美德'之多寡决定究竟是君主制还是共和制更适切"。②

(一)马基雅维里的"国家理由"学说与新道德

"国家理由"学说于 16 世纪初兴起 80 年代后兴盛,其后在欧洲政治思想领域占据重要地位。用现代的政治视野来看,该学说给人们提供了现实主义政治研究方法,它关注现实政治和国家利益,漠视道德在政治中的影响,为政治理论的现代转向奠定了基础。该学说力图阐明"民族行为的基本原理,国家的首要运动法则。它告诉政治家必须做什么来维持国家的健康和力量"。③它要求掌握国家权力的人根据"国家理由"能够辨明达到维持国家机体健康和有力这一目标的路线和途径,亦即辨明关于每个国家自己独有的"真正国家理由"。总的来说,国家理由学说给传统政治提供了新的政治概念和认识,具有强烈现实理性色彩的"权力、利益、权势"成为其核心概念,给国家、政治、人及其他政治主体添加了新的内涵和关注点。

对于国家理由学说的提出者来说,对权势的追逐是人类的本能冲动,这种冲动与动物的冲动并无多大差别:贪婪地攫取一切直至遇到外部阻碍。尽管马基雅维里没有运用"国家理由"这一名称和概念,但

---

①　施特劳斯:《关于马基雅维里的思考》,译林出版社,第 104 页。

②　弗里德里希·迈内克:《马基雅维里主义》,商务印书馆,第 104 页。

③　同上第 51 页。

他是现代西方政治历史中进行这一工作并分析其本质的重要思想者之一。可以说,马基雅维里的一生都与其祖国的生存及其秩序的重建与维持这一最高目的连接在了一起,并且他的政治思维方式也就是基于"国家理由"而不断发展的过程。

马基雅维里的社会政治意识和政治思维方式源于其生活时代的意大利社会政治的混乱和无序。为此,他在《佛罗伦萨史》里痛心疾首地指出,"意大利被它的一些统治者糟蹋到这步田地,每当诸王公一致同意,和平得以恢复时,那些拥有武装部队的人们却很快又把它搅乱。因此,战争既不能赢得光荣,和平也不能带来安定"。①他几乎以一种不夹杂任何情感的方式道出"国家理由"(理性的国家理由,也有学者称为"国家理性")之本质,即一种由"纯洁与污浊""崇高与卑鄙"的复杂成分混合而成的本质。

关于这点,从马基雅维里对现实政治共同体(如国家)之秩序与和谐稳定价值的信奉那里也可以发现端倪。②他在《李维史论》中认为,"一个良好的社会是一个享有稳定、内部和谐、安全和正义,拥有权力和崇高意识的社会"。③如果一个国家充满了导致暴力冲突、分裂、战争的因素,那么对政治生活的分析就不可能是正确的。惟有以一个"正理平治、安如磐石的国民国家"为模型,如处在最好时期的雅典还有斯巴达,尤其是古罗马共和国,以发现并提供"关于其构成要素的知识镜鉴"④才能找到良好的政治因循之道。他主张利用人类历史中蕴含于经验事实中的力量改造无序混乱之国家,即黑格尔所谓为一共同体或国家制定"真正必要的基本原理"。

在探寻良好政治之道的过程中,马基雅维里继承了15、16世纪意大利共和主义传统,并以古罗马共和国的事例推进了对共和主义的理解。⑤共和主义强调公民作为政治性动物积极参与城邦的各项政治生

---

① 马基雅维里:《佛罗伦萨史》,商务印书馆,第233页。
② 瑞士学者瓦尔德、卡埃吉等认为马基雅维里"是爱好和平的人文主义者","他信奉秩序和稳定,主张对我们本性中好斗的因素加以约束,使其成为文明和谐的因素"。见伯林:《反潮流:观念史论文集》,译林出版社,第34页。
③ 参见马基雅维里:《君主论·李维史论》,吉林出版集团有限责任公司,第148—153页。
④ 施特劳斯:《关于马基雅维里的思考》,译林出版社,第369页。
⑤ 波考克和斯金纳都认为如此。不过,施特劳斯认为,马基雅维里的观点是对古典政治理想的全面颠覆,而波考克和斯金纳均坚持马基雅维里是延续古典政治理想的重要人物。造成这一对立的一项核心因素是,施特劳斯所推崇的古典政治理想与共和主义的立场本来就有着天壤之别。

活,一般来说,共和主义传统中认为的民众参与政治大多指参与公决、公开演讲和发表政治意见、选举官员等。然而,马基雅维里在《战争的技艺》中有意渲染平民参战的政治行为。在他生活的时代,意大利的政治现实不仅需要克服内部权力分配和权衡,还要应对外部的攻击和侵略。根据罗马共和国的政治历史事例,他指出一个共和国家需效仿古代政治先贤,团结并武装公民,共同抵抗外来入侵,以克服纷争带来的秩序危机。公民应该也有责任积极参加国家的保卫战,成为秩序与安全的捍卫者,这就是积极参与政治的体现。战争中的牺牲和奉献换来的是英雄的荣耀,也带来了国家的伟大,他就成为了"好公民"。为解决共和国面临的实际困难和政治危机,出于共和国安全和维持的需要,马基雅维里有意识地强调这一认识,将"参战行为"作为积极参与政治事务的一种非常重要的方式。即便这不是对共和主义的改造,也使现代的政治思想者对共和主义内核的认识发生了偏离;不过,根据马基雅维里选取的历史事例,这些史例确实是古罗马共和国政治生活中的一个方面。

马基雅维里从古罗马共和国政治史中阐述了国家理由和国家利益的现实主义政治观念,虽然格劳秀斯、霍布斯等没有直接采取这一研究路径,但后者力图在古典自然法传统基础上为这一世俗政治理论(或国家理论)奠基。关于国家理由或国家理性的基本看法,人文主义者阿米纳托认为,如果说自然理性是关于食色性等自然本能的话,那么人类正是运用此类理性,"从动物状态转而带着财产、契约建立群居的共同体"。公民进入共同体后会产生冲突和争执,而"战争"就成为理性的一个结果,可称之为"刀剑的理性";另一方面,"理性"也会限制战争的产生及其发展进程,"这些限制就是通过外交和协议体现出来的'国家理性'",它关注的是国家福祉和公共利益,追求的是"共和国或者共和国的代表者即君主的利益",国家理性可以达到整体利益①。就此来看,马基雅维里是一个爱国主义者,"对于拯救他的祖国,比对于拯救他自己的灵魂,更为牵肠挂肚",其爱国主义情怀根植于形而下的现实政治与世俗政治层面,这在与形而上

---

　　① 施特劳斯的《自然权利与历史》、迈内克的《新历史时期的国家理性思想》中有此类看法。

的精神和灵魂的全面权衡中得以体现出来。①

　　马基雅维里义无反顾地导向了现实和世俗。在他看来,具有政治"德行"的人在政治生活里具有两种行为,一种是具有道德性的人类行动,一种是漠视道德的行动;第一种是普遍寻常的行为方式,第二种是处于特殊政治情势的必要行为方式,对于现实政治和国家力量的巩固来说,它们都是有效"德行"。但是,"当祖国处在生死攸关之际,我们不应该考虑正义抑或非正义,同情恻隐抑或残忍冷酷,高尚可嘉抑或恶迹昭彰"。②因此,在国家理由学说的视野下,马基雅维里所宣扬的任何非道德的机诈和暴力也获得了合法地位,这或许给后来的读者提供了可以理解的一个正当理由。

(二)世俗政治视野下宗教的道德功能

　　马基雅维里在打破神意支配的政治秩序认识上具有充分的自觉性。在《佛罗伦萨史》中,他指出,"历任教皇对任何在意大利的力量变得强大起来的人一向都嫉妒;即使这种势力原来是由教会扶植起来的,教皇也不能容忍。由于他们经常设法破坏强大的势力,结果动乱和变迁连绵不绝"。③马基雅维里的政治观念与国家理由学说就是对因教皇统治而造成意大利屡弱与混乱失序的直接反映。就像马克思所指出的,早在《佛罗伦萨史》中,马基雅维里就已经明确道出"教皇的统治是意大利衰败的根源"④了。那时的佛罗伦萨在社会政治领域中

---

　　① 施特劳斯:《关于马基雅维里的思考》,译林出版社,第 3 页。马基雅维里说:"我爱我的祖国胜于爱我的灵魂。""通过乞灵于马基雅维里的爱国主义为他骇人听闻的学说寻找根据,意味着看到了那种爱国主义的美德,而在同时却对高于爱国主义的事物视而不见,或者对既使爱国主义成为神圣又对爱国主义加以限定的事物视而不见。"施特劳斯:《关于马基雅维里的思考》,译林出版社,第 4 页。马基雅维里看重人类具有的力量,即便是与古人比较时,赞扬的也是古人的伟大精神而非灵魂,他"激励他那个时代和未来时代的人"(曼斯菲尔德:《驯化君主》,译林出版社,第 143 页。)热爱自己的国家。

　　② "如果在反对异族敌人的情势之下,欺诈行为就是可嘉的行为和光彩的行为的话,那么就没有理由认为,它不应该被允许在内战尚未爆发的情况下,或者在为时尚且不晚的情况下,用来对付祖国的确凿的或潜在的内部敌人,就是说,用来对付共和国的确凿的或潜在的内部敌人,因为假如没有共和国,就没有祖国可言。"施特劳斯:《关于马基雅维里的思考》,译林出版社,第 413 页。

　　③ 马基雅维里:《佛罗伦萨史》,商务印书馆,第 66 页。

　　④ 《马克思恩格斯全集》,第 13 卷,第 475 页。"佛罗伦萨弥漫着浓重的末世论气氛,马基雅维里即使想装成无动于衷的样子,他也不可能一直如此。最高层次的创新,创造一个正义和稳定的社会,已经在基督教思想最伟大的概念——天性、神恩、预言和更新——的保护下尝试过了;这种尝试已经失败。"波考克:《马基雅维里时刻》,译林出版社,第 121—122 页。

出现了极度的混乱与无序,教皇控制下的共和国家疲沓不堪,在人们中间弥漫着浓厚的悲观气氛。

与马基雅维里的新道德认识相适应,他采取一种鲜明的世俗态度——以国家理由学说为透视镜——看待宗教。他批评宗教(基督教)贬低人的德行和才干,就如施特劳斯按照马基雅维里的逻辑所解释的,后者"对于基督教《圣经》的批判,其所面临的特殊困难,集中在他用人道精神去取代谦卑驯顺的企图上面。他之所以否定谦卑驯顺,是因为他确信,这个美德贬抑了人类的精神地位",让人变得平庸,进而"将整个世界置于孱弱不堪的境地";它摧毁人们在世俗生活中的尊严及人们对荣耀的追逐,使之成为精神领域的侏儒,"对于我们关注我们自己的尊严与荣耀所采取的这种不信任态度,是与对于我们自己具备的德行才干所采取的不信任态度联系在一起的:我们应该将我们的信念寄托在宗教祈祷之中,不是最终寄托在我们自己所拥有的武力、德行才干及审慎斟酌方面"。①对马基雅维里来说,只有依靠人类自身的力量,自我肯定,自强自爱才能铸就人类社会政治生活的辉煌与希望;也只有这样,才能达到其所应有的精神世界,而这与对上帝的信仰和信赖无关。这也是他力图用世俗的眼光、经验的方法关注和探索政治的原因之一,即着力于从社会政治历史和现实真实中发现政治规范,对抗以往"虚假的""错误的"规范性学说。马基雅维里对历史真实的描述和分析在于对一种新的规范和科学的探寻,这种世俗的、现实的政治意识是如此明显,卓然当世,以致与早前政治观念产生根本差别。

当然在批判宗教的上述方面,马基雅维里并没有完全否定宗教。他希望维持宗教在社会政治领域的基础地位,也肯定其所"具有健康的治疗作用",以及在激发人类情感——安慰并激励人心灵、使人敬畏、向善、超脱现实苦难等——时所发挥的政治和道德功能。在谈及古罗马第二任王——也是罗马文化的奠基人努马·庞皮利乌斯(前715年—前674年执政)的时候,马基雅维里在《李维史论》第一卷中(尤其是第11章 罗马人的宗教)着重指出努马在罗慕路斯建立的罗马"骨架"基础上而为其填充的丰富"血肉",也即为共和国所添加的法律、风俗、礼仪和宗教等。努马上任后就开启了一系列涉及政治法律、

---

① 施特劳斯:《关于马基雅维里的思考》,译林出版社,第 326、292、293 页。

经济、社会习俗和宗教等领域的改革：他遣散国王卫队，为门神雅努斯（Janus）建造神殿；根据工作性质将罗马公民划分为不同团体，振兴农业和畜牧业，制订罗马历法等；更重要的是，他发现宗教在教化当时罗马人方面更为有效，因而着力进行宗教改革，整合希腊诸神和罗马诸神体系①，重整祭司组织，确立大祭司为首的神官体系，并实施祭司由公民选举产生的办法，从而创立了罗马的宗教，实行政教分离，与后来中世纪罗马神权统治的"政教合一"截然不同。

"罗马的宗教"是维持一种政治文明和道德文明完全必要的宗教。它使凶悍的罗马人对诸神怀有深切的敬畏之情，从而变得温和而顺从，因为"那些人尊重神的力量更甚于尊重人的力量"。具体来看，马基雅维里认为，宗教对于古罗马在"集合平民、使人善良、使恶人感到羞愧"等方面发挥了重要作用，"如果要争论罗马更应对哪一位君主感恩"，"我相信努马更可能拔得头筹"，因为通过宗教的神威使罗马人成为便于统治的"质朴之人"，从而使城邦收获了安定与幸福。②不仅如此，宗教还产生了良好法律，为国家带来了好的机运，德行也愈益丰盛。"罗马的宗教"是使古罗马荣耀伟大的重要原因之一，一个国家在建立宗教后其武力更容易获得；否则，武力只能是失序和混乱的恶果，它不但不能使国家凝聚在一起，还是国家衰败、人们堕落的重要根源。

按照马基雅维里的逻辑，宗教应该是"德行"的一部分，或者说其本身就是一种德行。要想使政治有序、国家团结、体制稳健和人民温顺就必须信守从国家中得以成长起来的宗教之基础。"由于明智的人遵循了这种方法，关于奇迹的信念遂由此产生"③，即便宗教是不真实的，但对经由宗教而产生对"奇迹"的赞颂则是真实的。君主可以不必相信宗教，但他必须明白："如果不具有对上帝的敬畏之情，那么就必将要么遭到毁灭，要么必须倚赖对于一位君主所怀有的敬畏之情来得以维系，这位君主所起的作用，是在弥补宗教情怀的缺乏。"④大众对

---

① 当时的罗马人信奉多神教。努马将这些神进行归类整理，把性质相近的罗马神和希腊神合并。比如希腊的宙斯（罗马的朱庇特），宙斯的妻子赫拉（罗马的朱诺），希腊的美神阿弗洛底特（罗马的维纳斯），希腊的狩猎女神阿尔忒弥斯（罗马的黛安娜）。

② 详见马基雅维里：《君主论·李维史论》，吉林出版集团有限责任公司，第181—183页。

③ 马基雅维里：《君主论·李维史论》，吉林出版集团有限责任公司，第186页。

④ 施特劳斯：《关于马基雅维里的思考》，译林出版社，第359页。霍布斯也认为宗教源于人心的恐惧。

宗教的虔信以及自己俨然虔信宗教可以使治下的国家臻于伟大和荣耀。

总体来看,"罗马的宗教"为古罗马人整顿城邦、维护和平、制止骚乱等方面发挥了重要作用。马基雅维里对"罗马的宗教"持相当强烈的肯定态度,但对于其所处时代罗马教廷及基督教王国、基督教共和国的认识则完全相反。在马基雅维里生活的时代,与罗马教廷亲近的几个国家并没有表现出更多的团结,人民也没有表现出明显的宗教信仰。他认为,造成这一结果的原因有二:首先,罗马教廷之"邪恶"或"恶行"(而非应具有的"德行")及其对这些国家的辐射影响是导致人们失去信仰和不信"宗教"的原因,也是招致骚乱和弊病的重要根源,如他在《李维史论》中指出的,"我们意大利人对罗马教廷和教士们感激这第一个恩情,就是使我们变得无宗教和邪恶①。另外一个原因就是罗马教会表现出的"低能",虽然它掌握了世俗权力,但没有独立占据意大利也没有促成意大利团结的能力。

由此可知,马基雅维里对宗教的价值判断,仅出于其在多大程度上能够达到维护国家和平与秩序的实际政治效果。

(三)世俗政治中人的诸"德行"与"命运":新道德的基本概念

基于纯粹的社会政治效果探讨道德是马基雅维里的出发点。这不仅突破了中世纪神学统治下宗教道德观念的限制,还拓宽了古罗马共和国时期流传下来的传统道德观,并为政治哲学领域的道德观添加了新内涵。他的新道德观是基于两个相互对应的重要概念而阐述出来的:"virtù"(拉丁语为 virtus)和"命运"(fortune)。

"virtù"是马基雅维里的母语,为意大利托斯卡纳方言。他在《君主论》《李维史论》及《佛罗伦萨史》等政治著作、诗歌和话剧中经常使用这一概念。大致来看,马基雅维里的"virtù"与人们在社会政治生活中表现出来的品质有关,一般译作"德行"(与之有关的"virtue"译为"美德","virtus"译为"德性");在他那里,该词与"命运"(fortune)相对。阿尔都塞在《政治与历史》一书中曾经指出这对概念在马基雅维里思想中的独特性。他倾向于把"virtù"理解为"优点",认为它是"一种建立秩序、保护已经建立的秩序不被命运破坏的意识的外

---

① 马基雅维里:《君主论·李维史论》,吉林出版集团有限责任公司,第187页。

在形象"。①而"命运"则是人在社会政治生活中感受到的无常、不安定、不确定等因素的综合表达。

1. 与"命运"对照的"德行"概念

在马基雅维里生活的时代,现实政治臣服于命运的统治,共和国家难以通过"德行"团结公民,壮大国家。他曾经在《君主论》中谈及"命运女神"给人们带来的宿命,当上帝不能主宰人的命运之后,在不信仰的人眼中,掌握命运的力量在哪里呢?马基雅维里指出,它存在于世俗的人身上,不论命运机运之神能将人类置于何种不可预测的境况,然而人类应该怀抱希望,坚信自身的力量可以应对命运的"无常"。人的这种力量既存在于统治者(君主)身上,还存在于公民身上,存在于它们的"德行"对命运的抓取与抵抗之中。从道德上说,公民的德行是重要力量,这也是公民美德的彰显,"民众是道德的贮藏渊薮"②;而君主的德行也是重要力量,但不能从道德的维度加以考虑;前者是《李维史论》所探讨的众多主题之一,后者则是《君主论》所探讨的核心主题。

"命运"与变幻不定的现实政治高度契合,"如果认为政治是应付偶然事件的力量,那么它就是一种应付'命运'的技艺,因为命运就是主宰着偶然事件的力量,象征着不受控制的和未被正当化的纯粹偶然性"。③通过它,马基雅维里力图探察政治中的偶然因素,掌控政治的偶然性,发现现实政治运作的机理,从而控制现实政治,并束之以"德行"的缰绳。在他看来,在强大的"命运女神"的安排下,人和国家常常趋于腐化的状态,任何人和国家也无法确保获得永恒的福祉:

> 命运是这么安排的,当它打算完成伟大的事业时,它所选择的那个人将具有如此大的勇气和如此大的能力,以致可以认识到它带给他的那些机会。因此同样地,当命运想要完成伟大的毁灭时,它就把应付这些险境的任务交给那些没有本事的人,以加速

---

①　阿尔都塞:《政治与历史》,西北大学出版社,第245、280页。按照马基雅维里的说法,"命运"的内涵,来自于李维的一个关于罗马的例证,正是后者,"使用最为灵验的语言,详尽地证明了天国或者命运对于人类事务所拥有的强大制约力量"。施特劳斯:《关于马基雅维里的思考》,译林出版社,第178页。

②　"民众在道德上的善这个方面,比君主优越得多;因为善或道德,在本质上属于维系性质或保守性质,而不属于创新性质或革命性质,而君主们的原型范例,则是弑弟罪犯罗慕洛斯。"施特劳斯:《关于马基雅维里的思考》,译林出版社,第191页。

③　波考克:《马基雅维里时刻》,译林出版社,第166页。

那种毁灭。如果有人可能阻碍那种毁灭,命运不是杀死他,就是剥夺他顺利行动的所有可能性。①

按照马基雅维里的逻辑,在应对命运变幻无常的考验中,"命运以其至高无上的地位为政治世界摆脱道德束缚提供了根本理据",甚至"为政治之恶的必然性和必要性提供了深层的辩护"。②而"德行"与传统的道德观念不同,前者是专注于政治领域的观念,"为政治而生存(vivere politico)"是国家生命机体巩固并不断伸展的生命力量来源。为了国家之目的,它可以对抗命运的冲击,甚至可以塑造命运,当然也可以"侵入"传统的道德领域。③蕴含丰富道德要素的古代和中世纪政治观念淹没于马基雅维里的政治哲学中,政治不再是追求永恒的善业了。也就是说,像基督教那样好似真实一样地期待获得永恒的福祉和善是不可能的。

如果说"命运"是马基雅维里摆脱传统道德束缚的理据,而"德行"则是他基于"国家理由"而"蚕食"道德的锋利武器。

能够阻止、制衡这种腐化的,只能是在世的"人"的德行。马基雅维里在《李维史论》第二卷第 30 章列出了两组事例进行比较。一组是佛罗伦萨、威尼斯和法兰西王国,这些国家在强盛时期依靠金钱购买邻国的"友谊"。尤其是法兰西王国,时值国王路易十二的统治之下,尽管它是一个强大的国家,但在解除人民的武装后却"过着向瑞士人和英格兰国王进贡的日子",其重要原因就在于国王为了剥夺人民的财富并排除"想象的危险"而不愿意采取使其"自身更加安全的措施,以及能够使其国家永久幸福的措施",以致当真正的敌人靠近它们时就明显发觉其"虚弱"无力。因为它们残酷地对待自己的人民,却善待不应该善待的那些"外国人"。从而使国家身体的重要部位失去了保

---

① 马基雅维里:《君主论·李维史论》,吉林出版集团有限责任公司,第 422—433 页。汉尼拔在向年轻的西庇阿投降时说了一段意味深长的话:认为西庇阿是一位始终受到命运女神垂青的人,好的时运从未远离他,但汉尼拔告诫人们,注意命运在政治事务中的位置,它力量强大但并不一直值得信赖。

② 谢惠媛:《马基雅维里审慎概念的"术"与"道"》,《学海》,2021 年第 3 期。谢惠媛还进一步指出,马基雅维里"为政治解除了形而上的道德束缚,同时又为德性的践行设定了必要条件,即仅当德性的践行并不妨碍,甚或有利于实现政治目的时,才应当遵守道德规范。道德被剥夺了原有的独立性和内在价值,完全依附于政治,体现出一种德性政治化倾向"。

③ 参见弗里德里希·迈内克:《马基雅维里主义》,商务印书馆,第 91—92 页。

护，"一支军队一旦越过边境，并且一旦进入它内部靠近心脏时，它就再也找不到对策"。与这些国家相反的是古罗马共和国。当汉尼拔指挥军队进入意大利后，尽管罗马军队遭受三次溃败，竟然还有能力抵抗敌人，"越是靠近罗马，就越会觉得那个城邦有能力抵抗它。"马基雅维里认为，"这一切都是由于它把心脏充分地武装起来"，其基础是"罗马人民、拉丁人、意大利境内其他结盟的城市和他们的殖民地"。[①]因此，尽管命运女神掌控着无比强大的力量，但当国家和"君主"不是依靠金钱而是以德行才干和实力取得威望时，这个国家就是真正的强国，而"命运"也常常不必显示其威力了。按照施特劳斯的解读，"一个具备最高德行、具备古代德行的人，就应该并且能够对命运机遇之神'加以规范'，使得她没有理由无时无刻不在显示威力"。[②]这种能够对命运加以规范的力量，尤其是在政治衰朽、混乱无序的时刻，其要么是残酷的、强大的，否则常常就是无效的。

2. 君主的德行

《君主论》的第 26 章大致可以分为君主"如何获得权力"和"如何保有权力"两个方面。马基雅维里把"国家"视作政治行动的被动对象（passive object），而统治者是国家的主人。对于统治者来说，能够"获得并保有权力"成为其要考虑的首要问题，而"德行"则是他为统治者解决权力问题而提出的一个重要概念。尤其对于"新君主"来说，作为推翻旧政治体系而掌握新领土的统治者，他的这一行为打开了他和新领土居民的命运之门：摆在他面前的要么是顺从命运，要么是通过罕见而超常的"德行"撞击并塑造命运女神，从而建立新的社会政治秩序。在君主这里，德行既表现为运用暴力的手段，还表现为依靠暴力作为行动背景彰显的"品性"。

斯金纳指出，马基雅维里赋予"德行"内涵以一致性。[③]马基雅维里常常将"德行"视为人们对抗命运无常与不公时而必须具备的品质和力量。对于具有不同身份和地位，承担不同政治角色的人来说，其所需"德行"内涵及其重要程度也相应地是多元并有差别的。"德行"中既有道德品质，也有与德性无多少关联的品质，如远见（foresight）、

---

① 参见马基雅维里：《君主论·李维史论》，吉林出版集团有限责任公司，第 426—427 页。

② 施特劳斯：《关于马基雅维里的思考》，译林出版社，第 339 页。

③ 详见斯金纳：《马基雅维里》，译林出版社，第 39、40 页。

审慎、明智（prudence）、荣誉、勇敢、节制、正义（"守信"是正义的重要方面）、慷慨、仁慈等等。对于君主来说，在统治国家过程中为获得并维持权力所需的一切能力和素质，就是其应有的"德行"；如马基雅维里教导君主时刻铭记"maintain your state"（mantenere lo stato），这不仅会使国家走向强盛，还会为自己赢得声誉。也就是说，生前的武功，以及死后能够获得良好的声名即其具备君主德行的最佳体现和报偿。

德行是人人都需具备的品质。鉴于统治者在国家中的特殊地位，衡量其德行的标准尤其要严格对待，并且不能用常人的理解对待之。马基雅维里在《君主论》中着重考察了作为统治者的君主的德行。如果一个统治者不能保有国家，则其不具有统治者之德行。通过对罗马帝国统治者的考察，马基雅维里在《君主论》中指出，君主要极力避免遭人憎恨和轻视，不要做这类有损于国家的"恶行"。①他指出，"慷慨"行为就可谓君主的"恶行"之一，因为这样的行为常会导致人民憎恨的恶果。他告诫统治者要对"慷慨"保持警惕，因为"真正的慷慨在于不使民众赋税过重并避免奢侈的行为"，但统治者并不能很好地加以辨别。马基雅维里试图指出，在这个腐败的时代，德行和恶行的名称已经被混淆在一起了，人们丢失了对德性的正确理解，而误将"奢侈"视作"慷慨"；同样地，不恰当的"仁慈"也常常给君主以"懦弱"之名从而招人轻视。所以，常人理解的"慷慨"和"仁慈"不能使统治者"mantenere lo stato"（巩固国家和地位）。对于什么是仁慈，马基雅维里曾指出，一个明智的统治者为保有权力实施的残酷恰是一种"仁慈"，因为从长远来看，短期的残酷行为是为了避免长期的动乱和战争。对于国家整体来说，这就可称为"仁慈的德行"。

在变动不居的政治生活中，能够根据"真实的事物状况"（veritù effettuale della cosa）权衡得失，不断变通并做出决断，从而能够恰当地维持国家地位的君主就是具备"审慎"之德行的君主。由此来看，在马基雅维里那里，"审慎"是在政治实践时所具有政治判断及行动能力的表现，或者更进一步说，它是政治主体在现实政治实践中能够做到良好判断并达到有效结果的能力。对于君主来说，它不仅能够保存自身、赢得美名，更能够达到维持并巩固国家地位之结果。

对于构成正义之要素的"守信"。马基雅维里在饱受非议的《君主

---

① 详见马基雅维里：《君主论》，商务印书馆，第87—99页。

论》第18章"论君主应当怎样守信"中指出君主守信的条件和限度,作为兼具人性与兽性的君主必须懂得运用二者。在"狐狸狮子论"中,他教导君主,因为不是所有的人都是善良的,所以"当遵守信义反而对自己不利的时候,或者原来使自己作出诺言的理由现在不复存在的时候,一位英明的统治者绝不能够,也不应当遵守信义"。①因此,在不正义的世界里,正义之德行(即便它可能有用)并不是保有国家的唯一方式。无论如何,对马基雅维里来说,君主的守信和正义全赖国家权力的获得与维持,如果守信和正义无碍后者,君主就不要背离前者,因为君主也秉赋远见、声名等德行,也抱有对"荣耀"的追求,只有这样才能跻身伟大人物之列;对于必需的违背信义,君主也要"俨然"为正义和守信,要善于伪装也能够伪装,"因为群氓总是被外表和事物的结果所吸引,而这个世界里尽是群氓。当多数人能够站得住脚的时候,少数人是没有活动的余地的"。②

总体来看,关于"守信"的认识,马基雅维里与西塞罗在《论义务》中的认识有较多差异:西塞罗褒扬诚实守信不仅是人类道德的基础,还是促成人类社会关系的重要德行,"背信弃义"被他明确地视为非道德;而马基雅维里则将背信弃义(d'ingratitudine e d'infedeltà)视为"狐狸之道",尤其是对于君主和执政官来说,只要它于国家权力的获得和维持有益,即便不是可嘉的也可视为德行之体现。他在《李维史论》第三卷第41章转引了卢基乌斯·楞图卢斯的一段话:背景是当萨姆尼人包围了罗马军队时,萨姆尼人提出了谈判条件,满足条件并解除武装后的军队将被遣返回罗马,面对罗马执政官们的迟疑和绝望,楞图卢斯说:"为了拯救祖国不应该拒绝任何条件;……应当不择手段,不计荣辱。因为,如果那支军队得救了,罗马就会有机会雪耻。"马基雅维里评论道,"在决定祖国存亡的关头,根本不容考虑是正义还是不正义的,是怜悯还是残忍的,是值得称颂还是可耻的";③此时应

---

① 马基雅维里:《君主论》,商务印书馆,第84页。斯金纳认为,"真正有德性的君主应当具备的首要品质是,为了实现自己的最高目标,他愿意做一切形势所迫的事,无论它碰巧是邪恶还是高尚"。斯金纳:《马基雅维里》,译林出版社,第43页。

② 同上第86页。

③ 马基雅维里:《君主论·李维史论》,吉林出版集团有限责任公司,第573页。关于这段文字,刘训练教授认为,这里关于"保卫祖国"的建议,结合马基雅维里在《君主论》和《李维史论》的文本,可视为"保卫国家和祖国","所谓'国家'(stato)尤其是《君主论》中的'国家'主要指君主个人的地位和权力。所以,这里的建议不仅适用于共和国的军事统帅与(转下页)

该抛开所有顾虑,将维护国家生存和人民自由的抉择贯彻到底。

　　同样,对于前述的仁慈、慷慨、审慎之德行也是如此,马基雅维里不仅突破了仁慈、慷慨中蕴含的道德内涵,还突破了蕴含于"审慎"中的流传于古罗马政治的道德界限。对于前两种德行,马基雅维里可以有限地弃之不用;而对于审慎,他选取了另一个策略,即通过削弱蕴含于其中的部分"德性"(如高贵、良善等)①要素,从而减弱了它的道德性,并凸显出其与有效、良好政治实践结果的关联。这一改变使审慎"更多地表现为一种权衡利弊与理性计算的能力",正如施特劳斯所指出的,"马基雅维里试图用一种常常与纯粹世俗利害计算并无二致的审慎来取代良知或宗教信仰:'真正的道路'……在于因应时势来行动"。②

　　在马基雅维里那里,"高尚性和德性"从来没有在统治者的德行中处于多么重要的位置。当然也更不可能在《君主论》中发现其具有多么重要的价值了:"他所谓的'结果'从来都是实效的考虑。……他更强调的是国家利益压倒高尚性的必然性,更关心的是其中牵涉的'技术性问题'——在他那里,最高的'德性'其实是去道德化的'审慎'。"③"德行"的优秀,尤其是涉及政治行动能力方面的优秀在马基雅

(接上页)公民捍卫其祖国的利益,而且也适用于君主维护其私人利益"。"所谓'不计荣辱',其实是说不要顾虑个人暂时的耻辱;相反,要看结果:只要结果是好的、对共和国或君主个人是有利的,那么个人(无论是共和国的统帅还是君主)最终将获得荣耀。"刘训练:《论政治中的信义与欺诈:马基雅维里对话西塞罗》,《政治学研究》,2019 年第 5 期。"如果在反对异族敌人的情势之下,欺诈行为就是可嘉的行为和光彩的行为的话,那么就没有理由认为,它不应该被允许在内战尚未爆发的情况下,或者在为时尚且不晚的情况下,用来对付祖国的确凿的或潜在的内部敌人,就是说,用来对付共和国的确凿的或潜在的内部敌人,因为假如没有共和国,就没有祖国可言。"施特劳斯:《关于马基雅维里的思考》,译林出版社,第 413 页。

　　①　在西方古典传统伦理学中,如亚里士多德、犬儒学派、西塞罗等人那里,审慎与德性紧密关联,合乎德性是个体及其行为被称作审慎的基本要件,两者相互关联、相互统一。参见 J. Annas, "Prudence and Morality in Ancient and Modern Ethics", Ethics, Vol.105, No.2 (1995), pp.241—257. T. Irwin, "Prudence and Morality in Greek Ethics", Ethics, Vol.105, No.2(1995), pp.284—295。

　　②　施特劳斯:《关于马基雅维里的思考》,译林出版社,第 413 页。

　　③　刘训练:《论政治中的信义与欺诈:马基雅维里对话西塞罗》,《政治学研究》,2019 年第 5 期。谢惠媛认为,"政治社会中的人是天使与魔鬼的复合体,他们总是受财产等问题的支配,容易受邪恶念头的诱惑,从而变得唯利是图、腐化堕落,所以马基雅维里劝诫君主国和共和国的统治者,不应痴迷于始终奉行按道德标准行事的执念,而应在必要时采用残暴或背信弃义等方式。虽然这些行径既违反基督教教义,又打破古罗马德性传统,但由于它们能保全统治者的性命,有助于维护主权、防止腐败或征战扩张等,因此展现了统治者的优秀与杰出,是实现政治目的的必要且有效手段"。谢惠媛:《共和主义的歧路:剑桥学派对马基雅维里政治德性的解读》,《伦理学术》,2021 年第 1 期。

维里那里始终占据重要地位；相比较于"德性"的意义，德行之"行"更居于优先地位。总体来看，在涉及统治者的德行认识上，马基雅维里是从政治的实然层面拒绝思考离现实较远的政治理想，他把"政治概念由以往追求至善的理想化高度降格到'两害相权取其轻'的低位"了①。

3. 民众的德行

"君主"的德行，尤其是新君主的德行大多是在政治危急时刻而不得不以短期视角而采取的革新行为。新君主处于缺少正当性的环境，时刻面对动荡不安和无法预料的威胁，能够"保有国家"②——做不见容于正当体制的事，即使是短期行为——就成为他的最大德行。他为紧急时刻创建并保有国家提供了必要前提，从这点来看，按照马基雅维里的逻辑，君主的德行（尤其新君主）远比大众富有远见卓识。当然，维持和巩固国家的地位并不容易，仅仅探讨"君主"这一因素是无法建立更具稳定性和正当性的社会政治秩序的。因为国家常常处于腐化和解体的威胁中，一个共同体不仅处于内部的威胁还处于外部威胁之中，仅从外部来看，它也处于一个没有任何具有正当性的权力所塑造的混乱世界中。

关于一个共同体中新的体制和秩序的维护和长治久安的问题，马基雅维里在《李维史论》中做了更加充分和详尽的阐述。他试图在古代政治体制中找到答案，"古代的体制和秩序，现代人可以效仿，也应该效仿，这些古代体制和秩序，就是古代罗马的体制和秩序"。③这是一种较为健全且合理的秩序。

在共和国家中，马基雅维里尤其重视公民对秩序所发挥的作用，他断定，"公民美德和'公民生活'可以——虽然它们并非必然如此——在偶然性的领域全面发展，无需永恒力量的介入"④，此时，具有道德特征的公民德行发挥重要作用，每个公民的德行依赖于其他每个公民的德行，以及与其他阶层的政治互动。通过与斯巴达政体的比较，马基雅维里指出，古罗马共和国的政治体制之所以配享"自由""光荣伟大"之名，共和国内贵族与公民之间激烈的冲突和暴乱所带来新的政治面貌和

---

① 谢惠媛：《共和主义的歧路：剑桥学派对马基雅维里政治德性的解读》，《伦理学术》，2021年第1期。

② 因为，如果一个君主（不仅新君主）不能保有国家，其臣民也会迟早背叛他，并且这不为不正义："如果一个君主，自己固然没有过错，但却无力去保护他的臣民，那么他的臣民就别无选择，被迫只能对他不忠实。"施特劳斯：《关于马基雅维里的思考》，译林出版社，第294页。

③ 施特劳斯：《关于马基雅维里的思考》，译林出版社，第119页。

④ 波考克：《马基雅维里时刻》，译林出版社，第201页。

气象,以及对国内不断涌现腐败因素的克服也是一个重要原因:

> 在每一个共和国里,民众与贵族之间,都存在着敌对态势,民众企盼不受贵族压制,贵族希冀骑在民众头上作威作福。最为符合民众利益的情势局面是,他们所面临并接受其领导的,是一个具备德行、尚武好战的贵族集团,他们以恰如其分的分寸比例,与这个贵族集团分享政治权力。①

按照施特劳斯的理解,对于古罗马共和国的政治秩序,"其天下独步,无出其右(譬如使斯巴达人相形见绌),其实并不明显,并没有得到普遍的承认"。因此,马基雅维里不时论及古罗马共和国的缺陷,不过他宣称,"瑕瑜互见,不可避免,这只是最好的体制和秩序的附属品而已"。②

总体来看,马基雅维里更多地从古罗马共和国政治秩序中探寻巩固国家地位和集聚正当性的因素。在《李维史论》中,他以大众的、民主的视角向上层贵族阶层主导的政治秩序发起挑战,即使民众的德行可能会在命运面前败下阵来,并且一旦堕落便无法遏阻。然而,共和国需要具有持续而充沛的更具道德德性的"民众德行",它的稳定和正当高耸于众人之良好的政治期望之上。③按照马基雅维里的文本,从共同体的内部来看,稳定持久而又具有活力的政治体制需要依靠广泛得多的因素,如公民及其德行和美德、习俗和政治传统、均衡的政治结构、良好的制度,还有统治者审慎④明智的政治技艺以及诸种政治要

---

① 施特劳斯:《关于马基雅维里的思考》,译林出版社,第 415 页。

② 转引自施特劳斯:《关于马基雅维里的思考》,译林出版社,第 164 页。

③ 如斯金纳和波考克坚称马基雅维里重视众人之德。按照阿尔都塞的理解,共和政体之于马基雅维里,"正好代表着对幸运与 virtù 的二律背反的政治难题的解决。这种政体是在命运的庇护下通过由它所培养的人们的才能本身所创造和实现的历史事实"。阿尔都塞:《政治与历史》,西北大学出版社,第 286 页。

④ 谢惠媛在《马基雅维里审慎概念的"术"与"道"》中,概括了马基雅维里文本中对"审慎"的使用,"就指称对象而言,审慎既用于对人物作整体定位,也用于对行为进行具体评论;既用于形容君主,也用于描述共和国的执政者;既用于刻画个体形象,又用于勾勒集体群像。就具体表现而言,审慎的统治者懂得效仿伟大人物或卓越不凡的人,行事有所节制,从而避免自怜自艾或过于自信;在管理城市内部事务时,有能力预测即将出现的危险并提前作出防备,能够为城市制定良法,懂得设立与利用第三方裁判机关协调贵族与平民之间的矛盾,以免自身招致怨恨,有能力选出良臣辅佐政事,晓得挑选有识之士并赋予他们适时地自由讲真话的权利等;在处理外部事宜时,面对交战双方,审慎的统治者有能力正确判断出应该支持哪一方,并懂得让臣民意志坚定与对克敌制胜保持信心"。详见谢惠媛:《马基雅维里审慎概念的"术"与"道"》,《学海》,2021 年第 3 期。

素(如贵族、平民、君主)的良好互动等。

(四) 权力追求与"君主"的统治权

蕴含于自然的美好目的被至高无上的神的良善意志取代以后,政治的永恒目的只存在于上帝的意志中。后者通过启示、奇迹指引人们摆脱恐惧获得幸福,实现人生最高的善。神意取代了自然,宗教取代了城邦,人过上了宗教生活;宗教成为传达神意的中介,它以超自然力量给人以指引。然而,马基雅维里指出,宗教并不总传达上帝的旨意,一千年来,人们并没有获得至福,反而陷入道德堕落、政治失序的深渊。他的思想"是一柄利剑,插进西方人类政治机体的腰窝,使之尖叫暴跳。这必定会发生,因为不仅真挚的道德情感受到了严重伤害,而且所有教会和教派的基督教观念,进而将各人各国联结为一体的最有力纽带和主宰他们的最高精神权力也面临被毁坏的威胁"。①马基雅维里发现了"千年福音"的虚假性,批评并拒绝对社会政治生活以超越人的目的论样式的理解,用马克思的话来说,他"已经用人的眼光来观察国家了",从而摆脱了"神学的束缚"。政治生活随之也降为人的世俗政治生活,政治回归人性,回归人的生活,他"把人类的政治世界看成是一场获取和维持权力的永恒游戏"②。正如谢尔登·沃林(Sheldon Wolin)指出的那样,与霍布斯等人不同,马基雅维里开创了具有现代性的政治思考,"拒绝把自然法当作判断政治生活的道德标准",从而提出了"专注于权力问题的实用主义方法"③。

---

① 弗里德里希·迈内克:《马基雅维里主义》,商务印书馆,第112—113页。

② 吴增定:《权力的游戏:马基雅维里与斯宾诺莎的政治哲学比较》,《同济大学学报(社会科学版)》,2020年第5期。"马基雅维里对于传统的'现实主义'的反叛,或者更具体地说,取代道德品行和玄思的生活。它有意地将最终目标降低了。目标之被降低,是为了增加实现它的可能性。"(施特劳斯:《自然权利与历史》,生活·读书·新知三联书店,第182页。)不过,施特劳斯批评马基雅维里政治思想的这一定位。认为后者压缩了政治的思考范围,降低了政治哲学具有的高尚品性,使人停留于表面的政治现象,从而降低了政治哲学的基础性和深刻性。"超越政治层面的关怀,在马基雅维里的思想中,比比皆是,应有尽有,无时无刻不在起着作用,然而与此同时,他对于政治事务所作的分析,采取了这样一种方式,宛如这个分析的定位取向,与超越政治层面的关怀无涉,或者宛如超越政治层面的关怀,根本就不存在。而其结果,就是一个庞大骇人的简单化构制,以及最重要的,就是一个外观现象,仿佛他发现了迄今为止完全出人意料的整个新的大陆。然而事实上,马基雅维里并没有揭示哪怕一个带有任何根本性重要意义的政治现象。"施特劳斯:《关于马基雅维里的思考》,译林出版社,第472页。

③ 转引自皮尔逊:《尼采反卢梭》,华夏出版社,第43页。

马基雅维里对摆脱传统有充分的自觉，这种意识可称为现代的政治学意识。它不仅关注权力在社会政治秩序中的核心功能，还关注其运用、维护以及蕴含的目的实效性等，即对事实真理的关怀和寻求，"是人们的看得见摸得着的实际生活方式，是人们看得见摸得着的所作所为，而不是想象中的事物，不是仅仅存在于语言之中而并不存在于现实之中的事物。"①马基雅维里有关权力的现实主义政治认识与其对"实际政治生活中的人"的认识密切相关。与古典政治哲学关注人应该如何生活不同，他探讨的是人实际上如何生活的问题，以及在此视野下正当社会政治秩序的性质和正确方式。

现实政治生活中的人具有无法摆脱的非道德和不明智的品性。人是"一种易于无视政治责任的动物"，他们并不常常是完全的具有高尚品质和有德性之人。在马基雅维里看来，公民德性与将自身利益放在公共利益之前的倾向同时存在于未败坏的罗马人民（特别是平民）身上，他们甚至做出危害共和国的行为。

马基雅维里在著作中多次阐述有关现实政治中人的认识。他在《李维史论》第1卷的第3章中指出，"除非出于必要，人从来不做任何好的事情；但是在有充分的选择自由的地方，并可能利用放肆的时候，每件事都立刻充满混乱和无序"。②不仅如此，马基雅维里在《君主论》中更露骨地认为，"关于人类，一般地可以这样说：他们是忘恩负义、容易变心的，是伪装者、冒牌货，是逃避危难，追逐利益的"。③他关于人的认识，不仅出于对现实社会政治生活的观察及其从政经历的感悟，还有对所崇尚古罗马共和国政治历史中人的大量描述和分析。在古罗马共和国政治中，人民具有野心和凶悍的性情，易于侵犯他人，"当人们试图不害怕时，他们开始使别人害怕；并且他们将他们自己避免的那种伤害又施加于别人，就好像必然是要么伤害人、要么就受人伤害，二者必居其一"。④

另外，在领导力方面，人民也常常因缺乏"为首之人"而难于显示出其应有的力量。在"威尔尼娅事件"中，当罗马平民聚集在圣山，元老院派使者质询平民离弃其将领的原因时却无人"敢于回答"。马基

---

① 施特劳斯：《关于马基雅维里的思考》，译林出版社，第368页。
② 马基雅维里：《君主论·李维史论》，吉林出版集团有限责任公司，第155页。
③ 马基雅维里：《君主论》，商务印书馆，第80页。
④ 马基雅维里：《君主论·李维史论》，吉林出版集团有限责任公司，第271页。

雅维里借提图斯·李维之口道出："他们不是没有理由来回答，而是没有可以回答的人。"①最后，人民易于遭受假象的蒙骗、短视而不知辨别真正的利益，"人民许多时候被一种好处的假象所蒙骗，……如果在向人民提议的事情中明显可见利益（即使在其底下隐藏着损失），而且看来是勇敢的决定（即使在其底下隐藏着共和国的毁灭），那么说服民众接受它总是会很容易"；②相反，如果是懦弱的决定或发现明显可见的损失（而实际潜藏着安全和利益），则很难被说服。

　　鉴于此，暴力、欺骗以及对权力的追求就成为马基雅维里政治思想的重要主题。伴随幸福来到世间的，还有不可捉摸的命运，只有通过人类自身的努力，才能受到命运女神的青睐，从而收获幸福。不过在他看来，幸福的获得更多地依靠抢夺和欺骗，"与其说是勤勉不如说是抢夺，是恶行而不是善举。因此，只能是人吃人。只有不能自卫的人才活该担惊害怕。所以，当机会来到的时候，我们必须使用暴力"。③马基雅维里向人们描绘了一个漠视道德、崇尚暴力和欺骗的权力竞逐的世界，他在《佛罗伦萨史》中引用一个梳毛工人起义发动者的话："你们只要对人类的行为留神观察，就会看到，所有那些获得巨大权势、取得大量财富的人，不是运用暴力就是运用欺骗的手法。"④即便是在古罗马共和国之中也是如此，不管是人还是其他政治主体都要尽可能地获取和维持权力，只有这样才能维持自身的存在，而这是最大的"德行"。

　　15、16世纪的不少政治思想家都肯定政治权力不仅立于正义之上，更以暴力和欺骗作为基石。马基雅维里也是如此，他不关心政治正当性的道德基础，"正义并没有什么超人的、也没有什么自然的根

---

　　①　马基雅维里：《君主论·李维史论》，吉林出版集团有限责任公司，第267页。

　　②　同上第287—288页。按照共和主义的正统观点，共和国中的人民，不论出身和地位为何，他们以共同的善为出发点参与政治，也应该并可以克服个人私利和小团体利益。从这点来看，马基雅维里的政治观念并不是单纯的共和主义观念。谢惠媛在《共和主义的歧路：剑桥学派对马基雅维里政治德性的解读》（载于《伦理学术》，2021年第1期）一文中也指出，在德性问题上，剑桥学派因先入为主的共和主义逻辑而歪曲了马基雅维里之德性政治化取向的真实涵义，未能完整呈现其思想的新异性和冲击力；同时又因过分倚重公民美德而未能如实展现他对"大人物"之德性的专注，从而遮蔽其国家主义本质。这在一定程度上反映出，剑桥学派对马基雅维里所作的共和主义式阐释难以称得上是成功的。

　　③　马基雅维里：《佛罗伦萨史》，商务印书馆，第147页。

　　④　同上第146页。

据。全部的人类事物都变动不居，不可能服从于稳定的正义原则。决定了在每一个例中何为合理行动的，与其说是道德目的，不如说是势在必行的必然性"。①因此，一切政治的东西都成了必然性的要求，它与道德无涉，如果有所涉及也是非必然如此的，因之，社会政治秩序实际上就是靠一些手段建立起来，这些手段不在于正义与否。

马基雅维里主要是通过一种恰当的权力机制、依靠统治者的力量和德行打造稳定的社会政治秩序的。在社会政治生活中，人往往短视，常常受到欺骗，并且没有自我领导的能力。他们需要统治者发号施令以抵御敌人的进攻，需要统治者带领他们建立组织以实现各自的利益。这成为马基雅维里发现的一条重要政治原则，即君主或统治者的目标不外乎国家的巩固、人民的安全及公共利益的实现②，而其实现"靠的是对于伟人的创造性权势的信念，这些伟人通过他们自己的'美德'，连同他们所作的明智的调节，能够将人性的平常水平提升到一种新的、第二类型的'美德'形态"。③迈内克所言第二类型的"美德"乃前述对抗命运之"德行"，也就是说，其实现依靠的是统治者的"德行"。

马基雅维里眼中的统治者，一般来说是拥有独自裁决权的"人"。他是国家之船的舵手，有了他的双手国家才不会倾覆："人类社会必须受胜任的行家引导，才不会分崩离析，陷入混乱龌龊的境地。虽然马基雅维里本人有理由偏爱自由和共和制度，但对于一个虚弱的共和国来说，强有力的君主（瓦伦蒂诺大公，甚至某个梅迪齐——如果他的要求带有任何诚意的话）更为可取。"④统治者（君主）能对社会政治事务迅速反应并作出决断，而一群人则会"因为他们相互间存在意见分歧

---

① 施特劳斯：《自然权利与历史》，生活·读书·新知三联书店，第 182 页。"如果说极端的非正义行为，确实激发起人们的憎恨、抗拒以及复仇欲望的话，那么，完美无瑕的正义，就同样确实会束缚政权的双手，致使国家瘫痪；国家只能通过正义与非正义之间的某种审慎明智的结合，来加以治理。"施特劳斯：《关于马基雅维里的思考》，译林出版社，第 310 页。这点与卢梭的政治思想形成了鲜明反差，从后面的"卢梭部分"可以明显看出。

② 1643 年，法国人路易·马洪（Louis Machon）在《为马基雅维里申辩》中主张，"其目标只能是人民的安全、公共的利益以及国家的保全。'人民的福祉就是最高的法'——这句话是一切政治法条的基石，是人类智慧的秘密所在，是对所有人都普遍适用的公理"。塔克：《哲学与治术》，译林出版社，第 101 页。

③ 弗里德里希·迈内克：《马基雅维里主义》，商务印书馆，第 92 页。笔者注：此处引文中的两个"美德"意指"德行"。

④ 伯林：《反潮流：观念史论文集》，译林出版社，第 49 页。

致使他们不知什么对它有益"①。因此,在曼斯菲尔德看来,"任何事情都要依靠一个人的'头脑',这并不是因为他肯定比众人更聪明,而是因为只存在一种意见要优于存在许多种意见"。②

从马基雅维里的文本来看,这只操弄舵盘的手之坚毅一方面来自于前述之德行,另一方面在于其掌握的军队力量,尤其是由公民所组成的军队(而非雇佣军)力量。马基雅维里的这一认识,在《君主论》、《用兵之道》等政治著作中多有论述。根据波考克的分析,《君主论》第六章中指出:"先知的启示和使命并不能使他摆脱革新造成的政治环境,这种环境有着内在的原因使他必须使用世俗武力,它使世俗武力成为那儿的适宜武器。"在这个现实的政治领域里,统治者不能做"没有武装的先知","先知需要刀剑",有刀剑仍是先知,否则就会招致厄运。也就是说,统治者——尤其是创建国家的"新君主"——要做"武装的先知",强制手段既来自于暴力也来自于不受道德良知约束的机诈和欺骗,这是他的武器,是他的正当手段。在马基雅维里看来,萨伏那洛拉失败的重要原因恐怕就在于缺乏"刀剑武装"。③马基雅维里文本中不断推崇的一个范例就是切萨雷·博尔贾(Cesare Borgia)。他认为,博尔贾深谙"野兽的方法"(与"法律"方法相对),既具有狮子般的力量,还兼具狐狸般的狡猾品性;依靠必要的"武力和欺诈"成功地巩固了自己的权势和地位,给罗马涅带来了秩序,成为马基雅维里所生活的那个时代操控世俗政治的典范。总之,对于统治者来说,马基雅维里教导他们要同时具有人兽的天性,在"人道与非人道之间",根据现实环境作出"真实的"选择。④

---

①　马基雅维里:《君主论·李维史论》,吉林出版集团有限责任公司,第175页。

②　曼斯菲尔德:《驯化君主》,译林出版社,第168—169页。

③　"作为革新者不能依靠别人偶然的善意,因此必须具有强制手段。"参见波考克:《马基雅维里时刻》,译林出版社,第182页。阿尔都塞在诠释马基雅维里关于军队问题的意义时也认为本国公民组成的军队在推动国家强大方面的重要性,马基雅维里"可以算得上是第一位意识到战争的政治性质,并第一位意识到必须给暴力的形式和手段赋予其本身是政治的内容的理论家"。见阿尔都塞:《政治与历史》,西北大学出版社,第268—269页。

④　"这是因为,人道精神与善,适用于一种情势,而与之相对的邪岙,则适用于相反的那种情势;鉴于'时代的变迁',因此,从德行到邪岙的转换变化或者从邪岙到德行的转换变化,两者之间的调整运作,就是正确的抉择。……真实的途径,就在于德行与邪岙之间的变通转换,即在于肃穆凝重(或对于伟大事物的竭诚奉献)与轻佻戏谑之间的变通转换,坚贞持恒与易变无常之间的变通转换,纯洁朴实与淫荡不端之间的变通转换,依此类推。"施特劳斯:《关于马基雅维里的思考》,译林出版社,第381—382页。

（五）作为政治衰朽抑制剂的"恐惧"与权力

受古希腊历史学家波里比阿关于政治共同体发展认识的影响,马基雅维里认为,由于内部因素和外部因素的交互作用,国家与其他事物一样经历产生、发展和衰退的循环过程,"在兴衰变化规律支配下,各地区常常由治到乱,然后又由乱到治。因为人世间的事情的性质不允许各地区在一条平坦的道路上一直走下去;当它们到达极尽完美的境况时,很快就会衰落";①斯金纳记述了马基雅维里与友人的一段往事:当后者在预料进入仕途无望后,经常在奥里切拉利花园与友人探讨包括政治在内的各种问题,而关于共和国家之命运的问题就在其中,他们论辩"它们如何崛起,如何保持自由,如何衰落,如何朽败,最后如何无可挽回地崩溃"。②一个国家及其政治体制达到黄金时代随之伴随着衰退和覆灭,不同政治主体政治权力的此消彼长就是其表现。马基雅维里著作中对社会政治生活的描述就体现了这点,权力的获取和维持是暂时的,政治中充满了变动和不安定,"任何看似稳固的权力,都隐含着丧失和瓦解的危险"。③

《佛罗伦萨史》是马基雅维里于 1530 年 11 月接受美第奇家族的任命而撰写的一部史学著作。通过对 13 世纪以来佛罗伦萨历史中外部政策和内部政治事务的记述,论及大量涉及政治衰朽的事件、纷争和人物:佛罗伦萨"堕入了不幸共同体的行列,仿佛遭受天谴,在同样悲惨的两极之间震荡,'不是自由与奴役间'变换,而是'在奴役和放纵间'交替。平民是'放纵的制造者',贵族是'奴役的制造者'。城邦因而无助地来回摇摆,'从专制倒向混乱,又从混乱倒向专制',两个对立集团的敌人都很强大,任何一方都无法长期维持稳定的局面"。④在他看来,潜藏于佛罗伦萨共和国内的政治阴谋和野心是政治衰败的重要原因。野心家凭借私人力量建立起自己的党羽,以私人性的恩惠关系

---

① 马基雅维里:《佛罗伦萨史》,商务印书馆,第 231 页。

② 斯金纳:《马基雅维里》,译林出版社,第 54 页。"就肯定共和国的特殊性而言,这也是在肯定它存在于时间而不是永恒之中,它是暂时的,它必有一死,因为这是特殊事物的前提。共和理想接受共和国必有一死的事实,其象征性的表现是它选择了失败的反叛者布鲁图斯作为英雄。"波考克:《马基雅维里时刻》,译林出版社,第 58 页。

③ 吴增定:《权力的游戏:马基雅维里与斯宾诺莎的政治哲学比较》,《同济大学学报(社会科学版)》,2020 年第 5 期。

④ 转引自斯金纳:《马基雅维里》,译林出版社,第 91 页。

破坏力量平衡。非公共的阴谋野心是潜藏于国家内的破坏力量,是国内各方的敌人。针对 1366—1371 年意大利的混乱状况,马基雅维里引用当时一个公民拜谒"执政团"时的进言,其中描述出共和国内的腐朽状况:

> 在意大利各城市里聚集着的,不是易于堕落的就是使人堕落的人。……他们热切追求的并非真正的荣誉;只不过是不足挂齿的名位。……世道如此,于是就出现结党营私。在野心和贪欲的驱使下,坏人趋之若鹜;好人无路可走,也只得随波逐流。眼看着这些宗派领头人和煽动家满口仁义道德、用花言巧语把他们那卑鄙龌龊的阴谋诡计神圣化,实在是最可悲的事![1]

马基雅维里进一步指出,伴随阴谋和野心而来的是共和国内的党派之见和纷争;即便在统治阶层内部也存在派别之见,只有在受到敌对派别的攻击和制衡时,他们才保持团结;一旦外部的"敌人"不见了,统治阶层很快就分崩离析。

马基雅维里并非历史决定论者,尽管历史和实际政治经历充满了公共精神的衰败和腐烂,但他从不甘心安于现状,认为我们可以对抗不堪的政治衰败与腐朽。那么如何抑制这种倾向呢? 在正常情况下,他认为可以依靠良好的法律。现实政治中的人("君主、贵族和平民")并非完全的有德之人,在马基雅维里笔下的古罗马共和国内,人民确实常常具有自私的本性和源于此种本性动机的行为[2],它不仅败坏国家机体,还造成自我的毁灭;而唯有在良法的约束下,平民才会做出符合公共善的行为。只有接受法律制约的平民,才审慎、稳定并拥有良好的判断力。[3]

不过,必须指出的是,这只能是维持共和国秩序和自由的一个方面。在马基雅维里看来,法律的约束力也不是完全的,它的效力——尤其是在非常规的政治时刻——并不常常发挥作用。马基雅维里在

---

[1] 转引自马基雅维里:《佛罗伦萨史》,商务印书馆,第 128 页。

[2] Quentin Skinner, Machiavelli on Virtù and the Maintenance of Liberty, in Visions of Politics, Volume II, Renaissance Virtues, Cambridge University Press, 2004, p.178.

[3] 参见马基雅维里:《君主论·李维史论》,吉林出版集团有限责任公司,第 302—306 页。

关于法律之于良好统治的认识上具有韧性特征,他常常试图说服人们认识到法律的作用和限度,"饥饿和贫困使人勤奋,法律使人良善。如果一件事情本身在无法律的情况下运转良好,则法律就是不必要的;但是在没有这种良好的风俗习惯的时候,立刻就需要法律"。①当政治情势发展到法律无法发挥效力的时候就需要探求其他手段。这些手段可能是多重因素的相互配合,或是利用其他方式促使法律发挥效力,如对共和国内杰出人物、具有德性的公民和权贵等典范的垂范(马基雅维里在《李维史论》第 1 卷第一章中认为精英"发挥着几乎和法律一样的作用"),共和国内不同群体(如平民与贵族)的对抗,以及通过对政治野心的处决等等,以革新并创制良好的法律并使之发挥效力。总体来说,它们可以共同扭转人们对法律的蔑视和僭越。

政治衰朽不可避免,败坏过程表现为共和政治结构的破裂。根据马基雅维里的文本,平民人数众多且常常破坏共和国家的政治结构,这迫使贵族及其他政治精英采取各种必要手段压制对方的扩张。他多次谈及平民与贵族的动乱与冲突是导致法律创制的重要原因:"良好的法律源于被许多人轻率地斥责的那些纷争","任何人只要适当地考察它们的目的,就会发现,它们带来的不是有损于公共利益的放逐或暴力,而是有利于公共自由的法律和体制"。②由此看来,发生在平民与贵族之间的冲突和内乱,在共和国的政治生活里是无法避免的一种政治状态:平民是一个在人数方面的力量较之贵族强大的集团,但往往缺乏领导,因而难以凝聚在一起而导致其力量在政治生活中被削弱;再加上他们容易受到眼前利益的吸引而遭受蒙骗,相较于贵族阶层来说,他们在这方面又显得理性不足,这给贵族驾驭平民提供了可能。与此相对,贵族人数较少,在强制性力量上难以与平民抗衡;然而,他们具有良好的政治判断力和多种非强制性手段(如说服、欺骗、收买等)瓦解平民。在公共政治生活中,他们能够抵挡平民的冲击,并驾驭平民作出符合公共善的行动。马基雅维里看到平民是罗马扩张的力量源泉,但是这一力量却颇为盲目,甚至有在动乱中毁灭城邦的可能性;贵族无法将平民的力量消灭,却能够运用手段将平民力量驯化。

---

① 参见马基雅维里:《君主论·李维史论》,吉林出版集团有限责任公司,第 155 页。
② 同上第 157 页。

在平民与贵族之间发生动乱和冲突的状态下,既定的法律因被削弱而常常难以发挥效力。不过无须担心,因为马基雅维里明确指出,"那些斥责贵族与平民之间纷争的人,在我看来,他们斥责的是作为保持罗马自由的首要原因的那些因素,这些人更多地考虑由这些纷争产生的争吵和喧嚣,而不是考虑这些纷争所收到的良好效果"。①这一"良好效果"即在于分化的阶级、阶层派别和小团体通过冲突和动乱达到了政治平衡,从而恢复了秩序与稳定。也就是说,古罗马共和国内部的骚乱不仅不会导致国家解体的危机,还给共和政体提供了凭借法律无法解决的方式和手段。②

在一个政治共同体中,尤其是马基雅维里考察的古罗马共和国中,按照他的认识,各方都是国家的必要构成,完美的政制在于能够恰当地结合三种力量(君主、贵族和平民),并使它们处于一种结构性平衡之中。平民是国家的营养和力量源,贵族是国家的大脑和眼睛。马基雅维里在《佛罗伦萨史》中对比了佛罗伦萨共和国和罗马共和国③,认为后者的伟大在于平民在对贵族动乱中的要求相对适宜且合乎情理,并不对贵族进行严苛的侮辱,以至都能同意各自的要求并依法律的形式确认要求;而这些在佛罗伦萨共和国中却是以相反的情形出现的。④

关于对佛罗伦萨共和国以及其他遭受"严重政治衰朽"国家之情况和补救手段,马基雅维里在《君主论》中格外重视。在腐败透顶、无望复生的国家里,当法律和各方的权力平衡无法很好建立的情况下,一般来说就只能寄望于具有卓越德行的君主或政治家的力量重新缔造国家:"一旦执行行为不再明确地服从法律和正义,技巧便成了处置各种紧急事态的一种普遍可用的手段,而不仅是用于实施法律的紧迫

---

① 参见马基雅维里:《君主论·李维史论》,吉林出版集团有限责任公司,第156页。

② 另一方面,从公民参与政治的目的及公民自由的角度来看,斯金纳推测,在马基雅维里笔下,公民参与政治的目的应该是"促使共和国富强,同时防范对自由的损害",既避免国家遭受外部因素导致的安全和秩序危机,同时避免上层阶级对其自由的侵犯。这里的公民自由既包含在共和国内按照独立的意志行动的自由,还包括免受诸如贵族元老等上层权贵之意志的专断。

③ "由于贵族企图发号施令,平民阶级不愿服从,很自然地引起严重的互相敌对,这就是各城邦大部分纠纷产生的根源。由于两个阶级这种心意不同,干扰各共和国的所有其他祸患也无不由此产生。这个问题使罗马不能统一。如果允许我以小比大的话,那么,也可以说是使佛罗伦萨分裂的原因。"马基雅维里:《佛罗伦萨史》,商务印书馆,第121页。

④ 参见马基雅维里:《佛罗伦萨史》,商务印书馆,第121—123页。

时刻。这种紧急状态很容易因国内图谋不轨的野心而发生，也很容易从外交事务的突发性危险中产生，为了应付它们，需要有人代行巨大的权力。"①不过，对于拥有德行依靠自己力量的政治家和君主，马基雅维里似乎暗示，在他所生活之朽败的世界里已无迹可寻，只有依靠自己的好运和他人力量的权势人物。如切萨雷·博尔贾、1513 年掌握佛罗伦萨政权的美第奇家族。

关于国家的严重政治衰朽情况，马基雅维里在《李维史论》中主要通过对古罗马共和国政治结构遭到根本性破坏的一些历史事例做了分析。其中的一个历史事例是十人立法委员会的建立②。贵族与平民为了巩固国家的自由而发生多次冲突，之后，他们意欲按照梭伦在雅典制定的法律框架内进行法律的创制。因此任命十位公民（任期一年）制定法律，为减少平民和贵族之间的分歧而取消了执政官和保民官；但十人立法委员会不断破坏罗马的政制结构，直到十人立法委员会成员之一的阿皮乌斯掌握专断性权力。与独裁官的设置相对比，独裁官的权力仍受到执政官、护民官、元老院的限制，而十人立法委员会则直接动摇了政制框架，取消了护民官和执政官的权力。古罗马共和国覆灭的原因之一就在于具有与"十人立法委员会"相似的对这一制衡结构的破坏。

还有一个事例是关于土地法的争端（《李维史论》第 1 卷第 37 章）。该法主要涉及两个方面：一是"任何公民都不能拥有超过一定数量尤格的土地"，二是"规定从敌人手中夺取的土地应在罗马人民中进行分配"。③这个法律主要侵害了贵族的利益，平民希望从中分享贵族的财产。尤其是格拉古兄弟的上台更加激化了二者的矛盾和仇恨，最终依靠马略、苏拉、庞培、凯撒这样的人物以战争的方式解决争端。而共和国也终于走向灭亡，罗马的自由也被"完全地毁灭"，凯撒成为罗马的"第一个专制者"。马基雅维里认为，动乱超越了公民生活的限度和既有习俗，平民借助凯撒消灭了贵族自由的同时也消灭了自身

---

① 曼斯菲尔德：《驯化君主》，译林出版社，第 155 页。"暴政于良好的统治是必要的"，"既然法律无法证明自身的合理性，因此需要暴力；既然自然不能提供这种暴力或为它正名，人必须找到或创造他们自己的暴力"。曼斯菲尔德：《驯化君主》，译林出版社，第 147 页。

② 参见马基雅维里《君主论·李维史论》，吉林出版集团有限责任公司，第 257—262 页。

③ 同上第 248 页。

的自由。罗马的共和政体发生根本变化,平民与贵族间的动乱不再存续,罗马公民沦为皇帝的臣民。共和国家蜕变为罗马帝国,共和国沦陷。

总体来看,如何使一个已败落的伟大国家再次开出绚丽的政治之花推动着马基雅维里的政治思考。他力图从古代政治史中发现抑制政治衰朽的因素和原则,"为了贯彻这个观念,他不怕采用哪怕是最可怕的方法,那是由一个道德败坏的时代让他掌握的"。①他回到古罗马共和政治史之开端,与先贤展开对话,探寻发生在建国时期原初的政治奠基行为,认为古时的人们"所曾经历过的那种情势"会在当世重现。鉴于作为"混合机体"的国家具有生命限度②,它在不断地更新和衰败,回到对其初始状态的考察就是最好不过的事情了。因为初始状态"必然地有内在的某种善",这种善使之"重新获得最初的声望和原生的发展能力"。就共和国来说,向国家之源头的回归"不是由于外部事件的促发所导致,就是源自内在的精明"。③国家在初建时期采取的行为就是建国者饱含了立国精神并具开创意义的行为,是为该共同体的政治体制和秩序奠基的行为。毫无疑问,其间的惊心动魄,热血与泪水在马基雅维里的政治观念中打下了深深的烙印。施特劳斯指出,马基雅维里看到古罗马建国者采取的必要而有效的恐怖手段,通过对那段历史的回顾,"它可以解释为什么奠基者必须使用恐怖手段,并且使得他能够使用恐怖手段"。④

在国家的初始状态中,统治者诉诸于处决手段是有效的。因为它在必要的政治时刻使人们产生"恐惧与害怕",从而使有野心之人不敢僭越法律。在《李维史论》中,马基雅维里认为,世俗团体(如"教派、共和国、王国")需要不定期"处决"以使社会政治秩序维持在不致腐败的范围内,处决行为不在于报复的正当性,而在于"让人恐惧",这也是良好的政治效果使然。能够产生震人心魄、令人畏惧效果的是"不同寻常的权力",它是共和国得以维持的必要要素,也是政治秩序"更新"的

---

① 弗里德里希·迈内克:《马基雅维里主义》,商务印书馆,第142页。

② "一旦承认城邦是有限的,它就不再是真正自足的;它存在于并受制于一个不稳定的时空世界,那是'命运'的领地;其中那些对它的稳定不可或缺的条件所处的状态,使其变得不可靠。"波考克:《马基雅维里时刻》,译林出版社,第91页。

③ 参见马基雅维里:《君主论·李维史论》,吉林出版集团有限责任公司,第439—440页。

④ 施特劳斯:《关于马基雅维里的思考》,译林出版社,第252页。

必要手段。①"畏惧"使人们"由于害怕受到绝不会放弃的惩罚"而对国家保持敬畏,统治者或君主握有的权力常常能够带来这样的效果。因为他认为"在缔造国家方面,君主比民众优越"②,马基雅维里在《君主论》中的阐述就着重于君主的统治权力何以能够产生这种效能。他教导君主:"人们爱戴君主,是基于他们自己的意志,而感到畏惧则是基于君主的意志,因此一位明智的君主应当立足在自己的意志之上,而不是立足在他人的意志之上。"③统治者能够完全掌控的就是自己的意志,根据自己的意志,他可以采取非常手段——如处决行为——明智地杀死在位暴君,或凌厉地浇灭一些人内心怀有强烈但不可能实现的"良好愿望",从而培养人们的敬畏之情感。④

　　总体来说,一个政治共同体处于不断衰朽之中,社会政治秩序的维持需要源源不断的力量注入,而权势(Kratos)和道德(Ethos)共同为它奠基。马基雅维里告诫人们,道德及其道德义务激励的行为,在大多数情况下适合于政治的寻常状态,而在国家危急时刻则需要示之以非常手段,甚至是反道德的恐怖手段也常常是必要的。因为"国家理由"蕴含着强烈的实效性和有用性要求。不过,从规范性视角来看马基雅维里的政治理论的话,与后来的霍布斯等人相比,前者多是从政治事件和政治历史中探寻解决之道,而在为这些政治问题找出比较完备且具有基础性规范理论和途径方面则显得逊色一些。⑤

---

　　① "正常'秩序'的更新,要依靠不时诉诸反常的'范式',它使共和国长久,其实是为它提供了永世存存的前景。"曼斯菲尔德:《驯化君主》,译林出版社,第160页。对于马基雅维里来说,暴力对于秩序的维持与打造是必要的,"应受谴责的是毁坏事物的暴力,而不是纠正事物的暴力"。(相比于吉林出版集团对《李维史论》中这句话的翻译,该书更为工整。)转引自阿尔都塞:《政治与历史》,西北大学出版社,第272页。"即使法律没有被违反,腐败的'秩序'仅仅为了自身的进步,或当它们阻止了自身的进步时,也需要对它们进行更新。"曼斯菲尔德:《驯化君主》,译林出版社,第151页。

　　② 施特劳斯:《关于马基雅维里的思考》,译林出版社,第23页。

　　③ 马基雅维里:《君主论》,商务印书馆,第80、82页。

　　④ Vickie B. Sullivan: Machiavelli, Hobbes, and the Formation of a Liberal Republicanism in England. New York: Cambridge University Press, 2004. p.107.

　　⑤ 或许阿尔都塞在一些方面的评价是中肯的,马基雅维里,"一种盲目的思想,它有自己的意识,却没有能力将那种意识进行定位,没有能力将它与现存的概念联结起来,它制定一种计划和实现计划的条件,然而,却与所有的科学无关。一种没有科学同时也没有理论的意识"。阿尔都塞:《政治与历史》,西北大学出版社,第311页。

三、马基雅维里对霍布斯现实主义权力政治的指引与启示

关于马基雅维里对霍布斯的影响，在霍布斯的文本中尽管没有直接证据证明后者知道马基雅维里，但有一些比较可信的间接证据。苏利文（Vickie B. Sullivan）在《马基雅维里、霍布斯与英国自由共和主义的形成》（Machiavelli，Hobbes，and the Formation of a Liberal Republicanism in England）一书中认为，有充分理由认为霍布斯知道马基雅维里。他指出，与霍布斯同时代的一位撰写传记闻名的约翰·奥布里（John Aubrey）曾经提到，"培根（Francis Bacon）更喜欢霍布斯作为他的秘书，因为'他更喜欢霍布斯先生的思想，然后是其他任何一个观点，因为他了解自己写的东西，其他人却不理解'"。①鉴于培根②在其著作中对马基雅维里的青睐，可知霍布斯应该熟知后者的相关认识。另外，苏利文也在《马基雅维里、霍布斯与英国自由共和主义的形成》中提到一份霍布斯手写的收藏于卡文迪许家族的故居哈德威克·霍尔图书馆中的书籍目录③，在该目录中包含了马基雅维里的著作。并且，剑桥学派重要成员、政治思想史领域的著名学者理查德·塔克教授也引用了这些主要证据，由此可以看出霍布斯与马基雅维里的思想关联，"最能体现霍布斯当时理智兴趣的证据是，德比郡的哈德威克保存的一份 17 世纪 20 年代末出自霍布斯手笔的书目。这份书目的

---

① John Aubrey, Brief Lives, Chiefly of Contemporaries, Set down by John Aubrey, between the Years 1669 and 1696, Andrew Clark ed., Oxford: Clarendon Press, 1898, 1: 331.转引自 Vickie B. Sullivan: Machiavelli, Hobbes, and the Formation of a Liberal Republicanism in England. New York: Cambridge University Press, 2004. p.80.

② 培根"的政治哲学是面对许多实际问题，而不是空谈玄妙的理论。他有勇气替马基雅弗利说好话，并坦白地接受了国家不受其人民所谓的道德律限制。"威尔·杜兰：《理性开始时代》，东方出版社，第 139 页。

③ James Jay Hamilton, Hobbes's Study and the Hardwick Library, Journal of the History of Philosophy 16, 1978:446—50.转引自 Vickie B. Sullivan: Machiavelli, Hobbes, and the Formation of a Liberal Republicanism in England. New York: Cambridge University Press, 2004. p.80。另外，理查德德·塔克（Richard Tuck）（Philosophy and Government: 1572—1651［Cambridge: Cambridge University Press, 1993］, 282)也引用了这一证据，论证霍布斯对马基雅维里思想的了解。他的作品包括《自然权利理论》《霍布斯》《战争与和平的权利》和《哲学与治术》等，涉及论题涵盖政治权威、人权、自然法，对霍布斯、格劳秀斯、塞尔登、笛卡尔等思想家的研究等。

作者包括波特若、利普修斯、康岑、马基雅维里、圭恰阿迪尼、阿尔贝加蒂、博丹以及格劳秀斯"。①

　　从构成他们政治思想的基本要素来看,马基雅维里对霍布斯的影响更加明显。②马基雅维里不相信自然中存在永恒与不朽,不相信与人力、人事隔离开来的政治,人为的就是政治的,人为的就是变动不居的。政治中充满了变数和不安,国家秩序也在人的催动下或处于更新之中,或趋于衰朽之中,就像斐弥亚(Joseph V. Femia)精辟地指出的,"对于马基雅维里来说,宇宙不是由理性或心灵(Reason or Mind)来统治;实在的结构在根本上是自然运动的一种无意义系统。他唯一提到的自然法则就是自然的必然性(physical necessity)。他没有提到任何理想的秩序,没有提及任何关于人在存在之伟大链条(the great chain of being)中的地位的学说,没有提及任何关于创世所朝向的遥远事件。他没有提起人在追求由上帝或由自然所规定的目的方面的发展或进步"。③他关注世俗的政治秩序,以现实权力为核心概念探讨国家地位维持和巩固的方式和手段,力图发现现实政治世界的政治真理;因反对理想主义政治传统而表现出强烈的现实主义政治特征。

　　受马基雅维里的启发,霍布斯也不从超自然的蕴含丰富"道德"价值的目的论视角看待政治。认为主宰人的行动和原则不是正义、虔敬等传统道德,而是人们追求权力的自然本性,或者说是人追求生存、安全和荣誉的欲望的必然性。④他关注现实国家和人,更倾心于国家在混乱状态下的秩序重构问题。霍布斯的这些认识是以"中立的"人性论为基础的,尽管人都有明确的道德和善观念,但是他并不相信其在人性中发挥什么重要作用。按照米斯纳的理解,"霍布斯从不依赖有关道德是好或坏的陈述或定义……在他的陈述中,其实并不相信人们

---

　　① 塔克:《哲学与治术》,译林出版社,第 295 页。国家理由学说对青年霍布斯的影响显而易见。

　　② 克罗波西和施特劳斯指出,"马基雅弗利以及其后的培根,为霍布斯大胆突破传统做了决定性的准备"。霍布斯"追随了马基雅弗利的'现实主义',把他的自然法学说从人的完善的观念中分离出来"。见施特劳斯、克罗波西:《政治哲学史》,法律出版社,第 393—394 页。

　　③ 转引自吴增定:《权力的游戏:马基雅维里与斯宾诺莎的政治哲学比较》,《同济大学学报(社会科学版)》,2020 年第 5 期。

　　④ 弗朗西斯·培根、霍布斯和斯宾诺莎都有这种认识。他们指出,《君主论》描绘了人及其所处世界的真实面目。霍布斯在《论公民》和《利维坦》表达了与马基雅维里类似的看法,不只否定了人的自由意志,也否定了传统道德哲学赋予人们"至善"的"应然"道德目的。斯宾诺莎也认为人的"应然"作为通通来自"实然"作为。

在道德上有任何信仰"。①因此,人及其构造之物——利维坦,无不是人性欲望运动之结果,幸福和善也不例外;准确地说,与马基雅维里一样,霍布斯所认为的社会政治生活就是由这样的人性推动的,对于社会政治秩序的思考也与道德没有必然联系(当然没有必然联系并不意味着霍布斯完全否定"道德"在社会政治秩序中的功能)。②如果目的论者所说的终极目的、善,以及人的幸福安宁存在的话,那也只能在运动中达到,只能在人之欲望的不断追求和实现中达到。善恶与人密切相关,"善、恶和可轻视状况等词语的用法从来就是和使用者相关的,任何事物都不可能单纯地、绝对地是这样。也不能从对象本身的本质之中得出任何善恶的共同准则,这种准则,在没有国家的地方,只能从个人自己身上得出,有国家存在的地方,则是从代表国家的人身上得出的;也可能是从争议双方同意选定,并以其裁决作为有关事物的准则的仲裁人身上得出的"。③

　　同样,霍布斯也力主以权力为核心的现实主义政治,主张基于"现实权力"的政治原则。正如施特劳斯在《自然权利与历史》中指出的,"权力"一词在霍布斯的政治思想中"第一次 eonomine[以其名义]成为了主旋律",鉴于霍布斯政治著作具有马基雅维里等人所不具备的严密性与规范性,其政治论著堪称"第一部权力哲学"。④他的《利维坦》等著作都是在英国内战的背景下用激进的文字设想了一个极端状态,并以此向人们描述出一个毫无正当性可言的政治共同体,从而探讨重建秩序和政治权威的方式。在他看来,为了维系社会的有序和稳定,可以使用许多看似"不道德"的手段,比如赋予主权者无限的绝对权力等。主权者的权力在锻造国家秩序中具有核心作用,"为了享有安全,我们应当放弃自我的判断,顺从于我们的主权者制订的法

---

　　①　米斯纳:《霍布斯》,中华书局,第 21 页。

　　②　不过,阿尔都塞曾谈及二者在人性论与其政治思想关系的"细微"差别:"在霍布斯那里,正如所有政治哲学家那样,人类学(关于人性的理论)充当的是发生学本源和理论本身的基础。当霍布斯用自己的专门术语仔细考察'分解了的社会'时,他把社会分解为其最终要素,也就是人,接着他从人的本质、从人性出发,继续分解,以将其中的本质展露出来。在马基雅维里那里,人类学似乎是其政治理论基础的一部分,但同时,前者对后者来说又是外来的。我们看不到马基雅维利的人性与马基雅维利的政治理论之间的关系。它们之间即使有联系的话,也不是明确的,而是处于潜在状态。"阿尔都塞:《政治与历史》,西北大学出版社,第 292 页。

　　③　霍布斯:《利维坦》,黎思复等译,商务印书馆,第 37 页。

　　④　施特劳斯:《自然权利与历史》,生活·读书·新知三联书店,第 198 页。

律。……现代国家的结构从霍布斯的时代开始一直延续至今,他对这一国家结构的政治论证依然是我们的范本"。①主权者制定法律,但其本身不受法律的约束和限制,是国家的化身和人格代表;主权者权力的大小不仅决定了国家秩序的稳固程度,也决定了"臣民"能否在有秩序的生活中享受安全与舒适。

不过,霍布斯政治哲学的一个出发点在于从普通人身上就能发现的人性和自然法②,这发展了由马基雅维里开创的现实主义政治观念。他把马基雅维里的众多鲜活的政治历史事例中凸显的关于权力认识之无处不在的"困惑"以抽象化和逻辑化,并给"权力的永恒游戏"披上一层正当性外衣。③他指出,"一个人如果把许多人聚合在一起,而他们又提不出一个**正当的理由**来,那便是一种担当不起责任的骚乱"。④通过对人性和自然法理论的阐述,霍布斯试图用此种"正当理由"替代马基雅维里在其文本里所称的必然性,与后者以利用各种(不考虑道德、正义、超越的)现实资源和力量构建政治秩序不同,霍布斯建立的政治体制和秩序受蕴含了人的普遍本性和强烈情感(暴死的恐惧)的正当性自然法的支配。

在关于"人的认识"上,霍布斯与马基雅维里有类似观点。二者都对普通人性持悲观主义的观点,都认为每个人都具有永不休止地对物品、利益或安全等获取的欲望。尤其是霍布斯,他再次明确地向人们宣示它的天然任务是不惜代价和采取任何手段争取安全和秩序。不过,霍布斯与马基雅维里的"具有政治野心的精英的卓越和优秀"这一假设不同,前者更强调人与人之间的平等以及在满足这些欲望方面的平等能力,即以"人天然地平等"这一前提条件取而代之。对于霍布斯

---

①　参见塔克:《哲学与治术》,译林出版社,第74页。

②　"只有当自然法能够从人们实际生活的情况,从实际支配了所有人或多数时候多数人的最强大的力量中推演出来时,它才可能是有效地或者有实际价值的。自然法的全盘基础一定不能在人的目的,而是得在其开端的"第一本性"中寻求。施特劳斯:《自然权利与历史》,生活·读书·新知三联书店,第183—184页。

③　"霍布斯利用他的权力科学,对马基雅维里那些事例的丰富但又令人困惑的细节进行了抽象,但是他所保留的新信息,却有着深刻的马基雅维里的特点——获取的必然性。可以说,霍布斯把这种必然性做了普遍化和道德化的处理,使它成为自我保存的权利。"曼斯菲尔德:《驯化君主》,译林出版社,第173—174页。"人对人的恭敬目标是权力,因为一个人看到旁人受恭敬时就会认为这人有权力,而且也就更容易服从他,这样就会使他的权力更大。"霍布斯:《利维坦》,黎思复等译,商务印书馆,第282页。

④　霍布斯:《利维坦》,黎思复等译,商务印书馆,第186页。

来说,所有人都为自己的本性欲望所驱使,都平等地为自己的激情所驱使。在自然状态中,理性只是满足自己的工具,而不是满足自己无限需求的绿洲。在拒绝了理性作为激情避风港的可能性之后,霍布斯否认人类幸福的可能性,激情使所有人保持持续的激动状态。在对激情的这种理解的基础上,他将人类社会政治生活视为一种持续不断的奋斗,以一种类似于马基雅维里的方式不断获得"财物"。①霍布斯似乎揭露了马基雅维里所描述的人性状况。事实上,当马基雅维里警告说,拥有大量财产的城市上层阶级与下层阶级一样都可能是动荡不安的源头,二者都深知"获取"是人类最基本的需要,并且获取的欲望永远刺激着任何阶层类型的人。②

最后,在对宗教的批判方面,马基雅维里表现出极大的勇气,指出基督教对国家秩序和人造成的损害;当然他没有从根本上否定宗教的作用,"他甚至不想毁灭基督教,因为像基督教这种东西,可以发挥它的长处"。③其目的是让宗教成为世俗国家秩序及其地位得以维持的工具和手段。对于这个话题,霍布斯也相当激进,明确指出世俗权威之于宗教权威所具有的优越性,尤其是前者在政治领域中享有的优越地位。霍布斯也同样把宗教视为一种政治工具,而统治者可以根据政治需要决定宗教仪式和教义,甚至确定"谁是先知",以及何为"真的神迹"④等。

---

① 而且像马基雅维里一样,霍布斯明白激情对象的区别允许不同类型的人有根本的区别。他将那些因驱使他们寻求认可,荣誉和统治感的激情所折磨的人与那些因诱使他们寻求一种宽容生活的激情而感动的人们作了对比。这复制了马基雅维里在伟大人物与人民之间的区分。尽管霍布斯没有将这种划分与马基雅维里联系起来,但尼尔·伍德基于霍布斯思想中的激情,区分了两个阶级之间的根本分歧:"大多数人,通常是下层阶级的人,以他们已经拥有的东西感到自豪,但追求荣誉的人在很大程度上只限于上层阶级。"Hobbes and the Crisis of the English Aristocracy, History of Political Thought 1[1980]:440.

② Vickie B. Sullivan: Machiavelli, Hobbes, and the Formation of a Liberal Republicanism in England. New York: Cambridge University Press, 2004. pp.94—95.

③ 曼斯菲尔德:《驯化君主》,译林出版社,第146页。

④ 参见米斯纳:《霍布斯》,中华书局,第82页。

第二章　霍布斯现实主义政治秩序观的基石：人性与自然法

　　面对纷繁复杂的世俗政治生活，马基雅维里（1469—1527）开创了基于国家理由和利益的"近代国家"的新理解路径。欧洲大陆的政治思想家如布丹（1530—1596）、格劳秀斯（1583—1645）、斯宾诺莎（1632—1677）等在此基础上发展了这一路径，他们借助于古典的自然法传统，探寻国家的组成要素、正当性以及权威的来源、范围和本质等，力图为世俗国家理论奠基。1588 年出生的英国政治思想家霍布斯就是做出这一理论努力的卓越代表。霍布斯是英国南部威尔特郡的梅尔默斯伯里镇人，他出身贫苦，父亲是乡村牧师，后来离家出走。霍布斯接受叔叔的资助进入一所文法学校学习，15 岁入牛津大学。霍布斯与牛津大学的关系并不好，牛津大学校长克拉伦登伯爵曾撰写专著攻击《利维坦》；霍布斯于 1679 年逝世后，该校也曾将其著作堆在博德利图书馆的院子里焚毁，毕业后，霍布斯成为德文郡伯爵儿子的家庭教师和监护人。

　　17 世纪的西方社会是一个充满深刻变动并孕育着变革的时代，新的生产方式正在形成，新的科学知识不断推陈出新。在政治哲学领域里，新的观念正在形成。霍布斯敏锐地感觉到，必须寻找并建立一个新的关于和平、国家秩序和人的观念。在他最为人所知的名著《利维坦》中，霍布斯明言"在现在人们不仅呼吁和平，而且呼吁真理之际，我把自己认为正确而又显然有利于和平与忠君爱国之心的学说提出来，让那些尚在考虑的人参考，便只会是拿出新酒来装在新瓶中，两者将具存无缺。我认为当新学说在一个国家中不致造成麻烦与紊乱时，人们一般说来是不致于泥古不化到一个程度，以致宁愿拘泥旧说之误，而不愿接受业经确证的新真理的"。[①] 他先后撰写《法律、自然和政治

---

　　① 霍布斯：《利维坦》，黎思复等译，商务印书馆，第 576—577 页。在另一论著《贝希摩斯》中，他也指出了和平问题的紧迫性，"我对我们之间能够维持长久和平感到绝望，（转下页）

的原理》(1640)、《论人》(1658)、《论公民》(1642)和《利维坦》(1651)，以及后来编辑而成的对话体著作《贝希摩斯：英国内战缘由史》，这些著作是霍布斯关于新政治观念所作努力的系统成果。施特劳斯认为霍布斯是"鲁莽顽劣、破坏偶像的极端派"，是"第一个平民哲学家"，用他"永不衰绝的人道"及无人媲美的"明晰"和洞察力而让人印象深刻。[①] 还有当代著名的政治思想史家阿兰·瑞安(Alan Ryan)也称其为"英国最伟大的政治思想家"，"是用英文写作的最大胆无忌、最激动人心、最言之成理的政治论说家"。[②] 美国著名的政治思想家罗尔斯在《政治哲学史讲义》也曾指出，尽管密尔的思想比霍布斯更有价值，但是"密尔的著作中，没有一本专著可以与《利维坦》媲美"，"没有一本可以产生《利维坦》那样的巨大影响"，尤其是在涉及对"秩序之政治理念"的认识方面，它们缺乏霍布斯著作中所具有的"广度和力量"。[③]

一、现实主义政治秩序观的基本取向：世俗的人与国家

受马基雅维里现实主义政治的启示，霍布斯指出，赋予政治意义的根源在于"人的需要"，人性欲望中蕴含着最为迫切的政治目的。它应是具有支配性和统辖性的政治原则，这是霍布斯关于政治科学的新理解，也是一种新的政治传统。他反对那种独立或远离任何人性欲望、人类习俗及人的"自然权利"的政治思想，此种政治传统是以苏格拉底、柏拉图、亚里士多德、塔西佗和普鲁塔克等人为代表的追寻高贵、正义本质的政治哲学，它是一种寻求最好的、正义的，同时也是具有普遍性的政治制度和政治秩序的政治哲学，这是一种施特劳斯所称的"理想主义"的政治哲学传统。不过，霍布斯是"基于对理想主义传统的根本赞同而对其加以拒斥的"，他不反对此种政治追求的普遍性

（接上页）除非这里的大学有所转变，把研究专注于解决和平问题，即教导人们绝对服从国王的法律，绝对服从盖有英格兰国玺的公共法令"。霍布斯：《贝希摩斯》，北京大学出版社，第66页。

① 施特劳斯：《自然权利与历史》，生活·读书·新知三联书店，第169页。另外乔治·莱特也认为霍布斯的论辩及其对政治问题简单化处理也多有自负和鲁莽之举，"霍布斯自己的论辩风格，那种自负的、过分简单化的和常常是对难题的鲁莽处理——它最能激起敌人的怨愤"，因此也招致各种指责。霍布斯：《〈利维坦〉附录》，赵雪纲译，华夏出版社，第16页。

② 阿兰·瑞安：《论政治》（下卷），中信出版社，第16页。

③ 参见罗尔斯：《政治哲学史讲义》，中国社会科学出版社，第24页。

取向。因此,他以人性科学为基础,以植根人性的近代自然法为方法展开"思想实验",从而以与古代政治完全不同的视野和思维方式构建新的政治哲学基础,这可称得上是"政治理想主义与一种唯物主义和无神论整体观的典型的现代结合的经典范例"。①

围绕"人性欲望"构建的新政治哲学使霍布斯表现出"自然权利"的取向和特征。按照他的理解,以"人的权利"为基础构建的国家秩序更加可行也更加牢固,因为它源于充沛的人性欲望,"依据自然,每个人都是何为其自我保全的正当手段的裁定者。因为,即使我们承认,在原则上一个睿智者比之一个傻瓜乃是更好的裁定者,但是他对某个傻瓜的自我保全的关切程度,比之后者自己却要淡漠得多"。②这种秩序由人人都普遍欲求的权利而来,也是人们普遍需要的秩序类型。当然,按照这一理解,在现实社会政治生活中固然需要智慧,尤其是在决策过程中需要智慧,然而智慧只是政治的一部分。相对于人的这一权利的实现来说,智慧退居次要地位,关键是人们能够利用确保自我保存的一切手段,也即只要能确保人身保存,其他皆为次要选择。总之,霍布斯通过改变自然法的性质,在现实不能满足人的这些权利的时候,使此种观念不需要神圣的道德感化而在西方近代具有了革命性意义。

霍布斯的政治观念是一种扎根于人性的政治哲学。政治哲学就是根据任何政治事物的发生、发展推论其属性和品质,并据此推论与其他事物存在关联的可能方式,从而获得知识。这里蕴含了一个目的,就"使人们能够在物质或人力允许的范围内产生人生所需要的效果"③之目的。霍布斯指出,原始的政治认识和"根据书籍的权威进行推理而得到的知识"不是政治哲学,因为这不是通过人的推论和加工获得的,"不从原因推论结果",不从"结果推论原因",所获得的"不是知识而只是信仰"。总体来看,哲学离不开人的目的、离不开人的推演和加工④,就连政治知识的探求也是有关于"人的需要"的知识。当

---

① 详见施特劳斯:《自然权利与历史》,生活·读书·新知三联书店,第171—173页。

② 同上第189页。

③ 霍布斯:《利维坦》,黎思复等译,商务印书馆,第537页。"我们不能把包含着慎虑的原始知识(即经验)算成哲学的任何部分。因为这不是由推理得来的,而是在人和猛兽身上同样可以找到的。这不过是过去一连串事态的记忆,其中只要有任何一个小的环节被忽略了,就会改变效果;使慎虑最深的预期遭到失败。然而从正确推理中所得到的一切都不是旁的,而只是普遍、永恒和不变的真理。"霍布斯:《利维坦》,黎思复等译,商务印书馆,第538页。

④ "推理的能力是由于语言的运用而产生的,所以推理就不可能不发现某些几乎和语言一样古老的普遍真理。"霍布斯:《利维坦》,黎思复等译,商务印书馆,第538页。

然，与古代哲人相同的是，这样的知识是理性的知识，是"普遍、永恒和不变"的真知识。

霍布斯笔下的"理性人"也是受社会中少数哲人启蒙而非宗教圣经启示的人。"理性哲学与启示宗教"的对立是其文本中的一个重要特征，它在现实社会政治生活中表现为"哲人与宗教"的对立。按照他的理解，对宗教的批判就是把"只有少数人才有能力获得的自然理性说成是上帝赋予我们所有人的"，"每个人身上都有这种'理性之光'"，通过它祛除蒙在现代人头上的思想蒙昧，使人的"自然理性的声音"阐发出来，此即"'理所当然'地批判宗教的'理'"。①

与马基雅维里类似，霍布斯认为，宗教源于人们因无知而产生的恐惧和想象，是"头脑中假想出的，或根据公开认可的传说构想出来的对于不可见的力量的恐惧"②。当人不能理解事物的真正原因或对此没有把握时就会借助于自己的心理想象和社会中流传的公开传说加以解释，从而设想"原因"，并通过不可知的力量——即宗教——安顿人的恐惧和焦虑。按陈建洪的理解，"霍布斯肯定了恐惧创造诸神的传统看法……哲学是对事物自然原因的探究，宗教则是因为对事物自然原因的无知而引发的假想"。③基督教就是这样的宗教，它起因于人们对自然现象发生原因的无知以及由此给人们带来的恐惧和焦虑。这种宗教观与当时人们对宗教的认识根本不同，尤其与信教的人存在差别。

现在看来，霍布斯在涉及宗教认识上既大胆又谨慎并富有理论策略，他指出人类生活中普遍存在对超自然的信仰，而根源在于人本性中的"权势欲"。这样，宗教也成为他理解人性、构建新政治学的一个工具和手段了。通过剖析基督教体系的国家，以达到论证世俗权力的

---

①　霍布斯：《〈利维坦〉附录》，赵雪纲译，华夏出版社，霍布斯的"申辩"第12页。

②　"宗教源于恐惧，在宗教中人们以不同方式崇拜他们的神，不管这些神是真还是假。种种神灵源于个人的神圣体验，或源于听到他人神圣体验故事时的想象——霍布斯经常直接指出，就基督教来说，随着神迹和幻象的停止，信仰已逐渐凭借讲述由'殉道者'（martyres）——就是希腊语清楚所说的见证者（witnesses）——曾讲过的故事来传播了。殉道本身就是见证某人信仰的一种方式。"霍布斯：《〈利维坦〉附录》，赵雪纲译，华夏出版社，第39页。"霍布斯认为，这些丰富和令人惊异的宗教行为，基于这样一种心理机制，即焦虑的人们要维持和增强他们的力量。没有忧虑，也就不会有宗教。"霍布斯：《利维坦》，黎思复等译，商务印书馆，第41页。在关于霍布斯对宗教的批判和讨论方面，米斯纳也指出，他"为我们提供了恐惧情绪的另一重要用途，他把宗教定义为一种恐惧。他说，宗教是对无知的恐惧；他还说，宗教是人们为减轻恐惧而虚构出来的力量"。米斯纳：《霍布斯》，中华书局，第6页。

③　陈建洪：《论霍布斯的恐惧概念》，《世界哲学》，2012年第5期。

正当性之目的。当然,霍布斯对宗教的这一工具性认识在他的政治哲学中并不发挥重要作用,罗尔斯在《政治哲学史讲义》中更为直接地评论道,根据正统的思想来看,"宗教在霍布斯的观点中没有发挥任何**重要的作用**"。①

如果说"世俗的人"是霍布斯政治观念的出发点和根本目的的话,那么现实国家秩序及其正当理由则是人们赖以生存和获得安全保障等权利的重要载体。自我保全的欲求乃是一切正义和道德的唯一根源。人类政治中最根本的就是权利,一切政治事物无不赖于人的自我保全权利;对于人来说,义务是第二位的,是前者衍生出来的。所以,国家或其他政治体和政治组织,根本上来看需要以人的自然权利来界定:"国家的职能并非创造或促进一种有德性的生活,而是要保护每个人的自然权利。国家的权力是在自然权利而不是别的道德事实中看到其不可逾越的界限的。"②霍布斯的前辈们(如马基雅维里)阐述了一种"国家理由学说",但他并不满足于后者关于国家秩序零碎而混杂的政治阐释,而尝试给世俗社会政治秩序问题以一个更具逻辑性和系统性的答案。

霍布斯站在国家理由学说与现代自然法学说的交汇处。毫无疑问,他汲取了人文主义政治思想者关于国家理由学说的文化要素,赞美人在政治生活中展现的高超政治技艺,颂扬权势、力量和德行(如欺骗、违背信义),以及现实利益在打造和平与秩序中发挥的重要作用。另一方面,随着对古典文献(如古代的修昔底德、欧里庇得斯、荷马等人的著述)和人文主义者(如受到塔西佗主义影响甚大的波特若、利普修斯、马基雅维里和圭恰迪尼等)兴趣的衰退,他开始有意识地摆脱国家理由学说通常采用的概念、表达及思维方法;尤其是在与威尼斯和荷兰的共和主义者交往的那段时期,这一倾向更加明显。

通过对修昔底德《伯罗奔尼撒战争史》的翻译和解读,霍布斯开始有意远离国家理由学说的某些思想要素。因为他认为,修昔底德没有

---

①　随后,罗尔斯进一步指出,"我相信,霍布斯所使用的所有概念,如天赋权利、自然法、自然状态等,都可以抛开任何神学背景来加以定义和解释"。罗尔斯:《政治哲学史讲义》,中国社会科学出版社,第 27 页。关于霍布斯在《利维坦》中对宗教的态度,以及运用《圣经》佐证自己的观点,米斯纳认为,"在霍布斯生活的那个时代,《圣经》不被看作是一本宗教书籍,而是一本充满理智的书。……霍布斯认为用《圣经》作为支持,对于其理论被大多数人所信服,是有帮助的。……霍布斯本人很清楚他既没有用《圣经》来完善自己的思想,也没有必要用它来证明自己思想的正确性"。米斯纳:《霍布斯》,中华书局,第 9—10 页。

②　施特劳斯:《自然权利与历史》,生活·读书·新知三联书店,第 185 页。

将人物的内心情感和行为动机加入到他的历史著述之中,这与受到塔
西佗主义影响的国家理由论者不同,而这正是修昔底德受霍布斯青睐
的地方,并称其是"有史以来最具政治性的历史学家"。他"所承袭的
是修昔底德那里表面和实际、言和行的紧张关系,这种紧张关系可能
是一种分裂的态度,但分裂仍不同于暧昧,正好比承认欺骗和掩饰的
存在与推崇欺骗和掩饰的技巧并不是一回事"。①

　　总之,霍布斯在正当国家秩序方面的思考是以精细并富有逻辑的
人性、自然状态和自然法理论为基础的。在自然状态的刺激下,从而
构建一个发于人的激情欲望和理性的,同时也能够对人的激情和欲望
进行约束和控制的人为之物,即强大而稳固的"利维坦"。②关于自然
状态的描述,有不少学者认为它是霍布斯基于英国内战中无序和混乱
观察的概括。在这一极端状况下,借助于人性理论,使他找到了建立
秩序所依赖的稳定根基:"对死亡恐惧"的激烈情感。正如施特劳斯认
为的那样,霍布斯关心的秩序"是可能实现的,甚至确定无疑是能够实
现的社会秩序",这一具有"确定性"的秩序类型来自于人们"最强烈的
激情"。③人们在自然状态中能够感受到的死亡有多么刻骨铭心,就是
他们在战争状态中所能够感受到的恐惧程度,同时也决定了人们企盼
"利维坦"拥有力量的强度和限度。

　　按照霍布斯的逻辑,人们必然希望所建立的国家秩序能够长久存
在下去,而他的秩序类型是为人们的激烈情感所激发的结果,它与人
们的期望相符,同时也是自然法指引的结果。不过,在分析霍布斯人
性论、自然状态理论等观念资源的基础上,罗尔斯批判这一秩序类型

---

①　见韩潮:《霍布斯笔下的修昔底德——塔西佗主义、国家理性与霍布斯的转捩点》,
《复旦政治学评论》,第18辑。关于霍布斯对国家理由学说的不同,韩潮在另篇论文中还指
出,这"同时也可以体现在他对审慎概念的批判之上,他开始将国家理性的核心概念'审慎'
清除出他的体系,取而代之的是以自然科学为典范的知识"。韩潮:《文艺复兴晚期的国家理
性学说》,《中国科学报》2019年3月20日。作者在该文评论道,在这一方面,"如果说马基雅
维里在某种意义上更像狐狸,那么霍布斯毋宁更像一头威武、坦诚的雄狮"。

②　"霍布斯指出,人为的一切都不可能永恒,但借助于才华横溢的建筑师,国家可以稳
固地建立从而避免因为内乱而灭之。霍布斯描述了人的天性中那些往往趋向破坏和平和国
家秩序的力量。然而这些力量并不能通过道德改革、通过诉诸人性中被认为高贵的东西而
得以抵消。霍布斯改而诉诸人性中开明的自利属性,并在对情感机制的认知和操纵基础上
依靠正确制度的设立。……通过把他的'大厦'建立在人类动机的最低的一般标准上,就可
以指望它不管在任何地方都可以牢固地耸立。"施特劳斯等编:《政治哲学史》,法律出版社,
2010年重印,第410页。

③　施特劳斯:《自然权利与历史》,生活·读书·新知三联书店,第205页。

建立在极端政治状态的极端状况之上,这样的秩序模式太过"刚性",是一种仅凭借强制力量而不相信任何道德力量以维持秩序的模式。根据正常的政治状态来理解,这种秩序必定难以长久持续。他多次提到霍布斯在维护社会稳定和国家秩序方面的影响,认为后者只关注"如何克服使国家陷入分裂状态的内战"①。

二、发于自然激情和欲望的"中立"人性论

霍布斯的政治思想关注国家秩序和人民生命安全。为了达到这一目的,可以使用许多看似不道德的手段(如马基雅维里一样),比如赋予主权者无限的绝对权力、主权者不受法律限制等。霍布斯之所以如此看待政治,在很大程度上是与其人性论联系在一起的。"霍布斯的政治学说是从对于人性的研究中得出的",人类的道德和政治生活的"目标和特性"应以"自然"为参照,他尤其重视"人的天性"的决定性作用。②在这方面,马基雅维里显然没有提出能够作为其政治理论基础的规范的普遍人性理论。马基雅维里似乎提到政治生活中的人和人性欲望,但这更多是对实际政治生活中某一群体表现出的"先天特性"的描述。霍布斯的人性理论是一种现实主义人性论,即"大多数人和多数社会在大多数时间里所实际"存在的人性,他从经验、从对他人的反思以及自我反思中考察人类本性③。人类本性发自于自然欲望和自然激情,并且"这些本质特征或多或少是给定的或永恒不变的"④,从

---

① 罗尔斯:《政治哲学史讲义》,中国社会科学出版社,第 194 页。霍布斯在《利维坦》中把国家比作"人造的人",公平和法律是他的理智和意志,和睦代表健康,动乱代表疾病,而内战预示他的死亡。参见霍布斯:《利维坦》,黎思复等译,商务印书馆,第 1 页。

② 参见施特劳斯、克罗波西:《政治哲学史》(上、下册),河北人民出版社,第 469 页。

③ 霍布斯高扬经验的作用和意义,认为"经验最多的人用以预测未来的迹象也掌握得最多,因之也最为谨慎;其谨慎超过该项事务中新手的程度,是无法以天资或机智的长处抵消的";尽管许多年轻人持不同看法,但这一情形并不会有多少改变。参见霍布斯:《利维坦》,黎思复等译,商务印书馆,第 16 页。但萨拜因认为,霍布斯的政治思想"把逻辑或数学知识同以经验为依据的或实际的知识混同起来",没有看到从几何学到物理学演绎的不可能性,他推出霍布斯的政治思想"绝不是实际政治观察的产物"。[萨拜因:《政治学说史》(下),商务印书馆,第 534 页。]尽管如此,萨拜因并没有否认霍布斯思想中采用的经验观察方法。霍布斯在《论公民》中也指出,人类的本性可以通过经验观察得到,是"所有人根据经验都能够知道的"。Hobbes. De Cive, The English Version, Oxford University Press,p.32.

④ 罗尔斯:《政治哲学史讲义》,中国社会科学出版社,第 41 页。

而使其政治哲学看起来显得具有普遍效力。

　　人的自然欲望和激情是原始的、先天的、激烈的情感和欲求,独立于任何道德和法。这给霍布斯的政治哲学以及作为其基础的人性论表现出比较明显的"中立"特征,在提出相关概念和认识时,他从不依赖社会政治中既存道德与善恶的判断或定义。这也是他的政治哲学不相信"充满了道德价值和判断之宗教信仰"的一个重要原因,尤其是那些认为世界里只存在罗尔斯所称相互冲突相互排斥的"完备性宗教学说和道德学说"的观念。①在霍布斯看来,人类的欲望和激情既无所谓"罪"与"非罪",也无所谓"善恶",因为,"在人们不知道有法律禁止以前,从这些激情中产生的行为也同样是无辜的;法律的禁止在法律没有制定以前他们是无法知道的,而法律的制定在他们同意推定制定者前也是不可能的"。②根据他的观察,在没有法律和道德的世界里,卢梭所称的"同情"以及由此产生的"利他"的道德情感③也是不存在的,这只不过是后来具有一定道德观念的人对自然本性的否认。

　　人性的本质受自然激情和自然欲望驱动。在探讨这部分内容前,霍布斯首先探讨了一种新的研究方法。与同时代著名的哲学家笛卡尔等人一样,受自然科学(如几何学、物理学等)、唯物主义及其世界观、思维方式的影响,他试图建立一种认识社会政治的新的重要方法。不少研究④表明,包括霍布斯在内的主要政治哲学家都非常热衷于建立一种新的能为人们广泛接受的方法论。受几何学的演绎方法和唯物主义的"机械运动"认识的影响,他指出,人的行为包括感觉都是微小物质彼此撞击的运动过程,由于它们对人们视觉的连绵不断的冲击,经由其他器官的相互配合,从而使人们产生了"感觉",并最终形成观念。在霍布斯看来,这不仅是自然界的公理,也是关于人、社会和政治的公理。在这个公理之下,再结合经验条件的推理就可获得正确认

---

　　①　因此,米斯纳指出,霍布斯在一定程度上可称为具有价值多元主义观点的较早的代表者。"为了避免整体上的争论,霍布斯说,在他的陈述中,其实并不相信人们在道德上有任何信仰。"见米斯纳:《霍布斯》,中华书局,第21页。

　　②　霍布斯:《利维坦》,黎思复等译,商务印书馆,第95页。

　　③　本书将在"卢梭部分"探讨道德情感在社会政治秩序中发挥的基础性作用。

　　④　如基思·布朗(Keith Brown)主编的《霍布斯研究》(Hobbes Studies, Harvard University Press)、笛卡尔(Descartes)的著作、戴维·高西尔(David Gauthier)的《利维坦的逻辑》(The Logic of Levithan, Clarendon Press)、米斯纳(Missner)的收录于《历史思想杂志》(第44卷)(The Journal of the History of Ideas)的论文《"利维坦"中霍布斯的方法》(Hobbes's Method in the Levithan),以及卡夫卡(Gregory Kavka)的《霍布斯的道德与政治理论》(Hobbesian Moral and Political Theory, Priceton University Press)等。

识。因此，一个人的"意向"就是他或她"在没有表现为行走、说话、挥击等等可见的动作以前"，是在人身内自觉运动的"开端"。欲望就是这样的自觉运动的趋利倾向，与此对照，"激情"则给人以"嫌恶"，从而使人产生避开的倾向，它也是人内在的"避开离远"的自觉意识运动。①也就是其所谓的人就是受自然激情和自然欲望驱动的人。

那么，究竟是什么激情和欲望支配着人呢？在霍布斯眼里，人是充满了恐惧激情而非侵略性的动物。就像塔克所说的，对人而言恐惧激情以及对善的欲求是最根本的，尽管这必然引起冲突，但冲突是派生的，真正"把人们引向冲突的是他们对什么是能够保护自己的东西判断各不相同"。②总之，不安和死亡恐惧，尤其是肉体遭受的痛苦不断唤起"对丧失生命的恐惧"③使人们无法成为朋友而是仇敌，即形成彼此之间的冲突和伤害关系，这与亚里士多德的论断存在根本差别。也就是说，人并不是社会的动物，他们并不倾向于寻求朋友，这才是真实的天然本性驱使的结果：即"受到欲望的驱使，奋力追求对自己来说是善的东西"；"受到厌恶的驱使，竭力避离对自己是恶的东西"。按照霍布斯的理解，人类在自然状态中所面临的所有"自然之恶"中的极恶就是"死亡"，而这是自然人所无法避免的"必然"，即"这种事情按照自然的必然性而发生，一点儿也不亚于石头按照自然必然性而下落"。④所以，人们在公共事务中结成的政治关系和其他社会关系，并非出于彼此的善意和爱的道德情感，而是因为"每一种动物固有的激情"⑤。

---

①   参见霍布斯：《利维坦》，黎思复、黎廷弼译，北京：商务印书馆，1985年，第35—36页。因此，霍布斯与人们对"好坏"的理解不同，"好"意味着人们对某一对象为之所动，而"坏"成为避离的反向运动，"道德"成为意识、感情、情绪等的运动，也就没有了绝对的道德了。霍布斯认为，哲学源自物体的运动，而世界万物的运动由三个基本元素的运动组成：corpus、homo、civis，即物体、人、公民，"正因为此，他所矢志投身的研究工作将以物体的'各种类型的运动'为开端，以'人的内在运动和心灵的秘密'为中间阶段，以'治政和司法的福祉'为终点"。斯金纳：《霍布斯与共和主义自由》，上海三联书店，第14页。不过，霍布斯真正开始研究的，却因英国内战爆发而提出的主权与政治服从等比较紧迫的政治论题而不得不以"公民"的相关研究为开始。

②   塔克：《战争与和平的权利》，译林出版社，第160页。

③   施特劳斯：《霍布斯的政治哲学》，申彤译，译林出版社，第24页。

④   Thomas Hobbes. On the Citizen. Cambridge University Press, 1998, p.27.

⑤   霍布斯：《论公民》，贵州人民出版社，第4页。不过，沙夫茨伯里相当尖锐地批判了霍布斯把正义和道德看作以自利为基础的人造国家这一认识，他指出，"我们的自然情感和反思情感的目的是追求他人的利益，是对更大的秩序系统之整体利益的追求，这个整体当然也包括我们自己"。个体的存在并非为了自身而是为了整体，与整体一致就会获得快乐与幸福。转引自弗雷泽：《同情的启蒙》，译林出版社，第32页。罗尔斯也指出这是卢梭反对霍布斯的一个基本点。

概括地说,霍布斯文本中的人性论具有以下几个特征:首先,人以自我为中心。尽管霍布斯不否认人们禀赋的正义、忠诚仁慈等美德,但罗尔斯指出,霍布斯在"解释文明社会以及社会团结的基础时",并不依赖人类的这些美德或能力,而应建立在更为根本的以自我为中心的人性所构成利益的基础之上,即"首先是保存我们的生命,其次是确保我们身边之人的善(霍布斯所谓的'夫妻情感'),最后是获取舒适生活之手段"。①

其次,自我保存的自然欲望。以自己的利益为目标,并保全自己的生命。尽管自我保存的欲望不可能根本改变,可能它在某一时刻也不是人们所有欲望中最强的欲望,但它们在某种程度上确实受制度、社会习惯、文化以及教育的影响,就如"他在其早期著作《论公民》中说,我们受某种自然冲动趋势而极力避免死亡;这种冲动的力量不弱于一块石头滚下山坡的力量。但是,正如我们所知,石头有时也会朝边上滚;它们还会被人扔到上面去"。②尽管如此,罗尔斯指出,"霍布斯想说的或许是,自我保存的欲望是最强的自然欲望"。③这一点解释了霍布斯政治思想中优先关注的问题,即人们的生命和社会政治秩序的安全和稳定及为了某种利益而践行承诺、履行契约的行为。

再次,人们在体质、智慧和自然天赋上几乎平等。"自然使人在身心两方面的能力都十分相等,以致有时某人的体力虽则显然比另一人强,或是脑力比另一人敏捷;但这一切总加在一起,也不会是人与人之间的差别大到使这人能要求获得人家不能像他一样要求的任何利益";人们之间的这些天赋是足够平等的,"就体力而论,最弱的人运用密谋或者与其他处在同一种危险下的人联合起来,就能具有足够的力量杀死最强的人"。④因此,体力弱的人通过密谋或联合也足以弥补力量的不足,从而制服或杀害良好体质的人。并且,就人们的智慧或心灵的敏捷程度而言,这方面比人们之间在体力方面的差异更小更平等。霍布斯认为,智慧和审慎是从经验中获得的。"在他看来,每一个人都拥有平等的机会获得这些经验并从中吸取教训。"⑤如果哪个人不相信这种平等的状况,那也不过是他对自己智慧的自负罢了。"因

---

① 参见罗尔斯:《政治哲学史讲义》,中国社会科学出版社,第46页。

② 转引自罗尔斯:《政治哲学史讲义》,中国社会科学出版社,第47页。

③ 罗尔斯:《政治哲学史讲义》,中国社会科学出版社,第47页。

④ 参见霍布斯:《利维坦》,黎思复等译,商务印书馆,第92页。

⑤ 罗尔斯:《政治哲学史讲义》,中国社会科学出版社,第43页。

为根据人类的本性说来，不论他们承认有多少人比自己机灵、比自己口才好、比自己学问好，但却不会相信有很多人能像自己这样聪明。因为人们看自己的智慧时是从近旁看的，而看他人的智慧时则是从远处看的。"①所以，正因为在天赋、智慧、体质上的平等从而使人们产生了"达到目的的希望的平等"。在这里，平等"既不关乎理想，也不关乎道德；这是权力和强力的平等"②。总之，人类所具有的大致相等的能力及追逐荣誉时的欣喜与自负导致相互猜忌，不得不时刻提防他人的暴力攻击、武力威胁和不信任。

最后，人的欲望是无限的、发展的，而自然资源不能无限制地满足人们的需要和欲望。一个人的大部分欲望是"对具体事物的欲望，是由于经验而来的，是由于本人或其他人尝试其效果而来的"。③我们所憎恶的事物，即人们的嫌恶之感，"不但是对自己知道曾经有损于本身的事物可以具有，而且对于不知道是否有损于我们的事物也可以具有"。④因为人们的经验是生活中的一种积累和变化，既然不可能存在两个人具有相同的生活经验，那么可以说没有人可以在其一生中有不变的欲望和憎恶，并且也不可能有两个人对同类的事物具有相同的欲望。⑤如果人期望获得一种具体的事物，那么它对于这个人来说就是善的，相反就是恶的。人类的需要和欲望是不断发展的，"具有变化和升级（尽管这种升级并非没有限度）的倾向"⑥。正因为欲望的发展和

---

① 霍布斯：《利维坦》，黎思复等译，商务印书馆，第 92—93 页。

② 阿尔都塞：《政治与历史》，西北大学出版社，第 462 页。

③ 转引自 Jhon Rudisill（College of Wooster, United States）. Modus Vivendi, Overlapping Consensus and Stability//http://200.21.104.25/discufilo/downloads/Discusiones12(17)_5.pdf，另外，笔者的翻译参考了黎思复的《利维坦》。霍布斯：《利维坦》，黎思复等译，商务印书馆，第 36 页。

④ 霍布斯：《利维坦》，黎思复等译，商务印书馆，第 37 页。

⑤ 同上第 35—40 页。

⑥ 罗尔斯：《政治哲学史讲义》，中国社会科学出版社，第 44 页。"幸福就是欲望从一个目标到另一个目标不断地发展，达到前一个目标不过是为后一个目标铺平道路。所以如此的原因在于，人类欲望的目的不是在一顷间享受一次就完了，而是要永远确保达到未来欲望的道路。因此，所有的人的自愿行为和倾向便不但是要求得满意的生活，而且要保证这种生活，所不同者只是方式有别而已。这种方式上的差异，一部分是由于不同的人激情各有不同，另一部分是由于各人对于产生所想望的效果的原因具有不同的认识或看法。"霍布斯：《利维坦》，黎思复等译，商务印书馆，第 72 页。霍布斯把这种欲望看作人的本性，而卢梭与此相反，他认为，"精神能使感官遭受败坏，当自然的需要已得到满足的时候，意志却还提出要求"。这是一种沾染了社会恶习的结果，败坏了感官。

升级才导致他们"永无休止的权势欲"，也导致社会资源与人们的需要之间存在一种永恒的态势，即人类处于资源匮乏和欲望无法得到充分满足的状态。即便是到了文明社会，这一状况也无法得到解决，至少在霍布斯那里，这种"资源的匮乏"是人类生活的永久标志，就是这种态势导致了人们之间的冲突和竞争。

所以，在对人没有外在约束的状态下，人人都面临死亡的恐惧，它占满了人心。在这种情况下，保全生命就是一种重要而根本的自然欲望，就是"人的本性"和人的本质。此时，愤怒、羞耻、荣誉等一切都让位给"保全自己的生命"。自我保全具有最高的正当性，它是人的自然权利："'权利'这个词确切的含义是每个人都有按照正确的理性去运用他的自然能力的自由。"①为了保全生命，人们可以根据自己的能力采取一切手段，这些手段天然地合宜，没有不恰当之处。它是无条件的，"保全生命"的正当性确保了手段的正确性。②在霍布斯看来，"自我保存"成为人类社会政治中道德和正义的来源。

总体来看，人性的基本特征是永恒不变的，社会政治体系和主权者也无法改变人性中的某些基本方面。但罗尔斯认为，霍布斯并不否认政治制度和主权者对于环境的影响，以及其对社会习惯、教育和文化的引导作用，"以致作为文明人，我们并不总是顺着我们的自然本性而行动，甚至是朝着与我们自然本性相反的方向而行动"；从而"改变我们用于判断行为之审慎与合理的标准"。③人们或许认为霍布斯的这一说法自相矛盾，但罗尔斯指出，霍布斯如此考虑的原因在于意识到人们的理性使他们常常追求不同性质的利益，如政治利益、宗教利益，以及"那些他认为最终是以骄傲、虚荣和统治欲为基础的利益"④，同时，他还希望通过强调人们都共享的某些根本利益——如"自我保存、夫妻情感、舒适生活之手段"，从而把其他利益搁置一旁。霍布斯试图以这些根本利益为基础来寻求避免冲突的手段，寻求保证安全、和平与秩序的策略，寻求赋予主权者无限权力的理由。因此，他利用人类的本性对社会谋划，并探寻维持社会政治秩序的手段。

---

① 霍布斯：《论公民》，贵州人民出版社，第 7 页。
② "只要人觉得自己没有安全，他以无论何种必要手段保全自己生命的权利便依然保留在他自己的手中。"王军伟：《霍布斯政治思想研究》，人民出版社，第 183 页。
③ 转引自罗尔斯：《政治哲学史讲义》，中国社会科学出版社，第 47、42 页。
④ 罗尔斯：《政治哲学史讲义》，中国社会科学出版社，第 48 页。

三、自然的战争状态与权力

　　自然赋予人以激情和欲望,它并无善恶,由激情造成的"嫌恶"只能通过与其自身自然欲望一致的倾向来扭转。自我保存的欲望处于核心,他们在体质、智慧和自然天赋上的相差无几使人们产生达到目的的希望的平等,它们与第四个特征一起使人们处于相互竞争和彼此成为仇敌的情境之中。因此,从实质和实践目的的角度来看,人与人之间的自私、猜疑、竞争以及荣誉感必然使"无共同权力约束"的自然状态成为一种"每一个人对每个人的战争"①状态:"只要出现自然状态,战争状态就会紧随其后。……因此,我认为,霍布斯想说的是,如果我们实事求是地看待人性,我们就能够做出这样的推论:自然状态会演变成战争状态。"②这就是罗尔斯所称的"霍布斯命题"。在自然状态里,人们孤苦无依、卑污不堪、野蛮不化,充满恐惧的情绪,面临无尽的暴死威胁。阿尔都塞在《政治与历史》③中把霍布斯的自然状态比较全面地概括为六个特性,即人与人之间的纯净关系状态、自由状态、平等状态、自然权利统治的状态、普遍永恒的战争状态及不幸和恐惧的状态。

　　因此,自然状态中的人面临相当严重的生命安全问题。由于人们的利己倾向、短视和自然法力量的软弱,他们不可避免地陷入对权力、财富和声誉,以及其他具体事物的竞争和相互冲突中。沿着马基雅维里的现实主义政治之路,霍布斯也宣称"暴力与欺诈在战争中是两种主要的美德"(the two cardinall vertues)。④这与马基雅维里的言辞相同:"战争都是不义的,但有必要打的仗就是正义的;当只有暴力能为获得解救提供希望时,暴力本身就是慈悲的。我不知道还有哪一个国家比我们的国家更有这个需要;也不知道除了把我们这个国家从奴役中解救出来之外,还有别的什么更伟大的同情。"⑤当然,与马基雅维

---

① 霍布斯:《利维坦》,黎思复等译,商务印书馆,第94页。
② 罗尔斯:《政治哲学史讲义》,中国社会科学出版社,第42页。
③ 详见阿尔都塞:《政治与历史》,西北大学出版社,第460—467页。
④ 霍布斯:《利维坦》,黎思复等译,商务印书馆,第96页。
⑤ 马基雅维里:《佛罗伦萨史》,商务印书馆,第244页。

里不同的是,对霍布斯来说,暴力与欺诈只是自然状态的美德,因为在一切人对一切人的战争状态中,没有共同的权力,也无信义、信任及道德观念,更无共同遵守的法律,"公正及背信弃义既不是心理官能,也不是体质官能";而当人们摆脱自然状态后,对"暴力和欺诈"的运用就成为有条件的了,它们也并非正常的"德行"了。但无论如何,长此以往自然状态中的人都将趋于毁灭或处于受压制的境地。每个人因为害怕别人对自己的伤害和压制而不得不先发制人,用武力、欺诈消灭一切可以控制的潜在威胁,直到没有其他人对他"足以危害"为止。①

　　另外,关于自然状态是否一种真实状态以及由此引发的理论争论,目前国内外学界仍存在激烈争论。在自然状态是否为真这一问题上,霍布斯自己的理解是这样的,他认为自然状态并不一定是普遍存在的现实状态,"也许会有人认为这种时代和这种战争状态从未存在过,我也相信决不会整个世界普遍出现这种状况,但有许多地方的人现在却是这样生活的"。②他强调这点的关键在于一些人有按照这种欲望行动的可能性,或者至少自然状态是人们不得不时刻提防的一种状态,它是人类面临无序、纷争、混乱和战争的可能性。也就是说,自然状态是否为前政治社会的真实境况并不重要,自然状态不一定是政治社会的真实起源,但重要的事实是人们不断面临着"自然状态"造成的冲击:如果说它不存在于遥远的过去,却存在于人们的头脑以及不远的未来,它是人们在"没有政治权威"的时刻所面临的生活图景。就像皮尔逊指出的,自然状态"是从公民社会的衰退,没有任何神圣的含义,也没有任何罪孽"。③因此,我们就必须把它考虑进来,并考虑应对之策。罗尔斯也指出,霍布斯的世俗道德体系其实就是一种政治理论,作为一种政治理论,他强调人类本性和人类生活的某些方面就是合适的,关键在于他所强调的因素是否确实能够影响政治思想并阐释人们的政治行为。④自我保存的欲望迫使霍布斯把自然状态考虑为战

---

① 霍布斯:《利维坦》,黎思复等译,商务印书馆,第93页。
② 同上第95页。
③ 皮尔逊:《尼采反卢梭》,华夏出版社,第66页。
④ 参见罗尔斯:《政治哲学史讲义》,中国社会科学出版社,第50、51页。霍布斯在《贝希摩斯》中批评了亚里士多德等古希腊先哲的道德和美德认识,道德和美德与否不在于人们激情适度,抑或受到了赞美与批评,行为的道德性在于"导致行为产生的原因"为何,相应地,"也不是或多或少的批评使得一种行为罪恶,而是应受法律约束之人的行为不遵守法律,或者是不符合所有人所认定的公平与仁慈"。霍布斯:《贝希摩斯》,北京大学出版社,第53页。

争状态,因为这是最糟糕的可能情况,它为人们提供了一个强有力的主权者存在的充分理由。

为了克服恐惧和不安,保障生命安全及其他欲望,人们贪婪地追求权力。"权力"是"一个人取得某种未来具体利益的现有手段",而拥有权力的基本方式有两个:一个是先天具备的,即人自身带有的原始力量,如身体的健康和强壮,思维的敏捷等,它是身体具备的自然优越性、健美的身材、充足的精力、娴熟高超的技艺、高贵出身等;另一个是获得的,尤其是从他人那里获得的"力量"。它以原始权势为基础或以工具为手段,以获得更多的优势、利益和资源,财富、丰富经验、学识、良好声誉、朋友等都是获得的权势的体现。总体来说,权力是人们结成相互关系的基本目标,人对力量的渴望源于他"能够持续不断地成功获得他时常想要的事物",拥有权力意味着他能够获得想要的东西。①

使"力量"转变为"权力"说明霍布斯主张"人在争夺(complete)自我保存所必需的短缺资源时必须具备优越于他人的力量……既然所有的欲望都是无穷无尽的,那么权力欲作为一种欲望也是无止境的"。②不过,人不仅追求权力,还要求得到满意的舒适生活以及过上此种生活的安全保障。在霍布斯看来,人之所以具有无休无止的权力欲望,最根本不是因其贪婪所致而是"因为他不事多求就会连现有的权势以及取得美好生活的手段也保不住"了。③从一般的层面来看,权力是人们获得善的有效手段,也是使一切"获得"成为可能的手段。他将人类生活描述为对权力的不懈追求,人们对增加权力的必要追求并不全是贪图财富引起的。人的本性需要他不断做出努力,为了维持已经获得的东西,他们需要获得更多,因此既没有从欲望中也没有从不断"获取"的满足中停止。

"自然"不是人类获得利益的指南,它向人们昭示了应该避免的东

---

①　霍布斯:《利维坦》,黎思复等译,商务印书馆,第62、282页。"政教分离意味着,一个人无论信仰什么,是哪个教会的成员,作为公民,他的行动和行为都建立在人终有一死假设之上。霍布斯对于地狱之火的恐惧丝毫没有影响他把政府构想为利维坦,一个令所有人惧怕的有死的神。"阿伦特:《过去与未来之间》,译林出版社,第70页。

②　王军伟:《霍布斯政治思想研究》,人民出版社,第151页。"人为了得到自己的幸福,他就得不停地去实现对自己欲望的满足;而为了实现对自己欲望的满足,他就得具备一定的力量。"王军伟:《霍布斯政治思想研究》,人民出版社,第150页。

③　霍布斯:《利维坦》,黎思复等译,商务印书馆,第72页。"因此,权势至尊的君王便要在国内致力于通过法律、在国外致力于通过战争来保持其权势。"

西,并使人们进一步思考如何摆脱自然状态。在这里,霍布斯的文本中暗含了人类和平与希望的一丝曙光。如果说"死亡畏惧"的自然激情使人们陷入战争和权力追求的话,那么,在这一激情以及由此引发的"对舒适生活所必需的事物的欲望"中也同时蕴含了"和平的倾向",这也是人的理性(尽管其力量是微弱的)的内在要求。

前面已经阐述人的本性所导致的猜疑和恐惧及由此引发的"每一个人对每一个人"的战争状态。在没有公共权力约束的情况下,人们都拥有无限度地防备他人的正当权利和手段。①但由于人们的能力是一种"几近平等"的状况,因此他们认为最好的自保就是"先发制人","同时又由于有些人把征服进行得超出了自己的安全所需要的限度之外,以咏味自己在这种征服中的权势为乐;那么其他那些本来乐于安分守己,不愿以侵略扩张其权势的人们,他们也不能长期地单纯只靠防卫而生存下去"。②结果就是自然人陷入无穷尽的卑污和危险之中,自然人"第一次领教了那个首要的、最大的、至高无上的邪恶;值此面对死神的危亡之际,他认识到死亡是首恶至恶,从此幡悟图生"。③因为没有一个让大家都服从的强大权力,所以在自然状态下,人们处于"每一个人对每个人的战争"之中。这就是霍布斯发现的人所面对的最大忧虑的真正、根本原因。

既然找到了原因,那么就能寻找出一种可知的、可见的力量保障人的生存、安全,进而寻找出秩序的可能性。"幡悟"就是面对现实环境的图生,就是理性的流露,唤起了人们对死亡的恐惧和未来的忧虑④,也唤起了人的互助,结盟,乃至于缔结契约。⑤人们力量的不平衡决定了他

---

① "人的秉性是这样,假如人们没有因恐惧公共权力而受到约束,他们就会相互猜疑和恐惧,人人都可以正当地,也必然会想办法防备他人。"Thomas Hobbes, On the Citizen. Cambridge University Press, p.10.

② 霍布斯:《利维坦》,黎思复等译,商务印书馆,第 93 页。

③ 施特劳斯:《霍布斯的政治哲学》,申彤译,译林出版社,第 24 页。

④ "每一个人,尤其是过分预虑未来的人、便处在类似普罗米修的状况之中。……一个关注未来、看得太远的人的心也是成天地被死亡、贫困或其他灾难的恐惧所蠹蚀,除开在睡梦中以外,总是无休止地焦虑,不得安息。"霍布斯:《利维坦》,黎思复等译,商务印书馆,第 79—80 页。"这种经常存在的恐惧,在人类对原因无知的情况下,就好像在黑暗中一样,是始终伴随着人类的,它必然要以某种事物为其对象。因此,当我们看不见任何东西的时候,无从找出祸福的根源,便只有归之于某种不可见的力量。"霍布斯:《利维坦》,黎思复等译,商务印书馆,第 80 页。

⑤ "受压迫的恐惧使人先下手或结群以相助。因为除此之外,人们就没有保全性命与自由的方法了。"霍布斯:《利维坦》,黎思复等译,商务印书馆,第 74 页。

们在"关系"中的高下不等之地位,专制统治、主仆关系,以及父权制都是"自然国家"的体现。

不过,霍布斯着重指出,相较于人的理性,恐惧激情在摆脱自然状态而结成社会政治秩序中发挥根本重要作用,因为从根本上来看,"人如果没有恐惧,就会更急迫地被支配人所吸引而不是被社会所吸引"。所以,"大规模的、持久的社会的起源不在于人们相互的仁慈而在于相互的恐惧"。①霍布斯对于依靠理性所获得的秩序与和平并不抱多大期望和信心,他最多"只认为理性可以提供一种解决办法,但理性自身并不能推动我们朝这个方向发展";理性在情感(尤其是激情)面前往往太过乏力,自然的战争状态就是理性无力的表现。②按照霍布斯的文本,这种消极的死亡恐惧之情感才是国家和社会政治秩序形成的根本动因。

总体来看,自然状态实际上是一种思想实验,霍布斯思考的是:若权威不存在,人与人之间的争端和冲突如何解决;若没有共同的权威,人们如何心安理得地期待或依赖人类之间相互对待的恰当方式;在这种情形下,人们将如何正当地行为,并以何种理由采取行动。③这自然而然地使霍布斯得出通过寻求一种"公共权力"来避免"死亡畏惧"及获得安定生活的保障:人的所有欲望,包括最基本的死亡恐惧情感和自我保存的欲望——当然还有人的理性——都使一个人具有对某种公共权力的依赖倾向:甘愿"服从一个共同的权力"。有了它,"人们就会放弃那种通过自身勤奋努力可望获得的保障",因为公共权力的目的是保障人的生命及较之自然状态更为舒适的生活;同时这种公共权力也是力量更大更强的权力,是人们基于"自愿同意"联合起来,"把自身的权势总合在一个自然人或社会法人身上的权势"。④

四、克服自然战争的国家

当拥有大致平等力量的人想获得同一东西而又在使用的方式上

---

① 霍布斯:《论公民》,应星等译,贵州人民出版社,第6页。

② 参见米斯纳:《霍布斯》,中华书局,第65页。

③ J.H. Burns. The Cambridge History of Political Thought(1450—1700)[G]. Cambridge University Press, p.534.

④ 霍布斯:《利维坦》,黎思复等译,商务印书馆,第73、63页。

彼此排斥时就会成为仇敌。自然状态是相互冲突和敌视、疑虑并充满死亡恐惧的状态。战争是自然而无序的,它自身无法形成秩序。"霍布斯亲眼目睹了三十年战争造成的大陆动荡以及撕裂英格兰的英国内战,他认为,战争是对人类的最大威胁,促使战争产生的条件可以而且也应该被取代。"①人们要想过上安宁的生活,就要对抗自然;如果说激情是不可克服的话,那么它在人们身上激起的自我保存②的欲望以及人内心禀赋的理性则为克制激情提供了可能,人们要依靠自己的聪明智慧战胜自然的战争挑战。超脱自然状态,不仅要求依靠诸如恐惧死亡的激情,还有人们对"舒适生活"的理智要求。

和平与安全是人类的最高追求,霍布斯以市民社会和国家为着眼点探讨对战争的避免。为了达到这一理论目的,他直白地展示了自然的恐怖险恶,目的就是让人们对它刻骨铭心,通过这一意识的自觉性形成强大的理论冲击张力。如施特劳斯所说,"一个真正而持久的社会,只能建立在对这些恐怖险恶的觉察意识之上","只有对这种恐怖险恶铭心刻骨,这个生存才能长治久安"。③国家使人克服"战争和暴力死亡"的邪恶,带来和平与秩序,其目的在于不顾一切地实现和平,它出自于人们陷入的自然状态困境。在霍布斯看来,人们在自然状态中面临的死亡畏惧及由此带来生活的不适的程度有多大,就决定了人们所需国家的本质是什么。战争是人们享受生活和生命的敌人,也是国家和社会的敌人,"人们之所以愿意进入设计形成的国家之中,……在于其能够在人类条件允许的情况下过上愉快的生活"。④

---

①　"我们从原先在一个和平政府之下生活的人们往往会在一次内战中堕落到什么样的生活方式。这种活生生的事实中可以看出,在没有共同权力使人畏惧的地方,会存在什么样的生活方式。"霍布斯:《利维坦》,黎思复等译,商务印书馆,第 96 页。当然,霍布斯非常清楚地看到宗教信仰也是引发战争冲突的重要原因,他在《贝希摩斯》中非常清楚地表明了这点。总体来看,霍布斯对战争恐惧的思考也为其消除宗教冲突提供了重要方法,应该说,他始终相信"国家"应该决定教义问题,试图消除一个国家内各个宗教团体之间或内部意见分歧的可能性。

②　"情势的凶险,人必须明白,必须每时每刻,临深履薄,战战兢兢。使人恋栈生命,维系生存的,不是人生的美好甜蜜,而是死亡恐惧。"施特劳斯:《霍布斯的政治哲学》,申彤译,译林出版社,第 149 页。

③　参见上书第 146 页。

④　Thomas Hobbes, On the Citizen [De Cive], ed. and trans. Richard Tuck and Michael Silverthorne, Cambridge: Cambridge University Press, 1998, pp.143—144."政治社会代表着人对自然的胜利。由于自然没有在人的意义上的历史,社会的诞生标志着人对历史的创造。社会秩序的建立根本改变了人的时间经验,因为它结束了人们对自然状态以及对未来不确定性的恐惧与焦虑。"皮尔逊:《尼采反卢梭》,华夏出版社,第 66 页。

　　国家是克服战争的一剂良药。人人都拥有无限自由权利的自然状态给人的教训乃是对国家的企盼。为了避免战争,霍布斯设想出这样一个"拥有强有力之公共权力的伟大的利维坦"①。和平、有序的安全状态在于一个由主权者统治的国家,它是人造的庞然大物,是由一个共同体内所有公民构成的生命整体,是"人造的人"。

　　任何战争都会危及生命,给社会带来动荡不安,将人置于极端不堪的境地。超脱战争、带来和平是霍布斯政治哲学的首要目的。尽管他在《论公民》(De Cive)中曾经讨论了早前国家通过战争积聚财富和力量的例子,过去"伟大的国家,特别是罗马和雅典,在某些时候从战利品——扩张的领土和外国的贡品中扩大自己的国家,以至于它们没有对较贫穷的本国公民征税;实际上,他们还通过战争给人们分配金钱和土地"。②但他警告说:"我们不应该考虑用这些手段实现的富足。作为一种获利方式,军事活动如同赌博一般,在多数情况下,它会使人的财产损失,只有少数情况会成功。"③基于此,霍布斯提出三种增加国家力量和公民财富的方法:耕种获得农业产品、辛勤工作及对节俭生活的倡导。如果国家听从这一建议,那么其在防御性战争方面的功能就会萎缩;随着侵略者数量的减少,防御者的数量也随之减少。与马基雅维里将战争和冲突视为国家秩序不断更新的必要条件④不同,霍布斯把战争看作需要极力避免的邪恶。对他来说,国家存在的意义除了通过保持居民之间的和平及通过抵抗他国的攻击而提供有效防御外,还在于对从事对外扩张和侵略的极力避免。

　　霍布斯的国家理论在于"不要从穷兵黩武中寻求不确定的利益,而是从人们的辛勤劳动中获得利益。如果每个国家都接受霍布斯的教训,那么战争的爆发将与试图通过发动战争以获得微薄的不确定利

----

　　①　罗尔斯:《政治哲学史讲义》,中国社会科学出版社,第 44 页。

　　②　转引自 Vickie B. Sullivan:Machiavelli, Hobbes, and the Formation of a Liberal Republicanism in England. New York:Cambridge University Press,2004. p.86。

　　③　霍布斯:《论公民》,贵州人民出版社,第 141 页。

　　④　不仅如此,马基雅维里还认为,战争不仅是国家之间的基本状态,而且对于寻求荣誉和名位的人来说,战争也是一个重要手段。"马基雅维里似乎考虑过消除战争的可能性,但是当站在罗马贵族一方去反对那些试图摆脱城市之间战争困扰的平民时,他回避了这种可能性。他认为,尽管企图通过战争获得荣誉的人在将侵略性本能转向国家本身时会发生危险,但只有拥抱并依靠对战争的涵养才能使其获得荣誉。"Vickie B. Sullivan:Machiavelli, Hobbes, and the Formation of a Liberal Republicanism in England. New York:Cambridge University Press,2004. p.81.

益的愚蠢国家一样罕见"。①这一理论认识决定了其与马基雅维里在政治思想方面存在诸多差异。如霍布斯并不赞扬古罗马共和政治，因为它破坏了和平，并且其内部由贵族和平民及不同阶层之间导致的冲突和流血事件恰是他要极力非难和避免的东西。他在探讨危害国家机体的诸多因素时就曾经谈到共和政体（如古希腊、古罗马）的负面影响。并且他在《利维坦》中也指出青年和其他理智不定的人常受古希腊和罗马人书籍的毒害，使他们因欣赏古书中描述的自由、伟大与强盛而沾染了叛乱、弑君的毒害："我可以毫不犹豫地把这种毒害比之于被疯狗咬了的毒，医生把这种病称为恐水病。被咬的人经常渴得受不了，但却有还怕水，其情形仿佛是这种毒要把他变成一只狗似的。"②另外，共和政治还常常受野心家煽动，促使沽名钓誉者的野心膨胀，并给他们提供政治表演的场所；而霍布斯主张的"君主"政体恰恰克服了类似自然冲突的共和政治，主权者意志压缩了政治喧嚣，挤压了政治争辩的空间。

五、孕育和平秩序希望的自然法

国家能够较好地实现人的自我保存，它是人类为了获得和平而构造的人造之物。按照霍布斯的文本，自然赋予人以激情和欲望，它并无善恶，由激情造成的"嫌恶"只能通过与自身自然欲望一致的倾向来扭转。这为自然的理性即自然法则（natural law）的彰显与出场提供了理由和空间。总体来看，霍布斯汲取了斯多葛学派关于"自然法"的观点，即它们寓于客观世界之中，人们借助于理性就可以发现它们。他一方面延续了马基雅维里的现实主义政治观，一方面试图为这种政治观念提供一个世俗化和经验化的正当基础，而充当这一正当基础的就是自然法。施特劳斯在《自然权利与历史》中也曾经指出，在对自然法的考虑上，霍布斯"清醒地认识到这一事实：如若人们对于正当的社会秩序及其实现它的条件都不具备确定的、准确的或者科学的知识的话，他们就无法保障正当社会秩序的实现"。③

---

① Vickie B. Sullivan: Machiavelli, Hobbes, and the Formation of a Liberal Republicanism in England. New York: Cambridge University Press, 2004, p.83.

② 霍布斯：《利维坦》，黎思复等译，商务印书馆，第255页。

③ 施特劳斯：《自然权利与历史》，生活·读书·新知三联书店，第183页。

在霍布斯看来,自然法是"永恒和神圣的",它镌刻于"人的内心"和头脑之中。①自然法蕴含并指引了人类趋向和平与安全的希望,是关于人类社会与和平条件的法则,它是"正确理性的指令,它为了最持久地保存生命的可能,规定了什么是应该做的,什么是不该做的"。②如果把自然法视为寓居于客观世界的法则的话,那么它"从一开始"就投射到人的内心和理性③之中了。在它们的指引下,每个人按照本性寻求并利用一切有利于自己的条件和资源以保全自己;同时,当人们只要有获得和平的一线希望时就会奋力地追求和平。

在关于人类具有和平秩序之希望这点上,无论是在自然还是人类身上,尽管理性的力量弱于激情和欲望,但在霍布斯看来,理性与激情和欲望一样都是普遍存在的。这意味着人类能摆脱战争和死亡恐惧状态就"像石头向山下掉落一样"是必然的。他在"论自然的上帝国(天国)"中甚至利用宗教阐述人的理性,用以阐述人对自然理性和自然律令的理解,甚至把国家权威与上帝权威在性质上的一致性做类比:"无生物或无理性的生物便不能成为上帝王国中的臣民,因为它们不能理解神的诫命,无神论者以及不相信上帝对人类行为有任何管理的人也不是,因为他们不承认上帝的道(言辞),对他的报赏不存希望、对他的威慑也不惧怕。"④所以,人们对上帝、宗教权力的崇敬,以及对世俗国家主权者的臣服是受理性指引的结果,即自然理性对人理性的投射。在自然状态中,理性的自然法使人们具有倾向于和平与服从的品质和品性,当国家建立后就转化为和平与服从的法律了;自然法就成为国家的命令,同时也是主权者意志的体现。从这个意义上来看,

---

① 不过,在霍布斯看来,"晓得怎样凝视内心并解读刻于内心的事物之人,太过少了。因此,人们才从写下来的书面法律中学习应该做什么和不应该做什么"。霍布斯:《〈利维坦〉附录》,赵雪纲译,华夏出版社,第 127 页。

② 霍布斯:《论公民》,应星等译,贵州人民出版社,第 15 页。

③ "自然法在内心范畴中是有约束力的。也就是说,它们只要出现便对一种欲望有约束力。但在外部范畴中,也就是把它们付诸行动时,就不永远如此。"霍布斯:《利维坦》,黎思复等译,商务印书馆,第 120 页。不过,阿尔都塞认为,霍布斯的自然法来自于对"死亡的恐惧,来自对和平所带来的好处的追求","它不是超验的","不是自然之光","不是斯多葛主义的一致同意",而是"通过记号和词语的推理所得出的一套结论","是正确的理性指示给我们的一些准则"。详见阿尔都塞:《政治与历史》,西北大学出版社,第 468 页。

④ 霍布斯:《利维坦》,黎思复等译,商务印书馆,第 278 页。"在自然的上帝王国中,所有根据正确理性的自然指令而承认天意安排的人都归他统治。"

自然法"在世界各国便都是国法"或者是国法的基本构成。

自然法是关于更适宜地实现自我保存权利的理性命令。由于人类本性所导致的无法逃避的死亡恐惧，在自我保存目的的关照下，使他们在自然状态中天然地对意欲之事物拥有无限的"自然权利"[①]；而自然法则是理性所发现的箴言和规则，禁止人们做损害自己生命和身体的事。因此，在保全自身生命和躯体方面，自然权利和自然法支配了人们的所有行动，任何行动也都成为了必要而有效的手段。霍布斯的自然法与传统的自然法认识不同，根据施特劳斯的见解，后者"首先和主要地是一种客观的'法则和尺度'"，先于人和人类意志而客观存在的具有"约束力的秩序"；而霍布斯则把自然法看作人类意志的普遍化，它是发于人类意志的主观"权利"诉求，它首先和首要的表现为自我保存的权利诉求。[②]在这一点上，霍布斯的自然法理论确实清楚地阐释了近代自然法的精髓和实质。

自然法是霍布斯道德哲学的核心，与现实主义权力政治相得益彰，它是后者的重要补充。霍布斯认为，人人具有大致相等的力量和能力，"既然人人平等，就是说，既然不存在普遍的自然秩序，因而不存在符合自然的人类品第等级制度，那么，少数的智者与芸芸众生之间的区别，就失去了它本来对传统政治哲学所具有的根本重要性"。因此，他致力于构建新的政治科学，新的政治道德。自然法研究就成为霍布斯眼中唯一"真正的道德哲学"，"因为道德哲学就是研究人类相

---

① "自然权利(Jus Nature)被界定为个人自己要保护自己的本性时行使自己权力的自由。"皮尔逊：《尼采反卢梭》，华夏出版社，第64—65页。

② 详见施特劳斯：《霍布斯的政治哲学》，申彤译，译林出版社，前言第2页。"自然法论者们发现，怀疑论者和国家理由论者们的观点，可以通过简单地将自保解释为一种普遍权利，转变为司法的或伦理的形态。而且，这还使他们得以构建对这类怀疑论免疫的道德体系。"塔克：《战争与和平的权利》，译林出版社，第7页。另外，有许多学者在传统自然法学说和霍布斯的自然法学类型之间形成做了比较。Norberto Bobbio, Thomas Hobbes and the Natural Law Tradition, trans. Daniela Gobetti (Chicago: University of Chicago Press, 1993); Johann P. Sommerville, Thomas Hobbes: Political Ideas in Historical Context(New York: St. Martin's Press, 1992), 28—56, 74—9; Richard Tuck, Hobbes(Oxford: Oxford University Press, 1989), 51—64, 102.也许鲍比奥对这种区分的表述最为鲜明："引发了最分歧的讨论并令批评家发疯的是，霍布斯称这些审慎规则为'自然法则。'"但他这样做只是为了向传统致敬。相比之下，索默维尔则很矛盾："霍布斯在至关重要的方面改变了自然法则，使他们摆脱了任何特定的与自利内容相对的道德观念。只要这些事实得到认可，我们是否将霍布斯定为自然法理论家就显得非常重要的事情了。"

互谈论与交往中的善与恶的科学"。自然法是善,它是规定正义、公道、谨慎、慈爱及"己所不欲勿施于人"等良好而和平的道德情感和道德价值的法则。按照霍布斯的文本来看,自然法是善也是美德,其反面如"不义、忘恩、骄纵、自傲、不公道、偏袒等"则是毫无美德的恶行,所以,"有关自然法的真正学说便是真正的道德哲学"。①

　　世俗的人持有不同的道德观念和宗教观念,它们之间深刻对立,而这是使霍布斯所处英国爆发内战的一个重要原因。他的道德哲学打算避开一切与之前的"道德或神学"相关的前提。②由此可知,霍布斯也思考美德与恶行,善良与邪恶,但他的道德哲学在于对美德作为"取得和平、友善和舒适的生活的手段"的赞扬;他的道德理论是否定性的、消极的,是对死亡恐惧及恶的避免。因此,霍布斯的道德哲学与古典著作家有了重要差别。他批评亚里士多德等古典著作家认为的"美德在于激情的适度"③的观念,指出道德不是激情的适度问题,而是与"互为你我,和睦相处"④的问题,尤其是由于死亡恐惧这一激情而使人们产生的以自利目的为基础而抱有"自我保存与和平"的良善愿望。霍布斯的道德哲学源于"恐惧"⑤的激情,由此进入了道德领域,人的德行由它而生。⑥

　　人是有道德信念的,其信念首要地表现为重视生命,惧怕生命的泯灭。不道德就是枉顾生命的价值和意义,无视恶的发生。他的道德哲学与人密不可分,如施特劳斯指出的,霍布斯相信"道德态度、良知、意图比行动重要",不管是在自然状态还是在国家之中,人的良知而非

---

　　① 霍布斯:《利维坦》,黎思复等译,商务印书馆,第121—122页。"自然法就是公正、正义、感恩以及根据它们所产生的其他道德,正像我在第十五章末所说的,这一切在单纯的自然状况下都不是正式的法律,而只是使人们倾向于和平与服从的品质。"霍布斯:《利维坦》,黎思复等译,商务印书馆,第207页。

　　② 参见米斯纳:《霍布斯》,中华书局,第6页。

　　③ 霍布斯:《利维坦》,黎思复等译,商务印书馆,第122页。

　　④ 施特劳斯:《霍布斯的政治哲学》,申彤译,译林出版社,第120页。

　　⑤ "死亡恐惧,是使人目光如炬、观察为明的力量,而虚荣自负,是使人闭目塞聪、冥顽不灵的力量。"施特劳斯:《霍布斯的政治哲学》,申彤译,译林出版社,第159页。

　　⑥ "德行的总和,对友善的人是友善的;对不友善的人,则是令人生畏的。"霍布斯:《法律、自然和政治的原理》,第1部分,第17章,第15节。//施特劳斯:《霍布斯的政治哲学》,申彤译,译林出版社,第60页。"霍布斯洞若观火,一口咬定,德行的起源,不在于宽宏气度,而在于恐惧,在于对暴力造成的死亡的恐惧。"施特劳斯:《霍布斯的政治哲学》,申彤译,译林出版社,第69页。

其他才是判断"正义和非正义"的依据。①正义乃出于对死亡的畏惧,
"在自然状态下,正义和不义不应该从行动而应该从行动者的意图和
良心来判断。迫于必然性的行动,出于和平努力的行为,为了保存我
们自己而采取的行动,都是正义的行动"。②准确地说,从霍布斯列出
的自然法则来看,正义就是履行信约(其所列的第三条自然法),信守
诺言;违法和失约就是不义之举。

　　霍布斯不关心善恶的本质,他关注的是惩恶扬善(即克服战争缔
造和平)的方法和手段。在关于善与恶的认识上,他指出,"善、恶和可
轻视状况等词语的用法从来就是和使用者相关的,任何事物都不可能
单纯地、绝对地是这样。也不能从对象本身的本质之中得出任何善恶
的共同准则,这种准则,在没有国家的地方,只能从个人自己身上得
出,有国家存在的地方,则是从代表国家的人身上得出的;也可能是从
争议双方同意选定,并以其裁决作为有关事物的准则的仲裁人身上得
出的"。③世界的一切都是事物运动的结果,幸福和善也不例外,因此
如果目的论者所说的终极目的、善及幸福安宁存在的话,也只能在运
动中达到,只能在满足人欲望的运动中达到。就此来看,霍布斯与目
的论者的思路不同,因为"欲望从一个目标到另一个目标不断地发展,
达到前一个目标不过是为后一个目标铺平道路"④,并且其欲望不断
发展,无休无止直至生命的终结。鉴于人之欲望和经验的多样性和
无限性,人们对善的看法(包括善之生活类型的看法)也就具有了相
对性的意义。总体来看,霍布斯在关于善的理论上是一个相对主义
者,并且也认可多元主义事实;他对多元事实的认可在于对客观道
德准则的否定,道德上的错误行为需要一种至高无上的立法者的制

　　①　施特劳斯:《霍布斯的政治哲学》,申彤译,译林出版社,第27页。"在自然状态里,
任何一个行动,只要个人良知认为是为自我保存所必须,原则上就是可以允许的;任何一个
行动,只要个人良知判断无助于自我保存的目的,原则上就要禁止。"施特劳斯:《霍布斯的政
治哲学》,申彤译,译林出版社,第27—28页。"霍布斯对国家、从而对全部道德的阐释,启始
于人类所天然怀有的不信任感。然而,这种根本的不信任,其具体涵义和具体后果,是在霍
布斯的道德思想那里得到阐释的。"见此书第68页。
　　②　参考霍布斯:《论公民》,贵州人民出版社,第41页。
　　③　霍布斯:《利维坦》,黎思复等译,商务印书馆,第37页。
　　④　同上第72页。霍布斯所言之道德品行指的是"有关在团结与和平中共同生活的人
类品质。为了这一目的,我们要认识到,今生的幸福不在于心满意足而不求上进。旧道德哲
学家所说的那种终极的目的和最高的善根本不存在"。见《利维坦》第72页。

度做出评判。①

　　自然法是关于和平希望的道德律令,它体现在霍布斯列出的一系列自然法条文中。根据霍布斯的文本来看,出于摆脱战争状态下所遭受的生命威胁,自然法直接指向保存人们生命的目的:它"禁止人们去做损毁自己的生命或剥夺保全自己生命的手段的事情,并禁止人们不去做自己认为最有利于生命保全的事情"。②从根本上来说,当宣称"自然法及和平是保全人类的一种手段",与"和平背道而驰则是反自然法"时,他重申了和平与自然法的同一性。③每个人都希望以某种方式在人类之间建立和保持宽容而缓和的关系,因为他们在自然状态的生活中常常冲突,并总是诉诸暴力。所以第一条自然法是"寻求并信守和平",再结合人的本性特征,霍布斯推演出第二条自然法:"放弃对一切事物的权利",这可以看作其所认为的自然法内容的根本,由它们推出的自然法系列条款规定了求取和平的手段,霍布斯称之为"和平的必要条款"。

　　作为和平的自然法既是正义的法也是道德的法令。它表现为人们求取并捍卫和平的道德中,因此,霍布斯的道德与求取和平中订立的契约有了联系。第三条自然法规定"信约须履行",违背契约意味着不正义:"在订立信约之后,失约就成为不义,而非正义的定义无非就是不履行信约。任何事物不是不义的,就是正义的。"④就此来看,履行信约的行为就是有道德的,求取和平并有利于和平的行为也是正义的。第四条自然法蕴含了"感恩"的道德情感,"接受他人单纯根据恩惠施与的利益时,应努力使受惠者没有合理的理由对自己的善意感到后悔"。人的感恩之情决定于事先存在的恩惠,即已经存在的自由赠与行为。按照霍布斯的理解,此种理性行为必然存在。另外他着重指出,自由赠与是自愿的,也是自利的,因为赠与者从中也得到了好处,否则也不会有此种行为,也不会有信任,这是人的本性使然。其他自然法涉及到与他人和谐相处的法则,如第五条法则是"合群"(compleasance),即"每一个人都应当力图使自己适应其余的人"。第六条

---

　　①　对于霍布斯来说,这也需要立法者承担一些相应的义务。

　　②　霍布斯:《利维坦》,黎思复等译,商务印书馆,第 98 页。

　　③　参见 Thomas Hobbes, the Elements of Law Natural and Politic, ed. J. C. A. Gaskin, Oxford: Oxford University Press, 1994, p.92。

　　④　霍布斯:《利维坦》,黎思复等译,商务印书馆,第 109 页。

是"当悔过的人保证将来不再重犯,并要求恕宥时,就应当恕宥他们的罪过","恕宥"就是允许求和。第七条自然法:"在报复中,也就是在以怨报怨的过程中,人们所应当看到的不是过去的恶大,而是将来的益处多。"第六条和第七条自然法是涉及人类未来的两种相反行为,目的都是为了获得和平。按照霍布斯的理解就是:没有和平的"恕宥"是违反理性的虚荣,没有和平这一正当理由的伤害和报复则违反自然法的本意,也就无法构成自然法的一个条款了,就会成为残忍的恶行而非良善的美德。第八条自然法是"不侮辱争斗","任何人都不得以行为、言语、表情、姿态表现仇恨或蔑视他人";第九条自然法是"不骄傲","每一个人都应当承认他人与自己生而平等";第十条是"谦谨不骄纵":"进入和平状态时,任何人都不应要求为自己保留任何他不赞成其余每一个人要为自己保留的权利。"第十一条和第十二条乃根据"属于个人的东西平等地分配给每一个人的法则"而来:第十一条是"裁决公道不偏私","一个人如果受人信托在人与人之间进行裁断时,那么自然法就有一条戒条要求他秉公处理"。第十二条是对有价值物品分配的"正义不偏袒",包括两个方面,首先,"不能分割之物如能共享,就应当共享,数量允许时,应不加限制;否则就应当根据有权分享的人数按比例分享"。其次,对于不能共享也不能分割的物品,应"以抽签方式"或"轮流使用",且"第一次占有权以抽签方式决定"。第十三条自然法针对和平使者而定,即"凡斡旋和平的人都应当给予安全通行的保证",安全通行是达到调解的手段。第十四条规定"争议各方应将其权利交付公断人裁断"。①在这里,霍布斯强调公断人必须具有超然地位,不属于立约的任何一方。

　　以上第三至十四条自然法都是"和平的必要条款"的延伸,是实现保存自身的法则,概括来说就是"己所不欲勿施于人"。总体来看,霍布斯以否定性语言做出规定,不要求人出于自己的良善及对他者抱有的良善愿望行为,而是通过避免对他人造成伤害而行为。这也成为霍布斯国家理论的基础,即建立国家的根本目的是促进和平:"国家的事业是……在国内维持和平与安宁,避免人民受到外族的野蛮入侵。"对于已经建立的国家,霍布斯在《利维坦》的"综述与结论"部分又加了最后一条,可以作为第十五条自然法,即"每一个人在战争中对于和平

---

①　第4—14条自然法见《利维坦》第115—119页。

时期内保卫自己的权力当局应当尽力加以保卫"。①因为国家是保卫人们生命，并使他们免于死亡畏惧的安全港湾；公民有义务保卫自己所生活的国家，如果要求其他拥有自然权利的主体攻击前者，则是违背自然法之初始意义的。②

从上述条款来看，自然法对公民具有内在约束力。自然法永恒存在，它能约束但不能支配人们的激情和欲望；自然法是一个人对他者死亡威胁的限制，并为人们摆脱死亡畏惧而提供了希望。就自然法所拥有的力量而言，它是内在的，常常被激情和欲望击倒，并不具有绝对的约束力："在有足够的安全保证人们服从自然法之前，自然法不具有外在的约束力（inforoexterno）；自然法的约束力总是内在的（infointerno），其中，服从的行为若不安全，愿意服从的意志和意愿就可被看作是服从。"③自然法是人的良心之法，在良心上具有约束力，但"把它们付诸行动时，就不永远如此"④。从外部环境条件看，自然法的约束力在于人所处的具体情境。在战争状态下，尽管自然法是存在的，但它是沉默的。当和平无望时，当遵守自然法威胁了人的生命时，则也违背了人的理性，自然法具有效力的前提——即在和平中更好地自我保存——也就不存在了。

自然法是国家得以建立的一个重要而充分的条件，但并不构成国家的本质。作为和平秩序象征的国家远不仅仅是自然法指引的结果，它更是人们为了拥有和平、保全自身之权利欲求的结果，因而国家的权威和力量不仅是内在的，更是外在的。对公民的自然权利拥有绝对的外在约束力是国家的实质，这是霍布斯更为看重的方面。因为自然

---

①   第 4—14 条自然法见《利维坦》第 571 页。

②   "奉行自然法有助于维持和平，而安全则有助于自然法的奉行。"Thomas Hobbes. The Elements of Law. ed. by Ferdin and Tönnies. New York：Barnes Noble, Inc., 1969, p.69.

③   Thomas Hobbes. The Elements of Law. ed. by Ferdinand Tönnies. New York：Barnes Noble, Inc., 1969, p.93.理性只是满足自己的工具，而不是满足自己无限需求的绿洲，理性不具有作为人类激情避风港的可能性。不过，王军伟在《霍布斯的政治思想研究》中对霍布斯所言的理性概念做了区分，指出"虽然霍布斯说激情的力量很强大，'正如没有欲望就是死亡，于是激情淡薄就是迟钝'，但这并不意味着霍布斯与休谟总持相同观点，即理性总是激情的奴隶。当霍布斯主张理性是激情之奴隶的时候，他所说的理性显然是指用于推理的工具理性，它可以为实现激情所发现的目标提供方法和工具，也可以为实现此目标进行算计，而用于生活智慧的理性即霍布斯所说的明辨和审慎时不会一味地听从激情的派遣，它反倒成了激情的主人"。王军伟：《霍布斯政治思想研究》，人民出版社，第 136 页。

④   霍布斯：《利维坦》，黎思复等译，商务印书馆，第 120 页。

法在力量和权威上并不自足,自然法的不自足表现在:"自然法的实践对和平的维持是必可不少的,而安全对自然法的实践又是必不可少的。"①在自然状态中,安全源于团结在一起行动的人数要足够多。这亟需"某种权威使人们遵从",否则就会被人本性中的"偏私、自傲、复仇"等自然激情压服,即便订立了信约,如果"没有武力,信约便只是一纸空文,完全没有力量使人们得到安全保障"。因此,惟有充足必要的权力作为保障,每一个人才会免于死亡的威胁,才会有安全之保障,也只有这样,人们才能"合法地依靠自己的力量和计策"戒备他人。②

　　总体来看,自然法是理性指令,也是和平的希望,但它的力量有限,在激情、欲望、现实条件和处境面前往往失去效力。只能依靠国家的强大公共权力以弥补自然法在人的外部约束上的不足。不过,按照霍布斯的理解,理性毫无疑问能够让人关注长远的、未来可期的善好,它能让人从自然状态中寻找和平,并为之探寻合宜的途径。

---

① 霍布斯:《论公民》,贵州人民出版社,第54页。
② 参见霍布斯:《利维坦》,黎思复等译,商务印书馆,第128页。

第三章　持守和平秩序的"人为"国家

　　霍布斯把国家与强大的海上怪兽"利维坦"做类比,是因为只有它才是那些"惟我独尊的孩子的国王"①。国家立于恐惧与希望之上。从长远来看,只有国家才有能力克服战争;只有国家才能克制人们的自然欲望和激情(如死亡恐惧、骄傲、虚荣等),这是霍布斯赋予国家存在的理由(raisond'être)。对死亡的畏惧,理性的指引,促使自然国家向人为国家转变,这也是国家"较为完美"的形式。它起源于死亡恐惧的避免,死亡是最大的恶,再加上自然法的指引,国家因此具有了道德意义和道德基础。

　　国家是秩序的象征,是人们生命与和平意志的凝聚与统一,是拥有无限自然自由权的人在理性自然法的指引下践行信约的结果。"我把主权者的世俗权力,以及臣民的义务与权利,都建筑在众所周知的人类天赋倾向与各条自然法之上,凡是自以为理智足以管理家务的人都不能不知道。"②同时,国家也是自然状态中无组织的人之力量的结合,人们的力量最终汇聚于主权者身上,主权者运用这一"恐怖"力量确保和平与安全。在国家里,自然法转变成了国法,它成为主权者进行统治的工具,人们对任何"意欲"之事物的无限权利("自然自由权")也在相当程度上转变成对主权者服从的义务了。当国家初创及建立之后,拥有强制权力的主权者产生的恐惧迫使人们信守诺言,它是秩序得以维持的一个重要动因。

一、作为"虚拟人"的国家

　　人是国家的根本组成,同时也是国家的创造者;要了解国家,就必须

---

　　①　施特劳斯:《霍布斯的政治哲学》,申彤译,译林出版社,第15页。
　　②　霍布斯:《利维坦》,黎思复等译,商务印书馆,第575页。

了解人的本质,了解全人类。霍布斯对国家的认识在《论公民》中就有表述,但学者们一般都把《利维坦》中的国家论作为其最终的成熟表达。

在《利维坦》中,国家是一个组成的"人",具有"拟人或虚拟人"的人格特征。它与自然人不同,自然人指言语和行为是发自于其本身的个体,而"拟人或虚拟人"则"代表他人的言语与行为"。如果虚拟人的言语和行为能够得到被代表者的认可或同意,则前者就成为后者的代理人,被代表者或认可虚拟人言行的人就是授权人。如果授权人中的每一个人都个别地同意某个人代表时,那么无论授权人的数量有多少,他们就有了一个"单一人格"(one person),那个被同意作为代表的人就是这群授权者的"虚拟人"。[1]"他"是一个人造的政治体(artificial body politic),可以"以团体的人格名义"履行事务。《利维坦》中的"代表"概念就是在《论公民》等著作的基础上为完善这一"虚拟人格",凸显"利维坦"国家的"意志统一"而提出的:每个人不但把自己对事物所具有的权利以及进行处置的力量留给了"他",使自己的意志和判断服从"他"的意志和判断,而且还由"他"来"承担他们每个人的人格"。在具备这一人格后,"在那些有关公共和平或安全方面的事务上",它的所作所为就是"每个人自己做出的"行为。李猛在《霍布斯契约国家论的基本结构》一文中认为,霍布斯借助于构成契约理论的"代表"和"人格"概念,建立了一个具有统一人格的政治国家,作为虚拟人,作为拥有公共人格的主权者同时也是真实的自然人,其意志就是人们的统一意志。也就是说,"国家的人格""在很大程度上是通过主权者自身人格的统一性实现的",否则"他""既不能说话,也不能行动"。[2]在霍布斯的著述中,关于主权者人格的这两个方面尽管在理论上可以区分,但在现实政治世界无法区分开来,他也不打算区分。也就是说,这两种人格不仅仅统一于主权者身上,二者甚至还是"同一"的,因为这就是霍布斯人格理论蕴含的倾向,也是其所强调的。

这个"虚拟人"代表这群人言行,而组成"他"的每个人都为其言行负责。如下图(《利维坦》的卷首图)所示,这个画像由亚伯拉罕·波瑟

---

① 参见霍布斯:《利维坦》,黎思复等译,商务印书馆,第 122、123 页。

② 详见李猛:《霍布斯契约国家论的基本结构》,《世界哲学》,2013 年第 5 期。作者认为,主权者自身人格相对于虚拟人格的"现象学"优先性,意味"利维坦"的公共性,与卢梭的"公意"和康德的"总体意志""普遍意志"不同,霍布斯理论中的主权者意志本身就是"统一意志",它不是抽象的而是现实实体发出的意志或命令。

（Abraham Bosse）所绘，此人为霍布斯好友，是 17 世纪中期法国享负大名的蚀刻画师。这个手持利剑和权杖的"人"就是一个人造的政治体，霍布斯把他描述为一个特殊的人造政治体：国家（或利维坦）。这个人造的虚拟人（或法人 civil person）与臣民建立了授权关系，从而确立了政治体的"意志统一"，也就是臣民生命与和平意志的统一。政治体是一个实体，类似于拥有自己权利和财产的人格实体。在国家这个特殊的政治体内，它化身为主权者，作为国家的首领（head of state）行动。按照李猛的理解，国家的特殊之处在于一般的政治体"只是在某些方面针对特定的目的建立的统一体"，它只是"有限代表"，而"国家的主权者则是每个臣民的'绝对代表'"，主权者就是臣民的"绝对代表"，"意味着在和平生活的所有方面，基于建国契约的授权行为，'他'都可以代表组成政治社会的每个人行动"。①

《利维坦》卷首图的国家形象

　　国家的人格特征在《论公民》中表现在，其"意志通过若干人的协议被看成是他们大家的意志，它可以为共同的和平和防卫而运用他们

---

　　① 李猛：《霍布斯契约国家论的基本结构》，《世界哲学》，2013 年第 5 期。作者进一步指出，"霍布斯依赖代表者的统一性来建立政治统一体的统一意志，意味着他放弃了自己早先在《论公民》中通过'人民'概念理解国家主权和公共性的方式，……而是更加明确地将这一统一性与主权者的统一人格联系在一起，……从而彻底排除了人民与统治者同时拥有主权或承担主权的双重主权学说"。

的力量和资源"。①不仅如此,它还是一个人为的统一的政治体,这样,当代理人根据授权者的授权订立信约的时候,他可以使授权者像"亲自订约一样受到约束"。霍布斯在《利维坦》中将国家所具有的人格特征进一步表述为:"这就是一大群人相互订立信约、每人都对它的行为授权,以便使它能按其认为有利于大家的和平与共同防卫的方式运用全体的力量和手段的一个人格。"②他对国家和契约等相关概念和理论的进一步阐述在于着力强调它的人为性和统一性,进一步凸显出主权者的权力。"人为性"在这里表现为代表政治体的单一拟制人格的产生,通过契约授权,使产生的"法人"凭借授权和代表成为"国家首领",并以人民的名义言行,并且人们要为其言行负责,因为它是"绝对代表"。总体来看,主权者是"承当这一人格的人",他握有主权,这是每个人授权的结果。"统一性"就体现为"统一的人格"之中,如果这个法人是"多人组成","那就必需把多数人的意见当作全体的意见"。③这是契约的结果,即产生"一个"绝对的共同代表,建立"一个"拥有强大权力的国家("利维坦")以实现和平与安全。

　　从组织的角度来看,国家作为一个独特的政治团体在于其独立性。作为一个人造生命体,国家具有独立的意志和人格特性,其行为源于主权者意志及禀赋的权力驱动,他本身是完全独立的,也是完全自足的。主权者是国家的唯一代表,是全体臣民的绝对、唯一代表者,"所以除开他准许的以外就没有其他人能成为任何部分的代表者"。一般的政治组织或政治团体的所有方面都从属于国家和主权者,而其组成成员及其代表者都可视为主权者的臣民;倘若"准许臣民的政治团体在一切意图和目的上具有一个绝对的代表者,就是放弃了国家对这一部分的统治,并与和平与保卫相违背而分裂了统治权"④。

---

　　①　霍布斯:《论公民》,贵州人民出版社,第 54 页。

　　②　霍布斯:《利维坦》,黎思复等译,商务印书馆,第 132 页。按照霍布斯的理解,"这人格之所以称为单一,是由于代表者的统一性而不是被代表者的统一性。承当这一人格而且是唯一人格的是代表者,在一群人中,统一性没法作其他理解"。霍布斯:《利维坦》,黎思复等译,商务印书馆,第 125 页。

　　③　同上第 126 页。

　　④　同上第 174 页。"在臣属于一个主权者之下的从属政治团体之中,个人公开声明反对代表会议公布的决定并将其反对意见记录下来或取得证明有时不但是合法的,而且是有利的;不然他们就可能有义务归还他人所借的债或对他人所犯的罪行负责。但在主权议会中就没有这种自由。这一方面是因为在这儿声明反对就是否认他们的主权,另一方面也因为每一个臣民都曾对主权者的命令授权。所以主权者们命令的任何事情对臣民说来仅仅由于命令本身就是正当的,虽然在上帝眼中并不永远如此。"霍布斯:《利维坦》,黎思复等译,商务印书馆,第 177—178 页。

另外,霍布斯也探讨了国家与联盟组织的差异。他认为,联盟的产生大多基于相互防卫的需要而建立起来,国家就类似于一个由某一区域内的所有臣民为了自我保存而结合的"联盟"。因此,如果在一个国家内某些臣民基于某种安全需要而组成"臣民的联盟",那么,这等同于在国家之内树立了一个新的"主权者"。这不仅没有必要而且还是非法的,霍布斯斥之为"私党或阴谋集团"。当然,鉴于联盟具有人们根据"信约"结合这一特性,在国家建立之前,在一个令人畏惧的权力或者使人们相互信任的理由和坚强后盾建立之前,臣民的联盟或其他任何形式的联盟之存在,不但是合法的,而且对于这些结成联盟的人身保存来说也是必要的和有利的。①

二、契约的性质与国家的诞生

国家的诞生源于人们之间达成的"契约"。它是人们从激情、自然欲望、自我保存、死亡恐惧等走向秩序与和平的一个重要中介,契约理论成为国家理由的重要基础。②通过这一理论,霍布斯把绝对支配权赋予国家,并论证它的正当性,即"什么是正确的社会秩序"问题。关于这个问题,霍布斯与马基雅维里明显不同,前者更具理论雄心,试图为其所处时代的国家探寻一个更具一般性且在逻辑上更完满也更严整的社会政治秩序。③

---

① 参见霍布斯:《利维坦》,黎思复等译,商务印书馆,第183—184页。

② 除了"契约产生的国家"外,霍布斯在《利维坦》中还探讨了"以力取得"的国家类型,这种国家的主权"以武力得来",即"人们单独地、或许多人一起在多数意见下,由于畏惧死亡或监禁而对握有其生命与自由的个人或议会的一切行为授权"。同上第153页。接着霍布斯谈到两种管辖权,即宗法的管辖权和专制的管辖权。这里的管辖权特指主权者对臣民行使的强制性权力,它与主权密切相关,甚至是在同等涵义上使用的。"宗法和专制的管辖权的权利与必然结果和按约建立的主权者的这一切完全相同","因此,一个人如果是两个不同国家的君主,他在其中一个国家所具有的主权是群聚的人按约建立的主权,而在另一个国家中的主权则是由于征服得来的;也就是说:后一种主权是在每一个单个的人为了避免丧生或刑具锁禁而投降的情况下取来的;那么,他如果是根据征服的名义,把后一个国家当成被征服的国家而提出多于前一个国家的要求时,便是不懂得主权权利的做法。因为主权者对两个国家说来都绝对的,否则就根本没有主权"。详见第157页。

③ 霍布斯"试图为他那个时代的所有国家政体的不完美性,寻求最确切的表述,并且揭示,它们无时无刻不处在国内战争的永恒危险之中;他是通过同时指出一个可能性来这样做的,那就是根治这个缺陷的可能性,'从身份走向契约'的可能性"。参见施特劳斯:《霍布斯的政治哲学》,申彤译,译林出版社,第124页。

按照霍布斯的理解,契约的核心就是人们自然自由权利的相互转让。在建立国家之前,"自然自由权"就是人们拥有"对一切事物的一切权力",每个人有权做其认为有必要做的能够保全自身的任何事情,这是自然状态的"权利分布"特征,其目的就是为了更有效地自我保全,从而免受死亡的恐惧与不安。这是自然状态中所有人的期望,但这一良好的期许并不能在自然中实现,人们处于更加强烈的死亡恐惧与生活的不安和不便之中。理性和自然法为人们摆脱自然战争提供了契机,通过相互订立契约,人们把自然状态中拥有的对一切事物的无限权利的一部分给予主权者,这是国家具有惩罚权的根据和来源。通过权利的转让关系,出于和平与保护的目的,主权者具有达到目的而使用手段和工具的强制权力;出于必要的考虑,他或他们(主权者)既可以审定和平与保护的手段,也可以巩固或恢复和平与安全的手段。

英国剑桥学派的斯金纳把这一契约称为"授权信约"(covenant of authorisation)。他指出,契约订立后,"每一个臣民变成了主权者以臣民名义实施的一切行为的授权人(author)"。不过,还需要对"授权"做进一步严格界定。按照霍布斯的说法,在契约订立的过程中,只是由臣民放弃了这些自然自由权,准确地说,他们放弃了为自我保存而先发制人的权力,但没有放弃自我保存的其他权力。当一个人面对他人对自己生命造成侵害和威胁的时候,他所采取的反侵害行为应该在法官的裁决下获得宥恕;而先发制人的权力则留给了国家和主权者。由此来看,就像霍布斯所说的,臣民并不是将权利"赋与主权者","只是由于他们放弃了自己的这种权利之后,就加强了他的力量,根据他认为适合于保全全体臣民的方式来运用自己的这一权利。所以这一权利并不是赋与他,而是留下给他了"。[①]主权权力因每一个人对他在这方面权力的"余留"而加强。国家产生之后,作为臣民,除非自我保存的权利受到破坏,他对主权者的任何反抗"不仅是不理性的,而且是自相矛盾的"[②]。

---

① 霍布斯:《利维坦》,黎思复等译,商务印书馆,第241页。

② 参见斯金纳:《霍布斯与共和主义自由》,上海三联书店,第150页。"每一个人都以个人的身分对共同的代表者授权。当授与代表者的权无限制时,他们便要承认他一切的行为。如果不是这样,而限制他在什么问题上和在什么程度内可以代表自己时,他们之中就没有任何人承认了代表者超出委托代行范围以外的事情。"《利维坦》(商务印书馆)第126页。

霍布斯契约理论的这一性质意味着人们把自然自由权转让给主权者的程度和范围在于所有人基于"自我保全"所需要的程度与范围。人们并没有把权利完全给予主权者,他们还保有对"所有那些其权利不可能通过信约而被转让掉的事物的自由",这些权利可以从国家法律中发现,以臣民权利的形式而体现在国家之中。

从第三条自然法可知,霍布斯对正义的认识与履行契约密切相连。一般地说,在知道权利、正义、法律的原始结构和成因前,人们往往把习以为常的惯例或习俗作为行为的道德标准,也就是不容于习俗的行为往往就是不正义的,而为习俗惯例认可、赞赏或不加惩罚的则不是不正义的。霍布斯把此种正观念斥为"小孩子"的见识,他从契约中推出"正义"实际上在于"对契约的践履"。为不使转让行为归于无效,转让者负有责任或义务保证被授权者享有权益:"一个人不论在哪一种方式之下捐弃或转让出其权利之后,就谓之有义务或受约束不得妨害接受他所捐弃或允诺让出的权利的人享有该项权益。"①前者如果妨害主权者的行为,那就是不正当的,因而也是不公正的。按照霍布斯的契约理论,在一个政治社会里,只有国家或"主权者"才有权利使用"每个人的力量和权力",臣民只能服从主权者,他们也有服从主权者的义务,否则"就是违背了同意服从主权者的原初信约"②,就是不义之人。

由此可知,霍布斯的契约论给予主权者绝对权力的同时,对臣民施加了很强的义务和责任。在谈到被征服者也负有服从征服者的义务时,他认为前者负有类似于臣民的服从并不在于其被征服、被打败、被俘虏等等的行为,而全在于"示意投降"、投奔胜利者或不再抵抗。就像斯金纳解读的,一旦有此行为,被征服者"在被宽恕生命和被给予人身自由的条件下,立约做胜利者的奴仆。由于他自愿地应允了归顺政府的条款,因而他负有了一个名副其实的臣民的义务"。③一个人不

---

①　霍布斯:《利维坦》,黎思复等译,商务印书馆,第 99 页。

②　陈涛:《国家与政体——霍布斯论政体》,《政治思想史》,2015 年第 3 期。用韦伯的话来说,只有国家对"使用暴力的'正当性'有独占的权利"。马克斯·韦伯:《社会学的基本概念》,上海人民出版社,第 74 页。

③　斯金纳:《霍布斯与共和主义自由》,上海三联书店,第 183 页。

这实际上涉及政治共同体的起源问题,卢梭对此做了批判。认为霍布斯论证政治共同体源于强者的征服之认识并不正当,"所谓征服权并不是一种权利,所以不能据以创立任何其他权利;在征服者与被征服民族之间的关系上,除非被征服民族完全恢复了自由,自愿(转下页)

服从主权者,意味着他单方面破坏自己与他身边及共同体中他人所订立的信约,意味着自己返回到了自然状态之中,也意味着他随时可能破坏他人的安全,从而使他人处于生命和安全无法保障的境地之中;而履行信约的人则必须承认并接受主权者的"行为与裁断";正常来讲,前者不能在主权者不允许的前提下订立新信约。在主权者看来,如果一个人违反了契约,那么主权者就可以对违约者予以任何程度的严厉制裁,因为后者使主权者的授权人处于危险之中,而使人免受生命威胁的恐惧正是主权者存在的最根本理由:"由于多数人以彼此同意的意见宣布了一个主权者,原先持异议的人这时便必需同意其余人的意见;也就是说,他必须心甘情愿地声明承认这个主权者所作的一切行为,否则其他的人就有正当的理由杀掉他。"[1]对于不是臣民的人,也就是没有履行契约义务的人,则可以视为国家之敌和人民之敌,其造成的危险类似于自然状态中无处不在的死亡恐惧。主权者的权力就在于消除此种危险,因此对于他们(即便看来是无辜者的"他们")施加何种惩罚行为,既不是不道德也不是不正义的。

按照霍布斯的观点来看,主权者的任何行为,尤其是涉及授权人的行为并不关乎于是非善恶和道义问题。[2]相反,某一个或某群授权人对主权者的任何惩罚、处决行为都是不义的,"因为每一个臣民既然都是主权者行为的授权人,那样就是由于自己所作的事情去惩罚另一个人了"。[3]同时,在履行信约的人看来,违约者的行为也是十足的恶

(接上页)选择它的征服者作自己的首领,他们二者便永远处于战争状态。在此之前,无论订立了什么样的投降条约,这些条约既然仅以暴力为基础,这一事实本身就注定了这条约是无效的"。卢梭:《论人类不平等的起源和基础》,李常山译,商务印书馆,第130页。不仅如此,关于弱者和强者,在一个社会之中其意义还不如用贫者和富者表达更为准确,"因为,实际上,在有法律以前,一个人要想使他的同类服从,除了袭击他们的财产,或者把自己的财产分给他们一部分以外,是没有任何其他方法的"。卢梭:《论人类不平等的起源和基础》,李常山译,商务印书馆,第131页。

[1]　霍布斯:《利维坦》,黎思复等译,商务印书馆,第135页。"因此,一个君主的臣民,不得到君主的允许,便不能抛弃君主政体、返回乌合之众的混乱状态,也不能将他们自己的人格从承当者身上转移到另一个人或另一个集体身上。"霍布斯:《利维坦》,黎思复等译,商务印书馆,第133页。

[2]　"主权代表人不论在什么口实之下对臣民所做的事情没有一件可以确切地被称为不义或侵害的;因为每一个臣民都是主权者每一行为的授权人,所以他除开自己是上帝的臣民,因而必须服从自然律以外,对其他任何事物都决不缺乏权利。于是,在一个国家中,臣民可以、而且往往根据主权者的命令被处死,然而双方都没有做对不起对方的事。"霍布斯:《利维坦》,黎思复等译,商务印书馆,第165页。

[3]　霍布斯:《利维坦》,黎思复等译,商务印书馆,第136页。

行,是不正义的,因为他破坏了第三条自然法。

霍布斯的契约论把授权者与被授权者置于相当不平等的地位。授权者虽保留部分权力(转化为公民权利),但从根本上来说,他负有对后者的义务和绝对服从之责任;而被授权者为保障和平则享有几乎接近于无限的权力,甚至授权者的权力也成为契约最终达成并得以遵守和有效的"后盾"。按照霍布斯的逻辑,言辞的力量太弱,不足以让人履行契约。在契约达成之前,必有强制性权力存在,"如果信约订立之后双方都不立即履行,而是互相信赖,那么在单纯的自然状态下(也就是在每一个人对每一个人的战争状态下)只要出现任何合理的怀疑,这契约就成为无效。但如果在双方之上有一个共同的并具有强制履行契约的充分权利与力量时,这契约便不是无效的。……如果没有对某种强制力量的畏惧心理存在时,就不足以束缚人们的野心、贪欲、愤怒和其他激情"。[1]如果不是这样的话,契约的有效性就无法得到保障,而无法保障的契约也不能称其为契约了。契约一旦达成,意味着必有一种共同认可的强大力量保障,因为它消除了契约各方中任何一方失约的猜疑和畏惧。

当然,由于对契约的保障,权力也成为了正义的一个重要构成要素,"在正义与不义等名称出现以前,就必须先有某种强制的权力存在,以使人们所受惩罚比破坏信约所能期望的利益更大的恐惧来强制人们对等地履行其信约"。[2]不义的行为须接受国家强制权力的制裁,因为行为的不义在于违背契约,从根本上看是对他人生命的威胁,对和平秩序的破坏,损害了国家的"人格"。

三、霍布斯的国家理论与主权者的权力

自然人平等而分散的力量凝聚于"公共人格"身上,人们通过它的统一意志和言行抵御侵害并获得安全保证。国家本身就是人类力量的化身,它转化为公共权力,极大弥补了自然法"外在约束"的不足,从而抵御人们之间"合理猜疑"的冲击。在霍布斯看来,强制权力是国家

---

① 霍布斯:《利维坦》,黎思复等译,商务印书馆,第103页。

② 同上第109页。

的本质,它是信约得以履行的根本保障,因为在没有共同认可的强力存在的条件下,"只要出现任何合理的怀疑",契约将成为一张空头支票;"但如果在双方之上有一个共同的并具有强制履行契约的充分权利与力量时,这契约便不是无效的"。①由此可知,在一个国家中,强制权力的存在是必要的,"即使在一个良序社会中,为了社会合作的稳定性,政府的强制权力在某种程度上也是必需的"。②

(一)国家的本质

国家不仅是医治战争的一剂良药,更是打造和平秩序的猛药,这无不赖于其具有的强制力量。作为人造之物的国家并非永恒的这一观念在马基雅维里那里就有阐述,霍布斯也有这种判断。他认为,"人造"的"利维坦"虽然在陆地上拥有至高无上的地位,并打算与自然法、正义和人类长久共存下去,但它"如同所有其他地上的生物一样是会死亡的,而且也会腐朽"。③与马基雅维里着重思考"减缓国家衰朽的经验方式和手段"不同,霍布斯侧重于对"国家患上疾病的因素"的理论分析,也就是致使国家贫弱、死亡、解体因素的理论分析。主要有六个方面,这是认识霍布斯国家本质的一个重要观察点。

首要因素是"对国家权力的满足"。按照霍布斯的理解,对于和平之保障及国家之防卫来说,其主权权力必须足够强大。无论是谁,要是认为主权过大,并因此而设法减弱它,他只能通过另外一个具有更强力量的实体才能达到,他必须也只能服从"一个比主权更大的权力",如果这样的话,前者实际上根本就不是国家权力。若权力不足,如导致公共安全无法保障,那么一旦有机会,人们就会走上反叛的道路,进而导致国家重回自然状态,或受他国征服。这不仅是不义的行为,还违反了国家存在的理由。

第二是蛊惑人心的谬论。霍布斯直接指向国家中所存在的"每一个平民都是善恶行为的判断者"这一现象,认为这是国家衰弱和分裂的又一重要因素:"根据这种错误的理论,人们会在心里打算盘,对国

---

① 霍布斯:《利维坦》,黎思复等译,商务印书馆,第103页。

② 罗尔斯:《正义论》,中国社会科学出版社,第188页。关于罗尔斯对权力与道德在维持良好社会政治秩序中所发挥的作用,以及二者在其中的关联性,本书将在第五章第三部分探讨。关于权力的认识方面,罗尔斯汲取了霍布斯的部分观点。

③ 霍布斯:《利维坦》,黎思复等译,商务印书馆,第249页。

家命令持异议,然后按照个人判断,看看是否合适再来决定是否服从,这样就会使国家陷于混乱并被削弱。"①在国家里,"善恶"本质应有权威的、一致的判断标准,它以国法的形式体现出来,而法官就是"善恶"裁决和判断的权威。

第三与第二个因素相关,即"一个人违反良知意识所做的任何事情都是罪恶"。但霍布斯认为,任何人的良知意识从本质上说是一种个人判断,而这种私下之见"可能是错误的"。尤其是在国家和社会状态之中,唯有法律才是公众的良知意识;而私人的良知意识可能与法律相抵触,一个人不能因自己的良知意识而违反法律的权威。

第四个致病因素是握有主权权力的人"要服从民约法"或国法。在霍布斯看来,主权者应该服从自然法,但对于其所订立的法律,则没有服从的义务,因为服从制订的法律就是服从国家,服从他自己的意志,就是"服从他自己",这就相当于"不受法律约束了"。如果主权者服从法律,将法律置于主权者之上,那就等于又带来一个新的主权者,而这对国家秩序和完整是极为不利的。

第五个因素是"每一个平民对其财物都具有可以排斥主权者权利的绝对所有权"。在霍布斯看来,每一个人对财物的所有权完全可以排斥其他臣民,但这绝不意味着可以排斥主权者。如果缺少"主权者的保障",任何人都具有基于"这些财物"的"同等权利",因为自然状态中的人对所有其他事物都具有自然的自由权,缺少主权者保障的共同体就类似于处在"自然状态"之中。所以,"如果主权者的权利也被排斥的话,他就不能执行他们赋给他的安内攘外的职责了";如此一来,"国家也就不再存在了"。②

第六是关于国家主权可以分割的认识。霍布斯的看法很直接,即主权是国家的根本,分割主权就是分割国家,它们之间必定彼此冲突,相互争斗,因而国家也就不能称为国家了。

最后是其他因素,如一国人民对"他国政体形式的向往",尤其是拿他国政体所具有的优点与本国并不具有相同优点的比较而带来的对前者的过分渴求,这常常是导致本国爆发叛乱的重要原因。关于这点,霍布斯在《利维坦》中援引一些"理智不定"的人,尤其是青年人常

① 霍布斯:《利维坦》,黎思复等译,商务印书馆,第 252 页。
② 同上第 253—254 页。

常受古希腊和古罗马人撰写的政治著作的"毒害",他们"从小就在自由的虚伪外表下养成了一种习惯",为自由的美名所欺,"以致把只属于公众的权利当成了个人的遗产和与生俱来的权利",欣赏其伟大与强盛,"赞成肆无忌惮地控制主权者的行为",并再控制这些"控制者",从而感染叛乱、弑君的瘟疫。①

总体来看,这些因素都涉及对国家、主权权力或权威的损害,在很大程度上霍布斯对国家本性的认识也得以凸显。他不厌其烦地强调,"国家没有主权便是没有实质内容的空话",国家的生命和效力决定于其拥有权力的强度,权力的强度决定于人们对生命安全需求的程度。霍布斯运用权力打造秩序,从这点来看,他"更忠实于他自己的意图,把国家的必要性和可能性,仅从对暴力造成的死亡的恐惧来理解"。②为了实现安全的意图,为了保证足够的力量,他的政治理论引导人们集聚而非消耗力量。对于一个国家,"无论是在国内,还是在国际中,为了自我保存,都必须去获取和积聚令人恐惧的'绝对权力'"。③即使在外部威胁不存在的状态下,也可以避免人们因各自的利己激情和欲望相互冲突,摧毁秩序。否则,"如果大家的行动都根据各人的判断和各人的欲望来指导,那就不能期待这种群体能对外抵御共同的敌人和对内制止人们之间的侵害"。④因为群体力量会因各自根据自身情势的判断而相互抵消,相互消耗,甚至在相互敌对中把汇聚而成的公共权力化为灰烬。

(二)国家、主权者的权力与臣民义务

与处于绝对自由而又相互争斗的自然状态相对,国家是一个因具有强大权力而克服自然诸多不便的有序状态。主权是国家生命活力的象征,是使"整体得到生命和活动的'人造的灵魂'":"官员和其他司

---

① "结果弄得血流成河,所以我认为可以老实地说一句:任何东西所付出的代价都不像我们西方世界学习希腊和拉丁文著述所付出的代价那样大。""我可以毫不犹豫地把这种毒害比之于被疯狗咬了的毒,医生把这种病称为恐水病。被咬的人经常渴得受不了,但却又害怕水,其情形仿佛是这种毒要把他变成一只狗似的。""当这种错误得到以这方面的著作闻名的人的权威肯定时,就无怪乎它会产生骚乱,并使政权更迭不已。"详见《利维坦》(商务印书馆)第255、167、168页等。

② 施特劳斯:《霍布斯的政治哲学》,申彤译,译林出版社,第40页。

③ 陈涛:《国家与政体——霍布斯论政体》,《政治思想史》,2015年第3期。

④ 霍布斯:《利维坦》,黎思复等译,商务印书馆,第129页。

法、行政人员是人造的'关节';用以紧密连接最高主权职位并推动每一关节和成员执行其任务的'赏'和'罚'是'神经',这同自然人身上的情况一样;一切个别成员的'资产'和'财富'是'实力';人民的安全是它的'事业';……'公平'和'法律'是人造的'理智'和'意志';'和睦'是它的'健康';'动乱'是它的'疾病',而'内战'是它的'死亡'。"主权者是国家的人格代表,他掌握着权力之柄,臣民应该"绝对服从主权者"①。

　　霍布斯赋予主权者以至高无上的权力,它是全体臣民权力的总和,主权者承当这一权力,"全体的权力和主权者的权力"是同一的。主权不论在君,还是在一个集体手中,在他看来,它的性质没有任何不同:"一切政府形式中的权力,只要完整到足以保障臣民,便全都是一样的。"②另外,这一权力也是不可分割的,不能附属于不同主体或任何不同实体身上,因此"有些人说主权君主的权力虽然比每一个臣民单独说来大,但比全体臣民综合起来的权力小的说法便没有什么根据了"。③正因为"主权权力"的强大,才能带来和平、秩序以及生命安全的保障。主权者可以是"自然人",也可以是虚拟的社会法人,即"一个能通过多数的意见把大家的意志化为一个意志的多人组成的集体"④。主权者是共同体内权势之最大者,他的力量源于共同体内大多数人基于"自愿同意"原则而对各自所具有力量的委托。

　　作为国家人格的代表,主权者的目的在于实现共同的和平与安全,这是自然法赋予它的义务和职责。在霍布斯看来,不论任何形式的政府或国家⑤,只要能够利用手中掌握的巨大权力,使人免受紊乱状

---

　　① 参见上书第 1、276—277 页。

　　② 霍布斯:《利维坦》,黎思复等译,商务印书馆,第 141 页。不过,有不少思想者关于霍布斯是否具有自由主义观念做了考察:如波比奥在《霍布斯与自然法传统》中宣称霍布斯"既不是自由主义作家,也不是自由主义思想的先驱",但他承认霍布斯著作中确实有"自由主义的一些典型特征";麦克弗森(Macpherson)在《占有式个人主义的政治理论》中认为霍布斯为资产阶级的自由民主理论提供了基础,霍布斯描述的人包含他所称的"占有式个人"的特点,人们之间的竞争实际上是"占有市场社会"导致的结果。朱迪思·施克莱尔因霍布斯的不宽容而拒绝称其为"自由主义之父"。

　　③ 霍布斯:《利维坦》,黎思复等译,商务印书馆,第 140 页。

　　④ "大家都把自己的意志服从于他的意志,把自己的判断服从于他的判断。"霍布斯:《利维坦》,黎思复等译,商务印书馆,第 131 页。

　　⑤ 根据一个国家内掌握主权的人数划分,霍布斯认为人类社会只存在君主政体、民主政体和贵族政体三种形式;而僭主政体和寡头政体不过是以上政体形式弊端凸显时著作家们冠以的称呼。"这三种国家的差别不在于权力的不同,而在于取得和平与人民安全(按约建立国家的目的)的方法上互有差别。"霍布斯:《利维坦》,黎思复等译,商务印书馆,第 144 页。

态的摧残,那它就达到了这一国家或政府存在的最高目的了。罗尔斯在《政治哲学史讲义》中也对主权者给予评论,指出霍布斯笔下主权者的一个重要作用就是维护"和平社会状态"。① 另外,霍布斯在《利维坦》中也特别列举了主权者在涉及思想学说方面的主权权力事项,指出主权者能够"决定哪些学说和意见有害于和平,哪些有利于和平,决定对人民大众讲话时什么人在什么情况下和什么程度内应受到信任,以及决定在一切书籍出版前,其中的学说应当由谁来审查等都属于主权范围"。②

　　主权者不受臣民约束,没有任何权力对他形成制约。但根据理性、自然法以及生存目的之认识和指引,主权者肩负提供安全、生命保障等相关方面(如通过合法劳动满足生活所需之物资等)的职责,这也是他的第一职责。他的职责源于自然法之义务,用霍布斯的话来说就是对制定"自然法的上帝"负责,也只向上帝负责。主权者的第二项职责是维持并巩固主权权力。如保持主权不受侵蚀;不能放弃主权,不能把主权中的一部分让渡给其他人,要维护它的完整性。这是任何一个主权者的义务。第三,主权者还赋有教导人民的职责:如让臣民学习"正义之德",不夺取他人的财物,学习自然的基本性法律;教导人民不要仰慕他国的政府形式,尊重主权者的决议和权威,不轻视主权者拥有的权力,如果在一个国家里,"人民要是不服从,因而不协调的话,他们非但不能繁荣,而且不久就会解体。不服从而光要改革国家的人将会发现他们这样一来就把国家毁了"。③ 另外,主权者还有在臣民内

---

　　①　不过,罗尔斯并没有给予主权者多高的评价,他进一步指出,主权者的作用是"通过有效地实施制裁并使每一个人都处于'恐怖状态'而使社会得到稳定"的。罗尔斯:《政治哲学史讲义》,中国社会科学出版社,第 73 页。另外,罗尔斯还指出,霍布斯笔下的主权者不通过改变人性及其自然欲望发挥作用,而通过改变人们的客观背景条件维护和平或消除人们的"死亡恐惧",即"通过建立起在其中勤劳得到奖励、人们的安全得到保护的社会环境,主权者的存在给人们获取舒适生活的手段提供了保障。……它为合法的诚实劳动、为持有私有财产、为私有财产的安全等提供了客观的条件"。见本书第 44—45 页。"主权不论是像君主国家那样操于一人之手,还是像平民或贵族国家那样操于一个议会之手,都是人们能想象得到使它有多大,它就有多大。像这种一种无限的权力,人们也许会觉得有许多不良的后果,但缺乏这种权力的后果却是人人长久相互未战,更比这坏多了"。霍布斯:《利维坦》,黎思复等译,商务印书馆,第 161 页。

　　②　霍布斯:《利维坦》,黎思复等译,商务印书馆,第 137 页。

　　③　同上第 263—264 页。"教导人民认识这些根本权利(即自然的基本性法律)并没有什么困难。因此,他便有义务让他们受到这样的教导,这不仅是他的义务,而且也是他的利益所在;同时这也是一种安全保障,可以防止叛乱对他的自然人身所带来的危险。"霍布斯:《利维坦》,黎思复等译,商务印书馆,第 263 页。

部平等施法、公平征税、制定良法（即制定"为人民的利益所需而又清晰明确的法律"）、正确执行赏罚（惩罚以儆效尤者，奖赏要益于国家）、甄选良好的参政人员等政治方面的职责。

总体来看，主权者聚合了所有臣民的强大权力，拥有理性没有的威力。但是他不能剥夺人的理性，他"可以强制我服从，使我不用行动或言辞表示我不相信他的话，但却不能让我不按理性驱使我的方式去思想"。①也就是说，在霍布斯的权力秩序中，当人们难以忍受主权者统治，甘愿冒生命危险而单方面收回自己与他人订立的契约（尽管一开始是不义的）的时候，他们会另立主权者。随着契约重新签订，即便是部分人之间的立约行为，对于这部分人来说，他们就不是不义的，因为当他们重新拿起战斗的武器时，这些人也"只是为了保卫人身，便根本不是不义的行为"。②

臣民重新寻求对生命安全的保障，重新订立信约，这是霍布斯所倡导社会政治秩序观念所存在的一个致命缺陷。因为他没有考虑如何在不损害主权者保障人们生命安全的前提下，主权权力在现实运用过程中的配置和执行，及其创建的社会政治秩序能为授权人接受和认可的问题。理性、自然法先于主权者存在，它们指引人们在国家中生活，并服从主权权力。就像霍布斯阐述的那样，那些天生爱好自由和统治他人的人类服从于主权者，使"自己受到束缚"，"他们的终极动机、目的或意图是预想要通过这样的方式保全自己并因此而得到更为满意的生活；也就是说，要使自己脱离战争的悲惨状况"。③

在霍布斯国家理论中，臣民的义务与主权者的权力恰相对照。人们一旦把保存自身的自然自由权留给主权者。根据契约，后者获得了

---

①　霍布斯：《利维坦》，黎思复等译，商务印书馆，第 291—292 页。

②　同上第 170 页。就像霍布斯所阐述的那样，"但如果有一大群人已经不义地反抗了主权者或犯了死罪、人人自知必将因此而丧生，那么这时他们是不是有自由联合起来互相协助、互相防卫呢？当然有，因为他们只是保卫自己的生命，这一点不论有罪没罪的人同样可以做"。霍布斯：《利维坦》，黎思复等译，商务印书馆，第 170 页。

③　同上第 128 页。"主权是国家的灵魂，灵魂一旦与身躯脱离后，肢体就不再从灵魂方面接受任何运动了。服从的目的是保护，这种保护，一个人不论在自己的武力或旁人的武力中找到时，他的本性就会使他服从并努力维持这种武力。虽然从建立主权的人的意图说，主权是永存不灭的，但根据其本身的性质，它不但会由于外患而有暴亡之虞，同时也会由于人们的无知和激情而从刚一建立起就包含着许多因内部不调而发生自然死亡的种子。"（见本书第 172 页。）霍布斯思考了主权者的生命限度，但未过多分析作为国家灵魂的主权权力与物理躯体配合的问题，或者没有深入思考主权者如何维持权力不致旁落的问题。

远大于自身的公共力量——公共权力；与此同时，人们获得了一个臣民的政治身份，其最大特征就是敬畏主权者的权威，并对其承当服从之义务。正如麦克里兰指出的，"《利维坦》的核心主题，是一套从自然律与社会契约推出的政治义务理论"。①因此，霍布斯对于自然法则的论述在于推导出臣民的义务，为后者提供正当基础。霍华德·沃伦德在《霍布斯的政治哲学：义务理论》一书中指出，自然状态中人的困境不在于缺乏道德法，而是因为道德法则的约束力取决于人内在的自我强制。对于霍布斯来说，这是不可靠的，因为弥漫在人周围的不安全和死亡恐惧的激情压倒人按照道德法则约束自己。为了保存自身，人需要在和平与秩序中生活，当道德法则无法实现这一目标时，就需要借助于外在法则的强制，这种法则的约束力依赖权力的保障。与此相对，人们须遵守契约、履行契约，并臣服于握有此种权力的主体，这就是臣民义务的主要内容。

从根本上来看，臣民的义务源于自我保存的权利，从这点也可以看出臣民义务的界限。如果臣民无法确保生命安全，他也就不承担任何义务了；如果主权者不能提供安全与保护的话，那么臣民对他服从的义务即告结束，这不可谓之不义。比如，主权者命令臣民自杀或伤害自己，无论出于何种理由，该臣民反抗主权者就是正义的。另外，霍布斯也探讨了战争中"臣民对征服者的义务"产生的情形，他指出，"当一个人有自由服从征服者时，如以明确的言辞或其他充分的表征，表示承认成为其臣民，这个时候就是他成为征服者的臣民的时候"②，那也意味着臣民对该征服者的义务产生了，因为后者不仅具有权力，还肩负对前者提供生命和自由保护的职责。这一点对国王也适用，作为被征服的国王，如果他宣告臣服战胜者，他不仅与其原先的臣民解除了"统治与服从"的关系，他本人也因成为征服者的臣民而负有服从之义务了。③

---

①　麦克里兰：《西方政治思想史》，彭淮栋译，海南出版社，第253页。

②　霍布斯：《利维坦》，黎思复等译，商务印书馆，第569页。"用一个定义来说，征服就是根据胜利取得主权的权利。这种权利是由于人民臣服而取得的，他们通过这种臣服和战胜者立约，为获得生命和自由而允诺服从。"见《利维坦》（商务印书馆）第571页。"当一个人被俘虏或处在敌人的权力掌握之下时（即当其人身或生活手段处在敌人权力掌握之中时），而这又不是他自己的过失造成的，他对法律的义务就终止了。因为他必须服从敌人，否则就会丧生，于是这种服从便不能成为罪恶。"见《利维坦》（商务印书馆）第234页。

③　不过，"如果他是被俘或没有获得人身自由，就不应当认为他放弃了主权，于是臣民也就有义务要服从原先派任的官员；这些官员不是以他们本身的名义，而是以国王的名义进行统治的。因为他的权利仍然存在，问题只在于行政管理方面"。霍布斯：《利维坦》，黎思复等译，商务印书馆，第173页。

(三) 基于主权权力的政体理论

从《利维坦》探讨"自然"和"自然国家"看出，国家的正当性来自于"自然"(physis)，即从自然人的欲望、激情等出发看待人性，诠释人生活的世界，并以此界定政治及国家的本质。根据《利维坦》的布局，刘小枫在《霍布斯的"申辩"》中指出，该书四个部分其实可视为两大部分，即"自然原理及其引申出来的政治原理(第一和第二部分)"及"《圣经》原理及其引申出来的政治原理(第三和第四部分)"，并且这两大部分处于政治哲学的理性与信仰宗教的启示的"对峙态势"。①正是在第一大部分里，霍布斯论证了自然国家("以力取得的国家")与人为国家(按契约建立的国家)及其特性，尽管二者有明显区分，但自然状态与自然国家的种种特性(如权力的重要性、自然理性和自然法以及死亡恐惧等)决定了霍布斯对后者的阐释。

与布丹等西方近代的政治思想家一样，霍布斯基本上也是从主权权力的主体归属(即国家类型或主权的类型)角度阐述政体理论的。在缔结契约的过程中，自然自由权利转让主体的差异与国家类型或主权类型相统一。当人们因自然自由权转让而积聚的公共力量(或公共权力)留给一个人时就是君主政体，留给一部分公民组成的会议时是贵族政体，留给他们自己时则是民主政体。霍布斯政体理论的落脚点就是对人为国家政体形式的探讨。人为国家的一个重要特征就是"按约建立"，它产生于人们的同意和自愿服从，即"人为地产生"。他通过诉诸于人们的同意而为君主政体辩护，据此来重构传统的政体理论并为君主政体辩护。②

在霍布斯看来，从时间的先后顺序来看，民主政体是人们最初的首要选择，当他们基于欲望、激情以及自然理性的综合考虑而产生克服"自然战争状态"的"共同意志"时，人们就拥有了"自我统治"的原始民主政体。他将其视为政治共同体的开端，贵族政体和人为的君主政

---

① 参见霍布斯：《〈利维坦〉附录》，赵雪纲译，华夏出版社，霍布斯的"申辩"第8—10页。并且，刘小枫认为，这两部分的对立不仅是单纯的形式对峙，还是"内在的对质"：比如，关于好人恶报、恶人善福这一难题，"《圣经》没法提供令人信服的普遍解决，反倒是古代哲人可能会提供令人信服的解决。从而，通过《约伯记》来连接《利维坦》的两个部分，'利维坦'这一书名所要表达的象征含义，就已经在为现代'怪兽'(国家)提供支持了"。霍布斯：《〈利维坦〉附录》，赵雪纲译，华夏出版社，霍布斯的"申辩"第10页。

② 详见施特劳斯：《霍布斯的政治哲学》，申彤译，译林出版社，第73、79页。

体乃"主权"进一步转移的结果。从国家本质和权力本性来看,霍布斯始终倾向于君主政体,认为其是最佳的国家类型。[1]君主政体铸造的社会政治秩序不仅符合国家本质与权力本性,还以人们激情中蕴含的强大而混乱的力量这一自然的原始权威作为论证的重要参照。

在这个前提下,霍布斯以马基雅维里式"国家理由学说"阐释君主政体的优越性。他认为,君主对于一个国家的统治正好等同于"主权"这一名词所具有的含义,有的人可能称其为"暴君政治"、专制统治。在霍布斯看来,这只不过是他们对其所谓的握有主权权力的人心怀不满罢了,他露骨地指出,"容忍人们对暴君政体公开表示仇恨便是容忍人们对国家普遍怀着仇恨"[2]。

由此可知,霍布斯对国家统治类型的正当性做了非常简化而冷峻的处理:事实上的统治即证明了它的合法。"冷峻"在于抽离了正当国家的道德基础和道德根源,那么拿传统道德去衡量和评价它也就失去了意义。沿着这一路径,施特劳斯在《霍布斯的政治哲学》中指出,对于霍布斯来说,即便是僭主制也是一种合法的统治类型,这全赖于既有的统治事实及臣民的同意与服从,进而使其变成了名义上合法的统治。他甚至认为,按照霍布斯的逻辑来看,"任何国家的权威,或者几乎任何国家的权威,都是建立在僭越篡权的基础上的",而这"丝毫无损于它们的合法性"。[3]

需要指出的是,霍布斯也试图回应人们对君主政体的指责。他承认在君主政体下,无限制的君主权力存在奴役、残酷、滥杀的可能性。然而,相比较于"一切人对一切人的战争"以及每时每刻都面临的死亡恐惧来看,将自己交付于君主还是值得的。因为在他看来,在和平秩序中服从君主比战争状态中卑污的"自由自主"看起来是一个更加理性的选择。

从公共利益与私人利益的结合角度来看,君主政体也是能够统一二者的最佳政治形式。因为前述霍布斯人格理论的一个倾向就是把公共的虚拟人格统一于主权者的自然人格之中,尽管如此,他还是从现实政治世界的真实情况指出,人格理论的这一倾向并不意味着二者

---

[1]　"霍布斯从一开始,就是君主政体的坚定鼓吹者和民主政体的强硬反对者;终其整个生涯,他一直坚持这一立场。"同上第71页。

[2]　霍布斯:《利维坦》,黎思复等译,商务印书馆,第572页。

[3]　参见施特劳斯:《霍布斯的政治哲学》,申彤译,译林出版社,第81页。

在利益方面常常是"同一"的。①也就是说,当公共利益与私人利益发生冲突时,人们常常会毫不犹豫地选择后者,其根源在于人本性中的激情和欲望力量大大强于理性之力。霍布斯推论出公私利益结合得最紧密的地方,就是公共利益最能得到促进的地方,而君主国家就是"那个地方"。由此来看,他对君主政体的辩护在于其最能约束人性中的激情并对之给人们带来的"生存"和生活的不便加以控制,即用具有政治决策权的主权者一人防范多人之眼所带来的模糊与混乱,"否则由于许多眼睛看到同一事物时视线不同,往往会看偏到自己的利益方面去了"。②在这些方面,君主国家都具有天然优势。

如果《利维坦》是霍布斯从一般的政治原理探讨君主政体的正当性和优越性的话,那么《贝希摩斯》(Behemoth)则是在英国内战背景下而为君主的主权权力辩护的,其根本要旨就在于支持专制政府。就像萨拜因指出的那样,霍布斯是围绕英国爆发的内战而着手政治著述的,其意图在于"支持专制政府",而"专制政府指的乃是君主专制",他的"所有旨趣都使他依附于保王党,因而他真诚地相信君主制乃是最稳定且最有秩序的统治形式③。《贝希摩斯》大约写于1668年,主要描述了英国内战及查理一世被处死后英国政权频繁更迭所带来的混乱与无序,并以《利维坦》中揭示的政治原理透视、解释其中发生的种种混乱与无序。霍布斯把"利维坦"作为主权者和人造秩序的象征,而用"贝希摩斯"象征因议会和宗教所导致混乱与争斗的内战状态,通过《利维坦》和《贝希摩斯》的相互映照,向人们展示了两大巨兽的缠斗。

尽管国家中不同阶层的人在激情、品质和行为等方面表现出明显差异,但根据人们拥有相同的自然激情这一判断,霍布斯坚持认为,形式上的差异并不会带来人高贵和卑贱的区分。相对于权贵阶层,霍布

---

①　李猛对此评论道:"就人为建立的契约国家来看,通过授权和代表关系建立的政治统一体,虽然超越了单纯通过权利放弃或赠予建立的意志臣服关系,但这一国家的人格统一性,始终无法在人为性和公共性的建立和行使中,完全摆脱自然人格的作用。"李猛:《霍布斯契约国家论的基本结构》,《世界哲学》,2013年第5期。

②　参见霍布斯:《利维坦》,黎思复等译,商务印书馆,第144页。他在本书中还认为,"多人之眼胜于一人之目这话虽是确实的,但对许多参议者而言却不能这样理解,唯有最后决定权由一人掌握时才是这样。否则由于许多眼睛看到同一事物时视线不同,往往会看偏到自己的利益方面去了"。第204—205页。

③　萨拜因:《政治学说史》(下卷,第四版),邓正来译,上海人民出版社,2009年,第136页。

斯更倾向于人民组成的群体,因为后者是人为国家构成的质料来源,他们的服从则是主权权力的展现。在遵守法律方面,臣民甚至具有权贵阶层无法比拟的道德优越性。①

霍布斯在《贝希摩斯》效仿马基雅维里区分了君主美德和臣民美德。不过前者的论述远没有马基雅维里阐述得透彻和周详,但二者都是从产生行为的动机和原因(维持国家的和平与秩序方面)考察"行为道德"与否的。霍布斯认为,君主的美德就是致力于维护国内和平和抵抗外敌要具备的坚毅果敢、节俭、慷慨等品质。坚毅果敢作为一种"王室的(royal)美德",尤其对于禀赋这一品质的君主来说,它是凝聚国家力量、维持国家存在的一个必要条件;君主的"节俭"则从该品质达到"公共储备"增益的结果上来说的,公共储备为公共所需,对公众所用"再多都不为过";君主的慷慨在于对大臣的恩惠,这是后者勤奋和忠诚的源泉,否则国家机器就不能很好地运转下去。另外,作为臣民,其良好的德性完全包括于"共和国法律的遵从"之中,"遵守法律就是正义和公平",因为国家的法律(民约法 civil law)是自然法的果实,遵守法律、服从法律的命令乃臣民的明智行为。与马基雅维里多从君主的角度探讨"明智"不同,霍布斯从臣民的角度看待它。在他看来,"明智"就是服从法律、服从君主,是"保卫自己所必需的知识"②,是寻求安居之所的钥匙。

霍布斯以讥讽的口气谈论受到腐蚀而堕落的不服从者竟然被称为爱国者。他在《贝希摩斯》中把 1640—1660 年的 20 年岁月比作英国的"魔鬼之山",从山顶上俯视这个世界,满眼尽是"形形色色的不正义和各式各样的愚蠢"。③在该书中,他指出人们的堕落源于牧师、独立派、贵格会以及议会中受古希腊和罗马之"自由、光荣"等沾染的多数成员的引诱和教唆。首先,霍布斯驳斥以教皇、主教以及主教和教士为基础建立的"教政体制"在世俗领域拥有的权力;质疑教士、牧师对《圣经》的解释,指责那些经院神学家如阿奎那、彼得·隆巴德、约

---

① Vickie B. Sullivan: Machiavelli, Hobbes, and the Formation of a Liberal Republicanism in England. New York: Cambridge University Press, 2004. p.93.拉赫在《古今共和主义》中注意到霍布斯思想包含此种马基雅维里式人性区分,他认为霍布斯最终导向了有权势的新贵阶层,但苏利文认为,霍布斯恰恰是为了对抗新贵才提升人们的欲望与激情的。

② 霍布斯:《贝希摩斯》,北京大学出版社,第 53 页。

③ 霍布斯在这里把时间比作像地势一样有地势、有起伏的事物。霍布斯:《贝希摩斯》,北京大学出版社,第 3 页。

翰·司各脱、弗朗西斯科·苏亚雷斯等通过令人费解的复杂论证稀释了臣民对王权的尊敬，这是导致国家败坏的重要因素之一。其次，霍布斯也"揭露"了乡绅权贵、新教牧师对王权的败坏，以自由之名义破坏君主的主权权威，以民主之善击刺君主主权，即使上议院议员和贵族也希望在君主政体中分割主权权力。另外，议会是挑战王权的又一重要因素，"是王国的和平潜在的最大敌人"①。霍布斯指出，谙熟诡计的议会成员常常用"自由"欺骗民众②以达到诸如征收赋税等而为己所用的私人目的。他们招募军队、教唆民众反抗国王，并以此种行为为合法。

对于握有主权权力的君主来说，为和平与秩序计，为自己权力的维护与巩固计，在这个共同体内，他不会允许也不应允许有任何权势阶层对他或他们形成制约；他对"臣民中有权势者的行为"，不能基于国家损害等理由而报以后者任何"奖赏"或"恩赐"。即便是"为了平息他认为比自己强的人的不满而对之作出""牺牲"的类似行为也不值得鼓励，因为这不但不会使权势阶层服从，还会促使他们肆无忌惮地进一步索取。

总体来看，霍布斯作为一个保王派的立场非常明确。与布丹一样，他"是一个在革命和战争变乱中力倡安定的惊弓之鸟。他的最大作品受了他所处时代的感染"③。尽管不对贵族政体和民主政体的合法性提出质疑，但霍布斯推崇君主政体在促进和平、安全与秩序方面的优越性。在这方面，他与马基雅维里对古代共和国的热情赞扬明显不同，霍布斯认为，古罗马共和国中的动乱和冲突严重损害了国家秩序，减损人们对主权者权威的尊重和敬畏。共和国民所赞颂的伟大荣光与繁荣来自于其所生活国家的政体形式，来自于对盲从没有解毒能力的人从战争中获得的快感和愉悦印象，随之相伴的是无穷无尽的争论所导致的动乱。而这正是他力图让人避免的，他希望人们从古代政治中获得清醒的认识，通过挑战共和党人关于公民参与的自由观念，

---

①　霍布斯：《贝希摩斯》，北京大学出版社，第 116 页。

②　"欺骗民众比欺骗他们中的任何一个人要容易。因为，任何一个没有因没有意外事故而丧失天生判断力的人，不可能在与自己钱包有关的事上轻易受骗，如果他不是被其他人冲昏了头脑，去追求政府的改变，或者仅只追求每个人统治自己的自由。"霍布斯：《贝希摩斯》，北京大学出版社，第 46—47 页。

③　威尔·杜兰：《世界文明史　理性开始时代》，东方出版社，第 485 页。

努力消除人们对共和主义的偏爱:"霍布斯教导人们,无论人居住在共和国还是君主专制国家,任何人都没有违反法律的自由。自由不在于参与统治,而在于法律的沉默。"①在他看来,无论在君主政体下还是在其他政体下,尊重法律的人的自由并没有什么不同;而古代作家一再教导人们崇尚参与自由,培养真正的自由习惯;以致导致数不尽的流血事件和控制主权权力的行为。

君主的主权权力不应该受任何实体的实质制约,它是人造国家一切权威(包括宗教权威)的基础和依据。尽管自然法则对君主存在约束,但自然法则和理性导引的秩序从根本上还需要握有主权权力的君主的保障。尤其在国家处于外患的特殊政治时刻,国家包裹在一层厚厚的军事氛围之中而类似于一个大的军营,即便处于正常状态,"各个国家难道不正是众多以堡垒和武器来相互对抗的军营吗?"②按照他的理解,国家之间就如自然的战争状态一样,在此种状态下,"君主制"就是最佳的统治。君主的财富、权力和荣誉只能来自人民的财富、力量和名声;在民主政体或贵族政体中,公众的繁荣对于腐败分子或野心家的私人成功来说,所能给予的东西常常不如一个奸诈的建议、一个欺骗的行为或一场内战所能给予的那么多。

霍布斯不像马基雅维里那样陷入古罗马政治史和政治事件的资料洪流里,在重要历史关头政治事件描述的基础上解释社会政治秩序性质,从而把社会政治秩序定位于不同阶层互动和冲突的平衡中;前者更加强调社会政治秩序的严整性和规范性,试图从激情、欲望及理性中建构一种完善而完备的秩序,以摒弃令人生厌的"动态冲突"型秩序。

四、出于主权者意志的国法(民约法):霍布斯的法律理论

在"利维坦"中,法律是主权者的意志体现,它是统治的工具和手

---

① No one has the freedom to disobey the law, Hobbes teaches, whether the person lives in a republic or an absolute monarchy. Hobbes declares that liberty consists not in participation in rule but rather in the silence of the laws. Vickie B. Sullivan: Machiavelli, Hobbes, and the Formation of a Liberal Republicanism in England. New York: Cambridge University Press, 2004. p.102.

② 理查德德·塔克:《战争与和平的权利》,导言。

段。主权者借助于法律维护和平,不受法律羁绊和束缚;他在法律之上,法律和规章是主权者维持、创建秩序的一种工具和手段。同时,作为主权者意志和命令的法律并不是任意的,它接受理性的导引,是自然法转化的结果。"民约法"和"自然法"并非不同类型的法律,而是法律的不同部分。只不过前者是以书面文字形式载明的,"自然法"就是没有载明的那一部分,前者是后者经由主权者的意向转化而来。按照霍布斯的看法,其根本意向就是剥夺并限制人们在自然状态中拥有的"自然自由权利"。二者的这一关系决定了"民法"不能违反"理性"的自然法则,并且"法律之所以成为法律","在于其是否符合于立法者的意向"。他强调,"构成法律的便不是法官的慎虑或低级法官的智慧,而是我们这位人造的人——国家的理性和命令"。①所以,法律以人造国家为后盾,它是"自然法的转化"并带有外在强制力,其强制性借助于主权者来实现,后者为它得以执行并为大家遵守提供根本保障,"以致对每一个人来说服从"法就是"理智的"。②

国法(民约法)乃通过主权者对自然法的解释而获得并确定,从这个意义上说,霍布斯的主权观念可称为立基于自然法的法学理论。对他来说,作为法学理论的主权学说,不仅在于主权者拥有统治权威的正当性,还在于主权者拥有足够的权力是合宜的并得到了法律的确认。按照施特劳斯的解读,"主权权利之被赋予最高权力,不是基于实在法或一般习俗,而是基于自然法"。③立基于自然法的民约法是把主权者的"嘴巴"与臣民的"耳朵"连接起来的锁链。

当然,制定法律的主权者也拥有解释法律的权力。虽然伦理哲学方面的著作蕴含明显的真理和对自然法的正确解释,但若没有国家权力支撑,它们的解释只是意见而不能成为法律:

> 在一个国家中,唯有经过主权当局确定为正典的篇章才能算是法律。诚然,上帝是一切主权者的主权者,所以他对任何臣民降谕时,不论人间的君主发布了什么相反的命令,臣民都必须服

---

① 参见霍布斯:《利维坦》,黎思复等译,商务印书馆,第208—210页。

② "主权者的作用就是稳定并进而维护这样一种社会状态,在其中,每一个人都习以为常地遵守自然法;霍布斯称这样一种状态为'和平状态'。"罗尔斯:《政治哲学史讲义》,中国社会科学出版社,第73页。

③ 施特劳斯:《自然权利与历史》,生活·读书·新知三联书店,第194页。

从。但问题并不在于服从上帝,而在于上帝在什么时候说了什么话。这一点对没有获得超自然天启的臣民说来,除开通过自然理性以外是没有其他的方法知道的。这种自然理性就是指导着他们为了求得和平与正义而去服从其国家中的权力当局、也就是去服从其合法的主权者的自然理性。①

总之,法律是人类走向社会政治秩序后乃和平必需之物,而这决定于主权者及其权力的保障,同时和平也是主权应做的公共事务。伦理道德规范虽出于天然理性,也合乎理性,但只有通过主权者的伦理道德规范"才能成为法律"②,只有以权力为基准才具有权威性。

法律是人造国家中约束人们自然自由的基本规范。霍布斯认为,人类天生具有完全的自由与平等权,这一重大宣言意味着人类本身就是统治自己的政治力量的创造者。他们用自身保全生命的意志集聚统治的力量,当一些人把这种统治自身的力量积聚在一起而形成强于他们各自所拥有的力量时,当他们把这个力量留给某一个主体时,这个主体就拥有了超越众人的权力。只有这样,人们才能最好地保存生命。同时法律则使权力的运用更加便利,准确地说,它不仅是人约束其"天然自由"的基本规范,还是主权者统治臣民的基本规范。③

法律是人们自我保存意志的再造,是人们自然权利在政治国家的扩展。它不仅表现为主权者的意志,还表现为他的命令和决断。就如霍布斯所阐释的那样,"法律的本质"在于其包含的"意向或意义"。这

① 霍布斯:《利维坦》,黎思复等译,商务印书馆,第 296 页。马基雅维里也有"谈论军队,就是谈论法律"的观点,而"良好的军队意味着良好的法律"。参见阿尔都塞:《政治与历史》,西北大学出版社,第 462 页。

② 霍布斯:《利维坦》,黎思复等译,商务印书馆,第 215 页。但成为法律的解释者并不是不需要条件的,霍布斯规定,他需要具备以下四个条件:有公正的理念;不爱功名利禄与财物;不受爱恨情仇、喜怒哀乐等情感缠绕,比如超脱爱、恶、惧怕、怒、同情等感情;另外还要有听讼的耐心与同情感,以及良好的理解力。

③ 不过,霍布斯的宣言远非针对人类遭受奴役的解放和平等的宣言。Vickie B. Sullivan: Machiavelli, Hobbes, and the Formation of a Liberal Republicanism in England. New York: Cambridge University Press, 2004. p.87. "唯有在人造世界,法律才会将我们约束到阻止我们行使自由的地步。如果回到真实世界(the real world),即自然世界,我们会发现,这些法律锁链'根本没有力量将一个人绑牢'。"斯金纳:《霍布斯与共和主义自由》,上海三联书店,第 156 页。

里的"意向"毫无疑问指的是有权力者的意向,以及所赋予法则的意义,也就是"权威的解释"和"立法者的看法"。①霍布斯在这里引出他法学理论中的一个重要概念——立法者。与卢梭的"立法者"明显不同,在霍布斯看来,主权者和立法者是同一的,这点适合于任何国家类型,"在不论主权者像君主国家那样是一个人,还是像民主与贵族国家中那样是多数人组成的会议,都唯有主权者能充当立法者"。他明确指出,立法者就是制定法律的人。不过,只有国家才能制定让人遵守的可称为"法律的法规",国家即那个立法的人,但国家并不是行动的主体,因此只有完全代表国家的主权者才具有言行的能力,因此"主权者便是唯一的立法者"。②

尽管主权者与法律存在如此关联,但法律作为书面并需要公布的条文,为发生不必要的争议,霍布斯认为,应明确说明法律的目的并以尽量简洁而恰当的文字加以规定,避免歧义产生。另外,在谈及臣民对主权者的诉讼问题时,他认为存在两种情形③:一是如果主权者的某一特定行为(不涉及主权权力的特定行为)根据法律而来,当这种行为与臣民发生争议时,后者可以自由地"在主权者所指定的法官前为了自己的权利进行诉讼";二是如果主权者"根据自己的权力要求或争取任何东西",那就根本"不存在法律诉讼的问题",任何以法律之名探讨主权者的权力(或损害主权权力)之行为没有法律予以支持,也无法律可资凭借。霍布斯给出的理由是:主权权力本身皆出自于每一个人的力量和权利的转让,契约规定了作为"代表"的主权者的完全自足,人们对他的诉讼实际上就是对他自己发起的诉讼,这是自相矛盾的。

国法是臣民的义务,人们的"自我保存权"确定了国法的适用范围。从根本上说,人们对法律条文的遵守不仅在于主权权力的强大,重要的是它能够让人过上和平的生活,更便利地实现自我保存,并因此称其为臣民的义务。人们遵守法律不是害怕惩罚而是害怕死亡,如

---

①   "解释者则只能是臣民唯一要服从的主权者所指派的人。"霍布斯:《利维坦》,黎思复等译,商务印书馆,第214页。

②   详见霍布斯:《利维坦》,黎思复等译,商务印书馆,第206页。拥有立法权的立法者可以废除法律,因之他或他们不受法律限制,在法律之上,"因为系铃者也可以解铃,所以只对自己负有义务的人便根本没有负担义务"。见该书第207页。

③   同上第171页。

施特劳斯指出的,"惧怕死亡跟惧怕惩罚,不可同日而语,就像在深层及整体上决定人生的那种有远见的、始终如一的恐惧,跟只看到下一步的那种近视的、瞬息间的恐惧一样,不能相提并论"。①霍布斯把死亡恐惧与自我保存紧密结合在一起,并把它们作为衡量"人造政治体"的根本标尺。当死亡逼近人们时,后者对主权者的义务也就不存在了,这就是国法的限度。超过这一限度,人们不仅可以抵抗法律和逃避服从的义务,还可以抵抗执行主权意志的人,"因为一个人虽然可以像这样订立信约——'除非我做某某事,否则杀我',他却不能订立这样的信约:——'除非我做某某事,否则你来杀我的时候我不抵抗你。'"②后一种信约是无效的,在于它违背了人们之间订立信约的初衷,在霍布斯的契约论中,保全生命是任何时候都不可能放弃的那个权利。通过"在押犯人时刻受到监视并须动用必要的武装力量进行押解"这一例子,霍布斯意在说明人们对主权者及其代理人具有反抗的事实。索默维尔也注意到了霍布斯这一认识的独特性,指出"如果罪犯被公正判处死刑,那么按照一般的认识,被判刑的人就会温顺地接受这一判决",而这显然不是事实。③按照霍布斯的理解,罪犯的反抗可以直至绞刑架套在他的脖子上。

自我保存与摆脱"卑污、残忍和不堪"的生活成为人们进入"利维坦"的原初欲望和动因。相较于人身安全,对法律的违反也可以宽恕,霍布斯多次申明这一论点:"假定这种法律有约束力的话,人们也可以提出理由说:'如果我不做,我马上就会丧生;如果我做的话,就可以到以后才死亡,所以做这一桩事情就可以多生存一些时候;'这样说来,

---

① 施特劳斯:《霍布斯的政治哲学》,申彤译,译林出版社,第 30 页。

② "though a man may Covenant thus, Unlesse I do so, or so, kill me; he cannot Covenant thus, Unlesse I do so, or so, I will not resist you, when you come to kill me."霍布斯:《利维坦》,黎思复等译,商务印书馆,第 106 页。

③ 转引自 Vickie B. Sullivan: Machiavelli, Hobbes, and the Formation of a Liberal Republicanism in England. New York: Cambridge University Press,2004. p.109。霍布斯甚至认为,"两军交锋时,一方或双方都有逃亡的事情,如果逃亡不是出自叛逆而是出自恐惧,那就不能认为是不义的行为,而只能认为是不荣誉的行为。根据同一理由,逃避战斗并不是不义,而是怯懦"。霍布斯:《利维坦》,黎思复等译,商务印书馆,第 170 页。因此,他免除了在战斗中逃跑的责任。毫无疑问,如果这种行为蔓延开来,它可能会威胁到保护其臣民生命的政府的捍卫,这是霍布斯意识到的事实。即使如此,他也愿意基于人性"自然的胆怯",允许臣民找到另一种方法来履行对国家的义务——如找到一个代替自己的能胜任士兵职责的人。

自然便迫使他做这一桩事情。"①总体来看,霍布斯不仅强调人们必须服从法律,把它作为一项服从主权者的明确规定的义务;而当人们的生命安全遭到直接或可预见的威胁时,要求人们无视法律也是他颇为关注的另一重要方面,甚至也成为其法律理论的一个重要原则。

最后,霍布斯也阐述了国法与宗教及《圣经》权威的关系,指出国法是神律和《圣经》权威的基础。霍布斯在《利维坦》和《贝希摩斯》中有相同的认识,一切道德法则和自然法则,以及《圣经》中所有记载法律的地方,"都是根据国家的权力成为法律的、因之也就成了世俗法律的一部分"。离开国家权力解释法律,以及在没有得到主权者或立法者的允许自行解释法律是政治学中的一大错误。当国家宣布某项律法为"神律"时,臣民就应当有服从的义务,并视之为"神律"。这不仅出自于人们的理性,而且还得到了其完全的代表——主权者的确认,并且它还是以上帝的名义提出的,因此人们就不能"更少受其约束了"。②霍布斯在《贝希摩斯》中也明确指出,"在世界上没有哪个国家的宗教不是建立在法律的基础上,并从该国的法律获得其权威的"。③他还进一步指出,在国王就是教会首脑的国家里,国王毫无疑问直接就成为了"对《圣经》的所有解释的准确性的首要裁判"④;《圣经》是上帝的命令,是上帝的意志,但它指引人们服从国王的法律和公共法令,教导人们对上帝的爱以及对国王的服从,国王的具有法律性质和形式的命令与上帝的意志并无二致。

---

①　参见霍布斯:《利维坦》,黎思复等译,商务印书馆,第 234 页。"If a man by the ter-rour of present death, be compelled to doe a fact against the Law, he is totally Excused; be-cause no Law can oblige a man to abandon his own preservation.""And supposing such a Law were obligatory; yet a man would reason thus, If I doe it not, I die presently; if I doe it, I die afterwards; therefore by doing it, there is time of life gained; Nature therefore compells him to the fact."

②　霍布斯:《利维坦》,黎思复等译,商务印书馆,第 224、554 页。

③　霍布斯进一步指出,"确实,上帝的法律并不是从人的法律中得到印证的。但是,因为人们无法通过他们自己的智慧而知道上帝曾说过什么,以及上帝曾命令人们要遵循什么,也不能被强迫遵守他们不知其作者的法律,所以他们将默认这个或哪个人的权威"。霍布斯:《贝希摩斯》,北京大学出版社,第 55 页。

④　霍布斯:《贝希摩斯》,北京大学出版社,第 63 页。"当法律和传道士说的相矛盾的时候,那些从未和全能的上帝说过话,也并不比其他人更知道上帝说过什么的人,怎么会如此热诚地听从牧师(他们大部分是一些无知到巧舌如簧的学者),而不是遵循国王在经本国上院和下院一致同意下所制定的法律。"霍布斯:《贝希摩斯》,北京大学出版社,第 59 页。

五、权力与激情的辩证法

激情观是霍布斯政治哲学体系的一个重要基础。在他看来,人既是激情的动物,又是充满欲望的动物。它们是人类一切行为和活动的原始内在推动力,是人类"自觉运动的内在开端"。尤其在自然状态下,激情推动的人类行为和活动要旨在于满足不断涌现的欲望,其中充满了混乱和无序,以及生活的不便,人们根本没有安息之所。在欲望和激情面前,理性也是虚弱的:人的目标源于欲望,而人在追求它时表现出的坚定性和敏捷性从根本上说不是理性,而归之于激情。①所以,他并不认为人们可以达到至善,即便能够获得幸福,也只能表现为不断涌现的欲望及其不断地满足的过程之中。不过,霍布斯指出,这正是人生命的体现,体现在激情和欲望满足中的活力,无论是在自然状态还是进入社会后都是如此。

"获取"物品的活动就是人类真正的活动,精神活动成为了附属,因此权力才显得格外重要。霍布斯国家理论的要旨在于通过合宜地驾驭自然激情(死亡恐惧)和压制破坏国家的骄傲激情,并借助于利维坦的强大权力达到维护和平与秩序之目的的。

(一) 对"骄傲"的否定与反对

为了更好地统治人,必须抑制他们的骄傲和自尊心。霍布斯在提升自然状态中个体拥有绝对主权的同时,极力抑制人际之间发生冲突

---

①　霍布斯指出人们在思想、推理的敏捷度方面存在明显差异,而造成差异的根源在于人的激情和欲望。有些人似乎比其他人更快地推理(即找到实现自己欲望的方式)这一事实,乃自身欲望的产物,而不是思考能力差异的结果。那些以感官愉悦为目的的人,通常沉迷于安逸、食物和身体舒适这些感官的愉悦。他们无助于达到对荣誉和荣耀的想象,也使人不再倾向于有助于获得荣誉的事物,也不再具有进取之心了。这是人们所说的也是霍布斯所称的"愚钝",这种激情始于人粗暴的心灵运动。而追求卓越的人与这类人存在根本区别。促使前者的激情使他们思维敏捷、足智多谋。总之,霍布斯将这种差异与激情联系起来,激情的差异根本上在于人的身体差异,而非人的理性或与之相关的心灵差异,更不是道德方面的差异。按照他的文本,追求感官愉悦的人不一定就不是好人,追求卓越的人也不一定不是坏蛋;进一步来说,追求卓越的人常常损害国家,无助于和平,那么从国家的目的考虑的话他就不能称作好人。参见 Vickie B. Sullivan: Machiavelli, Hobbes, and the Formation of a Liberal Republicanism in England. New York: Cambridge University Press,2004. pp.96—97。

的自豪感。与《法的原理》相比，人们对荣耀和名誉的追求在《利维坦》中不再重要甚至消失不见了，因为那些具有大致平等能力的人不太可能成为骄傲的贵族。不过从现实角度来看，在一个共同体中确实存在骄傲者，尽管他们为数不多却对政治荣誉孜孜以求。

"骄傲"在一个国家中产生非常严重的破坏性后果。源于人性欲望中对"获取物品"的渴望，势必导致竞争的产生，而骄傲和挫败也会随之蔓延开来。其中的胜利者会受到这些行为的鼓励，增强信心和勇气，尤其是当他们相信自己高人一等时，信心就会急剧膨胀，从而变得胆大包天了。这个时候，为了"一件小事，一句话，一个微笑，不同的观点，或者直接针对他们个人，或者通过他们的亲属、朋友、国家、职业或他们的名字而间接地反映出任何轻视的迹象（any other signe of undervalue）"①，骄傲者就会奋力惩罚那些伤害他们自尊的人。他们因被暴力和激情的驱动②而最易陷入暴力之中，可以残忍地对别人施展权力，但不是为了自身或他人的和平与安全；相反，他们甚至会损害国家机体，与理性相悖的"复仇热血"导致普遍的伤害："复仇的胜利是虚荣；凡虚空的，都与理性相悖；无理性地相互伤害，不会让任何一方获得好处，还与和平相悖。"③

在霍布斯眼中，英国和欧洲大陆的新贵阶层和绅士就是"骄傲的孩子"④，他们桀骜不驯，危害国家秩序。阿兰·瑞安在《论政治》中认为，骄傲"是和别人攀比的极致"，与普通民众相比，贵族的社会地位、财富和教育（如果不是因为上帝的特殊恩宠）常常使他们产生优越感和骄傲情绪。这些人常常倾向于认为自己在力量和决心上具

---

①　Vickie B. Sullivan: Machiavelli, Hobbes, and the Formation of a Liberal Republicanism in England. New York: Cambridge University Press, 2004. p.99.

②　霍布斯在《利维坦》中写下这一段话："Pride, subjecteth a man to Anger, the excesse whereof, is the Madness called rage, and fury", he notes. "And thus it comes to passe that excessive desire of Revenge, when it becomes habituall, hurteth the organs, and becomes Rage.... Excessive opinion of a mans own selfe, for divine inspiration, for wisdome, learning, forme, and the like, becomes Distraction, and Giddinesse.""骄傲使人发怒，再进一步就是狂妄，称为大怒或狂怒，因此，当复仇的欲望过甚且成为习惯性的时候，它会伤害器官变得愤怒……一个人在灵感、智慧、学识、外表等方面自视甚高，便会形成精神涣散和轻浮。"此处参考了黎思复等译的《利维坦》第54页。

③　Hobbes, Elements, pp.91—92.

④　伍德指出，"在十七世纪上半叶，英国土地上的绅士们狂热地追求荣誉、职位和财富，谁比他们更有可能成为这些'骄傲的孩子'的榜样呢？"Wood, Hobbes and Crisis of the Aristocracy, p.437.

有的优越感,并极力维护自己的名誉,甚至通过暴力手段以免受侮辱和轻慢。

在他们内心升腾起的"虚荣"、自大和骄傲的消极情感甚至使他们成为挑战国家权威的人。他们不知敬畏法律,或不像一般臣民那样怀有敬畏之心;尤其当使用国法对他们施予惩罚时,就会以更加轻蔑的态度对待它;因为在他们看来,法律只能适用于贫穷、卑微的普通人。不仅如此,霍布斯还进一步指出,贵族阶层的"荣誉感"还可能煽动破坏和平的行为,因为对他们来说,为了在权力方面更上一层楼,他们会打破现状,希望重新洗牌,那么只有战争才能带来其所期望获得的一切。

对此,霍布斯从主权权力、人天然具有平等能力,以及对共和主义美德的驳斥等方面否定骄傲的上等人。

1. 从政治权力对战争的压制角度来看,要想获得和平,只有用君主权力来压制骄傲带来的战争风险。骄傲者的政治充斥着煽动性演说,常常因自负而给普通人带来战争。霍布斯尤其反感共和主义政治,因为野心勃勃的人占据政治舞台并争权夺利,人们就如同生活于自然状态之中,致使许多人成为竞争的牺牲品。"利维坦"作为海上巨兽,霍布斯把它的形象喻为统治的巨大力量,使之作为"骄傲者的王"。他力图治愈迷恋共和国的病症,将自满的充满争议的贵族从政治领域中驱逐出去,为所有人提供更便利的生活。尽管他认为任何类型的君主国家——无论是由一个、少数人或所有人统治——都是对自然状态(战争)的必要解毒剂,但他认为君主政体最能对战争的避免以保全人类,并使之摆脱不堪的生活。霍布斯对战争的憎恶增强了他对贵族的警惕,也就是说,马基雅维里所谓的"伟大人物"在自豪感的驱使下,犯下分裂的甚至是暴力的罪行以展示其优越性,从而获得荣誉;而霍布斯则赞颂向往和平的人民,谴责骄傲之人的放纵。

总体来看,尽管为君主制国家辩护,但霍布斯是站在普通人的立场上而进行阐释的。他立足于人们的生命安全及对舒适生活的追求来对抗骄傲的权势者,通过主权者的压倒性优势,对抗权势阶层带来的战争不安。如苏利文所指出的那样,"霍布斯将所有人(无论是人民还是伟大人物)驱逐出政治领域以避免战争。尽管霍布斯不是民主政体的朋友,但他的冲动(impulses)更加民主,他是人民之友,颂扬人民的激情并拥护他们的目标"。①人们的目标就是远离战争和生命的不安。与霍布斯对照的是，马基雅维里对战争并不持类似态度，对于后者来说，君主、贵族和平民之间的冲突和战争却是国家避免衰朽，重新焕发生命的良药，他们都是政治领域的重要角色；而在霍布斯看来，只有握有绝对权力的主权者才是国家的唯一"主宰"，是国内和平与人身安全的最根本保障。

需要指出的是，霍布斯对"战争"的避离是从国家内部来说的。从国家间的层面来看，非但需要战争，他还支持国家发动战争。因为在他看来，国家间的关系与自然状态中每个人对每个人的冲突与战争关系一样，国家具有无限的自然自由权，为了生存当然可以"先发制国"②，就像他坚持自然状态下的个人在无法确保和平的情况下进行战争的权利一样。因此尽管建立国家的契约旨在于使人们远离战争，但国家外部的战争威胁是无法避免的，很可能损害人民得之不易的安全与和平。

2."自然能力的平等"是抑制骄傲激情的第二视角。为了克服战争以及对国家的破坏，必须平息或消除一些人的骄傲激情，他们最有可能诉诸暴力和征服以证明他们的优越。除了权力之外，霍布斯认为，重新塑造一种国家内(或者主权权力下)的平等而非自然状态中的平等也是对抗这种性情的一个有效途径。

人在自然能力方面的平等是导致自然的战争状态的一个重要原因。人们在体力、智力、思想等方面的大致平等使他们认为自己在任何需要的物品面前都拥有追求并获得的权利和能力。如果这样的话，那么所有其他人都拥有同样的权利，意味着拥有任何物品都没有安全保障，因为任何人都有对这些物品的正当要求：每个人都可以正当地

---

① 正如苏利文指出的，"尽管马基雅维里站在人民一边，表现出与少数派或'伟大人物'对抗的一面，但他并没有像霍布斯所设想的那样取得成功。马基雅维里试图通过将人民带入政治领域来发动战争，从而获得民主证书(the democratic credentials)"。Vickie B. Sullivan: Machiavelli, Hobbes, and the Formation of a Liberal Republicanism in England. New York: Cambridge University Press, 2004, p.83.

② "在危机、畏惧入侵、恐怕有人可能帮助入侵者等等的借口下，为了自己的安全而扩张领土，他们尽自己的可能，力图以公开的武力或秘密的阴谋征服或削弱邻邦；由于缺乏其他保障，这样做便是正义的，同时还因此而为后世所称道。使人确信能充分保障安全的群体大小不决定于任何一定的人数，而只决定于与我们所恐惧的敌人的对比。只有当敌人超过我方的优势不是显著到足以决定战争的结局、并推动其冒险尝试时，才可以说是充分了。"霍布斯：《利维坦》，黎思复等译，商务印书馆，第 129 页。

主张与他人同样的东西。在这里,霍布斯明确表达了一个观念:平等的能力使人产生虚假的高估自己能力的想象,这实际上是人们基于"平等"而带来的虚假想象。那些自认为天生具有优越性的人认为,在与缺乏自然天赋的他人对阵中,自己不仅不会在冲突中受到伤害,相反还会从自己的力量和智慧(力量和欺诈)中茁壮成长,他们相信能够从自然状况中获利。

这是一种有害的平等,苏利文把他称为"脆弱的平等"①。根据霍布斯的理解,以上种种平等与和平秩序及自我保存完全相悖。每个人在认为自己优越于他人方面是平等的,它突出地表现为与他人冲突时的自信心,这无疑加剧了人与人之间的竞争和冲突。"没有希望的自由与平等"只能让所有人都同等地悲惨,因为所有人都容易受到他者暴力的侵害。无论他或她拥有什么才能,不会有人成为赢家。其造成的结果就是每个人都有正当理由杀死另一个人,这之所以是正当的,是因为在此人看来,他不能确定另一人的意图为何。总之,自然状态中法律的缺位使人人都暴露于遭受攻击的脆弱境地,幸存者只能是那些面临威胁时能够预先消除潜在伤害的人。

另外,按照霍布斯的理解,人造政治体中的"平等"也是人们摆脱可悲境况(deplorable condition)的一个重要条件。人们进入公民社会以后,尽管其中存在各种各样的不平等,如在地位上超拔于"臣民"的主权者,但这是契约和人造之结果而非"自然品质的优越",更重要的是人们都平等地遵守法律并服从于主权权力。霍布斯不时强调进入社会之后的人在思想和思维能力方面的平等,批判那些虚荣心作祟的人持有的"不平等"之谬见,意在直接揭露自以为智慧超群的骄傲者所秉持的错误观念。这种普遍的虚荣心是一种常见的心理现象的结果:人很难相信有这么多像他一样聪明的人,因为他始终像带着放大镜一样看待自己的才智。霍布斯利用智力上的虚荣这一事实来证明其"智

---

①　Vickie B. Sullivan: Machiavelli, Hobbes, and the Formation of a Liberal Republicanism in England. New York: Cambridge University Press, 2004. pp.88—89.苏利文认为,霍布斯在这里试图回答格劳孔(Glaucon)在《理想国》中提出的一个问题,即:"一个有能力的人绝不会与任何人订立一个'许诺既不做不公正之事也不遭受不公正对待'的契约,一个疯子才会做这样的事情。"苏利文指出,这就是霍布斯试图提出各种平等主张所要解决的问题。霍布斯指出,格劳孔所描述的优越于常人的人(即他们是如此的优越于人类,他们更有可能在任何对抗中胜出而不是失败)并不存在,他必须揭露人们的自我满足感,诱导他们自己知道他们的脆弱性。只有如此才会签订推翻自然状况的契约。

力平等"的结论。

3. 从美德的角度来看,马基雅维里及一些共和主义者所谓贵族的政治美德并不是真正的美德。在霍布斯看来,马基雅维里与当时共和主义者所谓的美德是从古罗马共和国政治生活中发现的,他们鼓励国家中自封的高尚者和优秀人物追求虚荣和名位,反而扰乱了国家和社会政治秩序,"使社会偏离了其维持生存和促进舒适的真正目的"①,并成为国家内部动乱的根源,因骄傲而带来的"美德"及相关情感成为了"一种古怪的反社会情绪"②。由此可以看出,霍布斯口中的美德应该是能够促进或有助于和平的良好品质。在《利维坦》中,"正义、感恩、谦虚、公平、仁慈"就是能够获得安全与和平的真正美德。

关于一些政治著作中常常探讨的"勇气"和"审慎"美德,霍布斯的态度较为复杂。他在《法的原理》中宣称,在适当情况下,"勇气"可以被认为是一种美德。"尽管勇敢是极端的,如果勇敢的事业向善,那么勇气可能就是美德。"③并且,他在《利维坦》中把勇气界定为"通过抵抗以免除伤害的希望"。所以,作为美德的勇气,特指其在保全生命方面所发挥的作用,而非给人的生命所带来的危险方面;也就是说,勇气也会破坏安全并带来生命危险,那么它的另一面(如贵族阶层附加了骄傲的勇气)就可称为一种"激情",它"使人陷入私人报复",这就不是美德而成为恶习了。

关于"审慎"的美德,霍布斯也与其他人明显不同。前章涉及马基雅维里对该美德的探讨,在他眼中,君主的"审慎"指能够根据复杂的政治生活进行权衡,顺应情势做出正确决断的能力,主要在于能够恰当地选择维持其地位、巩固其权力的方式和手段。霍布斯的"审慎"也吸收了马基雅维里因应现实政治生活及其实践中政治主体具有的决断能力,不过前者更强调政治主体基于政治实践经验而获得的良好判断能力,甚至可以把它等同于人们的经验。由此来

---

① Vickie B. Sullivan: Machiavelli, Hobbes, and the Formation of a Liberal Republicanism in England. New York: Cambridge University Press, 2004. p.100.

② 阿兰·瑞安:《论政治》(下),中信出版社,第34页。不过托马斯坚持认为霍布斯并不反对欧洲贵族,而只是反对"腐朽的封建主义遗物","一种不符合内战前后培养贵族社会情绪的态度"。Keith Thomas, The Social Origins of Hobbes's Political Thought, in Hobbes Studies, ed. K. C. Brown, Cambridge: Harvard University Press, 1965, pp.185—236.

③ 转引自 Vickie B. Sullivan: Machiavelli, Hobbes, and the Formation of a Liberal Republicanism in England. New York: Cambridge University Press, 2004. p.101.

看,"审慎"是从经验、经历和事实中得来的;在这方面,人与人之间并无多大差别,导致差别产生的就是个人的经历和经验的事实之类型和生活时间(寿命)等带来的。具有审慎美德的人之所以能够从生活或重要事件中具有远见和正确判断,甚至是预测结果的能力,其根本在于以往从生活经历中获得的经验,这当然是"智慧",是一种生活的"智慧"。如果放在政治中探讨,那就是政治智慧,关于这点,霍布斯也是承认的。

因此,一个人只要拥有足够多的时间,就会拥有审慎的美德。就此来看,每个人都可以获得这种能力,正如施特劳斯指出的,在一些具体事务中,原则上每个人都同等"明智",能够知道追求的利益为何,也具有对利益"感知"的同等能力,也知道利益之所在。①不过,政治上的"审慎"是其中的一种类型,在政治生活实践中长期得到锤炼的人更容易获得它。②按照霍布斯的逻辑,"审慎"不再像亚里士多德等古典思想家所认为那样是少数人具有的特殊技艺和品质了。众所周知,亚里士多德在《伦理学》中也探讨了这一品质,在他看来,"审慎"也是一种智慧,但与霍布斯对"智慧"的认识不同。亚里士多德认为它是少数具有哲学知识的人才真正具有的能力,也是其他人所敬佩的才能。而在霍布斯看来,审慎是任何有经验的人都可获得的一种能力,它并不只是一些人才能够掌握并具有的"特殊智能"。只要有足够的经验经历,人人可称为有智慧的"政治家"。他从人的平等观念出发指责亚里士多德在这方面显露的精英主义倾向并不符合"常识"。

总之,霍布斯对美德的认识,不仅与古代那种贵族阶层所颂扬而与骄傲兼容的"美德"不同,也与"现代化"了的马基雅维里不同。霍布斯口中的美德不像他们那样常常会激起对拥有美德之人超乎寻常行为的钦佩和赞赏。在他看来,这种美德使人远离了残酷,当然雄鹰也不再翱翔,而这就是它们的非凡之处。

---

① 参见施特劳斯:《霍布斯的政治哲学》,申彤译,译林出版社,第191页。

② 由于霍布斯将审慎理解为经验,所以审慎不一定能轻易地在各种努力中转换,也不应该把它误认为是一种普遍的智慧(a general acumen)。在任何活动中积累的经验,无论多么卑微,鉴于其特殊性,都应被看作是一种宝贵的资产。那些有大型、复杂或宏伟事业经验的人,不一定能够从事较小、更简单或更平凡的(more mundane)活动。Vickie B. Sullivan: Machiavelli, Hobbes, and the Formation of a Liberal Republicanism in England. New York: Cambridge University Press, 2004. p.91.

（二）恐惧与国家秩序的缔造

霍布斯在否定和反对"骄傲"的激情能够促进和平与安全方面是一贯的。不过他对另一重要激情——恐惧——的态度及其在国家理论中的作用却复杂得多。

马基雅维里把"恐惧"作为抑制政治衰朽、恢复政体机能的一个重要手段。通过对恐惧的使用，让共和国中君主、贵族和平民阶层维持在可控的平衡结构之中。它不是马基雅维里政治理论的基础，但在霍布斯的国家理论中发挥更为基础也更加重要的作用。与前者相比，霍布斯把恐惧普遍化了：不仅在自然状态中成为人与人之间连接的纽带，表现为彼此时刻面临着死亡恐惧；而在国家里，恐惧的激情也没有消失，但其性质和效用发生了变化，变化成抑制战争、打造和平与人身安全的基础，表现为人们对主权者的恐惧和主权权威的敬畏。就像罗宾指出的，霍布斯建构的是：对死亡和对主权者的"双重恐惧"，他认为，霍布斯是"看到政治恐惧具有催人奋进势能的第一位理论家，他看到恐惧能帮助一个已经丧失了道德语言和政治代码的社会重新建立一套道德语言和政治代码"。[①]所以，双重恐惧产生双重势能，从它们那里萌生并迸发出霍布斯用以打造和平安全社会政治秩序的能量。

自然状态中"每个人与每个人的战争"源于彼此之间的恐惧感。正是无处不在的恐惧，使人们彼此防备、寝食难安、夜不能寐，并处于战争的阴影之下。由恐惧带来的无尽困扰就是"废除自然状态的动因"[②]。尽管如此，从自然状态转变到和平的政治状态后，"恐惧"并没有消失。它也不会消失，因为人们的欲望和激情根深蒂固，即欲望存在，激情也不会走远。正因为如此，霍布斯再次运用了"恐惧"的能量，人们之间的相互恐惧转化为"对主权者的恐惧"。只不过恐惧的能量转化成守护和平、克制人们欲望的积极力量了。

当然，关于恐惧的激情为什么能够从消极的力量转变为积极的力量，霍布斯并没有展开讨论。不过按照他的逻辑来看，激情是人性的重要组成，它是人对外界做出反应的本能展现，其本身是无辜的和中

---

① 罗宾：《我们心底的"怕"：一种政治观念史》，叶安宁译，上海：复旦大学出版社，2007年，第37、59页。陈建洪也对霍布斯的"恐惧"做了探讨，参见《论霍布斯的恐惧概念》，《世界哲学》，2012年第5期。

② 施特劳斯：《霍布斯的政治哲学》，申彤译，译林出版社，第126页。

性的,无所谓积极与消极。①尤其在自然状态中,尽管它结下了冲突与战争的"恶"果,使人们深陷于"地狱"之中,但道德评判只是人类进入国家和社会以后的事情了。另一方面,"恐惧"之所以有自然状态与政治状态的转化之说,与其本身性质无关,只是表现形式的差别。它的力量却一直存在,其力量的展现形式也随之发生变化,即从自然状态中每个人利用自己本身的力量相互攻击,转变为通过契约而集聚人们力量于一身的主权者。主权者的力量是统一而不是分散的,其作用方向一致因而也是强大并"刻骨铭心"的,当然它也转化成为和平与生命安全的力量了。

需要指出的是,霍布斯对自然状态的描述并不是纯粹的理论想象,很大部分是他对看到的英国内战所导致失序与混乱的理论抽象。所以,自然状态可以看作英国内战中的国家状态,也就是说,国家创建以后并非万事大吉,人类社会仍然可能回到自然状态,"贝希摩斯"(Behemoth)还会降临。处于国家内的人们还会感受到挥之不去的恐惧感,困顿、短寿、残忍和不堪的生活也会再次回到人间。

国家秩序的创建困难,而国家秩序的维护更加困难。在探寻这个问题的答案方面,霍布斯与当世及后世的政治哲学家存在诸多差异,如卢梭和罗尔斯都关心社会政治秩序的维持,更倾心于具有良善道德情感和正义原则的社会政治秩序类型,而霍布斯似乎根本就"不考虑政治制度和社会形式的其他衡量标准,像正义与否,是否具有效率等。……他似乎信奉稳定和有序压倒一切其他标准的思想,似乎承认稳定和有序的目标可以确证一切手段的观念"。②在这方面,霍布斯的现实主义政治思想特点显露无遗。因为,一种国家秩序的维护依赖于主权者的强大权力("绝对权力")和广泛的作用领域,它既是国家的象征,也是国家的实质。

这是一个令人畏惧的国家,也是需要人们服从的国家。关于社会政治秩序中人们的不服从,霍布斯认为,尽管这是人性使然,但他们必须知道,人性的激情和欲望不能损害国家,因为国家权力是对"死亡恐惧"这一人性中最为紧要激情的理性回应。在这一激情面前,其他激

---

①　"在人们不知道有法律禁止以前,从这些激情中产生的行为也同样是无辜的;法律的禁止在法律没有制定以前他们是无法知道的,而法律的制定在他们同意推定制定者前也是不可能的。"霍布斯:《利维坦》,黎思复等译,商务印书馆,第95页。

②　杨伟清:《正当与善:罗尔斯思想中的核心问题》,人民出版社,第303—304页。

情和欲望——如骄傲自满、占有财产、获取名位等——都要退让，要么自我克制，要么受到权力制约。否则，就是没有理智地认识伴随战争而来的不幸和灾难。霍布斯通过对内战中一些细节的观察，指出英国内战的发生就源于一些人（如主教、清教牧师、乡绅等）对激情的痴迷和放肆无礼，这使他认清一个事实并给人们提供了一个视角，即在君主制国家里，人们的生活可能存在一些不便，但远远好于自然状态给人们造成的"不适"。这就是他的政治哲学给人们提供的更加"科学"也更加"长远"的"透视镜"，使人们聚焦于国家的实质。既为君主制辩护，还向人们昭示服从国法的必要。只有这样，人们才能远离战争，才能通过辛勤劳作过上较为舒适的生活。

霍布斯不仅通过理论论证，还基于英国内战的事实向人们阐释了"利维坦"国家的正当性。但总体来看，按照他的逻辑，言辞和理由的力量总是有限，令人恐惧的主权权力才最为根本。主权者挥舞着权力的利剑，在恐惧的激情推动下使人们遵守国法，因为"在所有的激情中，最不易于使人犯罪的是畏惧。不仅如此，当破坏法律看来可以获得利益和快乐时，（除开某些天性宽宏的人外）畏惧便是唯一能使人守法的激情"。[①]

霍布斯的政治信条根植于恐惧之中，尽管他把僭越者视为受到激情和欲望驱动的人，但他们的理智都应该使之认识到"避免暴力死亡"才最为紧要。总之，只有权力才能抵抗"贝希摩斯"，也只有它才能约束人性中因贪婪、获取、骄傲等欲望和激情而产生的不服从倾向。因此，霍布斯也根本没有通过诉诸于人们对更加美好生活需要之理由进行论证，他不相信人的欲望能从根本上得到满足。在他看来，权力的保障才是人们快乐的前提，正如他自己所说："在没有权力可以使大家全都摄服的地方，人们相处时就不会有快乐存在；相反地他们还会有很大的忧伤。"[②]

（三）恐惧与不服从的情形

在国家里，对"主权者恐惧"取代了人人的相互恐惧，推动这个过

---

① 霍布斯：《利维坦》，黎思复等译，商务印书馆，第 232 页。"Of all Passions, that which enclineth men least to break the Lawes, is Fear. Nay, (excepting some generous natures,) it is the onely thing, (when there is apparence of profit, or pleasure by breaking the Lawes,) that makes men keep them."

② 霍布斯：《利维坦》，黎思复等译，商务印书馆，第 93 页。

程的是"死亡避免"和"生命保全"。由此可以看到霍布斯对主权权力
施加的限制，即统治不能危害和平与人的生命。否则，对抗国家，对主
权者的不服从就是正当的。霍布斯在著作中通过一些例子论及臣民
的不服从情形①：

第一，"如果主权者命令某人（其判决虽然是合乎正义的）把自己
杀死、杀伤、弄成残疾或对来攻击他的人不予抵抗，或是命令他绝饮
食、断呼吸、摒医药或放弃任何其他不用就活不下去的东西，这人就有
自由不服从"。这段话说明了生命的自我保全是首要的权利，也是建
立利维坦的基础和目标。当主权者的命令违反这一基本原则的时候，
个人就有自由不服从。第二个是两军对垒时士兵的逃亡情形。按照
霍布斯的理解，如果逃亡行为不是出自于"叛逆而是恐惧"的话，那么
他就不是不义之行为，"而只能认为是不荣誉的"胆怯和懦弱的行为。
这说明在战争状态如果因为恐惧而逃亡，不是不义而是怕死。"怕死"
并非不义，而是人性激情的显现，当然从道德层面来看这是不名誉的
行为。但在霍布斯看来，"怕死"恰恰是创建国家与正义秩序的基础。
第三个例子更具革命性。假设有一群人，已经不义地反抗了主权者或
者已经犯了死罪，都知道自己将因此而被处死。霍布斯认为，在这种
情况下，这群人有权利"联合起来互相协助、互相防卫"。这听起来完
全不像是出自强调绝对主权的霍布斯之口，而是出自一位鼓动反叛或
革命的著作家之言。他给出的理由是这群人"只是保卫自己的生命"，
在这方面，无论他们有罪还是无辜都可以正当地反抗。尽管他们对主
权者的反抗破坏了契约及其随之而来的服从义务，但这一行为也标志
着他们回到了自然状态之中，既存的国家法律和道德等也就没有了效
力，当然也无所谓正义与否。尤其是当他们这样做就是为了保卫生
命安全的时候，那么就根本不是不义的了。

六、国家权力与个人自由的一致

霍布斯政治哲学的诸多思想要素始终存在一种涉及自然状态与
社会政治状态的耸然对峙态势，不仅有上述的"恐惧"激情、权力概念，

---

①　关于这三个例子，详见《利维坦》（商务印书馆）第 169、170 页。

还有重要的"自由"理论,它也是霍布斯现实主义国家理论的重要构成。他在《法的原理》第二部分"论政治体"("公民哲学"civil philosophy)中对"自由"展开探讨。1640 年冬天出逃法国后,霍布斯着手修改了这一部分,后出版命名为《论公民》一书。在《论公民》中,他对自由理论做了一些修改,后来在《利维坦》中进一步阐释了该思想。关于自由理论,英国剑桥学派的著名政治思想家斯金纳在《霍布斯与共和主义自由》一书中做了比较详尽而系统的梳理。

(一)《法的原理》与自然自由权

在《法的原理》一书中,霍布斯指出,任何人在做出某一行为之前都有对该行为做或者不做的"自由"。斯金纳从词源学的角度指出,人做出某一行为达成决定的过程乃是"夺走我们所拥有的自由"的过程。通过对自由概念的梳理,他指出,一个从人从内心的意志到做出行为的过程是一个"权衡"(deliberation)的过程,同时也是"去自由"(deliberating)的过程。按照霍布斯的文本来看,"当我们权衡是否要在自己的能力范围之内实施某项行为时,我们便进入了一个在欲望(appetites)与恐惧(fears)之间进行两难选择的过程——欲望驱使我们行动,恐惧阻止我们行动"。对于某一行动,人们无论做出何种决定都出于其最终的意志(will);再者,该意志无论是决定于其最后的欲望还是决定于最后的恐惧,都是他在政治体中的最终意志。霍布斯认为,这一最终意志的结果推翻了人常常所说的"胁迫"结果,也就是即便在外力的胁迫下,一个人自己采取了行动那也是其意志的结果和产物。从这个意义上来看,他是"全然自愿的"。①不管出于欲望还是胁迫的恐惧都是发出该行为的人之"最终意志"的表达,这是其意志自主而终极的选择。

所以,在霍布斯看来,一个人的行为是出于欲望还是出自于恐惧并无二致,这为他对"自由"概念的理解和发展打下了基础。

"自然自由"被明确地表述为人的"自然权利",意即人人都能够正当地运用自己自然能力的自由。②斯金纳进一步思考了霍布斯在这里

---

①　本段参见斯金纳:《霍布斯与共和主义自由》,管可秾译,上海三联书店,第 19—20、22 页。

②　"著作家们一般称之为自然权利的,就是每一个人按照自己所愿意的方式运用自己的力量保全自己的天性——也就是保全自己的生命——的自由。因此,这种自由就是用他自己的判断和理性认为最合适的手段去做任何事情的自由。"霍布斯:《利维坦》,黎思复等译,商务印书馆,第 97 页。

引起的一个重要问题,即"自愿行动与自由行动的关系"问题①。在霍布斯那里,导向人类做出行动的,永远与人的七情六欲及其组成密切相关。这与当时一些思想者的认识产生了明显分歧,他们(如布拉姆霍尔 Bramhall 、伊拉斯谟 Erasmus ,甚至古代的柏拉图)大都认为,某人的"行动"毫无疑问是在理性而非情感或欲望的驱动下产生的,发自欲望或情感的行动根本不是自由人的行动之标志,甚至不能算作"人"的行动。在他们看来,屈从于欲望、情感的行为不是自由而是放纵。斯金纳引用了大量作家的此种认识,如"真正的自由在于不做情感的奴隶"。②霍布斯对此种认识大加鞭挞,指出人类的权衡只能表现为"不断涌现交替的欲望"而非理性推理,权衡的过程也是摆脱"自然状态"中人类拥有的"自然自由"(natural liberty)的过程。此时的自由与人发生的关联纯粹是对自然中人的状态和情形的描述。

人的自由是运用自己的能力和力量的自由,也是个人自我主宰的自由。在霍布斯看来,这是人的最原始的自由权,也是最强最广泛的自由权,只不过这种自由权的运用前景受到他人拥有同等自由权的强烈限制而已。可以这样理解,在自然状态中,人的自由最强也最广泛,但鉴于人自我保存的欲望使其无时无刻不面临外部"死亡恐惧"的激情,加上理性的从旁指引,他们不得不权衡,不得不抉择,不得不"去自由"(de-liberating),目的就是保全生命,规避死亡恐惧。

人在避害的同时也有趋利的一面,即对舒适美好生活的追求和享受,而自然中的战争显然不是他们的追求:如果说残酷不尽的战争是自然状态中人的自然宿命的话,那么和平则是人在理性指导下的基本需求。斯金纳指出,鉴于这一情况,霍布斯国家理论中的一个核心问题得以显现,即"我们全都渴望和平,但是,除非我们放弃我们的自然自由,否则我们不可能有望得到和平"。③按照霍布斯的逻辑,只有丧失自然自由,人们才能收获安全与和平;自然自由的丧失意味着人不能完全按照自己的欲望和能力而行动,不能完全根据自己的意志和能

① 总体来看,这个问题是后来的思想者基于自由概念的发展而提出的。此时霍布斯只是对它做了初步界定,如果一个人的行动完全地出于自己最终意志的行动的话,毫无疑问这是"完全自愿的行动",但这是否可称"自由的行动",由于此时他对自由概念的界定还不甚明确,这个问题也是模糊的,既然是模糊的,在他看来应该也是"自由的行动"。但随着他在《论公民》和《利维坦》中更加明确的界定,他在二者的一致性方面也有了更加充分的理由。
② 详见斯金纳:《霍布斯与共和主义自由》,管可秾译,上海三联书店,第26—32页。
③ 同上第40页。

力而行动。霍布斯通过"信约"①的方式剥夺人根据意志和能力行动的权利而实现和平与安全，以此摆脱了令人难以容忍的自然战争状态。信约成为了人们的终极权衡过程，它也是"意志的象征"，至此，拥有自然自由权的每个人的意志最终化成具有意志功能的"信约"，当实际的立约行为发生之后，人的自然自由权就被剥夺了。

在霍布斯看来，通过信约，人们摆脱自然状态而进入一个人造的政治体之中，这个政治体是一个虚拟体，是由信约的人组成的一个单一人格，它具有强大权力。尽管人们不会轻易授权，然而一旦信约达成，它便握有主权特性的绝对政治权力，权力的强度决定于人们对生命安全需求的强度。就如霍布斯在《法的原理》第十二章中说的，"在建立国家的过程中，一个人究竟在何种程度上使自己的意志臣服于他人的权力，必须依照其终极鹄的——即安全——而定"。②

值得一提的是，订立政治信约的人并没有交出所有自由，保留了对沦为奴隶之险的反抗（自由运动的权利）、获得舒适生活、享受和平之福祉（获得"生命必需品"之权）等。但他告诫人们必须认识到：即便是这些保留的权利，也是主权者在人们相互之间订立信约时允许的结果。也就是说，主权者认为必要，其有权力剥夺人们保留的自由，当然同时被完全剥夺自由的人也就重返自然状态了；它可以反抗，但须冒着成为他人（包括主权者）之敌的风险。因为自然状态中的人相互为敌，对任何事物都有提出主张的权利。从这里可以看出，尽管主权者握有绝对的不容置疑的权力，但也会避免使统治下的所有人（甚至是多数人）沦为无法自由行动、没有生命安全保障的人。

到这里，霍布斯的自由理论不仅与同时代人们的自由认识表现出不同，还与现代政治思想者的相关认识不同。霍布斯知道这些理论者的影响力，但他还是迎难而上，指出人们可以在归顺主权者的同时做按照自己终极"意志"行动的"自由"人，"在任何形式的政府之下，我们都不得不'绝对臣服'于该政府的主权权力"。③否则，就不能视为摆脱自然状态的人，他也没有交付任何自然自由权而只能算作国家状态中的"自然人"，也无法谈论他的"自由"了；因为他实际上并没有摆脱自

---

① 霍布斯的著作中赋予"信约"特定内涵，是霍布斯的国家形成和国家理论的重要概念。

② 转引自斯金纳：《霍布斯与共和主义自由》，管可秾译，上海三联书店，第50页。

③ 同上第71页。

然状态,其拥有的只是时刻面临"死亡恐惧"的最初的自然自由,安享和平中的"自由"与他无关。①

(二) 从自然自由到公民自由

霍布斯把自然自由斥为"无果实"的自由②,在自然状态中,人们不可能享受到这种自由带来的果实,它只会让人相互为战。就此而言,人们只有摆脱自然状态进入国家之中,享受"有限的"自由结下的安全与和平之果。如果说在《法的原理》中,自由几乎与"自然自由"没有什么区别的话,那么在《论公民》(《法的原理》第二部分的修改)的第九章,霍布斯进一步检视了人从自然状态进入社会政治状态(政治共同体)后的"自由"问题。他把自由明确界定为"运动无障碍或阻碍",同时阐释了社会状态下的公民自由,后者建立在"运动无障碍或阻碍"的基础之上,主要包括:1.一个人能以不同方式移动自己;2.每个人都会基于生命需求限制任何"主观障碍"的约束和控制,即人为了对生命的保全战胜任何诸如强制、胁迫、惩罚等方面的"主观障碍",此即保护生命的自由;3.人的无害自由,即主权者的法律不可能"网罗"人的所有行为,人拥有在法律限制之外的"无害自由"。

关于公民的自由认识,霍布斯在《法的原理》中语焉不详,不过在《论公民》中就已经很明显地承认了处于主权者统治下的"臣民"自由。人们在国家中不再享有自然自由,不再能够为所欲为,他必须接受主权者的约束,否则"就等于要求得到自然状态下的自由","只要提出这种要求,就无异于彻底的自我毁灭"。③不过,自然自由的丧失并不意味着人成为了奴隶而处于奴役状态;主权权力不在于造成普遍性的压迫和奴役,而在于履行统治和保全生命。就此而言,共和国中的公民并不必然比君主制国家内的公民享受的自由多,并且在维持和平与生

---

① 霍布斯批驳"在归顺政府的同时能够继续做自由人"的观点,认为这是一种矛盾措辞,并指出"其含义的最可靠解释恐怕是:他们身为臣民却仍然不甘心将自己视为臣民,他们实际上一定是在要求:要么让他们'拥有主权',要么'将君主制变成民主制'"。斯金纳:《霍布斯与共和主义自由》,管可秾译,上海三联书店,第 75 页。他进一步探查了议论自由的人的内心,指出他们不过是表达一种社会期望,尤其是在怀才不遇时针对主权的虚荣自负,也就是说,这些人实际上饱含不臣服之心。

② 斯金纳:《霍布斯与共和主义自由》,管可秾译,上海三联书店,第 90 页。通过对美洲诸民族原居民生活状况的考察,使霍布斯更加确信其有关自然状态理论的正确性。

③ 同上第 111 页。

命方面,后者甚至比共和国"更相宜"。

在共和制国家里,自由实际上是不断膨胀的野心和虚荣。自由成为野心家提升自己地位的手段和工具,它实质上"不是自由而是支配"。另外,"也许有人会说,民主的国家比君主制更可取,因为在那个国家中,每个人都理所当然地管理公共事务,每个人都被允许在讨论最困难和最重要的问题时公开展示自己的审慎的知识和雄辩能力"。对于这个论点,霍布斯运用现代政治学中近于"理性选择理论"的观点进行回应,认为公职人员并非其所称"为公共利益"服务,相反,其参与政治的行为不仅非出于"公利",而且是"完全自利"或常常掺杂了诸多个人名利的。霍布斯指出,他们回到家里,与朋友、父母及妻子一起享受他取得的巨大成就。即使是最忠诚的公众人物也是如此,他们为了在国内获得荣誉而在公共场合竞争,如勇猛的战士科里奥拉努斯(Marcus Coriolanus)从战争表现中得到的全部快乐就是看到他的母亲为他所获得的褒扬和赞誉。①

(三)"自由"的普遍化及其与权力的一致性

霍布斯在《利维坦》中把"自由"概念及其内涵以普遍化理解,通过与古希腊古罗马及同时代思想者的争论以阐释"自由"与"权力"的一致性。他在该书中专章探讨了"臣民的自由",他对自由概念的重视很大程度上源于英国内战这一特殊时期激起的关于"自由与君主权力"的辩论。

《利维坦》中的"自由"指的是运动没有外在阻碍(或物理阻碍)的状况(the absence of external impediments):"不论任何事物,如果由于受束缚或被包围而只能在一定的空间之内运动、而这一空间又由某种外在物体的障碍决定时,我们就说它没有越出这一空间的自由。"②现在的自由被进一步界定为不受"外在物理障碍"的运动,由此看来,霍布斯已经从自由的概念中抽走了《论公民》中主观障碍和个体能力不足之障碍。这里的自由概念更具普遍性意义,不仅适用于有理性和有生命的事物,还适用于无理性和无生命的事物,但自由的内涵也更"稀薄"了,看起来也更"科学"了,因为霍布斯一直致力于运用自然科

---

① 本段引用文字参考了霍布斯:《论公民》,应星、冯克利译,贵州人民出版社,第108—109、112页。

② 霍布斯:《利维坦》,黎思复等译,商务印书馆,第162页。

学(如物理学)中的概念解释政治事物。

　　根据这一界定,"自由人"指"在其力量和智慧所能办到的事物中,可以不受阻碍地做他所愿意做的事情的人"。①对个人来说,他的行动除非受到外在事物的物理阻碍,任何人——包括他自己的主观障碍和能力匮乏——也夺不走他的自由。斯金纳推测霍布斯对自由界定的确切时间早于《利维坦》出版的 1645 年春天,即他"与布拉姆霍尔辩论之后、同年晚些时候他致函纽卡斯尔之前"。②霍布斯在同纽卡斯尔的信中谈及自由的新理解,他以"河中之水的流动"类比这一新认识:水在河道内可以向下游自由流动,但不能向河的沿岸流动,这在于受到了河岸的限制和阻碍。在这里,河岸就是阻碍水不能自由流动的外在障碍,在这个意义上,它是不自由的;如果断言水不能向上游流动是无自由的,显然不符合常识。也就是说,水没有向上游流动的"自由"并非"不自由",盖因它缺乏向上游流动的"能力"和"内在属性"。霍布斯的自由观与此相似,自由不在于其能力和天赋的限制与阻碍,而在于其行动是否受到外在的物理束缚。"这种障碍往往会使人们失去一部分做自己所要做的事情的力量,但却不能妨碍按照自己的判断和理性所指出的方式运用剩下的力量。"③这里"剩下的力量"不仅是因判断和理性思考消耗后而"剩下的力量",还指人们在判断和理性思考之后按照合适的方式、手段运用尚存于社会、国家中的力量,这里更多地指人与人订立契约后,把自己的"对每一种事物都具有权利"交付或"转让"给主权者而"剩下"的力量。

　　霍布斯关于自由与权力关系的探讨是通过与其他思想者的辩论而得以显现的。他指责汲取了古希腊、古罗马人哲学和历史中自由的"民主派著作家"所传播的大量关于自由的谬误:后者认为自由独立于"专断权力",而这在君主政体里早已遁迹了。在《利维坦》中,他批判亚里士多德在《政治学》第六篇第二章的这一看法,即"在民主国家中,自由是当然的,因为一般都认为在任何其他政府之下没有人是自由的"。不仅亚里士多德,与他一样的还有"西塞罗和其他著作家的政治理论也是根据被人教导着憎恨君主政体的罗马人的意见而来的,这些

---

　　①　霍布斯:《利维坦》,黎思复等译,商务印书馆,第 163 页。
　　②　斯金纳:《霍布斯与共和主义自由》,管可秾译,上海三联书店,第 121 页。
　　③　霍布斯:《利维坦》,黎思复等译,商务印书馆,第 97 页。

教导人最初就是废黜君主、分享罗马主权的那些人,后来则是他们的继承者"。①他们在"自由的虚伪外表"下煽动叛乱,鼓励暴动,弄得血流成河。尤其是在处死查理一世之后,共和主义者如约翰·弥尔顿、约翰·霍尔等为人民拥有处死国王的权利论证,并指出自由与君主政体的矛盾与冲突。

斯金纳也认为,对共和主义自由观点的批判是霍布斯写作《利维坦》的重要目的之一。他认为,霍布斯与共和主义自由论之间有一条明显不同的界线,"共和主义自由论者将我们应当免专横干预视为做自由人的必要条件,而霍布斯将我们应当免受事实上的障碍视为做自由人的充足条件"。②霍布斯批判这些作家的基础就立足于"自由乃无外在障碍"这一界定上面,一个人的自由在于他不受外在障碍物的阻止而能够实施其本身拥有的能力。只要不存在外在障碍,不仅权力不是判断是否自由的标准和依据,并且自身能力乃至他者在精神、心理等内在主观的胁迫都不构成自由的判准。

相反,根据霍布斯的文本,主权权力还是保障自由、保护和平秩序的重要手段(甚至可以称"唯一"手段)。臣民自由是摆脱了自然状态进入国家的人的自由,他当然受主权者限制,不过对于主权者没有规定并加以限制的行为,臣民则有自由,也就是"在法律未加规定的一切行为中,人们有自由去做自己的理性认为最有利于自己的事情"。③自由与主权者制订的法律相容,一个人的自由表现为法律下的自由;臣民没有因防卫他人采行武力并抵抗国法的"自由",否则,此时的"自由"就等同于自然自由,主权者就丧失了保护人们生命的手段了。④具体来看,臣民的自由是人在交付其享有的完全的自由权(霍布斯承认人"生而自由")后还具有的自由。霍布斯不仅把自由从专断权力中"解放"出来,也把自由从权力中解放出来了。更重要的是,权力还是自由、和平与秩序之友。

---

①　参见上书第 168 页。

②　斯金纳:《霍布斯与共和主义自由》,上海三联书店,第 142 页。"自由的存在纯粹被解释为障碍的缺位,而非独立性的缺位。"斯金纳:《霍布斯与共和主义自由》,上海三联书店,第 144 页。

③　霍布斯:《利维坦》,黎思复等译,商务印书馆,第 163 页。

④　"当我们拒绝服从就会使建立主权的目的无法达到时,我们便没有自由拒绝,否则就有自由拒绝。"霍布斯:《利维坦》,黎思复等译,商务印书馆,第 169 页。

从自由的作用领域来看,霍布斯在《利维坦》中主要把它集中于人们的私人领域和私人事务。苏利文认为,霍布斯在《论公民》中批判当时英国共和主义自由观时也凸显了这点,正因为后者着眼于对公共政治生活的参与,才使他在批判其弊端方面显露出聚焦于"私人领域及其事务"的自由观念。霍布斯指出,当众多虚荣和野心勃勃的人充斥于公共领域时,即使那些不争夺政治荣誉的人也会面临危险。相比之下,即使在一个特别贪婪的君主的统治下,也只有他所认识的人才容易受到他的掠夺和强暴。所以,"在君主制国家里,无论统治者的性格如何,任何愿意安静生活的人都不会有危险。只有野心勃勃的人才会遭殃"。而在"尼禄和演说家一样多"的共和国里情况就会很大不同,由于如此多且贪婪的演说者来自人民,他们了解人民,没有人能确保逃脱于他们的掠夺。在"有民众控制的地方"就无法过上安全的私人生活。①

后来的《利维坦》也延续了这一认识。霍布斯认为,自由只有在国法之下或其未加规定和限制的地方才能找到,尤其是主权者未对其行为加以规定的事物中才存在,如买卖或其他契约行为的自由,选择自己的住所与饮食,生活方式以及按自己认为合适的方式教育子女的自由等等都是。②以上所涉臣民自由的领域主要在私人领域,就此来看,霍布斯希望人们能够在私人领域通过劳动获取财物,按照自己认为的方式生活,选择合适的形式教育子女等等,从而达到精神上的愉悦,过上更加便利和舒适的生活。

总之,霍布斯的自由理论围绕"主权权力与自由是否一致"这一重要理论问题进行阐述,同时这也是 17 世纪英国社会政治生活中最为重要的现实问题。由自由的界定及其发展可以看出,为了保全生命并让人过上有秩序的舒适生活,他为权力政治和君主政体提供了比较系统的规范理由,同时也回应并批判了当时甚为流行的"君主权力与公民自由相冲突"的观点。

---

① 参见 Vickie B. Sullivan: Machiavelli, Hobbes, and the Formation of a Liberal Republicanism in England. New York: Cambridge University Press, 2004. p.104。

② "Liberty of a Subject, lyeth therefore only in those things, which in regulating their actions, the Soveraign hath praetermitted: such as is the Liberty to buy, and sell, and otherwise contract with one another; to choose their own aboad, their own diet, their own trade of life, and institute their children as they themselves think fit; & the like."参见霍布斯:《利维坦》,黎思复等译,商务印书馆,第 165 页。

七、霍布斯"刚性"政治秩序观念的当代启示与评价

霍布斯的思想不在于它促进了某一类或某个人的利益,而是因为它满足了人们因畏惧死亡而产生的对"自由"生活的基本需要。霍布斯认识到人们对不同"生活类型"的期望,也了解他们的某一选择不可能就是唯一正确的。他不把某种善观念置于至高无上的地位,但一致同意"善"就是最大化地促进、追求利己欲望(重要的就是避免死亡)的满足。

道德是一种"应然"的人为系统,它不能离开人们的审慎要求和主权者的强力,惟有服从才能实现人们的欲望。依赖一种独立于人的道德是邪恶的,它必定走向不道德;无论人多么宝贵,如果连他的身体和生命也不能保存也就无所谓对欲望的实现了。因此,霍布斯主张通过契约和强制让全能的主权者统治。他通过对人性、自然状态和契约理论的探讨,试图运用强制性权力的手段达到维护国家安全与和平,以及社会稳定和践行契约的目的。权力在本质上是强制的,是影响政治结果及维持政治秩序的"能力"[①]。尼布尔也认为,"强制的因素总是存在于政治之中的。如果经济利益的冲突尚未尖锐激烈,如果调和的精神尚能部分地解决这些冲突,如果民主的过程能够取得道德的威望与历史的尊严,政治中的强制因素就会隐藏起来,粗心的观察者们对此就会视而不见。不过,只有纯粹的浪漫主义者才坚持认为在没有使用强力或强力威胁的情况下国家群体能够达到'共识'(common mind)或'公意'(general will)。在国家中强制的因素特别明显,在其他的社会群体中强制的因素虽然要弱一些,但也明显存在"。[②]

霍布斯的核心关切在于通过理论论证以避免使人类的冲突导致过早死亡。在由激情引起的冲突无法避免的情况下,通过权力使死亡恐惧维持在最低的水平。"一旦和平的条件建立,就不必以积极方式过多言及霍布斯所希望的美好社会。霍布斯把重点放在极端

---

① T. V. Smith. Power: Its Ubiquity and Legitimacy, the American Political Science Review, Vol.45, No.3, 1951, p.693.

② 尼布尔:《道德的人与不道德的社会》,蒋庆等译,贵州人民出版社,第5页。

情况,如所有法律和秩序都被破坏了的内战,放在由于企图质疑及限制统治者权力而导致的对和平的威胁,放在消极标准而不是积极标准上。"①霍布斯规范原则的基础就是对社会政治秩序与和平安全的优先考虑。

但是,一味夸大社会政治中的权力而忽视其他因素也是危险的,因为强制往往暗藏着不稳定。"社会中的强制因素既是必要的,又是非常危险的,这一事实使达到和平与公正的整个任务变得异常棘手复杂。人类的历史,……究其失败的原因,通常是由于完全致力于消除强制的因素,或者是由于过分地依靠强制的因素。完全依靠强制的因素,就意味着新的暴君窃取了传统的君主下台后空出来的高位。追随托尔斯泰的和平主义者和其他不抵抗运动的支持者都注意到了暴力被引进社会的这一邪恶。"②有效的刑罚对于保障人们的安全是必要的,但我们必须权衡这种强制因素所带来的弊端,它至少包括两个方面,"一是由税收所支付的维持机构的费用;二是对代表的公民的自由构成的某种危险"③,只有当二者所造成的弊端小于由不稳定而带来的弊端时,强制才是合理的。

深受马基雅维里和霍布斯影响的德国著名政治社会学家马克斯·韦伯不仅认识到以暴力作为权力基础的必要性,也探讨了暴力的局限性,一个国家的"政权不能仅仅靠强制而存在,来自下层的某种程度的道德支持,对于任何权力制度的长期存在都是必要的"。④当代美国著名的政治思想家罗尔斯也看到了霍布斯思想的这一弊端。他吸收卢梭政治思想中的道德情感因素,在《正义论》《政治自由主义》等著作中基于公平正义提出一种不同于霍布斯的社会政治秩序模式。他认为,霍布斯的政治思想让我们"被迫在专制主义与无政府主义之间进行选择",因为按照霍布斯的逻辑,"人类的境况就是这样一种境况,即只存在两种稳定的状态:自然状态(它是一种战争状态)与利维坦状态"后者需要强有力的主权者来维持。⑤然而,它只是一种权宜之计,

① 施特劳斯、克罗波西:《政治哲学史》(上、下册),李天然等译,河北人民出版社,第487页。

② 尼布尔:《道德的人与不道德的社会》,蒋庆等译,贵州人民出版社,第16页。

③ 罗尔斯:《正义论》,何怀宏等译,中国社会科学出版社,第188页。需要指出的是,尽管霍布斯着力探讨了强制性权力与自由的一致性,但他的论证显然没有说服后来持自由主义立场的政治思想者。

④ 帕金:《马克斯·韦伯》(1987版),刘东等译,四川人民出版社,第108页。

⑤ 参见罗尔斯:《政治哲学史讲义》,杨通进等译,中国社会科学出版社,第84、89页。

是一种"临时协定"(modus vivendi)。它仅仅是在两个民族的利益存在冲突时而达成的:在协商条约时,每一个国家都会明智而谨慎地弄清楚,它们所提出的这一契约代表着一种平衡点。这就是说,条约的款项和条件是以这样一种方式来确定的,即双方都公开承认违反这一条约对任何一方都没有好处。因此,二者遵守条约的主要原因在于双方都把遵守条约看作是自己的民族利益,包括其作为一个尊重条约的国家之声誉。①但它的困难在于所维持的社会并不牢固。这种方法维持的"社会统一就只是表面性的,一如社会的稳定性只是偶然的,有赖于那种不去推翻侥幸的利益集中的条件环境"。②当环境发生变化的时候,没有东西可以继续忠诚于权宜之计。

尽管霍布斯也意识到了这点,但他仍然认为主权者的力量可以震慑一切,主权者在维持社会政治秩序的和平与安全方面才是最可靠的;至于后来的自由主义者与共和主义者所心心念的民主自由及对专制权力的约束等方面,从霍布斯的文本来看,也只能通过自然法来约束主权者了;而对于前者来说,自然法的约束力显然太过弱小,因为霍布斯曾明言没有后盾的自然法等于零。因此,在这些人看来,像霍布斯那样用人性永恒不变的观点和主权者的强制确保利维坦是错误的,它并不能保证利维坦的长期稳定。因为人们将很快发现,生活在这种社会里比死还要糟糕,一定会揭竿而起,因为霍布斯的主权者不一定能给公民带来多少安全和福祉,也未必带来心灵上的安宁。

卢梭对霍布斯政治哲学在这方面论证的缺失做了较为系统而深入的思考,或者进一步地说,卢梭从人的本性、自然状态、契约理论、国家本质及其特征、权力与人民主权等方面对霍布斯构建的以权力为核心的现实主义政治秩序做了有力批判,从而与后者在社会政治秩序观

---

① 参见罗尔斯:《政治自由主义》,万俊人译,译林出版社,第155—156页。

② 罗尔斯:《政治自由主义》,万俊人译,译林出版社,第156页。约翰·鲁迪希尔(Jhon Rudisill)也认为,对于霍布斯来说,在自然状态中谈论"道德应当"(moral oughts)毫无道理,但探讨欲望和(审慎的)应当确是事实。此外,对于霍布斯来说,理性就是认识并追求人们的——满足自私欲望——利益。如此带来的一个结果就是"道德上的应当为何成为我的应当?"这个问题对于霍布斯比较重要。审慎的命令和道德命令之间可能背离,二者的一致只发生在偶然情形下,它们并非观念上的必然。参见 Jhon Rudisill. Modus Vivendi, Overlapping Consensus and Stability[J]. http://200.21.104.25/discufilo/downloads/Discusiones12(17)5.pdf。

念方面形成了强烈反差。①卢梭正确地指出,只凭借强制权力锻造的社会政治秩序既不道德也不长久,他开创性地"用一种完全是现代的方式,以自主性个体的意志之首要性为基础,建立社会秩序,由此来回答古典政治理论关于正义本性的古老问题(关于正义或秩序优良之政体的问题)"。②

---

① 有学者指出了二者的鲜明反差:"卢梭独特的逻辑言路就在于他的道德救赎、反异化理论。他到达了霍布斯的终点,却掘动了霍布斯的寝床——权力的强制性、非道德性和物化性:第一,服从对象从个人君主转移为社会公意。社会公意是每个社会成员全部交出权力的结果,服从这一公意,无异于服从交出去又转回来的自己。第二,服从重心从外在的行为服从转移至内在的道德服从。外在行为服从,是服从世俗的功利调配;内在的道德服从,是服从先验的个人良知。"朱学勤:《道德理想国的覆灭》,上海三联书店,第 71—72 页(第二章之三)。

② 皮尔逊:《尼采反卢梭》,华夏出版社,第 23 页。

第四章　卢梭社会政治秩序观念的道德基础

　　"造就出伟大人物的,则是伟大的时势。"①

　　17—18 世纪的欧洲社会在政治和经济领域发生了深刻变革,长时间发酵出来的诱人气味使敏感的思想者陶醉其中。与霍布斯及其他思想家相同,卢梭也是对此做出反应的一个重要思想家,他意识到其生活的世界发生了根本变化。与其他启蒙思想家不同的是,卢梭看到的不是进步、发展与社会的文明,而是"理性推动科学"造成人的自负、骄纵、自利及其导致的道德冷漠。人类没有进步,社会远未文明,相反社会不平等与不公正、世界的冷漠、道德理想政治的幻灭与倒退是卢梭关注的问题。霍布斯以人类充沛的激情和无穷的欲望为基础和出发点,采用理性而"科学"的逻辑思维、自然法则和语言引导激情和欲望力图系统地阐述他的政治观念;而卢梭的著作里则充满了良善的道德温情、亲切与怜爱。他对政治的诸多判断充溢着宽容仁慈,他有一颗"充满感情的心"②,始终将理性置于积极的道德情感之下。卢梭是一个软弱并缺乏安全感的人,但也是在思想领域极度自信的人;卢梭的作品常用温暖而煽动性的语言直击人的心灵,用情感阐述思想意识,唤醒人内心深处的激情,"作为政治思想家,他将敏锐的分析思维与作曲家和小说家的诗性情感结合起来"。③这成为卢梭政治思想的

---

　　①　卢梭:《论科学与艺术》,商务印书馆,第 36 页。

　　②　威尔·杜兰认为,卢梭所生活时代的欧洲"已准备迎合一种感情(feeling)超乎思维(thought)之上的信仰。欧洲已厌倦于法律、礼仪、习惯和风俗的压抑。当时的欧洲已听够了理性、论证和哲学。所有这些心灵束缚解除后所导致的放纵与混乱,似乎已使这个世界缺乏意义,使心灵空虚、了无想象力和希望;男男女女暗自渴望再度建立起'信仰'"。威尔·杜兰:《卢梭与大革命》,东方出版社,第 3 页。

　　③　Mads Qvortrup, The political philosophy of Jean-Jacques Rousseau, Manchester University Press, 2003. p.95.

独有特征，也使他成为令人着迷的著作家之一。

一、卢梭政治思想的"二分"裂变

在卢梭的政治思想中，不仅在其文本中总能发现存在于社会政治生活中自然人与公民、自然状态与社会状态、自由与权威、道德法则与权力等诸如此类相互对照的基本概念，还能在他的经历、记忆和观感中发现与其所生活时代的紧张与纠缠，而这是他头脑中每时每刻都惦念的道德理想与政治现实冲突和紧张的投射。[1]

卢梭自称为日内瓦公民。18世纪的日内瓦是一个"城邦共和国"，达朗贝尔在《百科全书》(1757年)第七卷的"日内瓦"词条中做了比较详尽的描述：日内瓦由分布疏落而零散的不到三十个村庄构成，在这个主权国家里生活了两万四千公民。它是名副其实的城市国家，也是当时欧洲最繁荣的城市之一，其繁荣源于比较自由的商业和贸易。日内瓦几乎没有受到周边战乱的影响，总能从周边大国中保持中立，不在任何一方选边站队；那些震撼欧洲的战争，在它看来"只不过是一场戏"，它从不参加，在政治上也保留了一定的独立性。在达朗贝尔等当时的思想家看来，日内瓦的历史之引人入胜不次于大帝国的历史，从它身上可以找到一个"理想的政府模型"。卢梭政治著作中"道德理想国家"的原型就是这个小小的共和国，他就是在这样一个由古典共和美德塑造的环境熏陶下成长起来的。然而，卢梭终究走出了这个国家，进入到一个更广阔也更"文明"的世界：他跨过了现代的门槛，头脑中的"榜样"被幅员辽阔的大国以及与其相适应的经济制度所"淘汰"。

与此同时，卢梭也面临"理想模型"消失的问题和困扰，日内瓦受到了现代精神和文明的侵扰。这使得他成为精神上没有国家的"游荡者"。卢梭始终无法让自己经历的生活与思想观念达成"真正的和谐"。朗松认为，卢梭与其著作之间拥有不同的生命精神，作者本人是

---

[1]　如奎特鲁普所言，卢梭对西方哲学的贡献是丰富而广泛的，就像其他现代性批评家一样——如克尔凯郭尔(Kierkegaard)和帕斯卡(Pascal)——他的哲学是对不平等以及非自然人际关系所戕害的社会的挑战，人类只有将自然、精神与在文明社会中生活的要求相协调时才能获得自由。参见 Mads Qvortrup, The political philosophy of Jean-Jacques Rousseau, Manchester University Press, 2003. p.108。

拥有想象的生物，拙于行动，对行动保持警觉，而他的著作在充满道德温情的同时越来越具有革命性。对卢梭本人来说，他心目中的自由无法获得，痛苦万分而又无能为力，只能"使自己越来越迷失在徒劳无功和纯然表面的反抗之中。他疏离了这个世界，换来的不过只是一种古怪的生活，这生活把他彻底逼进自身之中，并让他任由自己病态的幻想摆布而全无得救的可能。于是，在他自己的生活中，反叛社会带来的不是自由，而是自我毁灭"。①

卢梭的思想魅力不仅在于著作中字里行间充满的道德温情，带着他的道德情感和政治理想，他为启蒙思想的河流带来了一种与伏尔泰等人不同的流向。萨拜因更为直接地指出，卢梭把启蒙哲学"带到与其传统相反的道路上去"，"善良意志"比"科学探索"具有"更优越的价值"，"科学的范围必须审慎地限于现象世界；在这一限度内，科学不致对心灵的真理、对宗教和对道德法则造成损害"。②他与当时主要启蒙思想家之间产生冲突："我们既可以把卢梭看作是启蒙意识形态家之一，也可以把他看作是在启蒙意识形态内部反对启蒙意识形态的哲学家。"③

在卢梭笔下，人不再是启蒙思想家所描述的按照确定不变的本性行动的人了，人也不再具有造物主赋予的"崇高而庄严的淳朴"属性了，他看到的只是"自以为合理的情欲与处于错乱状态中的智慧的畸形对立"。人类没有走向进步，而走向原初纯朴状态的反面了，"我们越积累新的知识，便越失掉获得最重要的知识的途径"。④卢梭反对启蒙思想家的"博学多识"，因为后者使人变得自负与狂妄。他对科学的攻击实际上源于对道德的捍卫，在他看来，有德者的纯朴灵魂比学者的博闻强识要可贵得多。

如果伏尔泰、达朗贝尔、霍尔巴赫等人是步入现代的思想家的话，

① 恩斯特·卡西勒：《卢梭问题》，译林出版社，第85页。
② "康德承认，是卢梭首先向他揭示出，善良意志与科学探索相比具有更优越的价值；而康德的哲学如果不说是信仰的新时代的开端，至少是开始在以科学为一方同以宗教与道德为另一方之间作出新的划分。在这一新的组合方面，哲学与其说成为科学的盟友，倒不如说更多的是宗教的保护人。"萨拜因：《政治学说史》（上下册），商务印书馆，1986年，第648—649页。
③ 阿尔都塞：《政治与历史》，西北大学出版社，第370页。"针对理智、知识的增长和科学的进步——这些本是启蒙运动引为文明的唯一希望——他崇尚友好和仁爱的情感，崇尚善意和虔诚。"萨拜因：《政治学说史》（上下册），商务印书馆，1986年，第647页。
④ 卢梭：《论人类不平等的起源和基础》，李常山译，商务印书馆，第62—63页。

那么卢梭就是"最具雄辩力的反现代主义者"。施特劳斯认为,卢梭对启蒙思想家的反对体现于"现代性"方面,"现代性的第一次危机出现在让-雅克·卢梭的思想中。……唯有这样接受了现代人的命运,他才能够返回到古代"。①卢梭成为伯克、迈斯特等人眼中"现代"秩序的破坏者,他的破坏力首先体现在思想道德领域。卢梭追求精神的解放,人类的解放,其思想中的解放和革命倾向也导致其成为当代最受到误解的"反现代主义者"。②

人们对卢梭的误解源于思想中蕴含的革命价值取向及其对法国大革命中雅各宾派领导人的直接影响。卢梭思想的激进倾向和革命精神在他的著作中随处可见,他指出,人们"为了能够在屈服于邪恶的时候而不犯罪,就必须首先学会抵抗邪恶","为了使人类恢复常识,就必须来一场革命"。③然而不久,在法国确实爆发了大革命,所以在革命高潮时期,路易·塞巴斯坦·马塞(Louis-Sébastien Mercier)曾出版一本名为《让-雅克·卢梭——首批被公认的革命缔造者之一》的小册子,认为卢梭带给法国"公共道德"的政治原则,此乃法国革命的基石:"卢梭看出,各种社会只能依靠公共道德的手段才能存在。他为此祈祷,将他的理论与统治伟大社会的高妙艺术置于公共道德之上。"④另外,卢梭的激进和革命并没有随着思想的成熟和年龄的增长而有所缓和,他在写给马勒泽布的四封信中也体现了这点,卢梭身上的英雄主义和浪漫主义"使他对一切与自己梦想相违背的东西满怀厌恶",如果一开始还试图在现实中寻找替代的话,那么,后来经过痛苦的幻灭之后,他"开始以轻蔑的眼光看待自己的时代和同代人了。……'我使自

① 施特劳斯:《自然权利与历史》,生活·读书·新知三联书店,第 257 页。"卢梭以两种古典观念的名义来攻击现代性:一方面是城邦与德性,另一方面是自然。"施特劳斯:《自然权利与历史》,生活·读书·新知三联书店,第 258 页。施特劳斯的弟子布鲁姆也有此观点,他指出,"启蒙运动希望把人在自然状态中的自私转化成为开明的自利(enlightened self-interest),这样的人能够依托于自然、稳靠的天然激情来理性地参与公民社会。卢梭首先以古老道德秩序捍卫者的面目出现,以哲学家前所未有的热情来对抗哲学精神,之所以这样做,可能是因为现代性比以往任何思想都更为系统地攻击了古老的道德秩序"。布鲁姆:《巨人与侏儒》,华夏出版社,第 207 页。

② See Pierre Burgelin, La philosophiedel' existence de J.-J. Rousseau (Paris: Vrin, 1952) and Michel Cozand François Jacob(eds), Rêveries sans fin: autour des Rêveries du promeneur solitaire(Orléans: Paradigme, 1997).

③ 参见《爱弥儿》和《论科学与艺术》。卢梭:《爱弥儿》,商务印书馆,第 378 页。卢梭:《论科学与艺术》,商务印书馆,第 7 页。

④ 转引自朱学勤:《道德理想国的覆灭》,上海三联书店,第五章三第 177 页。

然中住满与我的心灵一致的人。我为自己创造了一个黄金时代以满足我的幻想'"。①

由此看来,"革命和激进"恰恰是卢梭思想进展和成熟的标志,这根源于他期望的"道德理想国"与现实社会之间横亘着一个无法跨越的鸿沟。当道德理想在社会政治现实中不可得时,他不得不在理想和现实、自然与文明社会②、希望和幻灭中徘徊:一方面,满怀希望,希望"通过革命性的改革将现实世界改变成一个阿卡狄亚"③;另一方面,当这一沟壑无法跨越时就会陷于"悲哀的幻灭"。他思想走向革命就是不满于社会政治现实的最后倔强。

不过,从政治学及其政治作品的角度来看,卢梭并不能被称为引起革命和发动革命的著作家。卢梭所处的时代是君主专制时代,对于处处充满不平等、不自由和奴役的社会政治秩序,他确实在著作中多次提到革命。因此,尼采从卢梭的人性善的认识上错误地认为,其必定依靠一场壮丽的社会政治革命而创造一个没有腐朽、剥削、平等的社会政治秩序。然而,国内著名学者刘晓枫先生正确地指出,卢梭不是引领了法国大革命,而是预见了这场将要发生的革命。他不是关于现成事物的描述,所阐述的也不是既存的理论,他的思想不在于怀旧哀歌,而在于革命的预言。就如《爱弥儿》中所述的那样:

　　你想依赖现时的社会秩序,而不知道这个秩序是不可避免地要遭到革命的,而且,你也没有什么办法可以预料或防止那将要影响你的孩子的革命。大人物要变成小人物,富人要变成穷人,

① 欧文·白璧德:《卢梭与浪漫主义》,商务印书馆,2015年,第93页。后来受到卢梭影响的一些浪漫主义者如荷尔德林、雪莱、华兹华斯等人,在他们的思想中无不表现出理想与现实的尖锐对立,而这在政治上往往表现为政治理想与政治现实的深刻分歧。

② "卢梭从感情那原初的力量中获得了一种对于自然的新理解;有了这种理解,他就使自己进入到生气勃勃的自然的中心。"恩斯特·卡西勒:《卢梭问题》,译林出版社,第95页。卢梭发现了自然的灵魂,此乃真实的而非抽象的形式化自然灵魂,这也是人不能够长久地沉浸于其中的自然灵魂,只有不沉浸于此中才能认识其丰富。因此,在卢梭的著作里,在社会的罪恶和奴役面前,与自然交流成了他的追求,他与社会、社会中的人显得格格不入。一旦进入政治领域,发现政治是如此重要,他是那么义无反顾,结果就是思想的如此激进!

③ 阿卡狄亚是古希腊伯罗奔尼撒半岛中部一高原地区,常常受到古代诗人的赞颂,这里风景秀丽,民风淳朴,居民主要从事游猎和畜牧。古传山林、畜牧神住在此地;众神使者赫尔墨斯出生在这个地区的库勒涅山洞里。故地在今希腊伯罗奔尼撒半岛中部高原,今属阿卡狄亚省。在西方一些文艺作品中,常以"阿卡狄亚"形容田园牧歌式的生活。

贵族要变成平民；你以为你能避免命运的打击吗？危机和革命的时代已经来临。①

卢梭既不是革命家也不是乌托邦主义者，他在《社会契约论》中曾经写道，"如果我们希望形成一个持久的公共机构，那么我们就不要沉湎于使其永远不灭的梦幻之中"。②这是其政治思想呈现的重要特征之一，并且这一点在其他政治著作中也是如此。

卢梭一直是资产阶级的严厉批判者，但他决不试图尝试设计一个完美社会的可能。③由于法国大革命中一些激进革命者（如马拉、罗伯斯庇尔、圣·鞠斯特等革命领导人都深受其著作的影响）吸收卢梭思想中的一些要素，再加上伯克及后来一些历史学家、政治学家对法国革命的反思和攻击，使卢梭成为他们攻击的主要对象：他们指责卢梭是雅各宾革命党人的鼓舞者，为小资产阶级代言，他雄辩的思想给革命党人以极强的理论指导，使后者能够领导人民群众同封建势力和大资产阶级展开斗争。我国学者朱学勤也认为，卢梭"拖曳着沉重的宗教情怀进入世俗的道德履践"，他的语态，"恰如西奈山上先知俯瞰人世蝼蚁之语态。这种由人由神、代神立言的口吻使伏尔泰强烈不安。对人类已然状态的否定，从前只有教会敢为。伏尔泰的'进步'史观即是针对教会复古史观而言。如今复古史观却由一个日内瓦浪人以世俗的西奈语重述，居高临下之中又旁敲侧击伏尔泰'进步'史观，这当然要引起伏尔泰等人的强烈不满"。④

以上种种因素使卢梭成了替罪羊，而最重要的原因在于雅各宾派

---

① 卢梭：《爱弥儿》，商务印书馆，第 260 页。

② 参见 Jean-Jacques Rousseau, Oeuvres complètes, 5 vols, edited by Bernard Gagnebin and Marcel Raymond. III：424. 不过朱学勤认为，"当卢梭用此岸政治手段追求彼岸道德理想——'什么样的政府性质能造成最有道德、最开明、最聪慧、总是最好的人民'，他就跨过了宗教与政治的界限，从宗教救赎论中牵引出一个政治至善论（Political perfectibilism）"。朱学勤：《道德理想国的覆灭》，上海三联书店，第二章第 55 页。

③ 这一直是以亚当·弗格森为代表的苏格兰启蒙运动的重要认识，也是他们指责卢梭及法国大革命的基本主张。弗格森与伯克、休谟、塔克是主张"自发、无计划行动比有计划的个体设计更有创造力的支持者"。"社会的诸多形式都有一个复杂、不甚明确的、遥远的起源：它产生于人的直觉而非沉思（speculations），它比哲学产生的日期更久远……可归因于一种先于设计，经由人的经验而为众人所知。"Adam Fergusson. An Essay on the History of Civil Society. Edinburgh：n.p 1767；1787.

④ 朱学勤：《道德理想国的覆灭》，上海三联书店，第一章第 16、26 页。

执政后的恐怖统治被认为是卢梭思想教导的结果。罗杰·夏蒂埃为澄清人们对卢梭的误解提供了一个理由，认为"把哲学读物与革命思想联系在一起时需要慎之又慎"，他通过对一些历史资料的梳理，发现当时法国"拥有相同哲学读物的读者，在面对革命事件时所做的选择高度相异。卢梭的情形就是如此，他的著作在小市民当中也广为人知和深受喜爱，所有社会阶层都如饥似渴地阅读之"。一方面，"由雅各宾的宣传话语、激进报刊和卢梭移入圣贤祠激发出来的巴黎无套裤汉火热的卢梭主义，根源深植在旧制度时代最普通读者的阅读偏好之中"。另一方面，卢梭通信中约有36%是宫廷贵族、外省显贵及其他拥有贵族称号的人，"贵族阶层读者同样是让-雅克的狂热拥趸"，其中不少人毫无例外地坚决抵制革命，这"在反革命的流亡贵族那里表现得非常明显"。

　　同样的卢梭却产生了不同的解释和政治态度。夏蒂埃进一步指出，不仅卢梭存在这种情况，当时的百科全书派以及布丰、伏尔泰、拉封丹等都有此种情况。因此我们"不能赋予书籍太过直接的角色"，尤其在重大的社会政治事件中不能赋予书籍太过直接的角色，"哲学著作在促进法国社会与君主制离心离德方面取得无可争议的成功，可能是冒险的"。①事实上，如奎特鲁普指出的那样，相较于同时代的诸多启蒙思想者关于社会进步、社会制度、政治体制的见解远比卢梭更为激进。②

　　总之，卢梭在其政治哲学中围绕良善和道德情感建立了一个"道德法则"（类似于后来康德的"道德律令"），并力图让政治理论完成这一任务，从而实现其"头脑中的革命"。如果说卢梭是在此处止步的话，那么对其"革命"思想的实践却是在法国大革命中得以履行的。他

---

　　①　详见罗杰·夏蒂埃：《法国大革命的文化起源》，译林出版社，第77—78页。"我们以革命事件为出发点，回溯性地阅读启蒙哲学著作，并赋予这些著作明确的谴责和说服意义，这么做毫无疑问是有风险的。"罗杰·夏蒂埃：《法国大革命的文化起源》，译林出版社，第80页。

　　②　Mads Qvortrup, The political philosophy of Jean-Jacques Rousseau, Manchester University Press, pp.42—43.奎特鲁普指责伯克没有意识到卢梭政治著作的"保守"成分。实际上，卢梭与伯克拥有相同的精神气质：伯克提出"感情常常教导理性"（our passions instruct our reasons），而卢梭也有"感觉先于理性发声"（feelings speak before reason）之说法。"就像卢梭与伯克都不信任理性一样，他们也反对社会的建构主义观点。卢梭进一步认为，人不可能尽然理解社会以使其能够为一个尽善尽美的社会立法，不可能尽知立法活动的所有结果。"参见Mads Qvortrup, The political philosophy of Jean-Jacques Rousseau, Manchester University Press, 2003, p.43。由此可知，伯克对卢梭的批判显然没有尽览后者的所有作品就妄加批判。

"头脑中的革命"观念直接影响了法国大革命中雅各宾派领导人（如罗伯斯庇尔等），他们接受了卢梭的诸多教诲，接受了卢梭政治思想中热烈的渴望。正如法国的朗松所指出的，卢梭"被猛烈地控告为是引发革命的炸药，抵消了卢梭为了满足自己而赋予作品的温和、调和的因素。它点燃并激化了反抗运动，攻击热情，引发仇恨；它是暴力之母，一切不和谐的根源；它使沉醉于奇怪的美德的单纯灵魂开始孤注一掷地追求绝对，一种现在只有靠无政府主义和社会专制才能实现的绝对"。[①]尽管卢梭肯定拒绝雅各宾派采行的恐怖而血腥的统治，并且他政治思想中也根本没有提供此种教导。但无论如何，道德的良善确实在法国的现实社会政治中诞下了"恐怖"的婴孩。

二、良善正义秩序的基本要素：良心、情感、理性及其关系剖析

卢梭以人的道德情感为基础阐述一种以"良善和正义"为基本属性的社会政治秩序。在卢梭那里，正义意味着善，二者紧密相连，无法分开。在充满善的地方，就没有不正义的；当然，善也与秩序有关，卢梭在《爱弥儿》中指出，"我们所谓的'善'，就是由于爱秩序而创造秩序的行为，我们所谓的'正义'，就是由于爱秩序而保存秩序的行为"。[②]以良心、情感和理性为基础要素的社会政治秩序从性质上来看，既是良好秩序更是正义秩序。

---

① 转引自欧文·白璧德：《卢梭与浪漫主义》，商务印书馆，2015年，第10—11页。"卢梭的著作激发出迥然各异的诸多运动这一事实虽确凿无疑，但很多研究卢梭的学者据此就推断说，含混不清或自相矛盾是卢梭作品的特征，他们没有注意到，门徒们仅仅取其所需，从而歪曲了其导师的哲学，这乃是众所周知的趋势。很多思想家都因解释者而遭殃，但很少有像卢梭这般受罪的。"恩斯特·卡西勒：《卢梭问题》，译林出版社，第2页。关于卢梭思想的矛盾及其著作是否融贯一致的争论，盖伊在《卢梭问题》的序言中指出，"卢梭的政治思想为个人主义者、集体主义者、自由主义者和极权主义者所用，这确是事实，但卢梭哲学在客观上的一致性却没有因此受到影响"。参见恩斯特·卡西勒：《卢梭问题》，译林出版社，第25页。针对一些论者如莫利、法盖、迪克罗（Ducros）和莫奈（Mornet）等指出《论人类不平等的起源与基础》、《论科学与艺术》与《社会契约论》中存在根本矛盾，卡西勒指出，这种看法与卢梭本人的认识相反，"当卢梭以至暮年的时候，他依然不厌其烦地一再肯定与维护自己著作的统一性。他并不认为《社会契约论》背叛了他在那两篇第戎学院的有奖征文中所主张的根本思想；相反，《社会契约论》是与这些思想相一致的延展，它使得这些思想完整而且完善"。恩斯特·卡西勒：《卢梭问题》，译林出版社，第47页。

② 卢梭：《爱弥儿》，商务印书馆，第403—404页。

（一）卢梭的善观念与正义

"善"源于人人都拥有的"自爱之心"。它是受自然指示的积极情感。就个人来说,这种道德情感既包含"对自己的爱",还有对痛苦的忧虑和怜爱,以及对幸福的向往,当然也包含霍布斯所称的"对死亡的恐惧"(霍布斯称之为"激情")。人的相互结合,进而形成你我之间的关系,也出自于这些道德情感的作用,这就是人天生具有的正义的道德原则——良心,它使人爱善厌恶。卢梭歌颂良心,歌颂世人的这种已经逝去的圣洁本能,警告人们已经脱离了做人的轨道,并告诫人们"一定要保持天真,少弄玄虚;我们必须具备的情感,应当以我们内心最初经验的那些情感为限,因为,只要我们的潜心研究不使我们走入歧途,就始终会重新使我们恢复这些情感的"。①

善给人无穷无尽的力量。每个人都怀有一颗向善的心,它推动人们为善;顺从良心也意味着他或她有能力做善事,这样的人就是"正义的人"。从卢梭的文本来看,正义的人是有道德知觉并因此也是有良好判断能力的人,它让人具有了"如何为善"的能力(本书将在"情感、理性及其关系剖析"部分具体阐释)。从某种程度上说,"求善避恶"是自然的意志在人心的投射,这是人内心的一种感觉,因此人也具有为善的能力。这种能力人人具备且自然拥有,因为它潜藏于人们的内心之中:"如果善就是善,那么,在我们的内心深处也应当好象在我们的行为中一样,把善看作是善,而行为正义的第一个报偿就是我们意识到我们做了正义的事情。如果说道德的善同我们人的天性是一致的,则一个人只有为人善良才能达到身心两健的地步。"②正义的就是善

---

① 卢梭:《爱弥儿》,商务印书馆,第 417 页。"超越于自利之上,人们还有一种固有的厌恶他人受苦的情感。社会交往的共同基础并不是理性而是感情;除了反常的人以外,无论什么地方有苦难,总是会令人直接感到痛苦的。在这个意义上,人'自然'是善的,或人'天生'是善的。各种理论中所说的精于计算的利己主义者并不存在(笔者注:原文为'在存','存在'应更顺畅)于自然之中,而只存在于堕落的社会里面。"萨拜因:《政治学说史》(下卷,第四版),邓正来译,上海人民出版社,2009 年,第 272 页。

② 同上第 411 页。"我们的求善避恶并不是学来的,而是大自然使我们具有这样一个意志,所以,我们好善厌恶之心也犹如我们的自爱一样,是天生的。良心的作用并不是判断,而是感觉;尽管我们所有的观念都得自外界,但是衡量这些观念的情感却存在于我们的本身,只有通过它们,我们才能知道我们和我们应当追求或躲避的食物之间存在着哪些利弊。"卢梭:《爱弥儿》,商务印书馆,第 416 页。"道德要在有心,要在身从心而活动。"梁漱溟:《人心与人生》,上海人民出版社,第 207 页。

的,为善即正义。

(二)作为道德和正义原则的良心

"良心"是自然镌刻于人内心深处"正义的道德"原则,它是首要原则,是人们判断自己与他人行为好坏的依据。"良心"是人们拥有天然良知并在社会中仍然拥有道德品质(致良知)的根源,也是先于人类偏见并对之做出裁判的法则。卢梭在《一个萨瓦省的牧师的告白》中批评了那种认为"良心源自于人为的偏见"的错误观点,他以一种譬喻的方式指出:良心喜欢安静,世人的吵闹常常会惊扰它;它是害羞而"腼觍"①的,"偏见是它最凶恶的敌人";遇见偏见,良心要么远远地躲避,要么缄默不言,"它们闹闹嚷嚷的声音压倒了它的声音,使人们不能听到;偏执的想法竟敢冒称良心,而且以良心的名义陷人于罪行"。②他进一步指出,根据人们的经验也可以知道,良心"始终是不顾一切人为的法则而顺从自然的秩序的"③。一个人只要按照自然或自然所允许的行事,必定是在良心的道德原则指引下行事,那么他的行为就是正义行为,所做的事即正义之事。因此,卢梭指出,不要把某种非自然或违反自然的思想和信念强加于人的头脑中,应该让他人以自己的方式留存信念,不扰乱他们宁静的心灵,不用"一些疑难的问题去动摇头脑单纯的人的信念"。

卢梭对爱弥儿的培养就是如此。在他看来,对人的培养要与自然相配合,当自然培育人的身体时,我们就致力于受教育者精神的修养,前者总是强于后者,总是走在前面的;不过到了受教育者"弱冠及笄(jī jī)"之年(也是卢梭在《爱弥儿》中所谓的爱弥儿生命的第一个四分之一结束后),精神的培养就在于理性的培养,这时需要借助智慧④以摆脱对感官感觉的过分依赖。"只有在这个时候,他才能在没有旁人的监督和法规的强迫下为人公正,才能即使牺牲生命也要履行他的天职,才能把美德牢记在心;他这样做,不仅是为了爱秩序,每个人都总

---

① 同"腼腆"。

② 卢梭:《爱弥儿》,商务印书馆,第418页。

③ "只要我们所做的事是井然有序的自然所允许的,尤其是它所安排的,则我们就不会受到隐隐的良心的呵责。"卢梭:《爱弥儿》,商务印书馆,第378页。

④ 卢梭对爱弥儿的教育就是如此,在后者生命的第一个四分之一结束前,"我是利用他的无知去约束他的,而现在,就要通过他的智慧才能管住他了"。详见卢梭:《爱弥儿》,北京:商务印书馆,第463页。

是宁可爱自己,而且是为了爱他的创造者;这种爱同自爱相结合,就可以使他在享受了今生的幸福之后,最终获得那良心的安宁和对至高的存在的沉思,允许他来生享受永恒的幸福。"①

遵循良心从而按照道德意志行事的人不会是不自由的。一个道德意志和命令出自于他人之口,即便这个人对其表示服从,那也不损害他的自由,之所以如此,在于每个人都有相同的道德意志,遵循它就是遵循自己良心的指引,也就是卢梭所谓的"一个人的心是只服从他自己的"。

同样,一个人对待他人时就要以良好而真实的道德情感而对待他,这样就能够赢得接受对象同等情感的对待,这时他的心就被你的行为"束缚得紧紧的了"。卢梭对爱弥儿施加的权威就以此种道德情感所带来的相互理解和同意为基础,爱弥儿认识到卢梭的仁慈温和,知道他的命令是为了后者的利益而发出的。他们的冲突以此种方式得以化解:从长远来看,服从命令、服从权威使爱弥儿确信能够从中获得好处,有权威的人发出命令也是为了前者的利益。这一结合方式即卢梭所说的服从并没使自由得到损失,而是"服从他自己本人":"要使他乖乖听你的话,你就要让他完全享受他的自由;你悄悄地躲开,使得他来寻找你;你采取始终只谈他的利益的办法,就可以在他的心灵中培养一种高贵的感人之恩的情操。"你对他施予不求回报的恩惠和帮助,反而能赢得受惠者和受助者最大程度的感激和铭记,"我们爱那些对我们做了好事的人,这是一个极其自然的情感!"②也就是以善报善。

尽管良心最具权威也最有力量,自然中的人常常按照它行事。但现实社会中个体人会受到与"良心"不一致甚至是相反情感和因素——如消极情感、不道德情感、欲念、理性等——的干扰,它们阻碍人们按照良心行事。对于卢梭来说,即便"欲念"蒙蔽了人们的双眼和心智,它一时具有了威力,但这也是徒然的;它早晚会被"良心"打败,因之始终无法进入人类内心,这就是人类的道德本能始终在发挥作用。有道德、有良心的人是无法伪装成有礼貌的样子的,有礼貌是有

---

①　详见卢梭:《爱弥儿》,北京:商务印书馆,第458页。

②　同上第324—325页。"再没有什么东西比经过深刻认识的友谊的声音对人的良心更有重大的影响了,因为这种声音所表达的没有一样不是我们的利益。我们有时候也许认为某一个朋友的做法错了,然而我们不会认为他存心欺骗我们。我们有时候也许不采纳他的忠言,但是我们绝不会轻视他的忠言。"参见本书第326页。

道德与良心的自然展现。有道德的人也不会刻意讨人欢心,只要自己秉持善心行为即可;在面对他人的弱点时也不会假意敷衍,而可宽容待之。

　　良心是人的灵魂之音,欲念是肉体之音。对于这两种相互矛盾的"声音",前者从来不会欺骗人们,它是真正的向导,"它对于灵魂来说,就象本能对于肉体一样;按良心去做,就等于是服从自然,就用不着害怕迷失方向"。而后者常常欺骗人们:"理性欺骗我们的时候是太多了,我们有充分的权利对它表示怀疑。"①受欲念操控支配的人,无法保持心灵的宁静,他不会具有慈爱之心,当然也不会成为一个好人,因为这是违背自然的。在卢梭看来,善良的保持在于做"有德行的人",这就需要他遵从良心的指引,在善良意志的指导下践行道德情感,约束欲念,节制过度的感情,服从良心和理智。否则就会成为自己欲念的奴仆,这样的人"只不过在表面上是自由的,正如一个奴隶一样,只不过因为主人没有使唤而享受暂时的自由罢了"。②真正有德行的人是自己的主人,是具有自我控制力的人,是理智的人,也是善良并具有仁爱情感的人。

(三) 作为良心报偿的幸福

　　幸福是对人们良心的报偿。人们从良善的行为中收获快乐,快乐就是对善举的嘉奖。卢梭以类似于宗教教义(不同于当时的启蒙思想家)的充满虔敬的表达方式指出:"正义和真理的源泉,慈爱的上帝啊!由于我信赖你,所以我心中最盼望的是你的意志得到实现。当我把我的意志和你的意志联合起来的时候,我就能够做你所做的事情,我就能够领受你的善意;我深信我已经预先享到了最大的幸福——善良的

---

　　①　详见卢梭:《爱弥儿》,商务印书馆,第 411 页。"所有一切我觉得是坏的,那就一定是坏的;良心是最善于替我们决疑解惑的;所以,除非是为了同良心刁难,我们是用不着那种诡谲的论辩的。应当首先关心的是自己;然而内心的声音一再告诉我们说,损人利己的行为是错误的!"见该书第 410 页。
　　②　同上第 680 页。"任何一种欲念,只要你能够控制它,它就是好的;如果你让它役使你,它就会成为坏的欲念了。大自然不许可我们希望得到我们不可能得到的东西,良心并不是不可我们受到引诱,而是不许可我们屈服于引诱。产生或不产生欲念,这不取决于我们,但是,能不能够控制欲念,那就要由我们自己来决定了。所有一切我们能够加以控制的情感都是合法的,而所有一切反过来控制我们的欲念就是犯罪的。"卢梭:《爱弥儿》,商务印书馆,第 681 页。

行为的奖励。"①卢梭追求人的真正幸福,发自于自身内在的幸福感受而不是在浮华、艳丽、虚名、财富熏染下而获得的表面幸福。人的良心和善良意志,与慈爱"上帝"(卢梭常称其为"自然")的善良意志连通,因共同的良心和慈爱而称为"正义"。从善、为善才能成为正义的人,也才能获得快乐和幸福的嘉奖。

当然,那些"良心受到干扰"的人无法收获幸福与快乐。一般所谓自然状态中的人是幸福的、无忧无虑的,关键在于其能力与欲望非常接近,因此他"达到幸福的路程就没有那样遥远"。在卢梭看来,一个人的不幸福不在于"缺乏什么东西",而在于"需要某些东西而不可得"之感受。此乃不幸福之最初来源,因为人与动物的最大不同,在于前者具有超出保存自身所必需的能力,他们的多余能力促使其能够生产出超出自身需要的物资。对一个人来说,如果他能满足于维持自身必需之物资,那么他就会过得快乐和幸福,从而也生活得"良善",因此他也是"贤明"的。②不过,在卢梭看来,当人们生产出多余的物资后,他们的"远虑"就会促使其做出超越自己能力的事情,使人们常常向往"永远达不到的地方",而这才是人类"种种痛苦的真正根源"。③

能够按照良心行事的人是善良的人,也是正义的人,此时他就达到了卢梭所谓的"身心两健"的程度。否则,他就会变得软弱而陷入病态了,原因就在于自然赋予人的体力足以维持自身的生存,一旦追求超越这一能力限度所能生产的更多东西的话,就打破了"体力"和"欲念"的平衡。总体来看,人过多的欲念导致其花费过度的体力,从而使人们距离幸福越来越远。

幸福是人们的欲望、欲念与其自然能力的平衡。走向幸福的道路关键在于人自身:当他可以把自己的生活限制在自然赋予的能力之内,他就会拥抱幸福,这也是自然在万物之中给人安排的最恰当的位置。准确地说,幸福不是一味地减少"欲望",因为"如果我们的欲望少于我们的能力,则我们的能力就有一部分闲着不能运用,我们就不能

---

① 卢梭:《爱弥儿》,商务印书馆,第 423 页。"我们太从表面现象去判断幸福了,所以,我们认为幸福的地方,恰恰是最不幸福的地方。"见本书第 317 页。

② 参见卢梭:《爱弥儿》,商务印书馆,第 75—76 页。"如果他是相当的贤明,不计较是不是有多余,则他就会始终觉得他的需要是满足了的,因为他根本不想有太多的东西。"参见该书第 76 页。

③ 卢梭接着批评道:"象人这样短暂的一生,竟时刻向往如此渺茫的未来,而轻视可靠的现在,简直是发了疯!"卢梭:《爱弥儿》,商务印书馆,第 78 页。

完全享受我们的存在";当然幸福也不是一味地扩大"能力",因为假如人们的欲望"也同样按照更大的比例增加的话,那我们只会更加痛苦"。所以幸福之道在于要做到能力与欲望相互适合,要像自然状态中的人那样不要使两者相差太远,否则这条路就不仅太长,还会走得很慢;就如卢梭所言,幸福之道"在于使能力和意志两者之间得到充分的平衡"。①

最后,卢梭也探讨了幸福与知识的关系。他指出,人并没有了解我们自己,"我们不懂得我们的天性和我们的能动的本原","我们周围都是一些奥妙莫测的神秘的东西,它们超过了我们所能感知的范围;我们以为我们具有认识它们的智力,然而我们所具有的只不过是想象力"。②人的智慧是有限的,他不能获得关于所有事物的"完全"知识,他"甚至连别人已知的那一点点事物"也无法全部获悉。人生来就有趋向于幸福的欲望,但鉴于人的智能以及掌握知识的限度使他们并不能时时地满足它,因此人不断探求幸福、满足欲望,这是人的自然情感和好奇心,它的发展"必然同我们的欲望和知识成比例"③。另一方面,卢梭还告诫人们"无知"就是事实,这于他们来说并不见得有什么坏处;他力图让人们谨记的是"唯有谬误才是极其有害的",人们之所以误入迷津,常常是因为"自以为知"而不是羞于无知。④

在关于知识论方面,卢梭对启蒙思想家在追求"科学"知识方面而导致自负和奴役做了批判;按照他的逻辑,知识本身并不会带来什么危险,重要的是人不要试图借助理性而利用它控制生活,以绝对的至高无上者自居,而应用来服务生活,服务于生活秩序。在人类社会政治生活中配享崇高地位的只有人们的良心原则和道德意志。对于萨拜因、波普尔、哈耶克、卡西勒等人⑤所言卢梭是一个"理性主义者",

---

①　详见卢梭:《爱弥儿》,商务印书馆,第 74 页。"不要反抗那严格的必然的法则,不要为了反抗这个法则而耗尽了你的体力,因为上天所赋予你的体力,不是用来扩充或延长你的存在,而只是用来按照它喜欢的样子和它所许可的范围而生活。你天生的体力有多大,你才能享受多大的自由和权力,不要超过这个限度;其他一切全都是奴役、幻想和虚名。"见本书第 79 页。

②　同上第 380 页。

③　同上第 216 页。

④　参见卢梭:《爱弥儿》,商务印书馆,第 215 页。"既然每一个错误的命题的反对面都是一个真理,所以真理的数目也同谬误的数目一样,是没有穷尽的。"见该书第 214 页。

⑤　在哈耶克等人看来,首先阐述建构论唯理主义的是霍布斯,其次是卢梭——从许多方面来看,卢梭是笛卡尔的一个紧密追随者。另外,关于笛卡尔对卢梭的决定性影响,参见 H. Michel, *L'Idée de l'état* (Paris, 1896), p.66(其中还包括对早期论者的观点的引证);A. Schatz, L'*Individualisme économique et social* (Paris,1907), p.40; R. Derathé, *Le Rationalisme de Jean-Jacques Rousseau* (Paris, 1948).

是一个相信人的理性能够设计整个社会,从而指责他是极权主义者的学理思路和观点;现在来看他们的这些论断是值得商榷的,他们至少要对卢梭在这里关于知识的论述做出直接回应。

(四) 情感、理性及其关系剖析

良心是首要的道德原则,显现于人类的良善情感之中:在自然状态中,良心在于人自然情感的流露;进入社会之后,人们的道德情感更加丰富和完善了,尽管遭受消极情感的侵蚀,但良心仍然可见于其中。也就是说,人的情感会出现两个发展趋向:一方面,理性推动了它的发展和完善。从自然状态到社会状态,人从孤独的、受感官推动的"动物"变成了道德、充满仁爱之心的存在物。他的自然情感和欲望得到了扩展和完善,发展到积极的道德情感阶段,他仍然受良心、良知和自由意志的指导;另一方面,理性也促使人离"良善"自然情感渐行渐远,按照卢梭的逻辑,这主要是一些启蒙思想家导致的结果。那些思想家通过理性、科学、进步知识的宣扬,在很大程度上消解了人类的道德情感。对于一个政治共同体来说,它需要人们长时间形成的此类积极情感的支持,而理性只顾私利的算计,刺破了"感情的纱幔",从而"太过强有力地提出了保存和舒适的要求",促使"一切都个人化"了。①

如果说自然状态中的人是纯粹的"好人"的话,那么人们在走向社会和国家的过程中,其在道德情感方面丰富和完善的同时也无可避免地受到了欲念和"邪恶"的玷染:"由于社会中有许多不可避免的原因加速了人的欲念的发展",所以,"如果不同时使调节欲念的智慧也迅速发展的话,我们就真会脱离自然的秩序,从而也将破坏其平衡"。②在卢梭的思想中,在理性和道德情感之间存在紧张关系,在有知识的生活和现实社会政治生活之间存在紧张关系,这些紧张关系,如果不是相互冲突的话,最起码也使它们处于不平衡之中。

卢梭吸收了孟德斯鸠关于"人类感情"在国家政体中的认识,即一个国家政体的动力源于"政体原则",而政体原则就是"使政体运动的人类感情"③。他扩展了孟德斯鸠的认识,指出人类情感不仅是国家政体行动起来的动力,还是社会政治秩序得以构建和维持的力量,是

---

① 布鲁姆:《巨人与侏儒》,华夏出版社,第 206—207 页。
② 卢梭:《爱弥儿》,商务印书馆,第 367—368 页。
③ 孟德斯鸠:《论法的精神》(上卷),商务印书馆,第 41 页。

良好社会政治秩序得以形成的一个重要前提。一个正义的秩序是道德秩序，它的道德性源于道德情感的促进和发展，人类幸福及社会政治秩序必须有充沛的道德情感作为支持。①

不仅在社会政治秩序的认识上，卢梭在《萨瓦亚牧师的信仰告白》中也阐述了一种基于道德情感的宗教观念。这与霍布斯严厉批判宗教并认为它源于人们因无知而产生的恐惧和想象不同，卢梭肯定宗教之于道德情感的相互促进，他"力求在当下的'理性'和当下的'本能'之上建立宗教"；并称"其为'神的召唤'，并径直从'内在的灵光'中引申出它来"，"宗教的根源在于当下的'情感'，当下的'天良'"。②人们对宗教、上帝的虔敬之情源于"心"，即由心而生发出来的良善情感，这与人们以何种形式、何种行为、何种礼节的表示无关。"当我信奉的宗教叫我服务教会的时候，我就尽可能准确地恪尽教会给我的职责，如果在某一件事情上我明知故犯地不尽我的职责，我的良心就会谴责我。"③只要是良心的崇拜，上帝就不会拒绝。人人都具有良善情感，都有一颗良心；真正的宗教会善待每一个人，上帝不会"只挑选一个民族而排斥其他的人类"。否则它就不配做"共同的父亲"，"要是他使最多数的人注定要遭受永恒的痛苦，他就不是我的理性所告诉我的慈悲和善良的神"。④

宗教与道德（德性、美德等）密切相关。与宗教相比，道德处于更基础的位置；宗教不能免除道德的职责，道德情感才是真正重要的东西。如果颠倒二者的关系，人们就会盲目于信仰，导致对宗教的狂信。道德情感一种积极的情感而非放纵的情感，它得到理性的关照，促使

---

① "一旦我们摆脱了肉体和感官使我们产生的幻觉，从而喜悦地看到至高的存在和以他为源泉的永恒的真理，一旦秩序的美触动了我们的整个灵魂，使我们诚恳地把我们已经做过的事情和应当做的事情加以比较，这时候，良心的呼声才又发挥它的力量和权威；这时候，由于对自己感到满意而产生的纯洁的欢乐，由于堕落而产生的痛苦的悔恨，将通过难以遏制的情感而看出每个人给自己预先安排的命运。"卢梭：《爱弥儿》，商务印书馆，第 406 页。"有些人想单单拿理智（笔者注：应为只顾自己利益的理智）来建立道德，这是不可能的，因为这样做，哪里有坚实的基础呢？……哪里有情感（笔者注：应为倾向于公共利益的自然情感）和智慧，哪里就有某种道德的秩序。"见《爱弥儿》第 419 页。

② 恩斯特·卡西尔：《卢梭·康德·歌德》，生活·读书·新知三联书店，第 54 页。

③ 卢梭：《爱弥儿》，商务印书馆，第 449 页。

④ 同上第 433 页。"如果在世界上有那么一个宗教，谁不信仰它谁就会受到无穷的痛苦；又如果在这个世界上的某一个地方，有那样一个诚信的人从来没有看到过这种宗教的证据，可见这种宗教的神是最不公正的、是最残忍的暴君。"卢梭：《爱弥儿》，商务印书馆，第 428 页。

人判断善恶；正因为如此，人们才不至于走向激烈、狂暴与癫狂（这与德国的浪漫主义者、狂飙突进运动的思想者的情感认识不同）。在这里，道德信念、善良意志成了宗教信仰的构成性要素。不过卢梭基于道德情感的宗教观并未深入探讨，没有像康德那样做深入周密的理性方法的批判，而使其遭到多方误解。

　　由上述可知，卢梭对道德情感的强调并不意味着他绝对地贬低理性，理性在他的社会政治秩序观念中也占有一席之地。理性的作用从来没有被忽视，理性能够推动人们的行为，但理性不能单独决定人们的行为。良心使人喜善恨恶，理性则教人认识善恶，分辨善恶，从而具有了善恶观念；它不仅"使人敛翼自保，远离一切对他有妨碍和使他痛苦的东西"[1]，还能帮助人们弄清达到目的的手段。在有理性以前，人并没有善恶观念，善恶并不为人们所能认识，因此人的行为也无所谓善恶了。譬如小孩的暴力行为，捏死一只小鸡，摔坏身边的物品等等，这种破坏倾向并非人格缺陷，也不是骄傲、自尊、邪恶、粗暴、好胜、贪婪，而是生命活力的伸张。随着人的生命活力的伸张，也随着是人类社会历史的发展，在这一过程中产生了善恶，它要求人们必须具备认识善恶、判断善恶的能力。人类的情感、激情、本能冲动是一把双刃剑，既引人向善也使人堕落腐朽：唯有借助于理性和反思[2]制约的情感、激情和本能冲动才指向善与道德。卢梭在《爱弥儿》中指出，我们要教给孩子真正自由，在于让他们自己动手，自主地思考；不要养成"驾驭他人"的习惯，"少要别人替他们做事"，"把他们的欲望限制在他们力所能及的范围内，他们就不会尝他们力不从心的事情的苦头了"。[3]康德在卢梭思想

---

　　① 卢梭：《论人类不平等的起源和基础》，李常山译，商务印书馆，第102页。弗雷泽在《同情的启蒙：18世纪与当代的正义和道德情感》一书中对当代学界关于18世纪西方启蒙思想家在理性与情感的理论关系认识做了比较有价值的剖析。当代西方学界一般把它们作为一对对立的范畴来认识，弗雷泽把这些人分为理性主义者和情感主义者（如休谟、斯密等）两种类型，同时他指出，实际上有相当一部分思想家并不是纯粹的理性主义者或情感主义者，如康德等。作为情感主义者的弗雷泽指出，"与理性主义给出的理性立法相比，情感主义则给了我们更加丰富的、寻找反思性平衡的理论"。详见弗雷泽：《同情的启蒙：18世纪与当代的正义和道德情感》，译林出版社，2016年，导言第7页。

　　② 洛克的学生沙夫茨伯里伯爵也非常强调人具有对道德情感的反思能力，认为怜悯、感恩之情等等都可以成为反思的对象，从而引入人的心灵；这样的话，道德情感就成为人类的一种以自己和他人情感为对象的"反思性认同或不认同"了，从而使理性和反思发挥出平衡情感的重要作用。巴特勒将这种反思能力称为"良心"（conscience）（而哈奇森则称为"道德感"），"良心"是人的全面心灵反思能力的表现，是同时综合了人们理性和情感的判断能力。

　　③ 卢梭：《爱弥儿》，商务印书馆，第59页。

的影响下,看到后者的思想力量,进一步发挥了人的理性能力;从而把理性与善联系在了一起,把理性指向善,"善"成为理性的唯一目的。这虽然与人的善良天性相差不近,但与和谐、高尚、慈悲、优雅并行不悖。

因此,叔本华形容卢梭是"有史以来最伟大的道德家",在于他看到卢梭政治哲学的一个主旨就在于挑战现代性及其导致的道德堕落。一些政治哲学家如麦金太尔批评道德哲学领域中流行的一种这样的观点,即在不承认"善存在"的情况下而为善行辩护。如果把这种批判指向由卢梭、康德和叔本华等人所导致的话,那么这显然过于片面。不仅在他们的著作中不是如此,即便是麦金泰尔所批判的现代哲学家不仅承认善的存在,关注自己的善和福利,还把他人的善和福利纳入他们的视野范围。与麦金泰尔的主张不同的是,后者把"善"建立在自我利益的基本逻辑之上,康德证明了任何善观念都需要"善意"作为必要条件(只有当个人的意图是好的时候,行为才是"善"的),在这一点上,卢梭给予康德极大的理论支持。没有他,康德的绝对命令是不可能提出来的。①埃里克·威尔(Eric Weil)甚至说:"只有康德才能真正理解卢梭",这句话可能有些夸张,但不无道理。当曼德维尔、霍布斯、麦迪逊,甚至罗尔斯②都希望以"理性"为基础而试图建立一个实现共同福利和共同善的制度的时候,按照卢梭的逻辑来看,他显然不会认同对此类观点;卢梭会轻蔑地认为,那些"从对一切事物的邪恶解释中得到可憎的快乐,而从善的一面看不到任何东西"的人士,根本就不知道"善为何物"。在《爱弥儿》中,萨瓦牧师攻击了卢梭所指称的这

①　卢梭对康德的启发非常明确,康德认为,他对知识有极大的渴求,对每一个进步也感到满足。曾经有一段时间,我以为这一切都可以构成人类的荣誉,我鄙视那些一无所知的暴民。由于卢梭,我学会了尊重人,如果我不相信这种考虑能给其他人一种价值,即确立人类的权利,那么我会认为自己比普通的劳动要少得多。参见 Immanuel Kant, Fragmente aus dem Nachlässe, in Kants Sämtliche Werke(Leipzig: Leopold Voss, 1868), vol.VIII, p.624。

②　当代美国著名的政治思想家罗尔斯在《正义论》的"理论编""目的编"中也吸收卢梭、康德关于"理性与善"的部分认识。罗尔斯关于善的观念直接与理性的正义原则联系在一起,即公平正义理论及其原则是理性的,理性的原则之所以是善的,不仅因公平正义原则蕴含的实质内容,还在于公平正义理论一方面发展了人们的正义情感及其他相关道德情感,一方面还得到了包括公平正义感在内的积极道德情感的支持。萨拜因在《政治学说史》中也指出卢梭对康德的影响:"康德(Kant)承认,卢梭最早向他揭示了这样一个道理,即道德意志与科学探究相比具有更优越的价值。"萨拜因:《政治学说史》(下卷,第四版),邓正来译,上海人民出版社,2009 年,第 266 页。

种"可恶的"哲学理论,指责这实际上"是一种为人们的道德行为感到难堪的哲学,也是一种毫无道德基础而为人们捏造基本意图和动机的哲学"。①

卢梭处于人的理性、道德情感、激情与冲动本能勃发的时代,在哲学家如狄德罗、达朗贝尔、伏尔泰、笛卡尔和霍尔巴赫等人那里,他们以科学的理性,以及由此催生的新颖的知识为武器,试图使人类摆脱远古的蒙昧,并建立一个更加进步、更加文明也是更为合理的世界。②

卢梭的情感主义(the sentimentalism)对这些观点不以为然。他认为,"我们这个时代的错误之一,就是过多地使用了冷静的理智,好像人除了理智以外,就没有什么可利用的了。……由于为我们只讲一番道理,结果遂使我们的教训流为空谈,不能实践。单单凭理性,是不能发挥作用的,它有时候可以约束一个人,但很少能够鼓励人,它不能培养任何伟大的心灵。事事讲一番道理,是心胸狭窄的人的一种癖好"。③关于他对理性的态度,萨拜因在《政治学说史》的下卷中也有论述,认为"卢梭比大多数人都倾向于把自己人性中的矛盾和失调归咎于社会,并以此为自己的痛苦感受寻求一种解痛剂。为了达到这个目的,他采取了人们所熟悉的以自然状态与现实状态加以对堪的方法——这种方法乃是各种诉诸理性的论著中常用的一种方法。但是卢梭却并不诉求理性。相反,他把这种对堪变成了对理性

---

　　① 详见 Mads Qvortrup, The political philosophy of Jean-Jacques Rousseau, Manchester University Press, 2003. pp.101—102。

　　② 马克斯·韦伯把这样的世界概括为"祛魅"的世界,这是一个以"理性主义和理智化"为根本特征的世界。Weber, Science as Vocation, in H. Gerth and C. Wright-Mills(eds) From Max Weber. Essays in Sociology, Routledge, 1997, p.155.卢梭的《论科学与艺术》就是在这一背景下,出于反对科学和社会进步的目的而撰写的著作。"科学、文学与艺术,由于它们不那么专制因而也许更有力量,就把花冠点缀在束缚着人们的枷锁之上,它们窒息人们那种天生的自由情操——看来人们本来就是为了自由而生的,——使他们喜爱自己被奴役的状态,并且使他们成为人们所谓的文明民族。"卢梭:《论科学与艺术》,商务印书馆,第7—8页。"理性的作用始终是把人们从权威和传统的束缚下解放出来,使他们能够自由地追随自然(或本性)之光。这就是自然法整个堂皇体系的基本含义。"萨拜因:《政治学说史》(下卷,第四版),邓正来译,上海人民出版社,2009年,第285页。有学者认为,18世纪的西方理性时代主要呈现出两种类型,二者时分时合,不断角力,分别以法国和英国为代表:"一是用帕斯卡到笛卡尔的法国本土先验理性,一是从培根到洛克英国经验理性。前者的口号是'我思故我在'、'怀疑一切',是一种内视、演绎、否定性理性;后者的口号是'知识就是力量',是一种外视、归纳、肯定性理性。"朱学勤:《道德理想国的覆灭》,上海三联书店,第一章第28页。

　　③ 他进一步指出,"有气魄的人是有另外一种语言的;他通过这种语言,能说服人心,作出行动"。卢梭:《爱弥儿》,商务印书馆,第469页。

的抨击"。①

由此来看,对理性主义的挑战成为卢梭对他那个时代的一个独特的思想贡献。按照理性主义者的理解,作为理性生物的人可以发展得不具有情感特征。在他们的影响下,18世纪俨然是一个因理性而崇尚"确定形式"的世界,它为事物的精确而欢喜,也为事物的清晰轮廓和界限而鼓舞,人拥有对此抽象概括的力量。然而,这违背了人文社会科学领域的基本事实,卢梭质疑这种确定性:"对他而言,已经确定的,也是他用思想和感情的全部力量抓住的,不是他趋向的那个目标,而是他所追随的那种冲动。他有胆量顺从这冲动:他用完全一己之思想、感情和激情的动力,来反对那个世纪本质上静止的思想模式。"正如卡西勒所说的,卢梭力图"用感情的力量来反对理性主义知性的诸种力量……他挑战反思和分析理性的权力,成为激情及其不可抗拒的原始力量的发现者。"他能够如此的原因就在于,"在那个世纪里人们将形式的建立拔高到前所未有的高度,使之日臻完美,成为一个有机的整体",而卢梭所做的,却是再一次揭示这些形式性的概念和思维方式中蕴含的"不确定性",并使之"浮出水面"。②启蒙哲学家从理性那里阐述了冷冰冰的理论,人们也从中获得了新的知识和见解。不过,这些知识和见解并不能最终决定人们的行为,它给人的最多是一种想法,但推动人做出某种行为的是良心和善良意志。这些冷漠的见识是没有任何道德温情参与其中的。

总之,卢梭对上述启蒙哲学家的此种认识大加讽刺,指责只有整个社会的危险才会"搅扰哲学家的清梦","人们可以肆无忌惮地在他窗下杀害他的同类,他只把双手掩住耳朵替自己稍微辩解一下,就可以阻止由于天性而在他内心激发起来的对被害者的同情"。然而,自然状态中的人(卢梭有时把他们称为"野蛮人",以与现代的"文明人"对比)永远不会有此"惊人的本领",根本在于他们"缺乏智慧和理性","总是丝毫不假思索地服从于人类的原始感情"。③也就是说,一个人

---

① 萨拜因:《政治学说史》(下卷,第四版),邓正来译,上海人民出版社,2009年,第265页。不过哈耶克认为,尽管卢梭是反理性主义的,但他的精神实质与笛卡尔相同(理论导致的极权,以及理论中人的自负),"它骨子里虽然是反理性主义的,但是由于包含着笛卡尔主义的暗示,即我们能够利用理性直接满足我们的自然本能并能够用理性为此找到理由,它却对进步论者颇具影响"。哈耶克:《致命的自负》,中国社会科学出版社,第53页。

② 参见恩斯特·卡西勒:《卢梭问题》,译林出版社,第32、75、31—32页。

③ 卢梭:《论人类不平等的起源和基础》,李常山译,商务印书馆,第102页。

首先具有"原始"的良善情感,才能看到理性和智慧发挥高尚和优美的作用,从而拥有良好的视野,做出可嘉的行为。

理性一味扩张就会没有限度地扩展自身的欲望,超出自身能力的欲望是人堕入不幸的根源。此时的人早就不是"野蛮人"了,更丧失了自然的情感和美好。就像罗尔斯指出的,"当我们越来越生活在他人的意见和评价里而无法自拔的时候,我们的自然差别就变成了被虚荣心和羞耻心所占据的场所"。①这些启蒙"科学家"剥去世界秩序神圣光环的同时,也抽去了整体的目的。人处于道德迷雾中,只能顺应自然中科学发现的客观不易的规律,是这些科学规律和法则决定了生物的产生与灭亡。在这样的生灭转换中产生了感觉、直觉和意识,而善恶也存于其中,也只存在于其中。麦兹·奎特鲁普在《卢梭的政治哲学》(The political philosophy of Jean-Jacques Rousseau)这本著作里对卢梭思想的这一倾向和特征做了比较中肯而积极的评价,认为"这种在人和社会认识上的乐观主义在 19 世纪初期开始萎缩,这与卢梭不无关联";他有力地、毫不妥协地挑战了"科学主义",让现代人找回真正目的,避免堕入启蒙思想家"制造的无神和祛魅化世界"的陷阱之中;"他的作品发自于人内在的精神灵魂,他那对人独特性的察觉是同时代思想家所不能理解的"。②

总之,卢梭从自然秩序和人的自然情感出发比照社会政治秩序和人类历史的进展。他对公民的评价也以此为参照,社会政治秩序中的良善公民从根本来说拥有一颗自然赋予的良心,而他们之所以能够爱善憎恶则在于他们的情感有赖于理性的从旁协调。他笔下的爱弥儿就是这样既有感情同时也富于理智的良善和美德之人,卢梭用他惯有的富于温情的词汇和语言做了生动描述:"请你看一看我的爱弥儿:他现在已经年过二十,长得体态匀称,身心两健,肌肉结实,手脚灵巧;他富于感情,富于理智,心地是十分的仁慈和善良;他有很好的品德,有很好的审美能力,既爱美又乐于为善;他摆脱了种种酷烈的

---

①　罗尔斯:《政治哲学史讲义》,北京:中国社会科学出版社,第 208 页。卢梭认为,"人在推理的时候是聪明的,而最高的智慧则不需要进行推理;它不要什么前提,也不要什么结论,甚至连命题都不要;它纯粹是直觉的,它既能认识已经存在的事物,也同样能认识可能存在的事物"。卢梭:《爱弥儿》,商务印书馆,第 409 页。

②　Mads Qvortrup, The political philosophy of Jean-Jacques Rousseau, Manchester University Press, pp.21—23.

欲念的支配和偏见的束缚，他一切都服从于理智的法则，他一切都倾听友谊的声音。"①凭借这些，爱弥儿无所惧怕，一往直前，信心十足地追寻幸福和爱意带来的快乐。如果说人的自然情感是自然禀赋的话，在自然状态中不需要理性的指引，那么进入社会以后，随着自然情感的发展与完善，也产生了道德和善恶；从理性教人识别善恶方面来看，理性就不可谓不重要了。

另外需要指出的是，从卢梭的政治哲学中也可以发现，情感先于理性，在自然状态中也可以独立于理性；而理性必须与善和发展了的道德情感联系在一起，只有借助于情感活动，"我们的理性才能够趋于完善。我们所以求知，无非是因为希望享受；既没有欲望也没有恐惧的人而肯费力去推理，那是不可思议的。情感本身来源于我们的需要，而情感的发展则来源于我们的认识"。②就像朱学勤教授描述的那样：卢梭的理性是"与'道德'焊接在一起的"，一如自由与"道德焊接"的那样。③如果不是这样的话，理性就无助于一个良善正义秩序的建立和维持。这在康德④的伦理思想中也得到了明确表达。

与霍布斯相比，卢梭在政治思想中对理性抱有的期望更少，因为对于后者来说，自然人并不禀赋理性，理性是人的情感发展的结果，它是自然情感和道德情感的附属物。尽管霍布斯也把激情视为人类的自然本性，但理性及作为理性体现的自然法在自然状态中几乎具有同等重要地位，只不过理性的力量要比激情（如死亡恐惧）的力量微弱。

---

① 卢梭：《爱弥儿》，商务印书馆，第634页。笔者认为，尽管卢梭在他的著作中没有对"理智"与"理性"做出区分，但从这里来看，二者的内涵似有差别：理智是理性、知识、智慧、判断和感觉的综合，是在它们共同作用下散发出来的气息和气质；而理性是对人情感的约束，是逻辑思维，引人向善，是行为目标合宜的方式和方法，是对良法的尊重，是过有尊严的生活以及有意义的人生。卢梭在著作中赋予很多词汇以独特的内涵，他认为，这会引起了人们对他思想的一些误解，在他写给达皮奈夫人的一封信中也表达了这一看法："如果您希望我们能相互理解，我的好朋友，那就要对我的遣词造句更加用心。相信我，我的语词很少是那通常上的意义；与您交谈的，一直是我的心，有一天您也许会明白，它不像别人那样说话。"转引自恩斯特·卡西勒：《卢梭问题》，译林出版社，第12页。

② 卢梭：《论人类不平等的起源和基础》，李常山译，商务印书馆，第85页。

③ "卢梭的'理性'和'自由'，通向'道德'，而不是通向'利益'，这是卢梭和他的同时代人在同样谈论'理性'、'自由'这些字眼时，一个根本的区别。只有充分注意这一区别，才能理解卢梭理论的逻辑关联：'道德'是拉紧'理性'与'自由'的关键一环，失落这一环，'理性'将误入歧途，'自由'也将迷失方向。"朱学勤：《道德理想国的覆灭》，上海三联书店，第二章第59页。

④ 道德是理性存在成为目的的唯一条件，唯有道德才使它成为目的王国的一个立法成员，道德及有道德的人性才是有尊严（dignity）的。

因此,卢梭批判霍布斯既然把激情作为人的本性,那么理性也应扎根于自然激情的土壤之中。只有这样,他的理论才是健全合理的,也就是说,依据自然,自然法应该道出自然的激情之音,它应该先于理性而非理性之体现。

与霍布斯相比,情感在卢梭思想中始终如一地发挥着作用,即便进入社会状态,自然情感发展到了比较完善的道德情感阶段。惟有在这一过程中,"理性"①才得以凸显。在社会之中,尽管"自然"仍在映射人的情感,但它的作用大大降低,"不论在哪一个时代,自然的关系都未曾改变过,由自然的关系中产生的或好或坏的影响也始终是一样的,尽管人们用'理性'这个词来掩饰他们的偏见,那也只是在表面上改了个名称罢了"。②在卢梭看来,自然在社会中远非全能,发展并完善了的伦理意志和善良意志、道德情感、自由平等观念在一定程度上替代了自然情感和自然之善,尽管这种"替代"既不完善也不完全。

总体来看,社会中具有道德情感和善良意志的公民应该具有高尚的情操,并能够根据自己的经验把自己的欲望限制在"理性"范围内,从而表现出良好的判断能力,因为在他内心中有真正的正义原则和正义感。

(五) 道德与美

人与人之间结成了道德关系,每个人都是真诚且善的,当然也是美的典型。卢梭对美的认识与自然和道德观念密切相关。一切善和道德都源于自然,有道德就是美,自然中的美是纯真的,因此社会中的人要接近自然,从自然中感受舒适和愉悦;他是幸福快乐的,同时也感受到了自然之美。卢梭区分了两种美的类型:一是官能享受的美(感性的美),一是道德的美。在他看来,任何美都可以从琐细的事物和细腻的情感感受中获得,因此,"我们可以通过它们去学习利用我们力所能及的东西所具有的真正的美来充实我们的生活。我在这里所说

① 卢梭认为,同情心和怜悯心是自然赋予人具有理性的一个支柱,"如果自然不曾赋予人们以怜悯心作为理性的支柱,则人们尽管具有一切的美德,也不过是一些怪物而已;……人们所能具有而为他所否认的一切社会美德正是从怜悯心这种性质中产生出来的"。卢梭:《论人类不平等的起源和基础》,李常山译,商务印书馆,第101页。本书将在"基于'怜悯'与'自爱'的良善人性论"中阐述卢梭人性论的两个基本构成:"怜悯和自爱"情感。
② 卢梭:《爱弥儿》,商务印书馆,第585页。

的……只是排除了偏见色彩的感性的美，真正的官能享受的美"。而道德之美不仅在于官能的感受，更重要地取决于人"心灵的良好倾向"，即在道德上完善且拥有道德意志的人的心灵。①现实中的人应该具有这两种审美能力，不过在社会里，第二种美的类型显然更加高级。

卢梭通过对 18 世纪欧洲社会"习俗"和"风尚"的批判而阐述了第二种美的类型。他指出，"我们的风尚流行着一种邪恶而虚伪的一致性，每个人的精神仿佛都是在同一个模子里铸出来的，礼节不断地在强迫着我们，风气又不断地在命令着我们；我们不断地遵循着这些习俗，而永远不能遵循自己的天性"。②科学与艺术的刺眼光芒遮盖了道德，人们的自然天性迷失于其中，人们重视身体的浮夸装饰和修饰却忽视了心灵的修养。这造成了一个结果，就是罪恶在莫测的人心中滋长起来，人们之间的那种诚挚、恳切、友善、尊敬不复存在，替代它们的是妒忌、怀疑、冷酷、仇恨、背叛和恐惧等，它们潜藏于人们所夸耀的"文明"背后。然而，"生命、健康、理性和舒适，应该是压倒一切的，不舒适的事物决不会显得优美；苗条并不等于瘦弱，为了讨得人家的爱，就不应当有一副不健康的样子"。③

因此，现实社会中的"美"并不是真正的美，它受艺术家和权贵人物的支配，后者追求利益和虚荣。正因为此，"奢侈的习气才得以风靡"，从而"使人们反而喜欢那些很难得到的和很昂贵的东西"。④世人之谓美，是人为而非自然的，卢梭以道德和德性对科学与艺术批判的一个重要指向就在于此。他批判艺术家的矫揉造作，认为他们的作品自以为掌握了丰富知识和智慧，实际上却侵蚀了人们的德行。这些科学和艺术家并不懂真善美，不知道自己作品中蕴含的偏狭之见。⑤总体来说，在卢梭那里，"科学与艺术"是矫揉造作的，是虚假的，与道德

---

① 参见卢梭：《爱弥儿》，商务印书馆，第 508 页。

② 卢梭：《论科学与艺术》，商务印书馆，第 9—10 页。

③ 卢梭：《爱弥儿》，商务印书馆，第 542—543 页。

④ 同上第 502 页。"我们之所以讲求礼法、时髦和规矩，其原因在于崇尚奢侈和外表，而结果，遂使我们的生活总是那样死气沉沉千篇一律。要使别人看起来我们是很快乐。反而会弄得一无是处：无论自己或别人都毫无乐趣可言的。"卢梭：《爱弥儿》，商务印书馆，第 518 页。

⑤ 卢梭转引苏格拉底的话："无论是智者，无论是诗人，无论是艺术家，抑或是我自己，——我们大家都不知道什么是真，是善，是美。然而我们之间却有着这样的区别：虽然这些人什么都不知道，但全都自以为知道些什么；至于我呢，如果我什么都不知道，至少我对自己的无知是毫不怀疑的。"卢梭：《论科学与艺术》，商务印书馆，第 17 页。

格格不入,也难言真正的美。①良好的风尚惟有在自然之善及与其一致的社会事物和道德中才能发现。人的审美能力在美好心灵的发展中才能得到锻炼,一旦拥有了这种能力,他或她就能在不知不觉中接受各种美的观念,它与道德的发展相得益彰。

三、卢梭的人学思想与良善人性论

"人的本性是什么?"这一问题是近代西方思想家在阐述政治思想时无法避开的一个逻辑起点。与他们一样,卢梭也从自然中观察人,试图找到阐释人性的依据。②他指出,自然人是孤独、独立、没有人身依附的个体;他们受原初欲望和本能,以及自然情感的支配;这些支配人的事物本身并无道德善恶,因此也不能作为判断人性善恶的依据。然而,在目睹并直接遭受了不平等、奴役、妒忌和不自由的社会中的人(尤其是卢梭)看来——尽管"自然人"并无此种观念——自然人是幸福的。后来的思想者冠于卢梭头上所谓的"人性善理论"或"良善人性论"是在社会而非自然的道德观念意义上而名之的,关于"人性之善"的论断不仅在于卢梭的人学思想,更在于自然赋予人先于理性的自爱心和同情心,以及其所具有的对欲念和激情而进行控制的能力。

(一) 卢梭的人学思想

人是一种有感觉且具有能动性的生物。人类的所有意识都是感觉,尽管它们来自于外界,但感觉存在于人们自身之中。通过自身的感觉促发了人的能动性,这也是人的独特之处。卢梭认为,"没有哪一种物质的存在其本身是能动的,而我则是能动的,人们徒然地同我争

---

① "他基本上喜欢朴实无华的事物,对科学和艺术感到恐惧,不相信彬彬礼貌,感情上崇拜普通人的善良道德,并把感觉置于理智之上。"萨拜因:《政治学说史》(上下册),商务印书馆,1986 年,第 647 页。

② "在我们对自然人丝毫没有认识以前,如果我们想确定自然人所遵循的法则,或者最适合于他的素质的法则,那是徒劳无功的。关于这些法则,我们所能了解得最清楚的就是:它不仅需要受它约束的人能够自觉地服从它,才能成为法则,而且还必须是由自然的声音中直接表达出来的,才能成为自然的法则。"卢梭:《论人类不平等的起源和基础》,李常山译,商务印书馆,第 66—67 页。

论这一点,因为这是我感觉得到的,这种感觉对我的影响,比同它相斗争的理性对我的影响更强烈"。①人依靠感觉加上能动的思考超越了动物,因而成为"地球上的主宰":"尽管我不知道这个世界的目的",但根据组成世界各要素的比较及其之间的配合和关系,"我也能判断它的秩序"。人类"无可争辩地占居第一个位置","由于我具有意志和能够使用实现我的意志的工具",因此人类具有影响所处世界之事物的力量,这是其他生物所没有的,在它们当中没有"哪一个能够单单凭身体的冲动就可以不管我愿不愿意都要影响我"。②

卢梭在《论人类不平等的起源和基础》(Discourse sur l'inégalité)中也谈到了这点。他认为,如果说自然支配了禽兽的一切行为的话,那么它与人的区别在于后者具有"精神的灵性",他以自由主动者的资格决定其行为:"在一切动物之中,区别人的主要特点的,与其说是人的悟性,不如说是人的自由主动者的资格。自然支配着一切动物,禽兽总是服从;人虽然也受到同样的支配,却认为自己有服从或反抗的自由。而人特别是因为他能意识到这种自由,因而才显示出他的精神的灵性。"③

人类的一切都源于感官的感受,通过它进入大脑。人们原始的自爱情感决定其以自我的感受为中心,这是人的本能。跟随着这些情感感受,人获得同其体力相应的辨别能力。在这一原则的引导下,人能够保持自己的生存和幸福。因此,卢梭认为,人的第一个正义感④来自于他人对自己的引发而不是相反。当然,人具有维持自身生存所需之外的体力,他会利用它进行思考,做出判断、评价和选择,这样才获得了知识和思想,也具有了理智与智慧。

需要指出的是,人类所有的理解都源自于这些感受,因此人类对事物的原初理解是一种感性的理解,以此为基础不断发展形成理性和理智⑤

---

① 卢梭:《爱弥儿》,商务印书馆,第 400 页。

② 同上第 395—396 页。

③ 卢梭:《论人类不平等的起源和基础》,李常山译,商务印书馆,第 83 页。

④ 在《爱弥儿》中,卢梭描述了保姆拍打哭啼的婴儿,不仅没有使婴儿害怕,反而激起孩童更强的愤怒,进而他指出,"如果说,我怀疑过在人类心中是不是天生就有正义感和非正义感的话,单这个例子就足以使我消除我的怀疑"。卢梭:《爱弥儿》,商务印书馆,第 54 页。

⑤ 关于本能与理智,梁漱溟先生在《人心与人生》中曾做过探讨,"本能、理智之异趣,皆缘生物机体构造及其机能之有异而来。此即是说:凡心之不同皆缘身之不同而来;生命表见之不同,恒因生理解剖学上有其条件之不同在也,但本能活动紧接于生理机能,十分靠近身体;理智活动便不然,较远于身体,只主要关系到大脑而已"。见梁漱溟:《人心与人生》(2版),上海人民出版社,第 54 页。

的认识。人不仅要使用感官,还要有意识地锻炼感官;其目的就在于学习,以获得正确的认识和判断。在卢梭看来,就是学会正确地"感受",这是蕴含于"萨瓦牧师的信仰自白"①中的认识论,也是卢梭人学思想不同于 18 世纪欧洲的一些哲学家的真正独特之处。

再者,人也是"可完善"且具有自决能力的。尽管社会政治共同体具有趋于善和道德的倾向,但在卢梭看来,这把它作为人类社会的起源无异于本末倒置。"关心、善意、慷慨"等毋宁是社会的一种理想目标,这在卢梭的文本中也是必能实现的,而关键就在于人具有"可完善性"②和自决能力。"自我完善化的能力"是人与动物的一个重要区别,它使人类历史同时向两个方面发展,二者并行相悖:一方面是蕴含于人自身的理性以及由此而使人产生对"道德法则"的甘愿服从,此乃人之自由和道德善的体现;另一方面,它使人摆脱自然的安宁和淳朴,使人堕入不幸的深渊。③总之,人的可完善性是人类获得启示和洞见的视窗,同时也是人类产生谬误和罪恶的根源;人们看似在自然之上,实际上成为了他们自己和自然的"暴君"。这一点任凭哪一个人都不能改变,因为人类进程无法阻止,自然中的"良善人性"也去而不返。

总之,在卢梭那里,从人身上可以发现存在诸多矛盾且复杂的特质,正如人天性中存在两种截然不同的本源所反映的那样:第一个本源使人探索并追求永恒真理,爱正义和良善美德,而第二个本源使人受自己感官和欲念的奴役,并不断妨碍人在第一个本源的启示下前行。在考察人的天然冲动和本能时,一种本能引人向善,另一方面,狂暴的激情也随之而生。他像柏拉图一样认识到人心灵的多样性和复杂性,在其身上足以汇聚多种看似矛盾的特征,而卢梭政治哲学的目的之一就在于为之寻求一个理想的共同体,不仅使人们免受精神折磨,还能扭转人类进入社会后面临的失范风险。正是基于对社会政治秩序的考虑,人心中的美善情感④就此得以显现,它成为卢梭人性论中——相

---

① 参见《爱弥儿》。"所以说,我们最初的哲学老师是我们的脚、我们的手和我们的眼睛。"卢梭:《爱弥儿》,商务印书馆,第 149 页。

② 卢梭:《论人类不平等的起源和基础》,李常山译,商务印书馆,第 83 页。

③ "正是这种能力,借助于时间的作用使人类脱离了它曾在其中度过安宁而淳朴的岁月的原始状态;正是这种能力,在各个时代中,使人显示出他的智慧和谬误、邪恶和美德,终于使他成为人类自己的和自然界的暴君,这对我们说来,就未免太可悲了。"卢梭:《论人类不平等的起源和基础》,李常山译,商务印书馆,第 84 页。

④ 恩斯特·卡西尔:《卢梭·康德·歌德》,生活·读书·新知三联书店,第 17 页。

比于欲念和暴虐激情——更为基础同时也是更为重要的东西。

欲念是人的天性之一，"一切欲念都渊源于人的感性，而想象力则决定它们发展的倾向。凡是能感知其关系的人，当那些关系发生变化，以及当他想象或者认为其他关系更适合于他的天性的时候，他就会心有所动的"。①在卢梭看来，必须用积极的道德情感约束他们的想象力，否则，所有人都会因欲念的狂躁和狭隘成为作恶的人。这是想象的错误，天使、诸神也无能为力。

那么，如何使人成为情感的主人，从而理智地运用欲念呢？卢梭认为，必须使人认识自己、他人及其之间的真正关系，人的真实关系只能在自然之中去发现。他把对人及其真正关系的认识归纳为三个原理：1．"人在心中设身处地地想到的，不是那些比我们更幸福的人，而只是那些比我们更可同情的人。"2．"在他人的痛苦中，我们所同情的只是我们认为我们也难免要遭遇的那些痛苦。"在这个原理中，显然富人对穷人漠不关心，在于他认为自己永不可能陷入穷困，帝王对臣民的薄待在于自己特殊身份的永久固化。3．"我们对他人痛苦的同情程度，不决定于痛苦的数量，而决定于我们为那个遭受痛苦的人所设想的感觉。"②这是自然状态中人与人之间的真正关系。

自然欲念是人维持生存的主要工具，它促使人"第一次诞生"。任何人不要妄图消灭欲念，"要想消灭它们的话，实在是一件既徒劳又可笑的行为，这等于是要控制自然，要更改上帝的作品"。③不过，自然欲念与"那些奴役并试图毁灭人的欲念"不同，后者"是从别处得来的"，大自然并没有赋予人此类欲念，它们无助于人们的生存，反而引人走向毁灭。那么，如何遏制这种欲念呢？卢梭认为，"如果你想使日益增长的欲念有一个次序和规律，那就要延长它们在发展过程中所经历的时间，以便它们在增长的时候可以从从容容地安排得很有条理。能使它们安排得井然有序的，不是人而是自然，所以你就让它去进行安排好了"。④这是一种符合自然及自然启示的观念。欲念是人的本性，在这一本性的指导和作用下，人们产生诸多情感，特别是人们进入社会以后更促使积极和消极的情感滋生。然而在现实社会中，正因为富

①　卢梭：《爱弥儿》，商务印书馆，第300页。
②　这三个原理的引文分别参见卢梭：《爱弥儿》，商务印书馆，第306、307、309页。
③　同上第288页。
④　同上第299—300页。

贵、有权之人不能切身感受普通民众的痛苦才带来了种种苦难。①卢梭指出,人应该通过符合自然的理性教人学习,从而发展积极的道德情感,使人做善良、有良心和有理智的人。

拥有良善品格的人无疑是具有自然欲念并能控制它的人,卢梭称之为"心灵的节制"。就像自然人一样,"他们不定居于一个地方,没有规定要办的事情,不服从任何一个人,除了自己的意志以外,就没有其他的法律;他对他生活中的每一个行动都不得不加以考虑,他不事先斟酌一下结果,他就一定也不动,一步也不走"。②唯如此,社会中的人才会较少地依赖他人,因之他也是独立自由的人。

如果自然欲念仅在于人的生存之维持的话,那么人类社会历史的发展则突破了这点。也就是说,人不仅仅为了生存,他还有进一步的要求,卢梭在此基础上提出"生活"概念,"为了生活"是人的"第二次诞生";而第二次诞生不仅使人能够生存,还可以真正地生活。为了生活的人具有健全、完整的人格和理智,同时他也是自由的。

"生活"的提出与人类摆脱自然状态迈向社会的必然性相适。毫无疑问,人不会止步于自然欲念,随着人类社会历史的进展,人的欲念也在发展,以至于淹没了自然良善:"在这个世界上,有千百种强烈的欲念淹没了内在的情感,瞒过了良心的责备。"面对现实社会里上层及有识之士的"恶毒"与冷漠,卢梭以他特有的愤懑笔调发出控诉:"在你们表面上极其隆重的时候,凶恶的欲念给你们的罪恶带来的惩罚,表现在你们欲念难填的心在遭受妒忌、贪婪和野心的腐蚀。何必到来生去找地狱呢? 它就在这个世界上的坏人的心里。"③人们迷失在现实社会带来的屈辱中,丝毫感觉不到"道德的美",这是卢梭面临也需要解决的重要问题。关键在于从自然中发现的真善美,不仅进一步凸显它的基础作用,根本的解决之道在于重新唤醒社会共同体中人的良善人性。它脱胎于自然之善和情感,但在社会共同体中有不同的面目,它是更健全、更完善、更理智的道德之善,超越了纯粹的自然

---

① 因此,"当你看到政治家谈到人民就表现得那样轻蔑,当你看到大多数哲学家硬要把人类说得那样坏的时候,你用不着那么吃惊"。卢梭:《爱弥儿》,商务印书馆,第 310 页。因为一个人是不会把他轻视的人的幸福和痛苦放在心上的。在阐释这三个原理时,卢梭列举了社会中种种"异化"的人类关系。

② "这样,他的身体愈活动,他的心思也就愈灵敏;他的体力和智力同时成长,互相增益。"卢梭:《爱弥儿》,商务印书馆,第 138 页。

③ 卢梭:《爱弥儿》,商务印书馆,第 407 页。

情感和善。①

（二）卢梭的良善人性论

布鲁姆在他的那本名著《巨人与侏儒》中称卢梭在他生活的那个时代极具个性，经常将自己生活经验中遭遇的偶然事件以普遍化理解，其理论的重要目的在于阐释呈现于人性当中的至深问题，以及人性与现实的普遍冲突。

按照卢梭的理解，社会政治秩序不仅有赖于政治权力之目的，更需要道德的稳固基础，这种普遍的善和道德意志是一种秩序的显明真理；需要一个具有类似于神明的权威的"王"——立法者——的维持。卢梭的著述具有深刻的人性善根基，通过对人类历史发展进程中道德的探查，向人们表明自然存在丰富而充沛的积极情感，这颠覆了霍布斯对人性的理解。霍布斯把自然人描述为"强壮而骄傲的孩子"，他们受欲望和激情控制，充满死亡的恐惧，没有规则地追求"善"（如自我生命的保全），以致人人自危而陷于更加不堪的死亡冲突之中。

卢梭与霍布斯的差别是根本性的，他们立论的基本逻辑完全不同。施特劳斯对二者做了比较，认为"在霍布斯的学说中，自由，或者说每个人作为有利于自己的自我保全的手段的唯一裁断者的权利"，是为生命的保全服务的，自由与自我保全的冲突，显然后者优先；而对于卢梭来说，"自由是比生命更高的善"，后者实际上"将自由等同于德性或善"，因为"自由就是服从于个人对自己的立法"。②因此，我们可断定霍布斯优先考虑生命，而卢梭更强调善和自由，自由是人的基本特征。后者不赞同人的利己、自我、自负的本性，更不相信自然状态中的人处于竞争、倾轧及相互伤害之中；相反，人们的自私、贪婪、强制，以及霍布斯所言之自然欲望等无不是社会状态中的事物，他只不过是把从社会里观察而来的某些观念，硬生生地"搬到自然状态上去了"。③卢梭在《论

① "对于卢梭而言，共同体这些力量超越了纯粹'自然'的同情。……他没有将人类共同体建造于单纯本能的生活之上；无论是享乐本能，还是自然的同情本能，他都不视之为充分而恰当的根基。对他而言，真正的，而且是唯一可靠的基础是在于自由意识，在于和这种意识密不可分的法律观念。"恩斯特·卡西勒：《卢梭问题》，译林出版社，第97页。

② 施特劳斯：《自然权利与历史》，生活·读书·新知三联书店，第284页。

③ 按照卢梭的看法，"'真正的'自然状态比霍布斯和洛克的设想距离我们的现实状态更为遥远"。见米勒、波格丹诺：《布莱克维尔政治学百科全书》，中国政法大学出版社，第742—743页。朱学勤认为，卢梭把霍布斯的个人性恶论的重心转向"社会性恶论"，他"在个人观上是'性善论'，在社会观上是'性恶论'"。朱学勤：《道德理想国的覆灭》，上海三联书店，第二章三第71页。

人类不平等的起源和基础》中明确指出,霍布斯与其他政治思想家一样,字面上描述的是自然人,实际上描述的是社会人、"文明人"。①所有的坏事都源于人的柔弱而非"强壮",一个小孩之所以淘气,只是因为"他是很柔弱的",如果它们身体健康强壮,"他就会变得挺好的:事事都能干的人,决不会做恶事"。②卢梭明确提出与霍布斯根本对立的被克里斯托弗·凯利(Christopher Kelly)教授所称的"自然之善"的观念。

为了探寻人类的真正本性和真实的自然状态,应该从能照出真实的自然之镜中获取。自然中有两个先于理性存在的原理,卢梭在《论人类不平等的起源和基础》中做了明确阐述,这两个原理是:"一个原理使我们热烈地关切我们的幸福和我们自己的保存;另一个原理使我们看到任何有感觉的生物、主要是我们的同类遭受灭亡或痛苦的时候,会感到一种天然的憎恶。"一切自然法则都从它们的"协调和配合"中产生,这意味着一个人只要遵循这两个原理,就不会"加害于人";不仅如此,他甚至也不会危害"其他任何有感觉的生物","除非在正当的情况下,当他自身的保存受到威胁时,才不得不先爱护自己"。③这一切都出自于天然的本能而非后天的培养,也就是皮尔逊所称的"具有同情心与本性之善的原始人"④。自然人没有现代社会中人的属性,构成于其身体的就是纯粹的官能、情感、基于基本需要的自然欲念等,没有任何社会性目的,更不会有理性。

卢梭用人先天具有的两种自然情感与这两个原理对应,即自爱和怜悯(或同情)。真实自然状态⑤中的人处于"愚钝"和"智慧"之间,尽

---

　①　卢梭:《论人类不平等的起源和基础》,商务印书馆,第 71 页。

　②　"在万能的上帝的一切属性中,没有善这样一个属性,就很难想象有上帝。"卢梭:《爱弥儿》,商务印书馆,第 56 页。

　③　卢梭:《论人类不平等的起源和基础》,李常山译,商务印书馆,第 67—68 页。不过,卢梭认为,尽管这两个原理是根本并先于理性存在的,但人类进入社会及其理性的发展,他们的善良天性虽然发达却不像自然状态中那样强烈了。

　④　皮尔逊:《尼采反卢梭》,华夏出版社,第 84 页。就像卢梭在《论人类不平等的起源和基础》中指出的,"原始人的情欲是那样的不强烈,同时又受到怜悯心如此有益的约束,所以与其说原始人是邪恶的,毋宁说他们是粗野的;与其说他们有意加害于人,不如说他们更注意防范可能遭到的侵害,因此在原始人之间不易发生十分危险的争执"。卢梭:《论人类不平等的起源和基础》,李常山译,商务印书馆,第 103 页。

　⑤　卢梭曾经说,自然人"仅只服从于他的本能",但是人已经不同于其他动物,因为人是一个"自由主动者",而且,他在本能方面如果有所缺欠的话,其他机能是能够加以补充的。(见卢梭:《论人类不平等的起源和基础》,北京:商务印书馆,第 119 页脚注。)从这段话可以看出,卢梭的自然状态具有"历史感",最远古的自然状态与这里的自然状态并不相(转下页)

管卢梭承认霍布斯"把一切能够得到的东西都看作是自己的"作为人的一种天性是正确的,但霍布斯断言由虚荣和骄傲驱动的人类行为必定结出恶之果实,卢梭对此予以否认。卢梭"以天性善良的论断,总结了他对于自然人的研究所得到的结果",他"从霍布斯的前提出发、对霍布斯的学说进行批判"①,认为自然人天性善良、淳朴,不知道德、虚荣和骄傲为何物,而唯有同情和自爱之情感。

1. 自爱。自爱让人关切幸福的生活和自我保护。自爱是首要原理,是"最原始的自然感情"。这句话意思是:自爱是一切内在欲念的本源,是人们所有欲念的根源,也是与人一道产生且与人永远相随的根本欲念;它是人性的最初冲动和本能,也就是广义的"自私"。它始终正确,"因为在人的心灵中根本没有什么生来就有的邪恶,任何邪恶我们都能说出它是怎样和从什么地方进入人心的"②。一般来说,自私应该受到理性的制约,但在理性产生以前,这种作为"广义自私"的自爱之所以没有如社会中自私情感那样向坏发展,就在于对自然的顺从或接受自然的要求与约束。正因为这样,卢梭在教导爱弥儿的时候指出,对于儿童的教育,要注意不要让他因为"别人在看他或听他就做这样或那样的事情",要清楚他所做的任何事情"都不能是因为他同别人的关系",而只能是接受"自然的要求",那么其所做的事情就是好事。③因为自爱心让人只关注自己的真正需要,当需要得到满足时就会感到满意,也就是说,自爱使人产生满足、节制、谦恭与温和的品质;而自私,准确地说社会中的自私情感则不具有这些品性,它促使人与他人进行比较,因而社会性欲望或需要就不会获得满足,甚至欲望本身就成为霍布斯所谓之"无限发展"的了。自私导致人的贪婪、掠夺与妒忌的消极品性。卢梭在《爱弥儿》中政治教育的目标之一就是避免使自爱之情变成自私,因为它"几乎不可避免地导致人类的倾轧——利用彼此作为达到自己目的的手段以及对政府和法律的需要;卢梭对此的解决之道是像针对惧死一样,在至少很长一段时间里阻止自私的产生"。④

―――――――――

(接上页)同,这里是自然状态发展到私有制出现之前的一个阶段。卢梭的自然状态是分阶段的,罗尔斯和国内学者张桂琳也持这种观点,详见罗尔斯:《政治哲学史讲义》,北京:中国社会科学出版社,第199—206页;张桂琳:《卢梭自然法论新探》,《政法论坛》,1987年01期。

① 施特劳斯:《自然权利与历史》,生活・读书・新知三联书店,第275页。

② 卢梭:《爱弥儿》,商务印书馆,第94页。

③ 同上第95页。

④ 布鲁姆:《巨人与侏儒》,华夏出版社,第234页。

他主要通过道德理想国家和教育的方式来实现,他以"婴儿眼泪"一例来说明自私并非人的天性,而是通过眼泪的命令测试自己的权力,同时它也是最初自私的萌芽,是愤怒、自私、骄傲、嫉妒等消极情感的根源。

在自然之中,自爱与自然的同情联系在一起。自爱不仅没有走向霍布斯意义上的"自我保存",反而使个体突破了对自身的关注,他还希望保存同伴(即对他人生命的希冀)、保存其他生物乃至于整个人类物种。"为了保持我们的生存,我们必须要爱自己,我们爱自己要胜过爱其他一切的东西;从这种情感中将直接产生这样一个结果:我们也同时爱保持我们生存的人。"①在卢梭看来,人从自爱的情感中产生出"爱亲近的人"的自然情感,一个人会自然而然地亲近接近他的人。由自爱扩展到"爱他人",在社会中就是一种美德,而它源于每个人心灵中都具有的自然之善:

> "你希望别人怎样对你,你就应当怎样对别人"这句格言本身就是以感情和良心为基础的;不然的话,还有什么恰当的理由说明:我既然是我,为什么在做事的时候要把自己看作另一个人,与其是在我的确肯定不会遭遇同样的情况时,为什么还要把自己看作另外一个人呢?当我忠实地按照这句格言行事的时候,谁能够向我担保别人也同样按照这句格言对我呢?正因好人很诚实,坏人不正直,所以坏人才能占便宜,他才盼望除他以外,大家都是好人。这一条,不管怎样说,对好人都是不大有利的。但是,当豁达的心怀使我自己看成跟我相似的人是形同一体的时候,当我可以说是把自己看作为他的时候,我希望他不受痛苦,也正是为了使我自己不受痛苦;我爱他,也正是为了爱我,所以这句格言的理由存在于天性的本身,因为它使我不论在什么地方都怀有过幸福生活的愿望。②

总之,在卢梭那里,自然人有自我保存的自然欲望(自爱),但他并不像霍布斯所说的那样充满死亡畏惧的激情。他批评霍布斯的"死亡

---

① 卢梭:《爱弥儿》,商务印书馆,第 289 页。
② 同上第 326 页脚注。"你希望别人怎样对你,你就应当怎样对别人"又译为"己所欲,施于人"。

观念"是想象的产物,后者阐释的死亡观念并不为自然人所具有。在死亡问题上,自然人要处于其无意识的足够长时间才会获得对它的痛苦和畏惧之情。在这段足够长的时期里,一方面他们会"建立一种稳固不变的积极生活方式,在这种生活方式下他将习惯于痛苦";另一方面,"这个时期也使他有足够的见识,因而在他完全理解死亡之后也不至于被死亡的事实压垮"。①"畏死的观念"是社会中人强加于自然人的想象,是以历史中的认识加于自然人之上的,对死亡的认识和恐惧乃人类脱离动物状态后收获的众多"果实"中的一个。当然,霍布斯也正是根据这一"想象"制造出人类对权力无限追逐的幻象。②这与霍布斯畏死(尤其是畏惧暴力的死亡)的激情,以及人惟一的自我保存天性不同,霍布斯的社会政治秩序因这一天性导致的"战争困境"而使人在理性的自然法则指引下缔结契约。为了约束这一强大激情,他制造出一个能够控制所有人激情的最有力者,这个最有力量的人或集体也是最狂暴者,他无法摆脱自我保存的天性,也拥有相同的激情。

2. 同情。关于"同情"在卢梭政治哲学中的重要性以及发挥的独特作用,阿伦特在《论革命》中曾经做过评论。她指出,不管对卢梭的思想做何种解释,赋予其何种理论意义,在现实政治实践(阿伦特着重考察了法国大革命)中造成什么后果,关键在于是否考虑了革命的领导者和行动者所汲取"同情"情感的作用。否则,"就无法理解潜在于卢梭之无私、罗伯斯庇尔之'美德的恐怖'中的实际经验"。③在卢梭及其思想的实践者看来,同情是人性的自然反应,它让人与他人共情,看到有人受难使之心生痛苦。尤其是在自然状态中,人人都处于平等地位,面对他人遭受痛苦就会联想自身处于其中而试图与其共同承担。④

尽管"同情"是一种积极情感,然而,它源于人类"想象的天赋",

---

① 参见布鲁姆:《巨人与侏儒》,华夏出版社,第 232 页。

② 正如布鲁姆评论的那样,"十五岁时,爱弥儿在文明社会之外找到了他的性情和理智所确立的立足点,从这里他看到了他的人类朋友是洞穴中的囚犯,而通过这个立足点,他完全脱离了畏惧惩罚或追逐名誉的一切引诱,这些名誉也是洞穴的一部分"。布鲁姆:《巨人与侏儒》,华夏出版社,第 231 页。

③ 阿伦特:《论革命》,译林出版社,2011 年,第 67 页。

④ "当一个人受过痛苦,或者害怕受痛苦的时候,他就会同情那些正在受痛苦的人的;但是,当他自己受痛苦的时候,他就只同情他自己了。……在同情别人的时候,自己的心中也得到了很大的快乐,因为这表明我们有丰富的情感,反之,一个硬心肠的人总是很痛苦的,因为他的心不让他有多余的情感去同情别人。"卢梭:《爱弥儿》,商务印书馆,第 316—317 页。

"人类天生就能进入他人的存在与情绪之中,在一定程度上,这种同情的能力让人感受到他人的痛苦就好像是自己的一般。但是这种只是基于感官印象的能力,离主动去关心他人和实际维护他人还很遥远"。①作为自然情感的"同情"具有引人向善的特性。一般来看,它引导人们向两个相反方向发展:面对优越者的时候,人们会产生不快、愤怒、自私、嫉妒等卑下情感;而在面对穷人、被压迫者及经受灾难的人时,使人心生怜悯之情。就像卢梭在《论人类不平等的起源与基础》中指出的那样,"所谓关怀、友谊,如果正确地去理解,也无非是固定于某一特定对象上的持久的怜悯心的产物;因为希望一个人不受任何痛苦,不是希望他幸福还是什么呢? 即使怜悯心实际上也不过是使我们设身处地与受苦者起共鸣的一种情感(这种情感,在野蛮人身上虽不显著,却是很强烈的,在文明人身上虽然发达,但却是微弱的)"。②

　　人类社会政治秩序、道德和良善都发源于同情。因为它为人类节制其他激情提供了契机,也为人们结成合作的社会关系提供了基础。它是人们在行不义时内疚的原因,是人类"最普遍""最有益"的"自然之善"③,它是不言自明的真理,也是人类真正自然交往的基础。④

　　亚当·斯密在《道德情操论》中关于"自私"和"同情怜悯"情感对人的影响做过与卢梭相似的表达,他不止一次地指出,"无论人们会认为某人怎样自私,这个人的天赋中总是明显地存在着这样一些本性,这些本性使他关心别人的命运,把别人的幸福看成是自己的事情,虽然他除了看到别人幸福而感到高兴以外,一无所得。这种本性就是怜悯或同情",这是一种所有人都因其想象力而具备的原始情感,即使最

---

　　①　恩斯特·卡西勒:《卢梭问题》,译林出版社,第 91 页。

　　②　卢梭:《论人类不平等的起源和基础》,李常山译,商务印书馆,第 101—102 页。

　　③　"人类看见自己的同类受苦天生就有一种反感,从而使他为自己谋幸福的热情受到限制。"见卢梭:《论人类不平等的起源和基础》,北京:商务印书馆,第 99 页。不过,这种"同情"并非基于纯粹的激情产生,倒不如是"因为看到激发这种激情的境况而产生的",斯密认为,其中有理智因素发挥作用。"正是这个虚幻的想象,才使我们对死亡感到如此可怕。……人类天赋中最重要的一个原则,对死亡的恐惧——这是人类幸福的巨大破坏者,但又是对人类不义的巨大抑制;对死亡的恐惧折磨和伤害个人的时候,却捍卫和保护了社会。"亚当·斯密:《道德情操论》,商务印书馆,第 11 页。

　　④　当然,在现实社会中与在自然状态中不同,人不可避免地要面对处境优越、生活优裕的人,为避免向第一个方向发展,卢梭认为可以通过"同情教育"使人进行历史阅读、传授有道德观念的寓言等方法,教人全面发展,保持健全的理智,引人向善,进而做有社会责任感的公民。

恶之人"也不会全然丧失同情心"。①总之,同情与怜悯对于人来说是一种非常适宜的禀赋,也是人类"最普遍、最有益",当然也是最自然的美德。人们在这些方面具有一致的情感,它让我们推己及人。②

3. 自爱和同情的"协调和配合"。自爱和同情相互"协调和配合":人人都有自爱之心,它在同情的调节下不仅爱自己还爱他人。用卢梭的话来说就是,"同情"作为人类出于自然的积极情感,"由于它调节着每一个人自爱心的活动,所以对于人类全体的相互保存起着协助作用"。③人们在对他人遭受不幸时更能深切地有所感受,它使人向处于困境的他者产生援助的愿望,从而使他产生幸福及因免受此类苦难的幸运之感;并且它在自然情境中发挥着类似于法律、风俗和道德的作用;另外它也让作恶的人生出内疚,让人遵循"你为自己谋利益,要尽可能地少损害别人"④的格言。

从自爱到爱他人都是自然情感作用的结果,"因为在痛苦中,我们才能更好地看出我们天性的一致,看出他们对我们的爱的保证"。⑤总之,自爱产生利己行为,而同情的限制发展出利他行为,它是自爱发展的必然结果。也就是说,每个人都知道自己的欲念,同情情感让人明白并克制自己的欲念:人们对"坏人"的由衷愤恨源于人具有"自爱心",人要保持自己的利益,满足自己的欲念,当他人的类似情感和行为对自己造成损害时"愤恨"就产生了;否则,人们就会同情他者而不是愤恨了。另外在卢梭看来,对人的利益造成损害的他者,尽管不能看见其所遭受的惩罚和痛苦,其内心的痛楚却无法避免,同情是使它不安与内疚的原因。⑥

"同情"并不以这种"否定"的方式发挥善的作用。同情还使人爱

---

① 亚当·斯密:《道德情操论》,商务印书馆,第 5 页。
② 在人与人之间情感的相似性方面。休谟做了进一步考察,认为在相同情境中不同的人会产生具有一定差异的同情感。他指出,两个个体越相似则产生的感情越相近,感情的传递也就更容易。除了"相似"以外,人们所处时空及血缘关系等都是产生差异的因素。
③ 卢梭:《论人类不平等的起源和基础》,李常山译,商务印书馆,第 102—103 页。
④ 同上第 103 页。
⑤ 卢梭:《爱弥儿》,商务印书馆,第 303 页。
⑥ "由于他常常揭开虚假的表面,给我指出在表面掩盖之下的真正的痛苦,因此使我对我的同伴的过失深为惋惜,使我对他们的苦楚表示怜悯,使我同情他们而不妒忌他们。由于他对他自己的弱点深有体会,因此对别人的弱点极为同情,认为世人都是他们自己的罪恶和别人的罪恶的牺牲者;他发现穷人在富人的桎梏之下呻吟,而富人又在偏见的桎梏之下呻吟。"卢梭:《爱弥儿》,商务印书馆,第 375 页。

他人,爱整个人类。就此看来,它就不是软弱的而是强大并积极发挥作用的。①同情的这种积极作用是博爱和正义的来源和基础,它是美德之母,也在实现人类共同福利方面有所帮助。因此,人走出了自己的内心,认同周围人遭受的苦难,尽自己所能相信他遭受的一切,"想象"自己与此人身在同样的处境之中。这是一种能够站在别人的立场上设想、思考、感受的能力,周围人的处境和苦难使他有所思考,提供温情的同时也使自己感受到温暖,从而使我们有了人性的常识。这就是在同情情感的调节下自爱在"自然"和"社会"中的表现,仁慈和正义的美德是人的自然冲动,也是他或她在政治领域里的最初动机。

卢梭否认霍布斯及其他理性主义哲学家所谓的"权力之善"和"功利之善",指责他们把恶行塑造为美德,人当然不是追求享乐和自我利益的动物。在他看来,霍布斯的"人性论"实际上是一种具有强烈"自私自利"色彩的理论,它不仅在道德上令人反感,而且对人的描述也是错误的。在自然中,人是孤独、自由、平等的,人的天性良善表现为关心自己幸福的同时并不必然要与他人竞争,因为人受自然欲念——它是有限的而非无限膨胀的——推动。通过对卢梭基于自然情感的良善人性理论的阐释可知,卢梭对霍布斯的现实主义人性论理由做了比较有力的驳斥,人类当中的自我牺牲和奉献精神就是对人心的诉诸而非偶然的观察,如《新爱洛伊丝》中的女主角朱丽叶对她孩子所做的牺牲就是同情心驱动的结果②。卢梭不反对个人对自我保护(amour de

①　"只要他增进了所有一切人的最大幸福,则谁都得到了其中的好处,对他来说有什么要紧呢? 贤明的人首先关心的是大家的利益,然后才是个人的利益;因为每一种利益都属于整个的人类,而不属于其中的某一个人。"卢梭:《爱弥儿》,商务印书馆,第356页。当某种利益不是施加于亲近的人时,这种利益越少具有诱惑人的特性,那么他也更能使之普及于他人,这就是正义与公正,因此爱人类就是"爱正义"。巴特勒也强调"仁爱"是一种令人愉快的情感,"一个行为若与越多的人带来越大的快乐,就是越好的"。(转引自弗雷泽:《同情的启蒙》,译林出版社,第40页。)正义就源于人们对同胞利益的关心。同时,他认为人们可以通过"仁爱"达到和实现"自爱",并且前者是镌刻于人类心中最强烈的基本情感之一,在它的引领下,人们可以追求自身的目的并获得幸福。

②　参见 Rousseau, Jean-Jacques La Nouvelle Héloïse. University Park:The Pennsylvania State University Press,1968:401。奎特鲁普更直接地指出,通过诉诸于人类的诸多情感,卢梭不需要费尽心思与霍布斯对仅仅衍生于自我保存这一本性的人类动机事实描述进行争论。通过展示人类情感中具有的自我牺牲(且常常是人类的自然选择)这一情形的描述,就能使霍布斯的学说归于无效。相关观点参见 Mads Qvortrup, The political philosophy of Jean-Jacques Rousseau, Manchester University Press, 2003, p.32。不过,同样有学者指出卢梭人性论的偏颇及存在的致命缺陷,主要概括为三个方面:首先是卢梭错误地把(转下页)

soi-méme)的寻求,但这并不是人们行为的唯一冲动。他在《论人类不平等的起源和基础》中写道:把自私自利和自爱混为一谈,这两种情感在本质上和效果上实际都是截然不同的。自爱是一种自然的情感,它使每一种动物都倾向于自我保护,它以理性引导人,以慈悲为条件,是人性和美德的产物。自私只不过是人类进入社会状态后产生的一种相对的、人为的情绪,它使每个人都倾向于把自己看得比任何其他人都要高,从而激发人类彼此之间做出恶的行为。

　　总之,卢梭在承认人类寻求自我保护(amour de soi mëme)的同时,指出这一情感是由人们同情其周围的同胞而限定的,与人们狭隘的自我利益完全无关。不过,卢梭并不简单地把注意力放在驱使人们行动的"同情"这一强大动机上。他希望提供一种可以称之为"超然"的条件以满足人们做好事的自然冲动。[①]他写道:同情(pitié)是人类固有的,除非被人类的想象激活,再辅之以同样为人类固有的自爱的协同配合,否则它将静止不动。[②]

　　另外,康德在卢梭那里也发现了崇高的道德情感人性及人的尊严。人类文明中的美德和道德具有价值,但它们无法保证真正的尊严(dignity)。人的尊严源于自然的自爱和同情,它发展出道德和美德,

---

（接上页）把自然情感作为人本性的全部,错误地把原始的当成本质的。他与理性本性论者的错误相同,仅是一种形而上学的玄思和推测,"完全脱离实际的乌托邦式的梦想"! 第二,狭隘地把自然情感作为价值判断标准的根据,并通过贬低理性抬高道德情感。他认为,道德情感活动是人们理性完善的原因,"思考的状态是违反自然的一种状态,而沉思的人乃是一种变了质的动物"。他推崇良心和善良情感,认为它是"灵魂深处生来就有的正义和道德的准则"、是"人类真正的向导"、是"判断我们和他人的行为是好是坏时的依据"。第三,过分强调善、同情的作用。使他的政治思想忽视了人性"恶"方面的考虑,忽略了"除恶"在政治学理论中的重要意义。详见张桂琳:《卢梭自然法论新探》,《政法论坛》,1987 年 01 期。国外的学者白璧德也指出了卢梭对同情情感的过分强调,"要将其他一切生活价值都服从于同情,只有以牺牲伟大的人道主义美德——法则或一种均衡感——为代价,才能实现"、"为了一种不分青红皂白的同情而试图摆脱百分之九十的美德的人,并不只是失去了自己的美德标准,而是获得了一种完全相反的美德标准"。欧文·白璧德:《卢梭与浪漫主义》,商务印书馆,2015年,第 141、142 页。

　　①　Mads Qvortrup, The political philosophy of Jean-Jacques Rousseau, Manchester University Press, 2003. p.102.

　　②　卢梭不仅对同情心做了探讨,他专门在论文《论语言的起源》(Essay on the Origin of Languages)中探寻扰动人类同情心的先验必要条件。正如他写的:"尽管同情是人心与生俱来的,但没有想象力的促发,它将依旧纹丝不动。"参见 Jean-Jacques Rousseau, Oeuvres complètes(Gallimard: Bibliothèque de la Pléiade, 1959—95), 5 vols, edited by Bernard Gagnebin and Marcel Raymond. V:395。

是"理性存在能够自己成为目的的唯一条件","因为只有通过道德,它才可能成为目的王国里的一个立法成员。于是,道德和能够具备道德的人性才是具有尊严的东西"。①每个人都具有独立昂扬的人格,崇尚自由,不受枷锁的羁绊,试图冲破一切束缚。从这里来看,卢梭是一个为人们的道德理想敢于批判传统、批判世俗社会种种偏见和腐朽的著作家。他及其康德的道德哲学不仅与霍布斯不同,还与当时的宗教道德哲学彻底决裂,目的的"善"不能证明手段正当:人类个体是高贵的存在,不是他人的手段和工具;并且,以自利作为人们行为的动机和基础必将使其沦为纯粹的工具,这既违反人性也不道德。

在卢梭以人学思想和人性思想为基础的道德哲学中,自然人(或者本真的人)是独立的,没有束缚和奴役,也没有虚荣、爱慕、蔑视、报复、尊崇的概念;他们注意自我保护却不加害于人,更无所谓残酷了。因此,自然状态是和平的状态,祥和的状态,人们自由自在。②卢梭与霍布斯的差异在于人的自然本性观点,对于卢梭来说,人类道德问题的解决并不在于基于自私本性而确立的造福人类的制度。如果由私有财产带来的利益冲突是建立政治社会的原因的话,那么,正是人的善良本性才使正义、稳定、幸福的社会成为可能。像托克维尔一样,卢梭看到社会实质上是由组成社会的各种各样的"感觉、信仰、思想、心灵习惯"来调节的③。霍布斯及后来的功利主义者并没有认清社会的本质,他们在追求快乐、幸福和效用的同时,却使人忘记了对于社会和维持社会政治秩序的责任和义务。

---

①　转引自恩斯特·卡西尔:《卢梭·康德·歌德》,生活·读书·新知三联书店,第13页。"我在我心中对人类创造者产生了一种感恩和祝福之情,而且,由于有了这种情感,促使我对慈悲的上帝怀着最崇高的敬意。我崇拜他至高无上的能力,我感激他的恩惠。我不需要别人教我这样崇拜,这是我的天性教我这样做的。"卢梭:《爱弥儿》,商务印书馆,第397页。卢梭对高贵个体的表述,也可见《新爱洛伊丝》。

②　自然状态中的人的两种本能使其与动物存在根本区别,一是人类的自由意志能力,以及作为"自由主动者的资格",它使人"具备根据正当的理由去行动的潜能",使人显示出"精神的灵性";第二,人类自我完善的本能,它使人能够借助于环境而"不断地促进所有其他能力的发展",也即"他们通过其能力及其在文化方面的叙述的发展而具有自我改善的潜能"。John Rawls:*Lectures on the history of political philosophy*, Harvard University Press, pp.197—198.

③　Mads Qvortrup, The political philosophy of Jean-Jacques Rousseau, Manchester University Press, 2003, p.70.

第五章　卢梭基于道德情感政治秩序
观念的证成

　　人类不能借助外物获得救赎，人们"应该理解自己的命运，并主宰自己的命运，而不是迷失于对生存困难的徒然哀叹而不能自拔"[①]，卢梭的社会政治理想集中于这一要求。只有实现自我超越，自己成为自己的创世者，借助于人类道德情感而非无拘无束的激情，从而让生活的意义与价值显现出来。沿着当时启蒙思想家开创的理论路径，卢梭从自然状态理论出发，探讨了人的本性。其目的是通过对人类本性及道德情感的讨论，探寻"根本的社会变革的前景以及（根据我们当前的历史和社会条件）采取何种方式来实现这种变革的智慧"[②]。在他看来，一个良好社会政治秩序的出发点就在于对"人"的真正认识。

　　人寓于自然和社会之中，人的认识也寓于自然状态和社会状态的认识中。从卢梭的文本来看，自然状态与社会状态的根本差异导致人（自然人与社会人）在性质上也存在重大差别：自然状态是一个美好状态，自然人孤独、自由、平等；进入社会后，人类则堕入了不幸的深渊，自然赋予人的良善天性遭到了侵蚀和破坏。一个良好社会政治秩序何以可能？这成为卢梭思考的重要问题之一。他指出，在社会状态中实现类似于自然人的自由平等，不受奴役，幸福而无忧无虑，过上有德行的生活，除了对人的教育之外，还必须借助公共权力来实现。在社会中需要多强的公共权力，就意味着自然状态与社会状态差别的程度。在一个政治共同体中，谁拥有最强大的力量？是国王？是贵族？是士兵？是警察？都不是。在卢梭看来，最强大的力量集中于人民身上。因此，公民整体结成统一的意志——"公意"（La volonte generale，普

---

　　①　恩斯特·卡西勒：《卢梭问题》，译林出版社，第 73 页。
　　②　罗尔斯：《政治哲学史讲义》，北京：中国社会科学出版社，第 215 页。

遍意志)才能达成最稳固的良好秩序,这一社会政治秩序是人的不断完善性达到社会阶段的政治秩序,他以公民所结合的公共意志的至高之善消解自由与权威、自然与社会,以及人与公民的冲突与对立。①

一、自然状态与社会状态理论辨析

卢梭不仅对自然状态与社会状态、自然人和社会成员做了区分,并通过相互对照和比较(包括对霍布斯等著作家的相关认识的"对勘")的方式以阐释其思想的重要概念和重要论断。

霍布斯学说中自然状态是一个消极的理论存在,即自然状态本身充满矛盾以至于只有依靠巨大的"利维坦"才能够解决它的矛盾,只有利维坦才是充分合理的。卢梭反其道而行之,认为社会"不过是一种失去纯朴本性的人和人为的情欲的集合体,而这样的人和情欲乃是所有新生关系的产物,并没有任何真正的天然基础"。②社会状态对自然状态的破坏在于社会成员同情心的削弱,而同情心的削弱源于人的虚荣和骄傲情感的萌生。社会中的人不像自然人那样是孤独的存在物,前者生活于"他人"的认识中,以"他人"设定的标准作为自己生活和存在的意义;社会才是那个充满"矛盾"的事物,解决这个问题的是"自然状态",即通过自然状态让人们重新看到人的善良天性③,并以此为基础探寻人类社会摆脱堕落与腐朽,走向幸福和美好的途径。

(一)自然状态与人

自然状态中的人孤独而自由,不同于霍布斯描述的处于"人与人的战争"那样受他人强烈影响的状态。卢梭给出了几个理由:首先,后者之错误在于把人的欲望加诸于"自然人对自我保存的关心中";实际

---

① 卢梭著作中某些政治概念所表现出的矛盾和对立,实质上是对现实社会政治与理想政治之间所存在紧张和冲突而阐释的呈现;与霍布斯不同的是,卢梭是通过语言和思想力量的结合而非纯粹的理性和推理而进行阐释的。如罗尔斯认为的,他相信"卢梭的思想是深刻"且"连贯的","尽管有一些语态上的转换和(毫无疑问)表面的矛盾",然而其"整体还是构成了某种统一的观念"。见《政治哲学史讲义》第 194 页。

② 卢梭:《论人类不平等的起源和基础》,李常山译,商务印书馆,第 147 页。

③ 本书第三章已经论述自然状态中的人具有自爱和同情情感,两者的相互协调与配合是使自爱表现出具有温和特性自我保存并进而走向"爱他"的重要力量。

上,自然状态中人的欲望类似于动物的本能需要:欲望一经满足,便会自行消失。也就是说,"自然状态是每一个人对于自我保存的关心最不妨害他人自我保存的一种状态,所以这种状态最能保持和平,对于人类也是最为适宜的"。①其次,霍布斯通过自然状态发现人之欲望的无限性也不可能为自然人所具有,其所描述人的无限欲望实际上强烈地依赖于"自负与虚荣"②这样的社会情感,而它们只可能在社会成员身上才得以发现。最后,卢梭认为,人的自爱使之具有"自我保存"和厌恶死亡的天然倾向,如他所指出的,"既然在大自然赋予我们的一切厌恶感中,最强烈的是对死亡的厌恶,那么由此可见,无论哪一个人在没有任何其他办法生活的时候,由于厌恶死的心理的驱使,是可以采取一切手段生活下去的"。但卢梭指出,因为自然人处于前反思阶段,基本不可能有对死亡的反思和焦虑,如果"死亡畏惧"导致霍布斯所谓的战争状态,那么,自然人不会有面对"死亡"而产生那样深刻的"畏惧"激情。并且,他还从原始森林的动物行为、未开化民族及社会状态中人的观察获知:一些人或民族不用努力修养依然可以是善良的人,"没有道德的规范可资遵循的时候"也能做正义的事情,并且,即便是社会状态中的人,尤其是那些"讲节操的人在轻视其生命和殉其职责的时候",所根据的原则也跟霍布斯所揭示的"战争心理"毫不相同。③因此,在自然人与自然人之间不可能爆发冲突和战争,自然状态也不可能是"每一个人对每一个人的战争状态"。

自然人也不像社会中的人那样具有道德观念,但其道德是潜在的。依据这潜在的道德,"在历史发展所形成的社会化的进程中",在人们身上才发展出"充分的道德"。所以,卢梭所描述的自然人——不能像洛克那样的哲学家所称的——不能被看作道德人,而是具有潜在道德的人,潜在的意思指自然人具有"语言、理性,甚至良心等能力",但它们在自然状态中并无用处,只有在向社会进发的过程中,这些能力才被不断地"唤醒和激活",从而得以发展和完善,进而显现出充分

---

①　卢梭:《论人类不平等的起源和基础》,李常山译,商务印书馆,第98页。

②　"卢梭反对霍布斯的一个更为重要的理由(正如其对霍布斯的解读)是,霍布斯所描述的战争状态依赖于自负和虚荣之欲望。但是,对于卢梭来说,这些欲望的产生预设了特定的文化和理智的发展,而后者又需要以特定的社会制度为前提。"罗尔斯:《政治哲学史讲义》,北京:中国社会科学出版社,第209—210页。

③　详见卢梭:《爱弥儿》,商务印书馆,第259页。基于以上理由,卢梭严厉批评霍布斯是唆使人干坏事的"邪恶导师"。

的道德。①总体来看，人们摆脱了自然状态，尽管其天性受到了污染，但人的道德水准——尽管只是一部分人——却发展到了更高阶段；虽然人的情感愈益复杂，但自我意识也随之增强；虽然欲念越来越多，但实现的手段与理性越来越健全和发达。不过需要指出，所谓人的充分道德性是从整体上来谈的，也即人类的道德水准发展到了一个更高阶段，这并不是说每个人都拥有充分的道德，相反，有些人因受到"污染"可能连自然人的"潜在"道德情感都没有了。

按照卢梭的逻辑来看，他更强调在这一进程中人类走向不平等与道德衰落的一面："人们一跳出自然的秩序，为了做好事情，大家都有自己的难处的。唯一的权宜之计，就是把事情搞坏"；②卢梭认为其所处时代的人们往往采取的就是这种权宜之计，"权宜之计"就是随着人类理性的发展，人们基于自身和他者的需要削弱了自然的"自爱和同情"情感，并产生了非自然欲念，以至于离自然状态越来越远③；伴随而来的是人的精神和心灵的复杂，以及人与人之间产生自然状态所没有的不平等与道德衰落。

（二）从自然状态向社会状态的转变

在卢梭的文本里，不平等、不自由与道德的衰落是一个漫长的过程，这个过程与自然状态向社会状态的进展相对应。尽管自然状态、社会状态在卢梭政治思想中具有基础性重要地位，但在二者的关联性及其向社会的转变等方面，从《论人类不平等的起源和基础》《社会契约论》和《爱弥儿》等相关著作来看，卢梭并没有直接系统论述，而散见于相关论著里面。

对于"人类为什么从自然状态进入社会状态？"这个问题，除了前章所述"人学思想"中人的能动性、自我完善化能力及想象力这几个内在因素之外，卢梭还从人们面临的生存障碍及生产技术的推动两个客观方面进行阐述。卢梭在《社会契约论》中曾经推测人类面临这样一

---

① 参见皮尔逊：《尼采反卢梭》，华夏出版社，第 75 页。
② 卢梭：《爱弥儿》，商务印书馆，第 39—40 页。
③ "造物主不只是为他赋予我们的需要提供食物，而且还为我们自己产生的需要提供食物；正是为了经常使我们的欲望同需要相适应，所以他才使我们的口味随着我们的生活方式进行改变。我们愈脱离自然的状态，我们就愈丧失我们自然的口味，说得更确切一点，就是习惯将成为我们的第二天性，而且将那样彻底地取代第一天性，以至于我们当中谁都不再保有第一天性了。"卢梭：《爱弥儿》，商务印书馆，第 191 页。

种境地："在自然状态下危及他们的生存的障碍之大,已经超过了每一个人为了在这种状态下继续生存所能运用的力量,因此,这种原始状态不可能再继续存在。"①也就是说,人出于生存的考虑而不得不脱离自然状态而进入社会,他在《爱弥儿》中也有类似认识,他说:"一个人如果想与世隔离,不依赖任何人,完全由自己满足自己的需要,其结果只能是很糟糕的",尤其是当人们初步有了"你的财物"和"我的财物"(私有财产)的简单观念时,他甚至无法独自生存,因为当"他只有孑然一身的时候,他从哪里得到他所需要的东西呢?"②卢梭指出,人们在离开自然状态的同时,意味着他人也"脱离了这个状态"。就是说,基于生存的需要,任何人无法独自停留在自然状态;如果硬要待在自然状态,那么他就违背了自然法则,即不仅无法好好生活,甚至连自己的生存也无法保障,这与他的初衷自相矛盾。

另外,卢梭也从经济领域的物质生产、生产技术和生产能力的提高方面——尽管较少涉及且论证很不充分——剖析这一发展过程。他区分了两种生产技术:一种是"自然的技术",一种是"工业的技术"。在自然状态下,人们常采用第一种生产技术,其特征是单独一个人就可以操作和运用,目的是维持"孤独的人和野蛮人"的生存需要和自然需要。这是低层次的需要,当然也是低层次的生产技术,但它与自然状态相匹配。"工业的技术"是第一种生产技术导致的结果,它是在第一种技术实践基础上必然产生的。其特征是"需要许多人合作"且"只能在社会中产生",这是一种社会化生产。生产的规模和效率大幅度提升,不仅要满足人的基本生存需要,还需要满足人对物质和精神层面的进一步要求。加上工业的技术是第一种技术实践的必然结果,在卢梭看来,这意味着必然要"运用这种技术",因此"才使社会成为非有不可的东西"了。③

关于从自然状态向社会状态的转变过程,卢梭认为,在离开自然状态不久,人们还要处于"介乎原始状态中的悠闲自在和我们今天自

---

① 卢梭:《社会契约论》,商务印书馆,第18页。

② 参见卢梭:《爱弥儿》,商务印书馆,第258—259页。

③ 同上第246页。另外,卢梭也谈到了与此种技术相适应的"交换"等方面:"没有交换,任何社会都不能存在;没有共同的尺度,任何交换都不能进行;没有平等,就不能使用共同的尺度。所以,整个社会的第一个法则就是:在人和人或物和物之间要有某种协定的平等。"见该书第252页。

尊心的急剧活动之间的一个时期"。这个时期是人世的"真正青春",应该是人类"最幸福而最持久"的一段时光。不过,人类并没有停留在这一状态:"随着观念和感情的互相推动,精神和心灵的相互为用,人类便日益文明化。"随着人们之间联系的增多,他们的关系也逐渐紧密并变得越来越复杂,相比较于自然状态,这种复杂性是人类生活生产状况及其情感复杂的表现。此时,人们"习惯于聚集在小屋前面或大树周围,歌唱与舞蹈——爱情和闲暇的真实产物——变成了悠闲的、成群的男女们的娱乐",人们开始关注他人,在意他人的眼光,也喜欢别人对自己的关注;那么大众的眼光、打量和评判开始具有了"价值"。卢梭认为,这是人类关系的重要突破,它是"走向不平等"和迈向"邪恶"的"第一步",后来的所有"进步"仅仅是人在自我完善催促下的"表面的进步":再过不久,我们便亲眼目睹"奴役和贫困伴随着农作物在田野中萌芽和滋长"了。①

总之,人们无法避免地眼见自然状态的流逝并进入社会了。

卢梭对美好自然状态及良善自然人的探究不意味着他希望把人类历史拉回过去,重新做野蛮人。这个认识的直接表述可见于卢梭的诸多著作中,包括对自己一生反思和反省的《卢梭审判让-雅克》一书中,他无意于开历史的倒车,让人们重返起点。在《论人类不平等的起源和基础》中,他的言辞更为直白,也更加激烈:进入社会后,"堕落而悲惨的人类,再也不能从已踏上的道路折回,再也不能抛弃已经获得的那些不幸的获得物"②。由此来看,施特劳斯的解读并不完全准确,因为他在《自然权利与历史》中认为,"《论不平等》中的'自然的(physical)'研究……旨在揭示自然状态的确切性质。在卢梭看来,要确立自然权利就必须返回自然状态,这是理所当然的"。③关于这点,康德的解读比较精准。他认为,卢梭对自然状态和自然之善的描述并非让人

---

① 本段可参见卢梭:《论人类不平等的起源和基础》,李常山译,商务印书馆,第118—121页。

② 他进一步阐述道:"同时他们努力以赴的只不过是滥用使自己获得荣誉的种种能力,从而为自己招致恶果,并终于使自己走到了毁灭的边缘。"卢梭:《论人类不平等的起源和基础》,李常山译,商务印书馆,第126页。

③ 见施特劳斯:《自然权利与历史》,生活·读书·新知三联书店,第272页。"现代国家将自己呈现为一个经由习俗而存在的人造物,弥补了自然状态的种种欠缺。……卢梭提出要从人为的、习俗性的世界返回于自然状态、返于自然。"施特劳斯:《自然权利与历史》,生活·读书·新知三联书店,第259页。

类倒回自然状态。他在《人类学》中指出，"完全没有理由把卢梭对那些胆敢放弃自然状态的人类的申斥，看作一种对返回森林之原始状态的赞许。他的著作……其实并没有提出人们应该返回自然状态去，而只认为人们应该从他们目前所达到的水准去回顾它"。[1]

卢梭对自然状态的探讨是希望对过去的再回首以反省"文明"社会的缺陷，它实际上不仅仅是已存于经验事实和历史中的"自然状态"，还承担作为应然的、理想的、道德的"自然状态"之功能。奎特鲁普对此做了评述，认为"尽管霍布斯是卢梭的主要反对目标，但毫无疑问卢梭在诸多方面深受前者的启发，霍布斯使卢梭从他专断的教条中唤醒，迫使后者重新思考人类社会的起源，并重新评价其所构建的基础。因此，当卢梭的思想与霍布斯相比而缺少'科学性'的时候，卢梭对自然状态的分析却更明确地建立在经验根据之上，因之也更为真实"。[2]由此可知，卢梭关于自然状态的两种处理方式，即作为事实的与作为道德理想的自然状态，在很大程度上是对霍布斯关于政治社会起源和基础的一种回应。

不过，不管是卢梭论著中惯有的"模糊"的表达习惯，还是其没有经过正规严格的学术训练的原因，对于自然状态的这两个功能，他在阐述自然状态理论时并没有明确区分。这给读者和研究者深入准确理解卢梭带来了不少困难，有时甚至造成错误认识。施特劳斯和恩斯特·卡西尔就指出了这点，卡西尔在《卢梭·康德·歌德》一书中认为，"卢梭本人始终没有彻底弄清，他的自然状态概念究竟在多大程度上是'理想的'，在多大程度上是'经验的'。他总是忽而从事实去解释它，忽而又从纯粹理想去解释它"。[3]施特劳斯更为直接地指出卢梭在"城邦"和"自然状态"之间存在紧张关系，这是卢梭思想的实质，但他给人们"展示了令人模糊难解的景象"："一个在恰相反对的两个位置上持续不断地前后摆动的人。"[4]这种关于"城邦"与自然状态的模糊性很大程度上源自于他对事实和理想的自然状态从未有意识地进行

---

①　转引自恩斯特·卡西尔：《卢梭·康德·歌德》，生活·读书·新知三联书店，1992年，第11页。

②　Mads Qvortrup, The political philosophy of Jean-Jacques Rousseau, Manchester University Press，2003，p.32.

③　恩斯特·卡西尔：《卢梭·康德·歌德》，生活·读书·新知三联书店，第29页。

④　施特劳斯：《自然权利与历史》，生活·读书·新知三联书店，第260页。

区分，当然也没有对事实的和理想的"城邦"做出区分。可以说，他们都颇为准确地指出了卢梭政治哲学中所存在模糊不清的地方。①

（三）社会对人心和头脑的腐化及其性质剖析

如果紧密且复杂的人类关系是人类脱离自然状态走向不平等的第一步的话，那么私有财产则是不平等的继续并进入社会的关键一步，卢梭称之为"不平等的起源和基础"，这也是人类心灵和道德衰落的一个重要原因。②人们开始利用自己的才能和技巧，乃至于利用自身的资源和条件增加自己的所有物，人们不再满足于自身的基本需要了。由此可知，与人的无限欲望一样，不平等随着人类能力的发展和人类智力的进步才成长起来。正是在进入社会之后，"由于私有制和法律的建立，不平等终于变得根深蒂固而成为合法的了"③。

卢梭对人的堕落和腐化的剖析始终以自然人和自然状态作为参照。他指出，自然人彼此没有道德关联和道德依赖，也没有现实社会政治加之于身上的义务羁绊，当然也没有善恶观念，对他们也无法做善恶的评判，"野蛮人所以不是恶的，正因为他们不知道什么是善。因为阻止他们作恶的，不是智慧的发展，也不是法律的约束，而是情感的平静和对邪恶的无知：'这些人因对邪恶的无知而得到的好处比那些人因对美德的认识而得到的好处还要大些'"。④如果硬要以社会人的视角来谈自然人美德，或把它作生理意义上理解的话，即"能够帮助自

---

① 施特劳斯在这方面走得更远，他指出卢梭著作中的所有矛盾都与他对古罗马城邦的推崇及其对自然状态的向往之间存在不一致而造成的：是做自然状态中的自由、独立、不受束缚的自然"野蛮"人，还是生活在能够缔造自由生活，幸福生活，做有德性公民的政治共同体之中？对于这个指责，一些卢梭研究者认为，《社会契约论》解决了这一矛盾，他找到了一种解决之道，使之能够恰当地结合在一起，既满足个人，又让个人在社会中得到合法性认可。但施特劳斯不以为然，因为"卢梭至死都认为，即使是正当的社会也是一种形式的束缚。因此，他顶多把他对于个人与社会之间的冲突这一问题的解决方法，看作不过是一个能够容忍的近似的解决办法——一种人们完全可以提出疑问的近似的解决之道"。（施特劳斯：《自然权利与历史》，生活·读书·新知三联书店，第260页。）按照施特劳斯的看法，卢梭的这一矛盾一直没有得到根本解决，卢梭也无法解决这一问题，因为他的前提存在诸多矛盾和模糊不清之处。

② 施特劳斯说，按照卢梭的文本来看，"政治社会的建立者和给人类带来最大邪恶的人是首先说'这块土地是我的'这样的话的人"。施特劳斯、克罗波西：《政治哲学史》（上、下册），河北人民出版社，第673页。

③ 卢梭：《论人类不平等的起源和基础》，李常山译，商务印书馆，第149页。

④ 同上第99页。

我保存的性质叫作美德",那么在自然情形中,那些对人的自然冲动、自然本能、自然需要不加以反抗和敌视的人就是具有美德的人。

进入社会以后,人们的自然良善、独立、自由及幸福也不复存在了。尽管在人们身上发展出了积极而良好的道德品格,但卢梭认为,这都是外部偶然事件引发的,"这些偶然事件曾经使人的理性趋于完善,同时却使整个人类败坏下去。在使人成为社会的人的同时,却使人变成了邪恶的生物,并把人和世界从那末遥远的一个时代,终于引到了今天这个地步"。①人类是地球上惟一拥有历史的生物,但它不是人类进步、发展、幸福的过程,而是悲惨、堕落、受困的悲剧叙事。卢梭在社会中发现了邪恶的根源,腐败就产生于它。它改变了人的善良天性,使人异化并产生反常"情感"。卢梭对此具有敏锐的洞察力,这不仅表现在他的著作中,还是其对现实社会观察及自己实际经验分析的结果。

首先,社会对人的腐化主要在人的心智和本能方面,表现为越来越发达而强烈(自尊、嫉妒、自私)的非自然情感和不受控制的理性对自爱、同情等自然情感的侵蚀。其结果就是身体的不健全和心灵具有缺陷,这与人类"聚在一起"②密切相关。人与人之间频繁交往,彼此相互接触,逐渐产生了礼让、尊重、虚荣、轻蔑、羡慕、偏爱、报复等社会情感。他们在交往中褪去了自然的本色,戴上了虚伪面具。卢梭在《论科学与艺术》中"一反"当时思想家流行的"常态"认识,极力批判人类文明的"假面",指责近代以来艺术和科学的"进步"实则是一种倒退,它只会教导人们矫揉造作的言行举止。生活在这样的世界里,人与人的交往虚假而非真诚,人性堕落而非高尚,风尚雅致而非粗朴,人人都呈现出病态而非自然的力量的生气。③他在"文明"中觉察到无数虚伪的"德行",在"自尊而不是自爱"占上风的社会里,人们已经无法感受到同情的自然情感了。"自尊"是社会中尊重自我的需要,只有在人与人结成某些关系基础上,并通过他人的承认和评价才能获得这种感受的满足。它是个人欲念的放大,也是人类智慧成熟和发达的结

---

① 卢梭:《论人类不平等的起源和基础》,李常山译,商务印书馆,第109页。
② "人类愈聚在一起,就愈要腐化。身体的不健全和心灵的缺陷,都是人数过多地聚在一起的必然结果。"卢梭:《爱弥儿》,商务印书馆,第43页。
③ "装饰对于德行也同样是格格不入的,因为德行就是灵魂的力量与生气。善良的人乃是一个喜欢赤身裸体上阵的运动员,他鄙弃一切足以妨碍他使用力量的无聊装饰品,而那种装饰品大部分只是用来遮掩身体上的某种畸形罢了。"卢梭:《论科学与艺术》,商务印书馆,第9页。

果,同时它也是人类社会生活具有意义的一种表现。

卢梭的自然人实际上是其理想中"本真"的人,在社会中受到蒙蔽的人是偶然因素作用的结果,他们并非真正的、独立的人。不过,卢梭认为,人的本能无法消灭,只能控制,而控制"它也许比消灭它还难咧"。他在《爱弥儿》中在教导他的学生时指出,二十岁之前,人的情欲受自然法则节制,否则对身体有损害;而到了弱冠之年,克制情欲就是一种道德行为,就需要教育人自律、节制。否则,"他做第一件坏事的时候,如果你容忍他,他就要去做第二件坏事的,这样接二连三地做下去,到最后必然是打乱整个秩序,践踏一切法规的"。①

其次,社会对人的腐化还表现在非自然需求的扩张。随着智慧的不断成熟,人的技巧趋于完善,它促使家庭的形成和区分,"从此便出现了某种形式的私有制,许多的争执和战斗也就从而产生了"。②争斗和战争的原因就是在贪婪、压迫、欲望和骄傲③的推动下由于人的需要不断扩张所导致的;现实社会充满了金钱和利益算计,这是人们唤起天性善良的障碍。正如卢梭在阐述公共幸福时指出的:使人类痛苦的是存在于他们的处境与欲望、责任与倾向、自然与社会制度、人与公民之间的种种矛盾造成的。④

在这里,卢梭对霍布斯关于人的自私和贪婪本性的描述做了批判。他指责霍布斯把从社会中所观察到的现象错误地视为自然人的本性,这是一种观念的错置;在自然状态里,事物以单调而非复杂的"方式进行着",正常情况下也不会轻易产生由于人们的欲念和行动而产生如霍布斯描述的那样激烈的冲突⑤和持续变化。自然人的智力

---

① 卢梭:《爱弥儿》,北京:商务印书馆,第491页。

② 卢梭:《论人类不平等的起源和基础》,李常山译,商务印书馆,第115页。

③ 卢梭在《爱弥儿》中指出,"妄自骄傲是我们一切巨大的痛苦的根源"。因此,"对人间的苦难一加沉思,睿智的人就会变得很有节制。他将牢牢地守着他的地位,而不作任何超出他的地位的事;他决不会浪费他的精力去寻求他不可能保持的东西;他将用他全部的精力去享用他确实占有的东西;他决不会像我们这样想得到这个又想得到那个,因此他实际上比我们富得多和强得多"。卢梭:《爱弥儿》,商务印书馆,第682页。

④ 参见 Mads Qvortrup, The political philosophy of Jean-Jacques Rousseau, Manchester University Press, 2003. p.103。

⑤ 卢梭指出,"无论哪一种动物,除非在自卫或特别饥饿的情形下,好像都不是天然就好和人搏斗的,也决不会对人表示那样强烈的反感,这种反感好像是在宣示某一种类已被自然注定要作另一种类的食物似的"。卢梭:《论人类不平等的起源和基础》,李常山译,商务印书馆,第77页。

还没有达到这种水平，"如果野蛮人被智慧所眩惑，被情欲所困扰，总在不同于他自己所处的一种状态上去推想，那才真是再悲惨不过的"。①也就是说，霍布斯对自然状态中人所处悲惨境地的描述远比他的观念错置造成的后果严重。

最后，社会"文明"对人的腐化还表现为人的异化和人身关系的依附。卢梭在探讨社会性质及其对人的影响时，有多个经常出现的法语单词，如"distance"（间隔）、"froid"（疏离）、"oppo-sitionnel"（异己）、"objectivation"（对象化）等，这些单词的含义都指向了"aliéner"（异化）。"异化"在他的哲学中特指人的异化，有两个内涵：一是人与自然的隔离所造成的外部异化，朱学勤把这一层异化概括为"文化异化"；二是人与自然天性的疏离造成的内部异化。②这也导致了人身之间关系的变化，首先是因交往而产生的肉体和精神上的相互依附。"我们的种种智慧都是奴隶的偏见，我们的一切习惯都在奴役、折磨和遏制我们。文明人在奴隶状态中生，在奴隶状态中活，在奴隶状态中死：他一生下来就被人捆在襁褓里；他一死就被人钉在棺材里；只要他还保持着人的样子，他就要受到我们的制度的束缚。"③每个人都竭力保持类似于自然状态中的自由和平等，但是当社会政治秩序形成之后，这种愿望即宣告终结，这种依赖和依附关系如果不是主奴式的人身关系，也是受强者意志驱使的对弱者的命令与服从的关系。卢梭和马克思都清楚地看到一些人不仅失去了自由，而且失去了方向和目标。此时，以权力、地位及名义上的权利构成的规则取代了自由，"生命的目的变成了努力在这个人造的系统当中找到有利的位置"④。

卢梭以自然状态及其性质为参照阐述对社会及其性质的认识。首先，社会是人类历史发展到一定阶段后才产生的。它不能建立在纯粹的自然权力之上，只有在其他更为重要的力量如政治力量、教育力量和道德力量等人为之力上才能够维持。

其次，社会也是人类道德和智慧充分发展和发达的阶段。尽管在这个阶段，相当一部分人因受到污染而致使心灵和道德衰落，但人的道德水平毫无疑问也确实发展到了更充分更丰富的阶段。

---

① 参见卢梭：《论人类不平等的起源和基础》，李常山译，商务印书馆，第76、96页。
② 朱学勤：《道德理想国的覆灭》，上海三联书店，第一章第38页。
③ 卢梭：《爱弥儿》，商务印书馆，第15页。
④ 布鲁姆：《巨人与侏儒》，华夏出版社，第208页。

再次,社会本身没有目的,人的发展也没有命定方向,它具有偶然性。它的偶然性在于无论是自然还是社会本身都没有给人们提供一个前进的标准或目的。施特劳斯通过对卢梭的分析,曾提到他并没有关于"历史的目的是什么"的认识。在卢梭看来,历史过程并无进步与否,并且通过《论科学与艺术》可知,他所面对的社会是一种历史倒退而非进步,是人类的堕落而非提升。①如果在其中蕴含了必然性的话,那就是人的心智和理性发展具有必然性:按照施特劳斯的理解,"它之所以是必然的,是因为种种变故(岛屿的形成,火山的爆发等等)迫使人们去发明创造",卢梭称之为"自然的偶发事件",这些自然偶发事件并不指向任何目的。即便如此,施特劳斯还是认为"它们依然是自然原因的必然后果","偶然事件将理智和理智的发展强加给人类"。②理性的发展使人愈加自信,自信自己在自然和历史中居于主宰地位。卢梭政治哲学的一个基本目的,不仅要理解并能运用人的智慧和积极的道德情感,还要探讨一种方式,建立一个以之为基础的正当社会政治秩序,通过它联结人们,重塑人与人及其他生物和主体的关系。

最后,社会中人的义务源于自然状态中人的权利:权利是原初的,义务是衍生的,它衍生于自然权利。在没有政治和缺少社会关系的自然状态里,自然人根本不需要义务观念,他们有权利而无义务;义务只在社会阶段衍生出来,并通过契约和法律确认下来才具有约束力,这是卢梭对权利与义务的基本论断。权利与义务的观念是与财产的观念、剥削与统治的观念等一同发展起来的,而这只会在人类的道德和社会发展背景中才具有意义。

二、从自然人到公民:教育与人类道德情感的完善

与霍布斯一样,卢梭也从自然中探寻人的本性,但卢梭从中发现了人类天性的良善。③自然人是孤独的,他们之间没有多少交往,当

---

①　卢梭"认识到,就历史过程乃是偶然的而言,它无法给人类提供标准,而且如果那一过程有着某个隐蔽的目的的话,其有目的性也是人们所无法认识的,除非存在着超历史的标准。没有对于历史过程的目的或目标的预先了解,就不可能把历史过程看作是进步的"。施特劳斯:《自然权利与历史》,生活·读书·新知三联书店,第281页。

②　详见施特劳斯:《自然权利与历史》,生活·读书·新知三联书店,第279页。

③　如施特劳斯所言,"卢梭对于自然状态的反思与霍布斯的反思相比照,具有着'自然的'研究的特色"。施特劳斯:《自然权利与历史》,生活·读书·新知三联书店,第274页。

然也没有邪恶。因此他们的良善是无辜的，是基于自爱和天然的同情把自己的行为局限于自然欲念的实现和满足，并不会有意伤害他人。如果人类能够按照这种方式进行交往和发展，那么社会道德就会自然产生。但是，人的发展和"可完善"使之在进入社会后与自然人有了明显差别。人并没有停留在野蛮的荒原，尽管每个人都心怀"自然之镜"，但他们并没有完全按照自然的指引走向文明。每个人心中产生多重自然状态中没有的情感，身上兼具各种社会的品性，他们高尚、卑劣、自爱、自私、慷慨、善良、邪恶，温和、尖刻、仁慈与残酷。

卢梭试图让人摆脱文明社会的污染和腐化，重新从自然和内心中探寻正义和道德、善良和幸福，让人在一种良好的社会政治秩序中享受生活。随着卢梭思想的发展，这个基本问题无论在早期作品中，还是后来的著作——如《科西嘉宪法草案》和《论波兰的治国之道及波兰政府的改革方略》——里，都是始终如一地关注的重要问题之一。总体来看，卢梭提供了两种基本解决方法：一种是教育，把人培养成为道德完善的公民，另一种是具有充沛道德力量的政治国家，让人或公民在自我统治中乐享自由、平等与幸福。本部分首先探讨第一种方式，因为道德教育和公民教育不仅是塑造政治共同体与改革社会政治制度的前提和基础，还是认识道德本性的途径。①总体来看，《爱弥儿》比较全面而深入地展示出卢梭的教育思想。康德把这部著作的出版视为与法国大革命相提并论的事件，布鲁姆也称其为"罕有的整全或综观的著作之一"，这是一本人们可在日常生活中常常阅读并以之为伴的书，它不仅使人深刻，还使人进一步体会它的"奥妙"。②

（一）自然状态的流逝与教育的目的

面对堕落和腐朽，卢梭力图让人转变为自然人，当认识到自然状

① 本书在这里探讨卢梭的"教育"，后面探讨他的第二种基本方式：道德理想国家。"卢梭把政治教育当作使善与美德——通过对人进行精心的培养——得到展现的途径。"皮尔逊：《尼采反卢梭》，华夏出版社，第21—22页。"在《爱弥儿》中，卢梭清楚地表明，人与公民之间的选择并不是在自然和社会之间选择，社会自身就是这种冲突的来源。最好的社会制度知道如何改变人的自然，从而用相对的生存方式代替绝对的生存方式，把'我'转变为'我们'，也就是说，把一个私人转变为公民。"皮尔逊：《尼采反卢梭》，华夏出版社，第82页。

② 总之，这是"一本可以与柏拉图的《理想国》媲美的书，而事实上它旨在与《理想国》竞争并取而代之"。布鲁姆：《巨人与侏儒》，华夏出版社，第226页。

态失而不可得后,转而通过政治①和教育的手段实现人的道德理想。他这一认识的坚定程度全部反映在人类进入社会以后义无反顾地、全身心地做政治共同体之公民上面。就像他所说的,如果一个人在社会秩序中还要把自然情感放在第一位的话,那么他肯定无法知道他的需要,"经常在他的倾向和应尽的本分之间徘徊犹豫","既不能成为一个人,也不能成为一个公民,他对自己和别人都将一无是处"。②也就是说,人不能也无法脱离社会,他必须重新塑造社会以重新塑造自身;人只有在社会中才能实现自我救助,只有使之遭受劫难的社会才能拯救他。历史无法返回,人类也无法回到自然状态,只有重新唤醒泯灭的自然情感,以此为基础构建具有更高水准的社会道德。

由此来看,不仅《爱弥儿》的教育思想顺理成章,《社会契约论》等著作中提供的政治方案也得以显现,通过它们,我们能够构建"道德"和"权力"共同发挥作用的支配社会政治生活的"新的训导"。社会中的浮华、虚荣、自私、自负等消极因素使人产生偏见,使人的心灵堕落。为保持天性善良、淳朴与敦厚,为避免社会的浸染,卢梭不是采取让人远离社会的做法,而是随着年龄的增长使之逐步踏入社会,从而更好地融入社会。为此,卢梭在《爱弥儿》中首先"简要地描述了'拥有文明人一切优点,却不沾染其一丝邪恶……的自然人'的成长过程"。③以此为基础,针对教育对象提出一个基本认识或原则:过晚进入社会则使人在社会中处处拘谨,举止不当;过早进入社会不能很好地理解社会,反而受到其中的"坏"的因素的玷染。总之,在卢梭看来,要成为一个共和国的合格公民,成为合格的社会成员就必须进入社会,学习"怎样跟他的同胞一起生活"④。

---

　　①　"我要根据人类的实际情况和法律的可能出现的情况进行探讨,看是否能在社会秩序汇中找到某种合法的和妥当的政府行为的规则",以尽可能"把权利所许可的和利益所要求的结合起来,以便使正义与功利不至于互相分离"。参见卢梭:《社会契约论》,商务印书馆,第 3 页。

　　②　卢梭:《爱弥儿》,商务印书馆,第 10—11 页。

　　③　恩斯特·卡西勒:《卢梭问题》,译林出版社,第 16 页。盖伊在《卢梭问题》的序言中指出,卢梭的"自然教育的作用是防止制造出小暴君或小奴隶。我们一定要让孩子为他自己找到其自身能力的边界;我们一定要等他长大到拥有理性的时候才晓之以理——这是创造出自然人的唯一途径。卢梭的政治理论——自然社会的理论——延续了这一主题"。恩斯特·卡西勒:《卢梭问题》,译林出版社,第 19 页。

　　④　卢梭:《爱弥儿》,商务印书馆,第 481 页。萨拜因对此也做了解读,他指出,"在一个社会的内部,也许谈得上个性、自由、自利、对规约的尊重,等等;而在社会之外,则(转下页)

总体来看,卢梭对教育抱有比较乐观的态度,"出自造物主之手的东西,都是好的",尽管这些东西到了人类手中"就全变坏了";进入社会后,如果人生来没有别人的教养和培育,那么"偏见、权威、需要、先例以及压在我们身上的一切社会制度都将扼杀他的天性,而不会给它添加什么东西。……不久就弄死了"。① 卢梭自信按照他的教育原则和方法能够纠正邪恶,给予人顺利长大的养料,并给人以幸福。他的教育思想并非如一些学者所指责的要培养极权主义者,他的教育目标与政治理想都不是趋向"极权主义",也不是"按照自己头脑印象来塑造心目中想要的那个人,毋宁是通过消极教育重新发现潜存于个体身上的自然本我"。② 从某种意义上说,卢梭通过教育的方式试图为人类提供一个新的开始;通过教育,人们可以摆脱虚荣心和非自然的自私,他没有让任何人怀疑,一个正义的、道德的社会除非通过大家的共同努力是不可能重建的。自然的野蛮人已不复存在,在我们这个时代,惟有发展良善的社会道德情感才能使人变得开明。因此,我们对其他生命的同情需要教育和"大量的后天知识",这些知识不是学术知识,而是通过实践经验和生活而获得的知识。

(二)卢梭基于自然情感的公民道德教育剖析

卢梭不满于现实社会中人的异化关系,震惊于富人的势利与放荡,他希望通过"自然"教育找回人类失去的纯真。如杰兰特·佩里(Geraint Perry)所言,卢梭教导人们找到一种使人成为"公民"的结构,更具体地说,是如何"产生一个善良的、有道德的圈子或阶层,以使其能够平等地拥有自我实现及与人共存的感觉,从而在异化的社

(接上页)不存在什么道德不道德。个人乃是从社会得到精神和道德的能力的;正是由于社会,他们才成其为人;基本的伦理范畴是公民而不是人"。萨拜因:《政治学说史》(上下册),商务印书馆,1986 年,第 651—652 页。

① 参见卢梭:《爱弥儿》,商务印书馆,第 5 页。

② Mads Qvortrup, The political philosophy of Jean-Jacques Rousseau, Manchester University Press,2003,p.103.费农指出:"共同体不能简单地建立在一个看似互不影响的法律框架内(a bare legal framework of seeming non-interference),让个人最大限度地满足自己的愿望,因此,对卢梭来说,情感的培养和教育至关重要。"N. Fernon, Domesticating Passions. Rousseau, Women and Nation(London:Wesleyan University Press,1997),pp.5—6.朗松认为,"卢梭哲学的各个部分就这样合为一体,互为支撑,居于其中心的学说,是相信人类能够将自己转化为善良社会中的善良公民,卢梭之洞见的一切威力正是源自这一中心"。转引自恩斯特·卡西勒:《卢梭问题》,译林出版社,第 16—17 页。

会里生存"。①公民不仅应该是善且还应具有美德：一个公民的活动与处于作为共同体中他人的活动交织在一起，他是一个能够看到大自然之美，同时还是作为具有美德品质能够履行义务的公民。在卢梭看来，美德是社会中的人特有的，它"依赖于他人的承认，且这些'他人'是生活在不被虚荣所主宰的共同体中"②，而这无不依赖于教育，通过它控制因人类交往而产生的反常情绪和情感。

卢梭的教育哲学在基本方法论上是"唯物主义"的，不同于洛克以精神为初始点的教育方法论。他指出，"洛克要我们从研究精神开始，然后再进而研究身体"，这不是井然有序的自然方法，既非理智又具有重要的错误；如果采取这种原则研究教育，"这无异乎是蒙着眼睛去学看东西"，因此我们必须首先对身体而非人的精神层面进行研究，"才能对精神有一个真正的概念，才能推测它的存在"。③卢梭促使人关注自己的身体，把研究对象限制在自然环境中可经验的与之有直接关系的东西，也就是从"自然之书"中认识它的温和，听从它的声音；每个人都能读懂它的语言，这样每个人都能回到真正的自我，调和"历史"与"自然"的矛盾，从中获得"诊治的教育"，"我们就会发现自己做自己的行为的见证是多么愉快"④。

卢梭的教育哲学秉持一种"消极教育"的理念和原则。主要表现在两个方面：一方面在于以自然为师，从自然中寻找教育的目标，即重在重新发现人的自然本心中"已经被社会浸染的虚荣、自私、爱情所侵占的同情、自爱的自然情感"。另一方面在于阻止人类历史发展过程中——尤其是卢梭时代在思想界兴起的——抽象的理性主义方法论和认识论的傲慢。⑤

从第一个方面来看，"自然教育"在于从自然中发现并发展社会成员的善良心灵和美德。在卢梭看来，人类的不幸全赖自己，不过尽管

---

① 参见 Riley P. (ed.)，The Cambridge Companion to Rousseau, Cambridge：Cambridge University Press，(2001a)，p.248。

② 皮尔逊：《尼采反卢梭》，华夏出版社，第 82 页。

③ 卢梭：《爱弥儿》，商务印书馆，第 361 页。

④ 同上第 413—414 页。

⑤ "Julie 在与 Saint-Preux 和 Wolmar 的讨论中，声称 'pitié' 是一种自然情感，教育的目的是发现就存在自然中的仁慈，而不是创造一些抽象义务的不真实感觉。" Mads Qvortrup, The political philosophy of Jean-Jacques Rousseau, Manchester University Press, p.68.

大多数人都被社会败坏，但还有一部分人身上拥有自然的声音，他们保持简朴与自然天性。①这些人不仅善良，有健康的身心，还是"美丽的灵魂"，他们是道德存在。美德不是在真空中出现的，一个拥有良好秩序、能够让人赖以生存的社会在于接受自然的教育和指引。教育并培养社会成员赋有对同胞的同情情感，教导他们"意识到必须分担以自我保护为目的的公民职能时才能生存"②，这种善的道德情感支配一切，当践行善行时，不服从于任何他人。教育是一个长期的过程，"公民不可能在一天内形成"，必须从儿时开始。卢梭认为，儿童生来就有学习能力，"不过在生下来的时候什么也不知道，什么也不明白罢了"。因此，教育就是要解开儿童心灵的束缚，发展他们"不完善和不成熟的器官"③。

　　从第二个方面来看，基于自然情感的正义、仁慈、善恶不是抽象说辞，不是由纯粹理性构想出来的空洞概念。④卢梭批判近代以来的政治哲学是"形而上学的呓语"，这些普遍而抽象的观念充满了谬论，道德和美德被浓厚的华丽辞藻所包裹，以致损害了充实而丰富的内涵。因此，教育在于抵制启蒙理性过度批判的同时，恢复"仁慈"的道德内核。在他看来，理性在人的所有能力中最难发展起来，因此也是最后发展起来的；他批判当时的一些思想家和哲学家偏偏用"理性"引导和促进人的其他能力发展，教育人首先做一个理性人，这实际上是教育的一个大错误，错把目的当作手段。自然法则并不以纯粹理性为根本依据，其更为坚实的基础在于前述"自爱""同情"及其二者的相互协

---

①　"自然用一种偏爱来对待所有在它照管之下的那些动物，这种偏爱好像是在表示自然如何珍视它对这些动物加以照管的权利。……人也是这样，在他变成社会的人和奴隶的时候，也就成为衰弱的、胆小的、卑躬屈节的人；他的安乐而萎靡的生活方式，把他的力量和勇气同时消磨殆尽。"卢梭：《论人类不平等的起源和基础》，李常山译，商务印书馆，第80页。

②　Mads Qvortrup, The political philosophy of Jean-Jacques Rousseau, Manchester University Press, p.68.来自于"卢梭的心之法律可以激发产生一种建立在同情感基础上的新社会秩序，从心之法律可以演绎出对真正具有社会性与道德性的人的一个客观有效的解说"。皮尔逊：《尼采反卢梭》，华夏出版社，第22页。

③　"初生的婴儿的动作和啼哭，纯粹是出于机械的效果，其中是没有什么意识和意志的。"卢梭：《爱弥儿》，商务印书馆，第46页。

④　"要打破从来没有败坏过的健康的感情，要消除从理性深处直接产生的准则，不是一下子就可以办得到的。"卢梭：《爱弥儿》，商务印书馆，第488页。受卢梭的启发，康德做出理性应以自然为师的譬喻："理性之受教于自然，非如学生之受教于教师，一切唯垂听教师之所欲言者，乃如受任之法官，强迫证人答复彼自身所构成之问题。"康德：《纯粹理性批判》，商务印书馆，1960年，第二版序言。

调,这才是人类社会道德和美德的真正本源。

当然,需要指出的是,本书在前面也已论及卢梭并不反对理性和思考,人的智慧在于理性思考,但理性的作用在于启发情感,辨识心灵中的善和爱意,引导它们循序发展。智慧存在于人们在对事物的感觉中而非对事物进行判断的思想中。在他看来,教育首先在于锻炼人的身体和感官能力,而后锻炼思想和判断能力。在这样的教育下,人不仅变得善良,成为和蔼与通情达理的人,还能运用情感以完善理性。

(三) 教育与公民道德发展

卢梭人学思想的一个重要判断是"人是感觉的生物"。人类道德发展的标志在于产生了"复合的感觉",判断就蕴含于这些"复合的感觉"之中。如果说基于感觉的判断源于感性认识的话,那么基于复合感觉的判断则源于知性认识。这是卢梭推崇的认识,其重要原因可能是它处于感性认识和理性认识之间,不仅与人们的情感感受(如自爱、同情等)密切相关,还展现了人特有的"能动"能力;更重要的,它也是卢梭用以对当时一些启蒙思想家过度推崇理性认识的抵制和拒斥。

教育的目的在于把人培养成为合格公民,从而推动人的道德发展。卢梭眼中的公民应该是具有美德品质的道德人,它的善良发源于自然人的自然情感。公民在教育的熏陶下应具有类似于自然人的属性(而非做自然人),为适应社会和政治国家应具备更高的道德水准:表现在独立和自我意识的勃发,人本身就是行为的目的,卢梭称之为"内在自由"和"道德自由"。自由的人才是真正的公民,这样的公民才能为社会和国家贡献力量;与自然状态中的人相比,从自我意识来看,公民高扬自身;从道德及道德生活来看,公民超拔于自然的善良,公民生活也超出了其他一切生物的生活。[①]当然,这里的公民生活并不是一种虚幻的彼岸生活和超验生活,而是实实在在具有令人愉悦和幸福感受的现实社会生活。卢梭在教育名著《爱弥儿》中展示了对爱弥儿教育的详细过程,这是卢梭教育思想的范例,成为我们认识人类道德

---

① "如果生长在森林里,他当然是可以生活得更快乐和更自由的,但是,由于他在听任他的天性的发展过程中,他没有什么事情需要他去进行斗争,因此,他虽然可以成为一个好人,但不能成为一个有德行的人,他决不可能像他现在这样克服他的欲念而成为有美德的人。"自然和自然情感中蕴含着良善,但自然不能使人自觉地实践美德的,从而成为有德之人。卢梭:《爱弥儿》,商务印书馆,第729页。

发展和完善的重要切入点。

首先，社会历史的发展使人处于不幸和堕落之中，如何摆脱这种困境，走向幸福的道路是卢梭教育思想的第一个重要方面。公民的幸福与自然人不同，对于后者来说，尽管他们还没有幸福的概念，但他们的幸福与其生活一样简单，"就是免于痛苦"，"也就是说，它是由健康、自由和生活的必需条件组成的"。①如果说自然人的"幸福"在于过简单、简朴生活的话，那么现代人的不幸就在于理性的发达、情感的复杂及欲望的增加。欲望的增加使人不得不依赖本不需要之外物，不过"按他本身来说，他对任何事物都是不需要依靠的，甚至可以不依靠他自己的生命；可是，如果他喜爱的东西愈多，他的痛苦就必然会愈益增加的"。②与自然人相比，这是现代人——不管他或她是否获得所爱之人或物——所有痛苦和烦恼的来源，它削弱人的力量，损害人的健康。

自然人的简单生活一去不复返了，对所爱之物和人的依赖加强了人与人之间的利害关系，人的自然善良也难以保持。在这种情况下，按照卢梭的文本来看，公民的幸福需要从自然人的生活中去发现，需要遵循自然的道路前进，自然之路就是"通往幸福的道路"。

卢梭对爱弥儿的教育就是在自然道路的指引下进行的。他把教育分成几个阶段，每个阶段遵循不同的教育原则、内容和方法：对于两岁前的婴儿着重体育教育，使之自然发展。对于 2—12 岁的儿童，自然道路教导我们应着重感官教育而非思维锻炼，同时教育者要具有运用教育对象的感官和情感涵养其理性的初步意识。

对于 12—15 岁的少年，其体力超过了"欲望的需要"，要以前期的感官教育为基础正式涵养其理性（避免堕入理性深渊），进行智育教育。卢梭认为，主要采取归纳的教育思维方法，以及观察、实践、劳动的教育方式和手段，从特殊事物的观察和学习中形成明确清晰的知识，从一个特殊事物联系到另一个特殊事物。这是他生命中最珍贵的时期，要为成人准备走向幸福的"知性"知识或观念。掌握知性知识的人具有这样的特征："凡是我们不知道其中的联系的因果关系，以及我们对之没有一点概念的善恶和我们从来没有感觉过的需要，对我们来说，都是不存在的；它们是引不起我们研究它们的兴趣的。"③在不受

---

① 卢梭：《爱弥儿》，商务印书馆，第 233 页。
② 同上第 678 页。
③ 同上第 243 页。

社会"污染"的前提下,在这一阶段,爱弥儿应具备分辨善恶的能力,精神的活力随着体力的增强得到锻炼,这正是需要培养的理智之功能,目的是为爱弥儿进入社会①做好准备,做一个在城市中居住的"自然人":他身体强健,四肢灵活,思想健全,同时也是快乐、自由的。

青年时期(15—20岁)是人的"第二次诞生",这是道德发展和完善的决定性阶段。他不得不进入社会和城市迎接"狂风暴雨"似的巨变,周围的一切激发了他的想象力,非自然欲念日益增长,他渴望友谊和爱情,感官和心灵受到了侵扰,偏见、愤怒、残酷、嫉妒等等也产生了。卢梭认为,这不仅不是教育的障碍,还使教育紧张地进行并圆满完成。在教育者的引导下,受教育者要自觉地用理智"按照事物的真正关系作出自己的判断",判断他周围的事物,"为了要发现事物同事物之间的关系,我就对每一件事物同我之间的关系进行研究,通过两个已知项,便可以找到第三项;为了要通过所有一切同我有关的事物去认识宇宙,我只须认识我自己就够了"。②面对社会的侵扰,要排除偏见,以正确的榜样为师,以自然情感和理智为师,预防并控制人心产生超出"健康、自由和生活的非必需条件"的欲念。节制是公民的美德之一,主要表现在节制他的私人物质欲望;最明智的办法就是得到自己力所能及之物,并在认识这点之后,按照自己的命运节制自己的欲念和情感,否则必然因太过操劳而损害身心健康,不仅难以获得幸福,也难以达到道德的完善。

其次,培养并塑造仁慈、正义和自由的公民是卢梭教育思想的第二个重要方面。在他看来,教育具有政治所没有的好处之一在于后者不会自我调整(尽管政治也是另一个重要方面,将在本章第三部分阐述),而通过教育培养的好公民能够自觉地生活并塑造出一个良好的社会政治秩序;也就是说,好公民是良序社会的一个必要条件,而教育为它提供这个条件,这是卢梭教育思想的一个着力点,"最伟大的公共权威在于其公民的内心……没有任何事物可以代替政府中的人的道德。不仅是正直的人知道如何管理法律,而且实际上也只有好人才知

---

① 皮尔逊认为,卢梭的教育存在矛盾的情绪:爱弥儿"为了社会而接受教育,但他不是由社会来教育。因此,爱弥儿的教育充分揭示了卢梭对社会极度矛盾的情绪。教育的任务是内在矛盾的,因为教育是把个人培养成为社会的人,而教育又是要保护个人免受社会的影响"。皮尔逊:《尼采反卢梭》,华夏出版社,第82—83页。

② 卢梭:《爱弥儿》,商务印书馆,附录《爱弥儿和苏菲或孤独的人》,第744页。

道如何服从它们(法律)"。①他笔下的公民具有道德品质,比自然人更善良而达到了仁慈之境地。卢梭在《政治与艺术——致达朗贝尔的信》也曾指出,仁慈是一种比"自爱"更能维系社会的道德情感,因为作为自然情感的自爱,无法为人们确立相互间的义务,这正是仁慈的功能。从这里可以看出,虽然卢梭与霍布斯都强调激情在人类和社会中发挥不可取消的作用,但卢梭从自然之善中发现了支撑社会和国家的"激情",以努力消解霍布斯秩序思想中因"主权权力"的过度强调而带来"刚性"的"脆弱"。

卢梭认为,具有道德品质的公民具有仁慈之心,崇尚过"居家的田园生活",因为这是朴实的生活,"是良心没有败坏的人的最宁静、最自然和最有乐趣的生活"。古罗马公民就具有这样的美德,他们具有德性、崇尚自由,爱国为公,关心公共事务,他们常常先做"耕田的农民",而后从事公共事务,为国家服务,奉献于正义事业。②生活于社会和国

---

①　Jean-Jacques Rousseau, Oeuvres complètes, 5 vols, edited by Bernard Gagnebin and Marcel Raymond. III:252.

②　"我的年轻的朋友,在一个国家里,只要你用不着跑到深山旷野就能得到安宁,这样的国家就是很美好的!"卢梭:《爱弥儿》,商务印书馆,第730页。"如果国王或国家要你去为你的祖国服务,你就要抛弃一切去接受人们分派给你的职务,完成公民的光荣的使命。"卢梭:《爱弥儿》,商务印书馆,第730页。施特劳斯认为,"卢梭不是把日内瓦人,而是把罗马人称颂为一切自由民族的典范,一切自由民族中最令人敬重的民族。罗马人之所以是一切民族中最令人敬重的,是因为他们是有史以来最有德性、最强有力和最自由的民族"。施特劳斯:《自然权利与历史》,生活·读书·新知三联书店,第258—259页。

萨拜因认为,卢梭从道德情感和政治情感的角度看待公民与古希腊、古罗马时代的公民认识相似,"对一个希腊人来说,公民资格始终意味着这样一种参与政治的权利,只是参与的程度有所不同罢了。因此,这种观念和现代的公民资格观念相比,其情感上的成分要大得多,而法律上的依据却少得多。……公民资格不是拥有什么而是分享什么,这很像是处于一个家庭中的成员地位。这种情况对希腊的政治哲学产生了深远的影响。这就意味着像希腊人所设想的,问题不在于为一个人挣得他的权利,而是保证他处于他有资格所处的地位。……在希腊思想家的眼里,政治问题就是去发现每一种人或每个阶级的人应处于什么样的地位才能构成一个健全的社会,从而使各种具有重要意义的社会工作得以进行"。然而,在现代国家,由于幅员比城邦大得多,它与个人关系也疏远得多,在很大程度上,现代国家"是不受个人情感影响的客观存在",所以,"在现代人的生活中不能起到像城邦在一个希腊人的生活中所起的那种作用"。参见萨拜因:《政治学说史》(上下册),商务印书馆,1986年,第22、33页。

奎特鲁普在《卢梭的政治哲学》中探讨了卢梭的政治德性和民族情感。他认为,如西塞罗、马基雅维里等政治思想家强调公民的忠诚、奉献、爱国主义美德一样,卢梭也强调公民对祖国的热爱及为国家的牺牲奉献精神:"作为一个爱国者,这个日内瓦公民(citoyen de Génève)从不厌倦地向人们展示出对祖国的情感而生发出勇敢和牺牲的精神和行为的。他曾思考'为什么地球作为所有人的共同母亲,没有创造出与祖国同样的情感'。"奎特鲁普进一步指出,随着现代国家(1648年《威斯特伐利亚条约》(Treaty of Westphalia)的建(转下页)

家中的公民具有充分的正义观念和正义感,其行为由正义替代了本能,并因而具有了自然人的行为所没有的道德性:他开始关注他者,眼界也从个人转移到他人身上,其行为的原则不仅是自爱,还有奉献和义务。正义源自于善良和仁慈,正义离不开善,后者是有自爱之心的人的必然结果,也是不竭的正义力量之源。总体来看,公民关系应该是这样的,"一个在天真质朴的生活中成长起来的青年,由于自然的作用是必然会养成敦厚和重情感的性情:他热诚的心一见到人的痛苦就深为感动;他见到伙伴的时候就高兴得发抖,他的两臂能温柔地拥抱别人,他的眼睛能流出同情的眼泪;当他发现他使别人不愉快了,他就觉得羞愧;当他发现他冒犯别人了,他就觉得歉然"。①从社会的视角来看,这是一种充满仁慈、善良、慷慨的有道德的人类关系。

　　另外,公民的德性还体现在比自然人拥有更多自由。从自由的视角来看,公民进入社会的损益如下:他获得了社会自由、道德自由②,拥有财物的所有权;同时失去了自然的自由。按照卢梭的逻辑来看,人进入社会状态使其从能力有限、依赖体力,受天然欲望驱使的"动物"变成了有理智的且具有自觉自由意识的公民。这为卢梭的思想打

(接上页)立,为"小共同体"做出牺牲在政治上显得毫无意义,因为它在政治上并不重要。不过,卢梭看到古代斯巴达的爱国者为集体和他人牺牲了自己,他们认识到他人的命运与自己密切相关,"民族主义"被证明是解决问题的办法。在寻求共同体的凝聚力和社会团结方面,卢梭与后来的赫尔德(Herder)和费希特(Fichte)都通过"民族主义"这一核心概念做了探讨,集中在四个方面:如何产生对一个民族的情感依恋;如何将古老的爱国主义观念重新发展为一种新的、强大的观念;如何在实践中做到这点;民族主义如何能够像在古希腊和罗马城邦中那样,履行公民宗教的功能。另外,奎特鲁普还指出,马基雅维里和西塞罗所使用的爱国主义是对"小共同体"的认同,卢梭的"民族主义"则是对本尼迪克特·安德森所描述的"想象的共同体"(an imagined community)的认同。用安德森的话来说,在一个国家里,政治共同体是"想象出来的,因为即使是最小的国家的成员也永远不会认识他们的大多数成员,与他们见面,或者永远不认识他们,但在每个人的心目中,他们都生活在一个共同体之中"。参见Mads Qvortrup, The political philosophy of Jean-Jacques Rousseau, Manchester University Press, 2003. pp.106—107。

　　①　卢梭:《爱弥儿》,商务印书馆,第302页。

　　②　"在卢梭看来,人进入社会,……获得的最重要的东西是道德自由,正是道德自由使人成为他自己的主人。因此,卢梭用自我统治来定义道德自由,'只服从欲望是处于奴役之中,而服从我们自己所制定的法律才是自由'。皮尔逊:《尼采反卢梭》,华夏出版社,第89页。"你到处都看到,大家正是借法律的名义追逐个人的利益和欲念。然而,自然的和秩序的永恒的法则是存在着的。对睿智的人来说,它们就是成文的法律;它们通过良心和理智而深深地刻画在人们的心里;想要自由,就必须服从这些法则;只有做坏事的人才会变成奴隶,因为他在做坏事的时候,总是违背了他自己的心的。"卢梭:《爱弥儿》,商务印书馆,第728页。

上了某些现代的烙印，共同体成员不仅是自由、自主的个体，他们还以"自我立法"的方式实现自我统治，并以此界定"自由"。这种自由首先是内在的，存在于公民仁慈的心里，他不仅是自由的，通过他的言行举止还能播撒自由的种子。

卢梭的宗教认识也与公民密切相关。他认为，宗教只具有中间的而非终结的、绝对意义和价值，"丰富的经验证据与历史证据无法让我们接近宗教确定性的真正来源，而是使我们距离它的源头更为遥远。只有当人类在其自身的存在中发现了上帝的存在——当他通过直接了解其自身的性质而了解了上帝的性质与本质——只有到那时，他才掌握了通向这一确定性的关键"。①所以，宗教的确定性在于人自身的确定性，通过公民"自我"而得到保证；这实际上是公民宗教，它是一种伦理宗教，是关于自由的宗教而非幸福的宗教。幸福不具有终极意义，而自由才具有终极价值，它存在于人的感觉体验之中。不过，这一认识加上政治视角后发生了一个变化，他在《社会契约论》中构建的道德理想国家不仅约束人们行动的能力（尤其是不具有德性的人），还会涉足人们的意识和信仰领域，如果说精神信仰属于宗教领域的话，那么，卢梭的宗教则公民化和社会化了，同时也建立了一种对所有公民都具约束力的公民宗教（religion civile）。有学者对此评价道："由于卢梭强烈的政治关怀，这一理想资源很快进入政治领域，将千年一脉的神学政治论变为政治神学论，并在此岸世界继续发展；政治神学论将彼岸理想资源引渡到此案，绵延千年郁积沉厚的救赎热情，在卢梭这里第一次挣破了宗教的紧身衣，得到了世俗形式的大宣泄、大释放。"②

第三，以道德为基本内容的仁爱教育③。公民生活于社会之中，

---

①　恩斯特·卡西勒：《卢梭问题》，译林出版社，第 104 页。

②　朱学勤：《道德理想国的覆灭》，上海三联书店，第一章第 25 页。朱学勤教授实际上对卢梭做了批判，他认为，卢梭的思想挤压了科层制度和私人空间，导致政治神学化，"政治神学化流被大众，全社会沉浸于在俗而又离俗的政治狂欢节气氛。上有奇里斯玛，下有世俗宗教，两者夹击，足以击穿中间任何科层安排与个人隐私空间。全社会出现价值理性压倒工具理性、道德救赎压倒功利经营的奉献热潮；危机刺激起大众参预，参预爆炸变危机为盛大节日；个人空间彻底曝光，社会空间淹没于政治化、道德化狂潮"。朱学勤：《道德理想国的覆灭》，上海三联书店，第三章六第 109 页。由于卢梭的公民宗教思想主要是在政治著作中提出来并阐释的，为准确考察他的这方面思想，本书主要放在下章之中。

③　另外卢梭也强调了历史知识教育的重要性，"所有一切人类欲念的冲动，对那些想从历史的研究中，借死者的命运而认识自己和使自己变得聪明的人来说，都可以提供同样的教训"。卢梭：《爱弥儿》，商务印书馆，第 340 页。他认为历史能够洞察人心，避免心（转下页）

比自然人具有更高道德水准的公民主要体现在通过教育,他们之间形成了道德关系。人们不再孤独,而是自由自主的,这种"社会道德的实践给人们心中带来了人类的爱","正是因为做了好事,人才变成了好人,我认为这一点是最确实无疑的。你要使你的学生做他所能理解的一切良好行为,要使他把穷人的利益看作他自己的利益;要他不仅用金钱帮助他们,而且要对他们表示关心;要他为他们服务,要他保护他们,为他们牺牲他个人的利益和他的时间;要他把自己看作他们的办事人:他应当终生都要担负这个这样高尚的职务"。①仁慈的公民是好人,是具有德性的人,当然也是有爱的人,这在卢梭看来都是相通的。通过教育,每个人都应该懂得爱,其本身是可爱的也值得别人的爱。这里的"爱"是广泛的,不仅指朋友间的爱,还指情人间的爱,更是人间的大爱与博爱②。

"爱"是人们快乐与幸福的一个重要来源。人们遭受痛苦的时候,来自他人和自己的爱给人以心灵的慰藉,"甚至在我们欢乐的时候,如果没有人同我们分享欢乐的话,我们也会感到孤寂和苦闷的"。如果人的心中没有爱和道德,人生也就没有了意义和乐趣;如果人的"邪欲"在其"狭隘的心中窒息了这种优美的情感,一个人如果由于只想到自己,因而只爱他本人的话,他就再也感觉不到什么叫快乐了","这可怜的人既没有什么感觉,也没有什么生气,他已经是死了"。③道德与爱也是一个共同体公民为公众利益和福利而具有牺牲和奉献之精神和行动的理由,否则这个社会或国家将变得冷漠无情,甚至是恶人盛行,他们很可能会制定出为自己的恶行而辩护的"法律"。

在对爱弥儿"爱"的教育方面,卢梭着重阐述了道德与爱情的相互关联。对伴侣的渴求是人在青年时期感官活跃的结果,他指出,两性的社会关系应该是"美妙"的,双方都应该是道德的行为者:在相互依

(接上页)灵受到污染。通过阅读历史,可以让人在历史事实的基础上做出判断,也不至于使自己的善良心性受到污染。"为了要认识人类,就必须从研究个人着手,谁能全面地了解每一个人的倾向,就能够预见它们在一个民族中的综合的影响。"卢梭:《爱弥儿》,商务印书馆,第 335 页。详见《爱弥儿》第 334—340 页。

① 卢梭:《爱弥儿》,商务印书馆,第 352 页。

② "你要尊敬你周围的人,要想到他们大多数都是人民;如果把所有的国王和哲学家都除掉的话,在人民中间也不会觉得少了什么人,而且种种事物也不会因此就变得不如从前的好。"卢梭:《爱弥儿》,商务印书馆,第 311 页。

③ 同上第 412 页。

存和相互依赖的爱情关系中,女方是"道德的行为者的眼睛",男方则应该"是它的胳臂","女人必须向男人学习她应该看的事情,而男人则必须向女人学习他应该做的事情"。①另一方面,美德也能够巩固爱情。如果双方都具有美好的道德的话,那么,女人就可以像妻子和母亲那样行使爱的权利,充满热情和温情,这是"真实的爱"的体现。真实的爱源于人的道德情感,情感才是爱情的唯一"真实",也是它才体现出爱情真正的美。②卢梭在《爱弥儿》的第四、第五卷中多次阐述"自然的性"与"社会的性",试图用自然的性与社会的性调和自然欲望与社会义务之间的紧张关系。当一个男人到了具有繁衍能力时就到了自然的性成熟时期,而只有当他能够忠诚于一个女人,担起教育孩子、保护家庭的责任时才达到社会的性成熟。卢梭明确指出,自然的性大约发生在十五岁,社会的性至少在二十五岁,需要做的就是通过教育拉近二者的距离,即"用性交的欲望转变成对婚姻的欲望和对法律的自愿服从,而同时又不压抑和驯服那原始的欲望"。③使自然的性欲与婚姻的责任结合为真正的性文化和婚姻(爱)文明。

与其他爱意一样,"情爱"也能给人带来快乐和幸福,但是倘若所谓的"情爱"不是如此的话,那么它就不是真正的爱情,男女双方可能已经在不经意间斩断了源于"自然"的美妙。在这里,卢梭再次用自然人的情欲进行对照,指出自然人仅仅局限于生理方面的情欲,与文明社会中人的情欲存在明显差别,前者只欣赏天然气质,"任何女人,对他说来,都是同样合适的"。同样地,任何男人对她说来也都是相宜的。因为,他认为,"在我们之间造成无数烦扰的那种意念,是不会侵袭野蛮人的心灵。每个野蛮人只是静候着自然的冲动,当他服从这种冲动的时候,对于对象并无选择,他的心情与其说是狂热的,不如说是愉快的;需要一经满足,欲望便完全消失了"。④

真正的爱情超脱于自然,然而源于自然之善,它与社会中的虚荣情感并不兼容。前者出自于自然冲动,自然欲念(或者愿望)是自然的

---

① 卢梭:《爱弥儿》,商务印书馆,第 560 页。

② "只要她有美德,她就可以开始行使她的权利;一到她长得亭亭玉立的时候,就凭她的温柔的性格就能够树立威信,使男子看到她那种淑静的样子感到敬畏。"卢梭:《爱弥儿》,商务印书馆,第 582 页。

③ 布鲁姆:《巨人与侏儒》,华夏出版社,第 239 页。

④ 以上本段中的引文来自于卢梭:《论人类不平等的起源和基础》,李常山译,商务印书馆,第 105 页。

嫉妒,后者出自社会非自然的、非原始本能的欲望,它是使人人痛苦、忧郁的欲念,是非自然的嫉妒。①对异性的欲求和占有是人类最为炽热的情感之一,它使人不顾危险,冲破障碍,造成激烈冲突,很容易突破道德束缚。在男女之间的风流行为中,男方对情敌的仇恨,往往大大超过了对女方的爱意,这是一种非自然的自私,它是出自于社会中没有"自然之善"的情感——自私之爱(amour propre)。自私之爱是堕落,是人世间压迫、奴役和不平等的一个重要原因,当然它也是爱情变质的原因,因为它使人产生"虚荣以及对权力的渴望"②。在卢梭看来,男人害怕情人不单单爱他的原因就在于这种自私的情感,根本来说,他的动机源于虚荣而非爱情。爱情当然是排他的,他们都希望对方偏爱自己,但前者强调双方的相互付出,你向对方付出了多少,才能向他或她提出多少要求,爱情本身也是一种充满了"公平之心的情感"。爱弥儿进入城市生活一段时间之后,由于受到社会的污染,在对待苏菲的爱情上就发生了微妙变化,在这个情况下,卢梭对爱弥儿说了一段话:

> 在这个大城市中,我发现你在她身边表现的样子和你从前的样子是多么不同啊!唉!她之所以不忠实,正是由于你自己不忠实而造成的。……是你自己的冷淡无情使你失去她的心的,你想为她所爱,你就不应当有任何时候不值得爱。③

　　然而,虚荣并不具备这种情感,它过度地强调一方的付出和给予,从而破坏了这种"公平"感。在爱情及其他关系中,可以说虚荣心是人

---

　　①　"我们对所有一切扰乱和妨碍我们的快乐的事物,都是怀有反感的,这种反感是一种自然的冲动,这一点是无可争辩的。要独一无二地占有我们喜欢的东西,这种愿望在一定程度上也是属于这种类型。但是,当这种愿望变成了欲念,变成了疯狂,或者变成了痛苦和忧郁的梦想,即所谓的嫉妒,那又是另外一回事情了;这种嫉妒的心理,也可能是自然的,也可能不是自然的,所以我们应当把它们加以区别。"卢梭:《爱弥儿》,商务印书馆,第 652 页。
　　②　"正是自私之爱让人类成了自然与他自己的暴君;正是自私之爱唤醒了人类心中那自然人闻所未闻的需求与激情;同时,也正是自私之爱让人类掌握了不受约束、永不停息地满足这些欲望的最新方式。"恩斯特·卡西勒:《卢梭问题》,译林出版社,第 66 页。
　　③　卢梭:《爱弥儿》,商务印书馆,第 760 页。"我们喜欢什么,我们就想得到什么,而爱则应当是相互的。为了要受到人家的爱,就必须使自己成为可爱的人;为了要得到人家的偏爱,就必须使自己比别人更为可爱,至少在他所爱的对象的眼中看来比任何人都更为可爱。"卢梭:《爱弥儿》,商务印书馆,第 292 页。

类进入社会后最难医治的妄念之一。总之,爱情源于仁慈、善良等道德情感,它因与道德一致而美妙,从而让人在其中获得快乐和幸福。

对于卢梭来说,人性的堕落,人世的邪恶,不是天主教和新教神学所说的人的"原罪","当个体从自然之手中产生出来的时候,他还谈不上什么善与恶:他完全让自己听命于自保的自然本能。他由自爱(amour de soi)所掌控"①。

导致衰败的一切祸端在于"文明社会",卢梭试图让人们走出迷津。除教育方法之外,《社会契约论》《论人类不平等的起源与基础》等政治哲学的要旨就在于防止社会的进一步堕落,从政治层面根除不平等、不自由以及人们遭受奴役的痼疾。通过卢梭的其他文本也可以看出,在不长的一段时期里,人类曾克服了"社会文明"的困境:如古罗马共和国政治及《新爱洛伊丝》中描述的阿尔卑斯山村中美好的自然生活。这些例子给予他的启示就是:如果人们能够被教导在一个公正的道德共同体中生活,就有一条摆脱痛苦的出路。卢梭自信能够建立一个真正的人类共同体——"政治和伦理的共同体",使两者相互配合,打断社会的"坏"倾向,为人类走向自由、平等、幸福的美好未来提供保障。这是理解他走向政治理论的一个关键前提。

三、从自然状态到政治世界:化衰朽为希望的"道德理想国"

通过政治的方法避免社会衰朽和道德堕落是卢梭政治哲学的第二个重要方面。不过,在"教育"和"政治"之于卢梭到底何为重要的认识方面,萨拜因认为,卢梭吸收了柏拉图,并以此比较武断地得出卢梭接受了后者两个方面的见解:"第一,政治属性基本上属于伦理性质,法律和权力只是第二位的。第二,也是更重要的一点,他从柏拉图那里接过下述论断,也是一切城邦内在的原则,即认为社会本身是主要的道德感化机构,因而代表最高道德准则。"②另外,也有不少学者指出卢梭过分强调政治的"应然"与"道德理想",指责"卢梭一派多政治哲学,少政治学,长于政治哲学自上而下的要求,短于政治学自下而上

---

① 恩斯特·卡西勒:《卢梭问题》,译林出版社,第 66 页。
② 萨拜因:《政治学说史》(上下册),商务印书馆,1986 年,第 651 页。

的落实,出现政治领域里的道德亢奋——即'神性高悬现象'"。①萨拜因等人的这个判断,显然忽视了卢梭在政治著作中提出诸多有价值的政治认识和政治判断,以及他本人从事政治及道德思想写作时不断表明的政治方面的必要性。

在这个问题的看法上皮尔逊相对中肯。他根据卢梭的文本指出,后者所谓的"强迫个人自由"是指"要训练个体,以使他不再混淆个别意志的利益和公意,或误把个别意志的利益当作公意,那样的结果就是专制"。对于"主权如何能够保证它的臣民对它的忠诚"这一问题,皮尔逊也正确地指出了卢梭的"教育"思想所应发挥的作用:"那就是:在自我立法的民主竞赛中,政治参与需要对意志的政治教育。"②毫无疑问,教育的核心内容是恢复并发展公民的良善和道德,卢梭的"政治方法"也奠基在教育和"道德"的基础③之上。

然而,卢梭对道德基础的强调并不意味着他像柏拉图一样把"法律和权力"作为"第二等理想国"的次优选择,毋宁是其论证的"道德理想国"中除"教育方法"之外的又一个必要构成部分,而政治方法可能还更为"必要"。这不仅体现在早前的《爱弥尔》和《社会契约论》中,还更加充分地体现于《科西嘉宪法草案》《山中来信》和《论波兰的治国之道及波兰政府的改革方略》中。并且,这两个方面都得到更加有力的阐述,特别是在后来的著作里,"教育方面"也非常明确地表述为公共领域的政治教育和道德教育。正因为这样,奎特鲁普④指出,对于政治方面及其地位的重视是卢梭一贯持有的观点,在后来的著作中更是占据了核心地位。

①　朱学勤:《道德理想国的覆灭》,上海三联书店,第二章四第 76 页。"每一个熟悉卢梭政治著作的读者都会发现。卢梭一旦进入他自己的理论构筑,就处处以英国分权说、代议制的对立面出现。"朱学勤比较客观地指出了卢梭政治思想与自由主义政治思想的重要差别,不过,卢梭的非自由主义式政治学思考也应当受到同等重视。朱学勤:《道德理想国的覆灭》,上海三联书店,第二章四第 72 页。

②　参见皮尔逊:《尼采反卢梭》,华夏出版社,第 95 页。

③　"必须通过人去研究社会,通过社会去研究人;企图把政治和道德分开来研究的人,结果是这两种东西一样也弄不明白的。"卢梭:《爱弥儿》,商务印书馆,第 327 页。他在《论波兰的治国之道及波兰政府的改革方略》中也指出,"一个民族特有的教育,只能对自由的人民进行,因为,只有自由的人民才能通过法律结合成一个共同体"。卢梭:《论波兰的治国之道及波兰政府的改革方略》,商务印书馆,第 22 页。

④　详见 Mads Qvortrup, The Political Philosophy of Jean-Jacques Rousseau, Manchester University Press, p.104。

与其他启蒙思想家相比,卢梭抛弃了自然法学说,但继承了霍布斯、洛克等自然法哲学家对于马基雅维里"实效真理"的否定。马基雅维里揭示的政治世界是一种获取和维持权力的永恒游戏,这被卢梭与后来的康德贬低为一种现象世界。在他们看来,源于人性和情感的"应然"道德才是政治世界的基础和重要法则①。18 世纪的思想家大都把道德的起源理解为心理学层面的问题,即通过道德情感的性质来把握它,卢梭与霍布斯(还有沙夫茨伯里、休谟、亚当·斯密和早期的百科全书派)都采取了这一路径。尽管他们在一些细微方面存在差别,但二者都认为社会与自然、人的自然本能与公民道德之间存在巨大鸿沟,从而得出社会、国家乃人为构造的主体而非自然发展的结果之基本论断。在卢梭看来,社会与自然、人的道德发展与自然本性的冲突在很大程度上是由于物质的不平等带来了人际、政治、道德和文化的腐败和堕落。

因此,建立一个道德和政治的理想国家(或"政治社会")才是人类的希望,这也是卢梭政治著作的重要目的。②

《社会契约论》就在于从社会中发现使之正义、有序的基础和普遍原则。卢梭在《社会契约论》的第一稿中曾经指出,"'有千万种方式把人们聚拢到一起;但却只有一种方式能真正统一他们。因此,在本书中,我便只给出一种形成**政治社会**的方法,……我是在寻求社会的公正的基础'"。③在这个国家("政治社会")里,人民依靠自己的意志

---

① 卢梭探讨了道德情感使一种良序社会成为可能并得以稳定的功能:"如果我们用一种冷静的、客观的眼光来看人类社会的话,它首先显示出来的似乎只是强者的暴力和弱者的受压迫;于是我们的心灵对某一部分人的冷酷无情愤懑不平,而对另一部分人的愚昧无知则不免表示惋惜。……人类的各种制度,……好像是奠基在流动的沙滩上的一种建筑物。我们只有对这些制度仔细地加以研究;……才能见到这一建筑底层的不可动摇的根基……。但是,如果对人类,对人类的天然能力,以及这些能力继续不断的发展没有认真的研究,我们就永远不能……在现今一切事物的构成中,把哪些是神的意志(译者注:这样的措辞,并不是由于卢梭的小心谨慎。在卢梭的著作中,神的意志是由自然表达出来的。)所创造的东西,哪些是人类的艺术所创造的东西分别开来。"卢梭:《论人类不平等的起源和基础》,北京:商务印书馆,第 68—69 页。

② 卢梭政治思想中蕴含着美德、正义、道德与邪恶的对立,而邪恶源自于人类社会状态。人类进入社会,意味着他们脱离自然自由和孤立的状态,也意味着他们逐渐失去了天真、善良、淳朴、敦厚的品质。对于他来说,只有进入道德共和国,从自然中重新发现并塑造人们的道德品质,才能使人拾起流逝的善良,提升已经堕落的社会"品质"。

③ 转引自恩斯特·卡西尔:《卢梭·康德·歌德》,生活·读书·新知三联书店,第 41 页。

("公意")自我统治,他们的代理人依法律——公意之律法体现,每个人都需遵循的普遍法则——作为手段治理一个国家,人人自由平等;人们以一种恰当的方式结合在一起获得公共幸福,公意的意义就在于此。卢梭围绕这个概念提供了一种新的政治方式,以此为人们合作从而建立良好的社会政治秩序找到正当理由,并认为这是唯一"合法"的、稳固的,能够使人获得幸福并建立在道德基础之上的政治秩序类型。①

(一)政治问题的提出

在社会状态中通过某种政治方式使任何人都不再遭受苦难和罪恶,彼此充满善意和友爱,从而更好地结合在一起,这是卢梭设置的政治问题。他的政治问题是以政治原理(国家、制度、政府、法律等政治主体)的"实然"与"应然"相对照和冲突的方式得以呈现的,即通过对现实政治不满的表达,并通过理论批判和解释罪恶和不幸产生的原因,从而提出政治的理想模型及其基本架构。

从《社会契约论》的开头来看,卢梭以相当极端和激进的方式指出现实社会和国家政权的不正当性,认为人生活在奴役和枷锁之中,尤其是穷人沦为了富人及其所制定法律的奴隶。在《爱弥儿》中,卢梭也比较少见地探讨了国家、制度和政府等政治主体的一些基本观念,认为现实政治环境对人们追求幸福生活构成了挑战。他通过连续发问的方式表达对现实社会政治的不满:

> 在这个世界上,"你站在什么地方可以这样说:'我是这里的主人,这块土地上的东西是属于我的?'"人们固然可以知道在何地可以发财致富,但是,"我们哪里知道在什么地方可以使人不需要财富也能生活呢?"有哪一个人能够知道有一个地方可以让他"生活得既自由又不依赖他人","既不需要侵害别人也不怕别人

---

① "我意识到我是那至高的上帝所创造的,是他的工具;凡是幸福的事情,他就希望,他就去做,他要通过我的意志同他的意志的结合以及我的自由的正确运用而创造我的幸福。我遵循他所建立的秩序,我深深相信我有一天会喜爱这个秩序,从中找到我的幸福;因为,还有什么事情比感觉到自己在一个至善至美的体系中有一定的地位更幸福的呢?"卢梭:《爱弥儿》,商务印书馆,第 420 页。"通于一切之善者就在不自私,以致舍己而为公。"梁漱溟:《人心与人生》,上海人民出版社,第 208 页。

来侵害自己呢?""你以为我们可以很容易地找到一个永远让我们
为人诚实的国家吗?"①

　　在这样的社会里,追求幸福的人们不得不抵制不良风俗造成心灵
的污染,防备专制的政府和迫害异端的宗教;要想自己的权利不受他
人侵害,安心地享受自己的劳动果实,只有通过储蓄足够资财并以此
提升个人的声望才是唯一有效途径。
　　在理论方面,卢梭在《爱弥儿》中明确列出"政治学的原理和国家
成文法"在"实然与应然的关系问题"上存在的三个困难:第一、对政治
原理和国家法律应当为何缺乏正确认识,从而影响人们对现实政治的
判断。第二是关于当时政治思想家的著述目的,即以追求公共真理、阐
述公共真理之名而维护阶层(富人阶层)偏见及其利益之实:"著述家们
个个都有偏心;他们时刻都在说他们阐述真理,其实他们哪里管真理不
真理,他们心目中所考虑的是他们的利益,只不过他们在口头上不讲就
是了。"②第三个困难是政治研究者兴起的重理性轻道德情感的错误的
理论风气和时尚,缺乏对"正义的真诚的爱"及对"真理的尊重"。
　　卢梭政治理论的一个主要批判对象和针对者就是霍布斯。他指
出,"利维坦"只顾及人的生存而忘记了还需要在社会中过上幸福生
活,在生存和生活之间,人在世间的意义存在重大差别,这对政治及影
响政治的诸多基础方面的认识无疑也具有重要差别。卢梭对更高、更
丰富的道德情感及其价值意蕴更为重视,他指责霍布斯阐述的以"生
存"为基础的"现代国家"完全无法使人们形成获得幸福的生活方式;
并且,"任何只考虑到人类生存的一个方面的政治体系都不能满足人
们的追求完善的渴望,也不能引起人们对其的足够的忠诚"。③
　　卢梭不满足于仅仅让人生活在稳定而有序的共同体之中,他还有
更高要求。如果社会政治秩序(或国家)如霍布斯等所认为的"必要之
恶"的话,那么通过自然状态和自然秩序的映照,他还希望人类能够在

————————

　　①　卢梭:《爱弥儿》,商务印书馆,第 702 页。
　　②　同上第 704 页。
　　③　施特劳斯、克罗波西:《政治哲学史》(上、下册),河北人民出版社,第 666 页。因为在
这样的国家里,人们的"生活是以商业,因而也就是以贫困为特征的,每个人都能在国家立下的
框架下追逐自己的利益。金钱是人的价值的标准而美德被遗忘了。私利的计算成了人们之
间关系的基础。"施特劳斯、克罗波西:《政治哲学史》(上、下册),河北人民出版社,第 666 页。

充满正义和道德温情的共同体中结成平等而自由的关系,安宁地幸福地生活下去。因此,他决心探寻一种能够满足这些更高要求同时也更加道德的良好政治秩序,即"根据人类的实际情况和法律的可能出现的情况进行探讨","找到某种合法的和妥当的政府行为的规则",以尽可能"把权利所许可的和利益所要求的结合起来,以便使正义与功利不至于互相分离"①。

(二)契约与"应然"国家的性质

人类合作的必要使一个社会或政治共同体形成和确立成为必然,这是社会契约论者的一个基本逻辑。虽然每个人都意识到合作的好处,但大都不愿放弃适度的(中等的)短期利益以获得更大的长期收益。因此,不同政治思想家基于人们合作的目的、方式、预期等方面的考虑,形成了不同性质的契约和社会政治共同体。尽管个体可以在充足的时间里学会理解集体行动带来的好处,但合作的确立并不预告结果确定不变。②与当时的启蒙思想家一样,卢梭也认为国家乃人为的"有机体",是人们缔结契约的结果。他的契约理论不仅仅是当事各方"交易"的手段,通过它,人们"成为自我立法的公民而使自己转化为道德人"③,从而使人们平等地、自由地结合在一起。它在很大程度上也是一种为社会构建公正秩序基础的社会实践观念,这一观念是对现实的抽象,来自于人们共同拥有的善良意志;它使社会和谐有序,引领人们克服恶的观念,从而达到至福之地。

卢梭对契约理论的初步思考是试图通过人类联合形成"一股力量"。只有联合形成的力量才能"一致行动",而"公意"是使人类联合成"一股力量"的指导性概念,即他所谓的"我们每一个人都把我们自身和我们的全部力量置于公意的最高指导之下,而且把共同体中的每个成员都接纳为全体不可分割的一部分"。④在卢梭的文本中,这种普遍意志(或"公意")不仅是道德力量的体现,还是道德行动的原因。据此形成的国家不抛弃任何一个个体,有多少人就有多少张选票,它是

---

① 参见卢梭:《社会契约论》,商务印书馆,第3页。
② 参见 Grofman and S.L.Feld, Rousseau's General Will: A Condorcetian Perspective, American Political Science Review, Vol.82(1989), p.537。
③ 皮尔逊:《尼采反卢梭》,华夏出版社,第60页。
④ 卢梭:《社会契约论》,商务印书馆,第20页。

一个"有道德的国家",而非基于强力聚合的群体:它的形成具有强烈的一致性和统一性,形成了"共同的'我'",它有"生命和意志"。这是他对契约理论的初步思考,通过它"创建一种能以全部共同的力量来维护和保障每个结合者的人身和财产的结合形式,使每一个在这种结合形式下与全体相联合的人所服从的只不过是他本人,而且同以往一样的自由"。我们从这句话中也能清楚地发现卢梭社会契约理论的根本性质,这一理论决定了所构建国家和政府的形式。①

　　这样的政治体能协调所有力量保卫每个个体。与霍布斯一样,卢梭也把这人造的国家视为如自然人格一样具有"意志"。它是使人们结合在一起的"普遍意志"的凝聚,是法律和政治制度的母体。普遍意志是国家的灵魂和精神,是促成秩序的基本原则。在卢梭的国家认识中,公意是没有剥削和压迫的重要原因,使任何不道德——如主人—奴隶关系、个别人或团体的特权等——无所立足,不管它是以多么精巧和文明的形式包装起来的。

　　与霍布斯不同的是,卢梭认为,任何人都不能放弃他的人格、生命和理智,也没有任何法律可以让他把所有权利毫无条件地让予"他人"。如果人们生活在这样的国家里,实际上就宣告其"在未死以前就停止生存"了,这不仅违背了自然的自我保存,还违背人们良心和理智赋予他的行动和判断能力。卢梭并不把人们结合在一起的"力量"通过契约直接赋予某一自然人格或法人,而是赋予了人民全体和"全体普遍意志"。人民和公意是最高的领导,个体是人民的一员,是全体的不可分割部分。总体来看,他的契约包含"全体"和每个个人之间的约定,即"每一个人可以说是同他自己订立契约,因此他具有双重的关系,即:对别人来说,他是行使主权的一分子;对主权者来说,他是国家的一个成员"。②这种契约不像霍布斯的契约那样给不服从主权者留

---

　　①　卢梭:《社会契约论》,商务印书馆,第 19 页。卢梭有此观点:"社会契约是一切文明社会的基础,我们只有根据这种契约的性质,才能阐明按照这种契约而构成的社会的性质。"卢梭:《爱弥儿》,商务印书馆,第 707—708 页。

　　②　卢梭:《爱弥儿》,商务印书馆,第 708 页。《社会契约论》中也有相同说法:"结合的行为包含有一个公众与个人之间的相互约定;每一个个人在可以说是与他自己订约时,便有了双重身份,即:对个人来说,他是主权者的一个成员;而对于主权者来说,他又是国家的一个成员。"卢梭:《社会契约论》,商务印书馆,第 21 页。卢梭后来也阐述了不愿意订立契约的反对者问题:"即使在订立社会公约时有人表示反对,他们的反对也不能使公约无效,顶多只是把这些人不包括在内罢了;他们是公民中的外邦人。而在国家建立以后,居留在国内就表示同意,住在国家的领土上,就表示服从主权。"见《社会契约论》第 119 页。

下了理由和空间,而卢梭试图把人们撕毁契约的可能性封死。①因为卢梭笔下的主权者本身就是一个公共人格,不可能有私人意志。也就是说,主权者只能"根据共同的和全体的意志行事",它的法令也"只能有共同的和普遍的目的"。按照他的逻辑来看,主权者不具有损害个体的可能性,"要损害的话,便要损害所有的人,但这种情况是不会发生的,因为这等于是自己损害自己"。②同时,个人服从主权者,实际上就是服从公意的指导也就是服从自己,有道德公民是不会反抗自己的。

卢梭的社会契约理论蕴含了人民主权。它不直接涉及具体权力的配置,只规定人民是政治体的拥有者。不过,他并非没有思考主权者"以何种方式行动"这一问题,他也指出了主权者使政治体行动起来具有诸多不便之处。正是基于这些问题的考量,他提出在主权者和公意的支配下创建政府。需要指出的是,政府只是主权者意志的贯彻和实施机关,作为由个体充当形成的实体,它不像国家那样具有完全的"普遍意志"。在贯彻公意的过程中,政府因实施权力而具有篡权的可能。那么如何防止政府篡权呢? 卢梭明确指出,可通过定期和不定期召开"人民集会"③的方式以抵制其篡权和滥权的倾向;并且,他还着重探讨了该集会具有维护"社会契约"的重要职能,以集会召开时提交议案的方式:"第一个提案是:主权者是否同意保持现在的政府形式。第二个提案是:人民是否赞成让现在主政的人继续当政。"④这两个提案在某种程度上是人民集会存在的理由,二者绝对不能取消,并且必须分别投票表决。

(三)以公意为核心的理想国家

"公意"是卢梭最具独创性的一个基础性政治概念,其政治观念中

---

① 同时,这也为国家采取何种政体形式留下了比较大的转换空间:即在确认人民是国家主人是主权者(国体)的前提下,采取什么方式实施国家权力、如何配置和运行国家权力等问题。后文将具体探讨。

② "只有个人才能够破坏它(笔者注:社会契约),然而,破坏了社会契约,个人也不能因此就不受它的约束,反之,他却要因为破坏它而受到惩罚。"卢梭:《爱弥儿》,商务印书馆,第709页。

"人们一旦结合成了一个共同体,则侵犯其中的任何一个成员,就不能不伤害整个共同体;而且,只要稍微对政治体有一点侵犯,就更不能不使它的成员感到这一侵犯行为对他们的影响。因此,义务和利益使缔约的双方都要互相帮助,要想方设法在这种双重关系下把所有一切从这种关系中产生的利益结合在一起。"卢梭:《社会契约论》,商务印书馆,第22页。

③ 它也是保持主权权威的方法,后文将探讨。

④ 卢梭:《社会契约论》,商务印书馆,第114页。

探讨的每个问题在一定程度上都以某种方式与它相关。尽管引起了巨大争议,但它并不是一个神秘的政治意识形态概念,毋宁说是一个与"公众的诸善"有关的政治概念。通过以公民为构成要素的人民的普遍意志,卢梭自信能够说明的就是通过公意让人们能够克服个人的特殊意志,"使个体的理性意志达到普遍"①,克制自己的欲望。在公意的指导下实现共同的幸福、正义和善;既不有所偏颇,又不剥夺人的自由,从而建立一种极具道德底色的政治共同体。如果用理性选择理论者的眼光看待公意,那么它可作为卢梭关于社会幸福、公共福利问题的重要表达,并且许多模糊不清的地方也可以变得明晰起来。②

1. 卢梭的"意志"概念

卢梭从哲学的层面对"意志"这一概念做了深入考察。他在《爱弥儿》中总结为三个定理或三个信条:

首先,物质接受运动、传送运动,但运动的原因不在于物质内部,它本身不产生运动。通过对物质运动现象结果的不断追溯,卢梭提出"某种意志"是宇宙运动的"第一原因",这句话的意思就是人们所观察到的运动的最终原因只能"来自一个自发的、自由的动作",或有生命物体的活动,"没有哪一个真正的活动是没有意志的"。意志推动宇宙运动,从而使生物具有灵性,自然具有生命。这是卢梭发现的第一个定理或第一个信条。

第二个定理,如果运动中显现出意志之存在,那么世界中有规律、具有一定方向性的运动则表明智慧的存在;它存在于运动的万事万物中,存在于自然之中。卢梭指出,"世界是由一个有力量和有智慧的意志统治着的,我看见它,或者说我感觉到了它,我是应该知道它的"。③

第三个定理是促使活动产生的本原意志只能是一个"自由的存在者"发出的,"凡是真正的意志便不能不具有自由"。卢梭认为,无论物质是怎样的,但宇宙作为一个整体表现出"一种独特的智慧",因为在

---

① "卢梭公意思想的意义在于,他试图以新的方式,使个体的理性意志达到普遍,以此演绎社会联结,为社会联结找到理由。也就是说,为了使个体的理性意志达到普遍,他并不是仅仅在个体意志之间设立一个同一,而是通过政治领域中的参与和自我教育来达到。"皮尔逊:《尼采反卢梭》,华夏出版社,第 95 页。

② 参见 Grofman and S.L. Feld, Rousseau's General Will: A Condorcetian Perspective, American Political Science Review, Vol. 82(1989), p.567; Mads Qvortrup, The Political Philosophy of Jean-Jacques Rousseau, Manchester University Press, pp.59—60。

③ 卢梭:《爱弥儿》,商务印书馆,第 394 页。

这个秩序或系统里的事物都得到了安排,并指向一个共同目的,即在"既定的秩序中保存这个整体"。卢梭指出,这个推动万物运动的"意志"是具有大智慧的存在,它是道德的并具有仁慈之心,这种道德辐射万物,映射在自然和人的本性之中。卢梭称之为"上帝"。基于此,他引申出一个重要判断:尽管人在行动中受到"一种无形的实体的刺激",但"人在他的行动中是自由的":"他一切的自由行为都不能算作是上帝有系统地安排的,不能由上帝替他担负责任。"①

前面已经指出,卢梭笔下的人不仅是有感觉的生物,也是具有能动性的生物。这种能动性就体现为人具有意志的能力,这是其作为"自由的存在"的体现。在他看来,自由是表现为精神层面的意志与物质生理层面力量的结合,它是人们积极行事的自由,不仅包括自由的意志,还需具备行使意志的行为能力;自由就是人成为自己的主人,是自主的;它是善的构成要素,意味着人们可以选择过自己喜欢的生活方式。②尤其随着人的理智和道德的进展,其意志不受感官左右,人们内心可以清楚地意识到自己所做的事情,他不一定时刻都能够贯彻意志,但他时刻具有意志的能力。不过人的这种能力和能动性并不意味着他可以随心所欲,他不会损害自身,也不会不追求幸福。③

2. 人民的普遍意志(公意)及其道德性

普遍意志以个人意志为基础,但它不是个人意志的加总,不是个体所寻求各种利益之总和。当然,作为以普遍意志为核心并通过社会契约而形成的国家也不是在某种个人利益的"累加原则"(aggregative principle)而是在实现公共利益(或根本利益)原则的指导下建立的,因为与普遍意志相对应的是公共利益。就像罗尔斯指出的,正是每个公民都享有的根本利益,而非"我们各自不同的利益(不管是基本的还是

---

① "我(笔者注:卢梭)在这个辞(笔者注:此处指"上帝"这个词语。)中归纳了我所有的'智慧''能力'和'意志'这些观念,此外还使它具有'仁慈'这个观念。"卢梭:《爱弥儿》,商务印书馆,第 395 页。这三个定理可参见卢梭:《爱弥儿》,商务印书馆,第 389—401 页。

② 按照卢梭的逻辑,通过契约,人以自然中的独立换取了"真正的自由",人就成了道德的公民(当然还需前述教育之培养和引导),自主的公民。在国家里,它还要求人们必须服从公意及其支配下制定的法律。总体来看,卢梭以推崇道德情感、谨慎看待理性为基础而提出的"自由—政治"认识与自由主义者——包括洛克、孟德斯鸠、托克维尔等欧美传统自由主义,以及功利主义的自由主义政治观——出现了分野。

③ "我虽然是自由的,但不能自由到竟不希求我自己的幸福,不能自由到竟愿意自己受到损害;不过,即使我这样做,我的自由也在于我只能希求适合于我的东西,或者在没有他人的影响下我估计是适合于我的东西。"卢梭:《爱弥儿》,商务印书馆,第 401 页。

个别之利益)的最大满足,才决定了普遍意志视角中的公共善的具体内容,这些根本利益是所有的人都共享的"。①从这点出发,也能比较清楚地理解卢梭对众意(所有人意志的总和)和公意的区分,因为在一个国家里,前者的"加总"是不可能的,它不可能为社会合作提供可靠而长久的正当基础。②

在国家里,"公意"具有最高的道德性,它永远以公共福祉为宗旨,其指向的公共利益和共同善就是正义的体现。作为人民的普遍意志,它不可败坏,牢不可破,"它永远是纯洁的"。当然,公意可能在某一时期暂时"屈居于另外一些现在比它更强烈的意志之下",卢梭认为这种"更强烈的意志"在现实政治领域往往表现为一些个体成员具有使个人利益凌驾于公共利益之上的倾向。也就是他所谓的个人意志倾向于偏私,而公意倾向平等,二者常常并不一致。

另外卢梭也吸收了马基雅维里等人关于"人民"的一些认识,即在现实政治领域,"人民的意见"并不见得永远公正,尽管每个人都希望得到幸福,但总是不知道如何获得幸福,"人民永远不会被败坏,但人民往往会受欺骗。正是由于这个缘故,人民看起来才好像是愿意把不好的东西当作好的东西来接受"。③有鉴于此,卢梭从人民的道德情感及其对共同幸福的追求方面析出"公意"这一重要概念,论证它在目的和本质上所蕴含不可腐蚀的道德性和公正性④,并通过"道德"的政治化为人民福祉加上"道德"⑤和"权力"(政治方面)的双重保证,使"平等的偶然"变为"平等的必然",从而使之成为社会契约及其结成共同体的核心要素。

---

① 罗尔斯:《政治哲学史讲义》,北京:中国社会科学出版社,第 235 页。

② Trachtenberg, Making Citizens, Rousseau's Political Theory of Culture, New York: Routledge, 1993, p.14.

③ 卢梭:《社会契约论》,商务印书馆,第 32 页。在前面"马基雅维里"部分,本书谈到人民易于遭受假象的蒙骗、短视而不知辨别真正的利益,"人民许多时候被一种好处的假象所蒙骗,……如果在向人民提议的事情中明显可见利益(即使在其底下隐藏着损失),而且看来是勇敢的决定(即使在其底下隐藏着共和国的毁灭),那么说服民众接受它总是会很容易;马基雅维里:《君主论·李维史论》,吉林出版集团有限责任公司,第 287—288 页。

④ 就像卢梭所说,"公意要真正成为公意,就应当在它的目的和本质上是公正的:它必须来自全体,才能适用于全体。如果它倾向于某个个别的和特定的目的的话,它就会失去它天然的公正性"。卢梭:《社会契约论》,商务印书馆,第 35 页。

⑤ "普遍意志是对个体意志进行普遍化的结果。在卢梭那里,普遍意志具有非常重要的价值,构成了道德的保证。"崇明:《卢梭思想中的世界主义和普遍意志》,《中国人民大学学报》,2011 年第 4 期。

3. 主权与公意的政治化及其问题评析

公意是人民共同福祉的体现,只有它才能指导并凝聚国家内的各种社会力量,通过寻找他们的共同利益而使共同体行动起来。人民福祉不仅是公意的目的,公意还为它提供了道德和政治权力保证。在卢梭看来,公意本身的道德性不仅是一个重要方面,从某种程度上说,把这一道德概念"政治化"则是其政治思想重点探讨的内容之一。把权力赋予人民的同时,还要为他们以公民之身份提供政治行动的机会,也就是为公民打造借以行为的公共空间。要想使公意发挥作用,卢梭必须走出这一步,使它通过某种方式进入具体社会政治领域,打破套在人们身上的枷锁,使人们转变为自由平等和有德的公民。

"主权是公意的运用"是卢梭论证公意政治化的重要一步。推动主权的是一个国家的唯一的公意,按照他的理解,经过社会契约缔结的国家具有为了某种目的而进行支配的强制力量;无论何种性质的社会契约都具备这一特性,只不过权力性质有不同而已。卢梭的理想国家是道德的存在物,为其成员的幸福改善而存在,其实现当然也有赖于强制权力。这种支配性权力,"当它受公意的指导时,便称为'主权'"。①由此可见,公意具有正当性的主权和权威。公意不是特殊意志的综合,它不可分解,是一种机体性意志,不能由任何人或群体的意志来替代。既然如此,作为公意之政治运用的主权"就永远是不可转让的"。

但与霍布斯不同的是,卢梭认为,作为集体存在的人民聚集为主权整体。"人民"在这个国家里是唯一的主权者,"只有它自己能代表它自己"。权力可以假于人行使,但"意志不能听任他人支配",②主权一旦转让于任何人或组织,则推动主权的普遍意志就会有沦为个人意志和众人意志推动的危险;众人和私人的特殊利益相应地就会取代普遍利益,这必将破坏国家机体,使它成为一个拼凑起来的怪物。

这一认识可能与人们看到的政治权力在近现代国家内运行的方式不相符合。卢梭解释道,这是由于一些政论家对主权和主权的使用两个方面不加区分而导致的:人们所看到"组成并隶属于主权各个部分的那些权利",并不是普遍意志的显示,只不过是"最高意志的行使而已"③。

---

① 卢梭:《社会契约论》,商务印书馆,第 34 页。
② 同上第 29 页。
③ 同上第 31 页。

他特别指出，主权可以由人或组织来行使，但不能以派生的具体权力的行使僭越主权的行使，就像不能以行政命令取代普遍的法律，不能以眼睛取代机体，不能以"众意"替代"公意"一样。在他看来，即使君主权也是由主权派生的，君主意志不形成国家存在的理由，它应与公意保持一致。

　　不过，卢梭的这一步引起了极大争议，"公意的政治化"成为卢梭政治哲学中最复杂也是最富有争议的地方。皮尔逊指出，卢梭的公意可以与尼采的权力意志相比，大多数论者正是通过"公意"批判他的整个政治思想体系的，其中最有力的就是"公意在现实政治中造成的强制（甚至'专制'）与自由平等的理想追求"之间冲突和矛盾的观点。

　　萨拜因在《政治学说史》中指责卢梭提出的服从"公意"并"迫使他人自由"的说法，认为以"公意"之名①迫使他人自由只是"使人盲目服从群众或盲目服从最强有力的势力的一种委婉说法"。另外也有不少自由主义思想家激烈地认为，"公意"不过是在维持社会所需必要的强力上所配的"高贵的谎言"，这种道德政治体系的背后实际上是非道德，立法者的意志只会由真正的政治理论家去敬仰，而常人是难以理解的，因此立法者需要依靠宗教的箴言来维持，否则，人们会把他视作立法的骗子。

　　相比萨拜因等人，皮尔逊的措辞比较温和。他认为，尽管公意及其政治化具有压制个人意志和利益的倾向，但"这并不等于说个体已经完全放弃了他的个别意志，放弃了任何对自我利益的考虑，而是他看到'我'的命运依赖于'我们'"。②也就是说，卢梭的公意学说不必然

---

　　①　"罗伯斯庇尔说起雅各宾派的态度时就顺理成章地应用了这种提法，他说，'我们的意志就是总意志'（笔者注：总意志即公意）。"萨拜因：《政治学说史》（上下册），商务印书馆，1986年，第663页。阿伦特在《论革命》中也认为，"一种一致持有的'公共意见'的统治，与意见自由之间，定然是不相容的。因为，事实上，在所有意见都一致之处，是不可能形成意见的。既然不顾及他人持有的众多意见就无人可以形成自己的意见，那么少数有力量但不同流合污者意见，在公共意见的统治下，就岌岌可危了。一切反对广受拥戴的暴政的意见，都不可思议地贫弱无力，此乃原因之一。它还不是唯一的，甚至也不是首要的原因。因为在多数人势不可挡的权力下，少数的声音丧失了一切力量和一切说服力"。阿伦特：《论革命》，译林出版社，第211页。

　　②　"在卢梭看来，一个道德共同体的形成，其目的是个体的自利。确实，卢梭社会契约演绎过程的新奇之处在于，社会契约要按照个体自利的真实基础来教育分离的个体，换言之，个体行为只有经由公意从而与他者保持一致，其自利才能实现。"皮尔逊：《尼采反卢梭》，华夏出版社，第66页。

带来专制,他的自由学说也不必然是"专制的自由"。但他仍然指出,卢梭在国家里把公民塑造成"政治自我","这样的政治自我和他人一起为公共的善而共同行动";而对于个体成员来说,这"可能是一种困难的自由",因为卢梭很难说清公意的内容到底是什么,也就无法弄清它如何内在于人们而不是"在我们之外",从而也不容易阐明所谓自由与平等是一种什么样的真实状态。①总体来说,卢梭没能解决这个问题,就此而言,萨拜因指责"公意"带来的专制危险也就无法克服了。

关于公意对个人意志及其利益能够抑制到什么程度,施特劳斯做了进一步考察。他认为,公意的普遍性强制力必须能够克服个体或组织的特殊诉求,而卢梭依靠政府"这只看得见的手"作为工具予以实施。基于此,卢梭的政府"必须足够强大以便控制公民的特殊意志,但也不能过于强大以致控制了公意或法律"。②通过施特劳斯的剖析,我们可以比较清楚地看到卢梭思想中关于国家与政府关系的区分:在公意主导的国家里,前者是平等、自由、幸福与善的道德保证,而源于公意的政府及其权力部门主要负责实施和协调。按照卢梭的逻辑,我们可以认为在公意的指导下,生活的多样性不应该受到损害而应该能够得到保证,从公意中可以衍生出导致不同生活和行为方式的政治原则和法律。从这里可以看出,相对于自由主义的政府理论,卢梭的政府观除了在权力运用过程中展现出强制性之外,还承载了丰富的道德要求和理想。

在探讨公意引起的强制基础上,萨拜因进一步指责卢梭在公意与权利学说之间"任意来回摆动"。当卢梭在谈论人的权利时不得不根据"公共利益的原则",而他并不能够阐明在"一个井井有条的社会到底会给它的成员哪些个人权利"。萨拜因对卢梭思想中"自由的矛盾"的批评,确实指出了后者在自由主义视野下缺乏一种个人主义式的权利观念,也可以显现出其政治思想因表现出"抽象"的理想性而不"务实"的一面:即人在社会中会自由,社会不会予人强制;如果有强制,那"只不过是他自己反复无常,并不正确了解他本人

---

①　参见皮尔逊:《尼采反卢梭》,华夏出版社,第 98 页。皮尔逊进一步指出,"卢梭面临的主要困难是在现实上如何形成公意"。公意是道德共同体中每个人都具有的并能促进所有人公共利益的"欲望",清楚了人们的"欲望"也就能够界定公意的内容,但卢梭没能说清这点。

②　施特劳斯、克罗波西:《政治哲学史》(上、下册),河北人民出版社,第 684 页。

的利益或愿望之所在"。①因为卢梭的理想国家始终是以公意为推动力的。

　　卢梭的权利观念确实不是自由主义的个人权利观念,这表现在他试图以公意这一带有集体性的概念作为权利的基础,而非洛克所开创的系统的个人主义政治哲学;与卢梭不同,后者着眼于社会共同体个体成员价值的自我实现和自我满足,国家或政府重在保护个体成员享有的系列权利;尤其是"财产权",洛克把这项权利作为个人所有权利和个人利益的根本,而"公意"作为权利的基础并不具备这种特征。

　　公意作为卢梭政治思想的一个重要内容,不仅在于对人民这一集体力量的必要性的认可,它还为社会共同体和一种良好的政治秩序提供了"权利"正当的途径,从而使得他能够"把自然自由转化为受到共同体保护的公民自由、把无限制的占有权利转变为合法而又有保障的财产权","克服了自然权利可能带来的冲突进而创造良好的政治秩序"。②在卢梭看来,权力可以用道德和理性的话语来表达,可以凭借道德基础经由契约而正当化,即把"强力"的语言转化为"权利与义务"的话语。皮尔逊在《尼采反卢梭》一书中做了说明,他认为,卢梭通过"正当性社会契约"的演绎,"用'权利'的话语来代替'强力'的话语"。公意中具有强制与服从的因素,通过它,卢梭试图打通"强力"与"权利",以克服自治与他治,权威与自由的对立。

　　总体来看,以公意作为基础的权利学说并不凸显为满足个体人及其本性的欲求,而是作为国家内"所有人都具有同样的权利"的方式而表达的,这当然也是人的欲求,但这是一种"普遍化"的存在于所有人身上的欲求,它的正当性和道德性不仅仅是经受了普遍化的考验,还有从自然状态中发现的"真理",因而才被证明为合理且正义的。③

---

　　①　萨拜因:《政治学说史》(上下册),商务印书馆,1986年,第661、662页。比如公意的概念,皮尔逊就指责卢梭实际上"建立起来的是一个抽象、静止的意志,它只有依靠清除社会的不同意见和革命(变革)精神来保持其道德的纯净,但这些要清除的对于社会的不断提高和克服来说都是基本的东西"。皮尔逊:《尼采反卢梭》,华夏出版社,第234页。

　　②　崇明:《卢梭思想中的世界主义和普遍意志》,《中国人民大学学报》,2011年第4期。

　　③　正如施特劳斯指出的,"在霍布斯看来,所有德性和义务都只来源于自我保全,并且因此就直接来源于盘算。而卢梭则感到,盘算或一己的利益作为联系社会的纽带而言不够强有力,作为社会的根基而言则不够深厚"。施特劳斯:《自然权利与历史》,生活·读书·新知三联书店,第283—284页。

四、人民主权与民主主义的法政制度设计:"人民"的发现

从契约理论和公意概念可以看出,卢梭用"公意"描述由契约而缔结的国家的主权形式。在这种主权形式中,人民①是国家的主权者,个人(公民)是人民的一个必要组成部分,个人意志因普遍意志而与这个道德理想国家"同一"。这与霍布斯的主权思想根本不同,对于霍布斯来说,国家缔结之后由某一个人或集体成为主权者,个体意志湮没于主权者的意志之中,主权通过被创造的一个赋予绝对权力的"个别意志"而实现。

(一)卢梭的权力思想

在对权力本质的认识方面,卢梭与霍布斯持大致相同的观点,即强调权力本质上就是一种强制性和约束力的体现。从它产生的后果来看,就是人们的服从与反抗:"我认为,当人民被强力迫使服从而服从了,他们做得对";同样,当他们依靠自身的权力而打破了套在他们身上的枷锁时,"他们就做得更对"。②二者的差异在于,霍布斯显然强调的是由权力而带来的"服从"之后果,而不考据有权力的主体和主权者身份、财产、地位等的差异(卡西勒在《卢梭问题》中称之为"权力的性质"差异)带给政治和国家的不同影响,而这正是卢梭特别在意的地方。卢梭作为一个追求人类幸福、期望道德的思想家,他知道若权利没有得到保障,那么人的善业、福祉就是奢谈,而霍布斯基于权力构建的社会政治秩序对此并不关心。

卢梭对霍布斯的专制权力观做了强有力的批判。他认为,尽管"专制主"具有保证其治下臣民安享社会太平的强大权力,然而,对于因为专制主的野心和无限贪欲而使臣民陷入战争、纠纷等困境的行动,又有什么力量能够加以约束和限制呢? 即便"专制主"能够给人们带来和平的环境,然而,"他们能从这种社会太平中得到什

① 卢梭参照霍布斯的文本,根据其文本逻辑来看,"人民"(the people)即通过订立社会契约而合作的人作为整体的称呼。人民整体是主权者,而分享平等主权权力(sovereign power)的个体称为公民(citizens),而公民在法律的控制之下则被称为臣民(subjects)。

② 卢梭:《社会契约论》,商务印书馆,第3页。

么呢?"

　　卢梭严厉地指出,处于"安静"的监牢中并不比战争状态带来的困境强多少。因为人们毫无自由可言,没有自由就没有做人的资格,也就放弃了做人的权利和义务。①对于专制主来说,当他拥有了剥夺人的自由的权力,也就意味着剥夺了自身行为的道德性和正当基础。②在卢梭看来,专制主永远具有自己的个人利益,也永远不可能与人民的利益"同一",因此,国家的利益只能等同于专制主的利益,"如果这个人死了,他的帝国在他死后便分崩离析,立刻瓦解,同一棵被人放火烧了的橡树化成一堆灰烬一样"。③

　　权力最易被掌握权力的人滥用,这是它的本性使然。孟德斯鸠与洛克等人以"权力钳制权力"的政治逻辑来防止权力滥用,对于当时这一比较先进也相当流行的"自由主义"权力观念,卢梭也不认可。他指出,对权力的大小进行限制可能对权力的肆意妄为具有一定的约束,然而,简单地对"权力的限制或分立"④不能消除"肆意妄为的原则"本身,从根本上是徒劳无功的,"因为只要是没有这样的守法意志,那么摆在主权者面前约束他的不可侵犯的'根本法'就算设计得再仔细,也无法防止他用自己的方式对其做出解释并随心所欲地付诸施行"。⑤因此,重要的是改变权力的性质,建立更具基础意义的正当性权力,即以所有人自由地服从于有普遍约束力的法律为基础的权力。

　　对卢梭来说,权力本身带有强制,我们不应反对权力,而应该守护好握着权力之柄的手;同样地,对于共同体的构建来说,契约形式也没有什么不好,重要的是促使契约订立的"意志"是什么。鉴于人民的立场和视角,卢梭更加强调"人民"要牢牢掌握国家权力,利用它去打破

---

　　①　"这时候,沦落到了奴隶状态的公民既没有自由也没有意志了:恐惧和吹捧把投票变成了一片喧嚣;人们不再讨论,会场上不是歌功颂德就是乱骂一气。"同上第 118 页。

　　②　"规定一方享有绝对的权威,而另一方无限地服从,这种条约本身就是无效的和自相矛盾的。"同上第 13 页。

　　③　卢梭:《社会契约论》,商务印书馆,第 17 页。

　　④　卢梭在《论人类不平等的起源和基础》中也批判了分权的观点:"如果有一个本国人为首领,同时又另有一个外国人为首领,那么无论他们能够做到怎样的分权,既不可能二者都很好地被人服从,也不可能把国家治理得好。"卢梭:《论人类不平等的起源和基础》,李常山译,商务印书馆,第 52 页。

　　⑤　恩斯特·卡西勒:《卢梭问题》,译林出版社,第 87—88 页。

与普遍意志相反的"非道德统治"①。

　　关于权力带来的服从方面,比霍布斯更进一步,卢梭探讨了把"权力"转化为"权利",把"服从"转化为"义务"的问题,这实际上也涉及权力的合法性与正当性问题。在卢梭看来,基于单纯的强力而形成的"最强者的权利"必然产生错误的道德观念,"强力是一种物理力量,我不明白它的作用怎么会使人产生道德观念。向强力屈服,是一种必要的行为,而不是一种意志行为,顶多只能是一种明智的行为,它怎么能变成一种义务呢?"②也就是说,纯粹的强力(或暴力)根本无法带来使人们服从的义务。"如果要施加强力,人们才服从,那么,人们就不是出于义务而服从的了。只要人们不再被强迫服从,他们就没有服从的必要了。"③强力本身不是权利,强力也不带来任何义务;在卢梭看来,权力和权利应该以道德和法律为基础。

　　如果说公意赋予卢梭的理想国家以深刻的道德性的话,那么,它也赋予政治权力同样的道德性。权力必须具有道德基础是其对权力合法性与正当性进行阐释的重要体现。在卢梭看来,惟有这种道德基础,人们才会服膺有权力之人的意志和命令,否则就很难在现实政治中得到充分行使。因为权力的行使就会附带许多条件,而这些条件就是权力能够充分行使的障碍。从卢梭的论述来看,首先,与软性道德相对的"武力"就是这种障碍的重要体现,例如"当一个匪徒在大道上拦住我们抢劫的时候,尽管我们有办法把我们钱包里的钱藏起来,我们是不是也应该本着良心把我们的钱拿给他,因为他手中所持的枪也是一种权力"。④其次,他还重点探讨了权力行使时附加于其上的"舆论"。认为依靠舆论的权力本身就带有奴性,它意味着"偏见的统治"和"非自由的意志",有权力之人之所以借助于"舆论"工具行使权力,是因为他要按照自己的心意支配他人的时候,不得不考虑后者的"心

---

　　① 就如卡西尔解读的,"只要这种意志限于替那些凭借权力与财富而获取了特权的个人或集团服务,它便是一切罪恶的源头,便是所有因人类相互倾轧蹂躏而导致的苦难与不公的元凶"。恩斯特·卡西尔:《卢梭·康德·歌德》,生活·读书·新知三联书店,第31—32页。"最自由和最温柔的动作是决不容许真正的暴力的,大自然和人的理性都是反对使用暴力的。大自然之反对使用暴力,表现在它使较弱的一方具有足够的力量,想抵抗就能够抵抗。"卢梭:《爱弥儿》,商务印书馆,第530页。

　　② 卢梭:《社会契约论》,商务印书馆,第9页。

　　③ 同上第3页。

　　④ 卢梭:《爱弥儿》,商务印书馆,第706页。

意";也就是说,有权力者的意志没有与人们的意志达成"统一",二者
更不是"同一"的,"他们只要改变一下想法,你就不能不改变你的做
法"。①所以,从这两个方面的反面可知,卢梭的基于"公意"的政治思
想非常重视权力的道德基础,强调权力与人们意志的"同一",不仅是
个体与人民意志的同一,还包括行使权力者的意志与人民意志的"同
一",惟如此才是真正的"公意"统治。

(二)人民主权与政府统治权的派生

社会契约的根本在于实现人们的结合,在结合的过程中,国家所
拥有的政治力量源于人们力量的让予。人民是主导,相应地,这个"大
写的我"也成为国家的主权者;他认为,人民整体作为国家的主权者是
一个政治机器在"构造和运用"方面必须具备的条件,它是使契约合
理、合法且不会危及自身的重要条件。否则,社会契约以及由此而产
生的其他契约就是荒谬的,缔结形成的政治体就是专制国家。在卢梭
看来,既然主权掌握在作为一个整体的人民手中,那么主权权力就是
不可分割、至高无上的。它能够对人民之一员——"属民"——提出要
求,而属民应该服从;不过,主权者的要求必须以对国家共同体有益为
限度,同时也不能"使某个臣民比另一个臣民承受更多的负担"②,这
既是对理性法则的遵守,也是自然法则的要求。

一个国家的主权实质上始终是公意的体现,但因为个人的利益总
是必然存在的,而个人利益常常与人民的公共利益发生矛盾,针对这
种根深蒂固的、与公共利益相矛盾的个人利益的不可摧毁性才使统治
权成为必要。一般来说,主权者与公民的利益是一致的,它不可能做
存心伤害公民的事情。不过国家中的成员具有双重身份:一是国家
主权的构成成分、主权的参与者——公民;二是作为国家法律的服
从者——臣民。作为臣民应该认识到自己与国家的同生共存性,但
在卢梭看来,应然与实然之间存在不可避免的不一致,"因为,个人
的利益总是占先的,大众的利益总是相等的;即使说两者形成一致

---

① 卢梭:《爱弥儿》,商务印书馆,第80页。"只有自己实现自己意志的人,才需要借
用他人之手来实现自己的意志;由此可见,在所有一切的财富中最为可贵的不是权威而是自
由。真正自由的人,只想他能够得到的东西,只做他喜欢做的事情。"卢梭:《爱弥儿》,商务印
书馆,第80页。

② 卢梭:《社会契约论》,商务印书馆,第37页。

是可能的,但是,除非它是必然的和不可摧毁的,否则,统治权是不可能由此产生的"。①当个人利益、部分利益大于公共利益,或者危害到公共利益的时候,也就是说,尽管有公共利益,但如果国家成员只想享受权利而不愿履行义务;若臣民不能效忠主权者,主权者不能使臣民履行约定;那么,派生于"公意"的政府统治权力必须能够强迫个人、部分服从公共利益和普遍意志,即"谁拒不服从公意,整个共同体就要强迫他服从公意,这就是说人们要迫使他自由②,因为这是保证每个公民只依附于祖国而不依附其他人的条件"。③

按照卢梭的文本来看,在国家的属民和主权者之间有一个中间性的存在于国家之内的一个新政治体——政府。政府一般由一个或一群人组成,担负"掌管行政、执行法律和维持政治和公民自由的责任"。卢梭把他们称为"行政官或国王"(卢梭有时把这个行政官的总体称为"君主"),是国家的"统治者"。④他们掌握国家的统治权,是贯彻公意的具体行动者,是沟通国家和主权者的桥梁,是主权者委托的"执行人",是使这两者互相沟通的中间体。

作为派生于主权权力、内生于国家的具有中间性的政府创建的看法,卢梭在《社会契约论》第三卷第十六章中对一些政治思想者提出"政府的创立是一种契约行为"的观点予以驳斥。政府创立的目的是为了国家这个政治体的运行与行动,它不是一项契约行为。他认为政府只能由主权者铸造,人们"在创立政府的时候,授予君主的就是这种为了使政治体能够存在与行动而不可或缺的权利"。⑤总体来看,政府的创建是主权者制订法律并执行法律的复合行为:所谓制订法律的行

---

① 卢梭:《爱弥儿》,商务印书馆,第 711 页。

② 译者注:"人们要迫使他自由",意为迫使他服从法律。因为,正如卢梭在本卷第八章所说的:"服从人们为自己所制定的法律,才能自由。"

③ 卢梭:《社会契约论》,商务印书馆,第 23 页。如施特劳斯解读的,"公民社会需要道德,因为人的自然特征不足以内在地约束他去适应政治生活的严谨的需要,而他新燃起的激情使他更不适合社会。建立在每个人对自己的利益的计算基础上的社会只会进一步地发展那些激情,因为他的利益已为他的激情所决定,会不可避免地导致暴政或无政府状态"。施特劳斯、克罗波西:《政治哲学史》(上、下册),河北人民出版社,第 675 页。

④ "这个中间体的成员称为行政官或国王,也就是说他们是统治者。整个中间体按组成的人来说,称为执政者;按它的行为来说,则称为政府。"卢梭:《爱弥儿》,商务印书馆,第 712 页。

⑤ 卢梭:《社会契约论》,商务印书馆,第 109 页。"国家是以它自身而存在,而政府则是由主权者而存在,因此,君主的统治意志只能是而且也应当是执行公意或法律;他的力量只不过是集中在他身上的公共的力量而已。"见《社会契约论》第 68 页。

为,指的是主权者确定以什么形式建立政府的法律规定;所谓执行法律的行为,指的是主权者任命政府人员的具体行为,它是前一种行为的结果。①

卢梭对国家和政府的创建做了明确区分,国家先于政府存在。前者是社会契约缔结的结果,而政府内嵌于国家之内,派生于主权者的普遍意志,它是对公意和法律的贯彻和执行而产生的"新"政治体。卢梭对此进行区分的一个重要目的在于阐明主权者与统治者关系,也就是一个国家的主权者只有一个,那就是人民而非君主。卢梭认为,"平等的必然"并不意指它是由于某一个权势人物允诺的保障而获得的,因为这不长久也不稳固,仍是一种偶然。在这里,他批判了霍布斯在人民头上树立一个"主权者"的观点。人民不能依靠他人的意志做能够实现幸福的事情,他不能一味地诺诺服从,否则人民就会丧失作为"主权者"的品质,会因这些行为而解体。一个国家的最高权威只能源出"一头",基于自由的考虑,人民作为真正的权威不会在自己头上再加一个统治者(如霍布斯的"君主"),否则就会损害自己获得的自由,主权者就不再存在也无所谓国家的存在了。

从这里可以看出,君主的"统治权"并不是主权者意志的实现,更不是主权者意志本身,而仅是主权者意志的代表,前者只是为了实现某种主权权利的一种必要存在,其存在的理由在于主权者的目的。另外,即便人民在现实政治中"同这个人或那个人"订立了契约,但这也是一种"个别行为","这种契约不能成为法律,也不是一种主权行为"。②

总体来看,卢梭的国家与霍布斯的国家一样具有强大力量,这个力量握在主权者手中。霍布斯的君主就是主权者的化身,因此,主权者和君主身体上的统一,使其意志、行为因其自身的存在而正当。他的权力是无条件的,不加证明即正当。而卢梭与他不同,君主是"行政官总体"的称号,君主的意志与公意因主体的差别并不一致,君主在确定性的意义上受公意指导,贯彻法律的意志;君主的力量是主权者或国家力量的一个组成部分,受托于国家力量。否则,按照霍布斯的逻辑,"如果君主具有了某种比主权者的意志更为活跃的个别意志,并使他手中掌握的公共力量服从他的个别意志,这时,可以说就会出现两

---

① 参见上书第 111 页。

② 卢梭:《社会契约论》,商务印书馆,第 110 页。

个主权者；一个是权利上的主权者，一个是事实上的主权者。这样一来，社会的结合马上就会消失，政治共同体就会立即瓦解"。[①]

（三）公意与卢梭的民主主义法治思想辨析

卢梭断言革命即将在他生活的国度发生，其政治思想的目的不是引发革命，而是革命之后一个新创立国家"应该具有什么样子"的阐释。公意的确在他政治思想中引起了极大争议，但不少批判者，尤其是后来来自于自由主义一脉的批判者基于"公意政治化"而相当武断地得出其思想中蕴含激进而又明显的"强制与极权"的结论。国内外不少思想者和历史学者也常常把卢梭与法国大革命的爆发联系起来，抨击其对法国大革命的引导，把他指责为雅各宾派领导人的思想导师；并认为革命中的极权、恐怖统治和任意屠杀是其思想中存在的或明或暗的因素造成的结果。如果这些认识属实的话，显然，这不是卢梭思想的全部内容，确切地说，这根本不是其政治思想的主要内容，更不是他政治思想的根本旨趣和目的。

作为霍布斯的主要批判者，卢梭对权力性质、政府和君主"统治权"及其与主权者、主权权力的区分表明了他对加诸于人民头上的君主专制权力的反对。并且，卢梭的"道德理想国"并不简单地仅仅是由公意这一"抽象虚幻"的政治概念演绎的虚无缥缈的"乌托邦"，他还力图通过"公意的政治化"消解思想中的"抽象与虚幻"。"公意的政治化"不仅体现在上述"政府统治权"的论述上，还体现在其对法治和民主主义政治体制的基本设计之中。卢梭力图使"公意"能够在现实政治实践中以某种方式[②]凸显出来，除了前述道德教育和政治教育之外，如源于公意的法律，立法者和人民在法律制定中的角色和影响，法律作为政府统治权的根本依据（法治国、法治政府），人民集会（或人民大会）对政府或君主权力的矫治（不是自由主义权力分立理论的"制衡"）及其对国家的保卫和重要事项的直接议决，以及由此而对一些具体政治制度的思考与设计等。本部分主要探讨卢梭带有浓重民主主

---

① 卢梭：《社会契约论》，商务印书馆，第68页。

② 卢梭与霍布斯一样，认为法的根基在于人类的某种情感或激情中。"在自然的权利和社会的法律之间存在着这样多的矛盾，以至要调和它们，就必须不断地躲开矛盾和绕过矛盾，必须采用很多巧妙的办法才能防止一个生活在社会中的人变得十分虚伪。"卢梭：《爱弥儿》，商务印书馆，第462页。

义色彩的法治思想,下部分将剖析政治体制及其相关方面。

法的律令不是超验的启示,而是人类在现实社会生活中模仿上帝诫命的结果,它来自于人民的内心。卢梭认为,自然是善和正义的,然而人类所组成的社会并不完善,既然缺乏自然的裁决,那么,"正义的法则在人间就会成为一句空话":"如果一个正直的人对大家都遵守正义的法则,而别人对他却不遵守,则正义的法则就只有利于坏人而不利于正直的人。"①因此,从人类及其所组成的共同体来考虑的话,为了使正义达到它的目的,法律成为人类进入社会之后实现正义所凭借的手段。

1. 公意与法律的关系是卢梭法治思想的一个重要方面。他在《社会契约论》中断言,法治是人类社会所有制度中最崇高的,法律是人民普遍意志的体现,是公意的行动。按照卢梭的看法,法律的普遍性②与法律的对象、制定法律的主体、立法权的范围及公意等密切相关。③他在《爱弥儿》中也指出,法律是由人民整体即主权者的意志制定的法令,它的"对象是全体",是人民整体向这个政治体内的所有人颁布命

---

① 卢梭:《社会契约论》,商务印书馆,第41页。

② 法律的普遍性并不意味着它是一种渗透到人具体生活的极权。这种普遍性意味着"不论他是谁,擅自发号施令都绝对不能成为法律。即使是主权者对某一个别的对象发出的号令,也不能成为法律,而只能是一道命令;不是主权行为,而是行政行为"。卢梭:《社会契约论》,商务印书馆,第43页。因此可初步知道,有些学者通常认为的法国大革命中雅各宾专政乃对卢梭误认的结果。另外根据对政治体中主权者、国家、政府等之间的比率关系,卢梭在《社会契约论》第二卷第十二章对法律进行了四种分类,第一类是政治法,它是主权者与国家的比率,它是衡量政治秩序好坏的重要依据,也规定了政府形式。第二类是民法,是成员与整个共同体之间的关系比率,这个比率要求"对前者而言应当尽可能小,对后者而言应当尽可能大,以便每一个公民完全不依附任何其他人,而只依附于城邦"。见《社会契约论》第61页。从此处可知,卢梭的民法,要求国家成员的力量相较于国家力量小,是组成后者的一分子,成员之间的力量相差不大,相较于国家而言都小,平等的成员面对强大的整体;人民的自由平等需要整体的保障。第三类是刑法,衡量人们的不服从与付出的代价之间的关系,刑法可以衡量人们对其他各种法律认可的程度;第四类是风俗、习惯和舆论,这是"国家真正的宪法",它在公民的心里,为其他法律增添活力,并使人民维持他们的"创制精神"。第四类法律是最为重要的法律,是构成政治体大厦"穹窿顶上的不可动摇的拱顶石"。参见《社会契约论》第61—62页。

③ 根据卢梭对法律的解释,大致可概括为四个方面:1.卢梭认为法律对象的普遍性,在于法律所考虑的是"全体臣民和抽象的行为",而非针对某个个体或个体的具体行为;2."任何一种以个别对象为目的的职能,都不属于立法权的范围"。3.法律本身是意志普遍性的体现,因其出于主权者的意识而高于君主意志,它永远公正并使人自由。4."法律完全是社会结合的条件。服从法律的人民应当是法律的制定者;规定社会条件的,应当是结合成社会的人们。"以上4个方面及其引用参见《社会契约论》第42—43页。

令。只有这样的法令才堪称法律，通过它，意志的普遍性与对象的普遍性结合起来，它是公民联合的一个重要条件。

不过，卢梭进一步指出，法律与政府条例不同，尽管二者都具有权威性，但后者显然是次一级的，它是政府为了"执行这种法律"而做的强制性条例，"是只能够针对特殊的目的来订的"。因此他举例说："主权者在确定人民选举首领的时候所要依据的法令，就是法律，而我们在选举执行法律的首领的时候所依据的法令，只不过是一个政府的条例罢了。"①

2. 基于法律构建起来的国家使人与人之间自由平等地结合起来，只有法律才能够给予人们正义和自由。公意的普遍力量以及因此而产生的人们对法律的服从乃一种必要而自由的认同，人们应该像"服从自然律那样服从共同体的法律"，而不是"像对待一种异己的指令那样默认这种法律"。我们必须遵从它，是因为我们认识到源自于人民普遍意志的法律乃每个人自己的意志所在、利益所指，实为己有。②它把权力转化为权利，把"服从"转化为相互应尽的义务和责任，它给权力和服从提供了道德和正当基础。对于破坏法律的人，卢梭与霍布斯一样激烈地称之为"侵犯社会权利的歹徒"，他们的行为实际上是在向国家宣战，是国家的敌人，"其实，处死罪犯，所处死的是敌人，而不是公民"③。在卢梭设想的国家里，"法律在其纯粹与严格的意义上，并非只是控制诸多个体意志以防止其成为一盘散沙的外部约束；相反，法律是构成这些个体意志的原则，是在精神上确认并证明这些意志之正当的要素"。④国家不只是一些变化的冲动和欲望的集合，具有道德

---

① 卢梭：《爱弥儿》，商务印书馆，第 711 页。

② "我们在所有的国家中都要尊重法律，不能扰乱法律规定的崇拜形式；我们决不能叫那个国家的公民不服从它的法律，因为我们一方面不知道，叫他们抛弃自己的见解而采纳别人的见解，对他们是不是有好处，而另一方面我们又十分确切地知道，不服从法律是一件很坏的事情。"卢梭：《爱弥儿》，商务印书馆，第 451 页。如卡西勒所言，"给统治者设置一些限制并使统治者受制于他既不可超越又不可改变的成文宪法"。恩斯特·卡西勒：《卢梭问题》，译林出版社，第 87 页。

③ 卢梭：《社会契约论》，商务印书馆，第 39 页。

④ 恩斯特·卡西勒：《卢梭问题》，译林出版社，第 55 页。对卢梭来说，"自由并不意味着随心所欲，而是指克制与摒弃一切随心所欲，是指服从于个体为自身所设立的严厉而不可侵犯的法则"。这些法则不是自由的枷锁，更不是奴役的体现，因为它是公意的输出，"它只是让个体承担一项义务，而个体也认识到这项义务是合法的而且必须的，因此个体同意担当这项义务既是为了国家，也是为了自己"。恩斯特·卡西勒：《卢梭问题》，译林出版社，第 48 页。

情感的意志和内在于人们心中的法律也是更为重要的构成要素。

　　法律的贯彻和执行是国家生命活力的体现，它使国家按照约定行动起来。社会契约的一个重要功能就是建立能够表达公意的政府，组成它的"行政官总体"依法行使统治权的行为是国家具有生命活力的体现。不过，国家的生命绝不依靠法律，"政治体的生命的原动力，存在于主权权威"①，体现主权权威的立法权是国家的心脏。法的统治本身是主权行为，所以一个法律及围绕它形成的体制，如果含有限制主权者的因素，它实际上是自相矛盾的。若言及权力的分割、大小和限制范围等，那么这显然不是一个真问题，因为主权神圣不可侵犯，至高无上。在这里只有权力的本质和权力的性质才具有实际意义，这也是《社会契约论》所蕴含的根本政治精神。

　　3. 卢梭剖析了人民在立法进程中的影响。作为组成国家的个体，人们具有两重身份，一个是主权者的组成单元，一个是法律的服从者。在法律制定过程中，人民的数量越多，他投票时发挥的效力越弱，反之则越强；这意味着他在法律制定时发挥的影响随着人民数量的增加而减弱，即卢梭所言："国家愈大，个人的自由就愈少。"②为什么会这样？卢梭的解释是组成国家成员的个人意志与人民整体的意志总会出现不一致的情况，后者体现为法律，前者是组成国家成员的"人民的动向"（卢梭关于人民的动向或意向的说法，应该与"众意"有关，即国家成员个人意志的总和，与"公意"不同），二者愈不一致③，则愈要增加压制前者的力量。

　　能够进行压制的，按照卢梭的逻辑来看，除了人民整体本身的公意之外，只有借助于政府统治权了。这对应两种政治权力机制运行方式，第一种方式就是通过召开人民集会或人民大会共同商讨，第二种是"行政官总体"（或君主，卢梭意义上的行政官是使国家行动起来能够履行权力和法律的所有公职人员的统称。）数量。第一种最理想，但受国家的幅员范围、人民数量的召集难度及技术等限制，第二种方式

----

①　卢梭：《社会契约论》，商务印书馆，第 100 页。

②　卢梭：《爱弥儿》，商务印书馆，第 713 页。此处所谓的"自由"更多指向了个体制定法律的影响力：影响力越大越"自由"。

③　"集会上的气氛愈是和谐，也就是说大家的意见愈趋于一致，则公意便愈占上风；反之，长时间的争论不休，意见分歧，甚至吵吵嚷嚷，便表明个人的利益在大肆活动，国家在走下坡路。"见《社会契约论》第 118 页。

虽不是最理想的,但可以突破第一种方式的局限而具有普遍适用性。关于第二种方式,他认为,如果行政官总体的数量越多,政府越没有力量的话,那么在一个大国内压制"人民的动向"则需要"更少的行政官数量"。卢梭的理由如下:行政官具有三重意志:体现个人利益的个人意志、维护执政者集体利益的集团意志(或者称行政权力的政府意志)、人民意志(即主权者的普遍意志)。在他看来,最好的政治机构是这三种意志"同一"的政治机构。如果不是同一的(当然这也是常态),"按照自然的秩序来说,这几种不同的意志愈集中,它们便愈趋活跃;全体的意志始终是最弱的,集团的意志是居于第二位的,个别的意志是胜过一切的;所以,每一个人首先是他自己,其次是行政官,然后才是公民。这个次序的先后和社会秩序的先后是恰恰相反的。"①所以,最活跃的政府是由单独一个人执掌的政府,最不活跃、最松弛的政府是"有多少公民就委多少行政官"的政府。

根据特殊意志(不管是个人意志,还是集团意志)对整体造成的影响,卢梭得出一个公式:"行政官和政府的比例应当同人民和主权者的比例成反比;这就是说,正如人民的人数增加,领袖的人数就愈应减少一样,国家愈是庞大,政府的机构便愈应紧缩。"②在作出这一论断之后,卢梭还是没有忘记强调政府滥权的倾向,警告在一个大国内不要给他们滥用权力的机会和念头。政府越具有力量,则越需要主权者具有反制政府的权力,在这种情况下,定期召开人民集会进行决议成为唯一选择。

4. 如果说公意和人民集会对于法律的创制太抽象并具有较难克服③的局限性的话,那么卢梭对"立法者"的探讨——尽管采用神明、最高智慧、伟大灵魂等类似夸张的语词评价立法者——则显现出比较务实的一面。在卢梭看来,立法者简直就是"神明",超脱于世俗生活,但为了人们的幸福与"未来的光荣",他要为社会制定规则,为人类制定法律。④

---

① 卢梭:《爱弥儿》,商务印书馆,第714页。

② 同上第715页。

③ 施特劳斯等简要探讨了以人民集会方式进行法律创制时,组成人民整体的个人参加立法的困难情形:"法律是公意(the general will)的产物。每个个人都参加立法,但法律是一般性的,作为立法者的个人必须制定那可设想应用于共同体的所有成员的法律。他将自己的意志融进法律,但现在与他在自然状态下所做的恰好相反,他必须一般化自己的意志。作为立法者,他只能意欲所有人都能意欲的东西;作为公民他要服从他自己作为立法者所意欲的东西。"施特劳斯、克罗波西:《政治哲学史》(上、下册),河北人民出版社,第676页。

④ 卢梭:《社会契约论》,商务印书馆,第44页。

在这里,需要注意的是立法者行为的性质。在卢梭看来,立法者在政治领域内的角色就是制订法律,但是其既不是主权者,也不是行政官。毫无疑问,立法者的工作是非常重要的工作,卢梭称其"缔造了共和国"①,但同时其工作又不属于国家政治生活中任何一个政治部门。这意味着"立法者"手中没有任何实质性政治权力,也无任何政治方面的立法权力②:不属于任何部门,没有任何职权。他在这个共同体中生活,是一个生活在国家里的"普通"人,法律制订完毕就自行隐去,成为社会中的普通一员。总体来看,立法者在国家里的地位相当特殊,其拥有超凡能力,没有立法权,不凭借任何外在力量立法,只凭自己的才能力图根据共同体的环境、传统、条件、风俗习惯等制订法律:从社会精神中抽象出法律,从而确定政治准则构建政治制度。立法者并不寻求对"神的智慧"的帮助,让人自由服从所制订的法律,他或他们依靠自己"伟大的灵魂"使社会结合得更持久、更稳固。

既然不掌握任何权力,那么立法者所制定法律的权威性来源在哪里呢?

卢梭认为,立法者所制订法律的权威在于谋求人民幸福的目的,来自于人民及人民整体对其所制订法律的认可、信服或正式确认。③关于主权者对立法者所制订法律的正式确认形式,卢梭的著作并没有探讨。按照他的逻辑来看,人民集会应该是可想见的一种重要的政治确认方式。另外,根据现有文本可知,卢梭并不提倡人民直接立法。如《政治经济学》关于直接民主的探讨中,他指出,通过定期的人民集会探讨法律的制定是不必要的,也是不切实际的。在《山中来信》中,针对日内瓦首席检察官刘易斯·弗朗索瓦·特罗钦(Louis fraçois Trochin)"若人民拥有了无限的立法权,那么政府的存在还有什么意

---

① 皮尔逊解读为"对卢梭来说,法律给定者的职责是产生一个政治共同体"。皮尔逊:《尼采反卢梭》,华夏出版社,第219—220页。

② 起草法律的人是没有而且也不应当有任何立法的权利的;而人民本身即使是愿意,也是不能自己剥夺自己的这个不可转让的权利。卢梭:《社会契约论》,商务印书馆,第47页。

③ "明智的立法者也不先从制定良好的法律本身入手,而要先研究他要为之立法的人民是否能接受他制定的法律。"卢梭:《社会契约论》,商务印书馆,第49页。卢梭在《论波兰的治国之道及波兰政府的改革方略》的"古人的立国精神"中认为,在古人当中,堪称"立法者"的主要有摩西、莱格古士和努马·庞皮利乌斯,本书第一章也考察了马基雅维里对努马·庞皮利乌斯建国行为的赞赏。

义呢?"的诘问,卢梭以"我同意"回答了这个问题。他的回答如此简洁,可能有两层意思:一是他并不同意人民具有直接立法权,这点应该比较明显,因为"立法者理论"就是避免人民直接立法的一个重要的政治设计;另一层意思就是特罗钦对卢梭的诘问不得要领,前者从代议制和分权理论的角度对"人民无限立法权"表示担忧;这在卢梭看来根本就是关于主权者与政治机构(如议会等)所涉及权力的关系问题,而它们所涉及的权力关系不能在同一层面探讨,更没有限制和分立之说法。

总体来看,卢梭主张建立一种人民"批准法律"(人民手握立法权的体现)而不制订法律的制度。他在《社会契约论》中进一步指出,人们对立法者所制订法律的信赖和认可需要相当长的时间,而这个相当长的时间而积累的信服、认可就是法律的权威性来源,也是立法者获得荣耀的来源,即如卢梭所言,"随着时间的推移,它着眼的是未来的光荣:在这个世纪工作,在下一个世纪享受*"。①从这里来看,卢梭也非常看重立法者的合法性问题,立法者制订法律的权威不在立法者本身而在人民整体的确认。人民整体的确认可从两个维度得以体现:从空间的维度看,通过适时召开人民集会或在此之前的其他正式的前置立法程序;从时间维度看,就是一个国家的人民对法律长时期积累的信赖与认可。它们共同奠定法律的权威基础,同时,这也是立法者权威和荣耀的唯一来源,这也应该是立法者②的最高追求。

立法者不是一个抽象的实体,而是一个活生生的、真实的个人或群体。为了制订良好的法律,立法者深谙人的情感,"他"通达人类种种情感而又不受任何一种感情影响;"他"深谙人的自然天性,但为了让人在社会和国家中享受生活又自信具有改变人天性的能力,也即具有"最高智慧",把人从自然状态的完整和孤立中转变为更大整体的一部分:不仅能够利用人的善良情感培养更完善的公民道德和政治德

---

* 此为卢梭所注。一个国家的人民只有在他们的立法工作开始衰败的时候才出名。谁也不知道莱格古士建立的制度已经使斯巴达人享受了多少个世纪的幸福之后,希腊其他地方的人民才开始注意斯巴达人的情形。

① 卢梭:《社会契约论》,商务印书馆,第44页。

② 国内有学者(如刘小枫)认为,卢梭在《爱弥儿》中阐述的教育观就旨在于为国家培养"立法者"。

性,还知晓人的自然天性与社会要求的差异,使人们在建立相互依赖的关系①时又能获得类似于自然中的自由、平等与和谐。

(四)民主主义政制的基本思考

卢梭不仅为人们研究人民主权提供了重要的理论资源,还在资产阶级革命时期给人们留下了民主主义的政治观念。尽管民主主义政治观——相比于自由主义政治——在资本主义世界的影响要小,但它确实为人类走向政治文明和民主政治建设贡献了重要智慧。卢梭在人民主权、政府统治权及其相关关系的基础上进一步探讨了民主主义政治体制(政治机构和政治制度)的基本架构。一个国家的政治体制需要持久存在,因为国家寿命在一定程度上决定于人给它一个尽可能良好的建制。

不过,卢梭显然吸收了西方思想界(如本书前述的马基雅维里也有类似认识)流行的一种观点,即人为之物不具有自然之物的永恒与不朽,政治的就是人为的,政治中充满了变动和不安。他指出,国家秩序处于不断的更新或衰败状态,“体制最好的国家也是要灭亡的”,但另一方面,“只要没有什么意外的事件使它夭折,它是可以比别的国家多存在一些时间的”。②

卢梭对政治体制的探讨可看作是对前述基本概念(如公意、主权、统治权等)政治化和体制化的进一步思考,目的是使抽象概念走向现实政治生活,通过制度和机构作用于现实政治。同时这一过程还需要以各自国家的现实情况、居民特点及二者所产生的关系为依据,在这样的国家里,主权者与人民“只能有唯一的共同利益”,因为政治制度、政治机构的活动的目标就是实现“共同的幸福”。③在这样一种民主主

---

① 阿伦特认为,只有孟德斯鸠把法律界定为社会政治体中存在的各种关系,“在革命前的理论家中,只有孟德斯鸠从不认为有必要将一种绝对性、一种神圣性或专制权力引入政治领域。据我所知,与此有密切联系的一个事实就是:只有孟德斯鸠曾经在古老的、严格的罗马意义上使用过‘法律’一词。……将法律界定为 rapport(关系),即存在于不同实体之间的关系”。阿伦特:《论革命》,译林出版社,2011 年,第 174—175 页。实际上,卢梭关于法的认识应该也受到了孟德斯鸠的启发,他通过考察“各种关系”,从而使其具有秩序。总体来看,卢梭认为的立法者拥有非凡的洞察力,深谙人性,对民情与国情了如指掌,其所制定的法是公民联合在一起的基本条件,不过他并没有充分地阐述。

② 卢梭:《社会契约论》,商务印书馆,第 100 页。“我们想建立一个持久的制度,但切不可妄想使它永远存在。……不要以为能使人的作品具有人间的事物所不可能达到的坚固性。”《社会契约论》第 99 页。

③ 参见卢梭:《论人类不平等的起源和基础》,李常山译,商务印书馆,第 51 页。

义的政治体制下,它知道如何把个体转移到共同体中,使之更好地成为共同体的一部分。另一方面,制度一旦建立就会对国家的人民(如人民的才能、性情、风俗和爱好等)产生影响,从而在他们的心中,公众的事务重于私人之事,"每个人的个人幸福"蕴含于"共同的幸福"中。①

　　卢梭眼中理想的政治体制与国家幅员范围密切相关。他认为,国家的目的是实现公共幸福和普遍利益;政治体制的基本原则并非不同力量的分立与牵制,而是基于人的善良、仁慈等道德品性。基于这个认识,卢梭指出,一个具有良好政治体制的国家幅员范围是有界限的,其特点如下:"既不使它过大,以致难于治理;也不使它过小,以致不能养活它的人民。"也即任何一个国家都有"它不能超过力量的界限"。②准确地说,国家的领土应该狭小,人口不多,以农业立国;公民之间熟悉,关心公共事务,热爱国家;由此可知,只有在小国中才可以更好地体现这一原则,这样的小国是排除代议制的直接民主,更不是专制的大国。③

　　卢梭与霍布斯的认识相反,后者从现实主义政治的视角出发,指出一个小的国家,无论是君主国还是民主国根本不可能在心怀妒忌的强敌环伺之下生存下来。关于民主政制,霍布斯也基于相同的理由提出反对意见,认为即便是一个大的民主国家,其得以保存下来要么是"因外敌当前使之团结",要么"因其中某一杰出人物的声望足以号召群伦",或者"因势均力敌的党派互相畏惧",唯一可以确定的就是它从来不可能是"由于会议上公开商议"而得以保存的。④

　　霍布斯的现实主义考察在卢梭看来并非国家的正常状态。非常状态要以非常制度应对:卢梭主张建立一种"独裁制"以应对此种危急时刻,即任命一个独裁者⑤维护国家安全。独裁者具有处理紧急状态

① "制度使该国人民成为这样一种人,而不是成为另外一种人,使他们对祖国产生一种不可根除的习惯为基础的热爱之心。"卢梭:《论波兰的治国之道及波兰政府的改革方略》,商务印书馆,第13页。
② 卢梭:《社会契约论》,商务印书馆,第52页。
③ "几乎所有的小国,无论它们是共和国还是君主国,它们之所以那么繁荣,纯粹是由于它们的国家小,公民们都互相了解和互相呵护,首领们能亲自了解人们的疾苦,亲自调查需要为人民做些什么事情,并亲自监督他们的命令是否得到执行。"卢梭:《论波兰的治国之道及波兰政府的改革方略》,商务印书馆,第28页。
④ 霍布斯:《利维坦》,黎思复等译,商务印书馆,第205页。
⑤ "独裁者的任期很短,而且无制定法律的权力。危急时期一过,他的任务便告终止,应立即退任。"(此为本书译者所注)卢梭:《社会契约论》,商务印书馆,第138页。

的特殊的强大权力,按政治体面临的危险程度,可以两种方式确定独裁者:1."如果是为了公众的安全,只需加强政府的职能就够了的话,就可以把政府的职能集中交给一个或两个成员就可以了。"①2.当法律的存在成为维护法律的障碍的更为危急的时刻,那就需要任命一个独裁者,他可使法律暂时休眠,暂时停止主权权威。

不过,对于卢梭来说,霍布斯强调的国家生存是其思想的例外和特殊情形,基于道德情感的政治秩序捍卫人的自由平等、幸福,公意发挥了重要作用;而在政治体的危急关头,尤其是法律成为克服这一危机的障碍的时候,停止法律权威就是独裁者的作用。从此处看,若霍布斯把国家的生存作为其思想的正常状态的话,那么,卢梭更多地利用秩序卫护人的自由平等和幸福,让人成为有德性的人,国家生存则是他政治思想的例外情形。

另外,萨拜因也指责卢梭对"城市国家一类小型社会"的推崇根本没有抓住当时政治的要领,更指责卢梭对其所提出"公意"等概念的政治化与体制化"既不具备必要的学识,也缺乏应有的耐心"。②在政治化和体制化方面,萨拜因指出了卢梭在政治体制上的薄弱之处,不过,毫无疑问后者确实对民主主义政治体制做了一些不系统的初步思考,同时也批判并吸收了洛克、孟德斯鸠等人的代议制度。

首先,按照卢梭的逻辑,基于"开明自利"(enlightened self-interest)原则的代议制度,不仅加剧了个体和社会的对立和分裂,还鼓舞个人利益和群体利益的无限蔓延,制衡的观念只会加强权力的私人化或部门化,扭曲政府的公共利益目标。代议制建立在人性朽坏的基础之上,无论被人们描述得多么精巧和细致,它也根本不可能达到道德上的崇高而只会加剧道德的腐败。就像布鲁姆所说的,卢梭对自由主义者所谓的"开明自利"原则深为怀疑,他明确地将自利与道德义务区分开来,以公意作为公民道德的基本载体,并以之为其主张的民主政治的基础性原则,"引导民主向前推进"。③

---

① 卢梭:《社会契约论》,商务印书馆,第 138 页。

② 萨拜因:《政治学说史》(上下册),商务印书馆,1986 年,第 658 页。另外,阿克顿在《法国大革命讲稿》中也有类似观点,认为卢梭的推理似是而非且不严谨,并且事实证明,后者主张的"小城镇的直接自治模式"也根本不能运用于大国。参见阿克顿:《法国大革命讲稿》,商务印书馆,第 19 页。

③ "单单以人的自我保存为旨归的政制并不具备那种博得道德尊重的尊严。"布鲁姆:《巨人与侏儒》,华夏出版社,第 222 页。

在卢梭看来,代议制下的人民只要选出了代表就会失去自由,变得无足轻重,并面临议会代表统治的危险。然而,议会代表不过是人民的办事员,根本没有最终的政治决策权;人民的意志不可能由选出的人来代表,"它要么是自己的意志,否则就是别人的意志,中间的意志是没有的"。①人民的意志一旦被别人代表就意味着人民主权的让渡,自己剥夺了自己的主权。在这个时候,真正掌握国家主权的就是那一部分代表了,与此相应的是人民的分裂:"在全体和部分之间就产生了一种关系,从而把它们分成两个分离的存在:部分是一个存在,而全体在少去这一部分之后就是另一个存在。但是,全体在少去这一部分之后就不是全体了;只要存在着这种关系,那就不能称为全体,而只能称为两个大小不等的部分。"②长此以往,这些不同的部分就根本不可能以"自由"达到"自由的目的",也就是说,为了不受其他"部分"的冲击,人们只能采取"依附"和奴役的手段。

其次,为了实现自由,对民主的信仰——即相信大众有能力对自己的生活和社会负责——是卢梭政治理论的出发点和最有特色的地方③,因为他始终把"人民"和"人民主权"高悬于国家的政治体制之上。卢梭以"人民否决权"解决"谁来守卫人民(quis custodiet ipsos custodes)"这一重要的政治问题,他把此视为对激进立法者过激变革的壁垒。与孟德斯鸠等人设计通过大众的议会机构、法院及其他机构的相互制衡不同,卢梭受日内瓦政治体制的启发,认为人民必须具有否决权,以矫治议会代表及其他统治者的职权,从而形成真正的制约。它(如罗马公民掌握的否决权)在任何时候都是对统治者的"警戒"(ontétéde tous temps l'horreur des chefs),统治者对人民否决权的激烈反对也从反面映照出这一民主机制的有效性。④这样一来,公民投票在任何时候就可成为对官员滥权的监督方式。

再次,卢梭探讨了政府的三种类型。在卢梭看来,国家毫无例外地掌握在主权者手中,政府是其组成部分,它"在某种程度上只有一种

---

① 卢梭:《社会契约论》,商务印书馆,第106页。

② 卢梭:《爱弥儿》,商务印书馆,第710—726页。

③ 不过伏尔泰认为"在地球上,几乎没有哪一个共和国的人民有能力统治自己"。详见 Mads Qvortrup, The political philosophy of Jean-Jacques Rousseau, Manchester University Press. p.97。

④ 参见 Jean-Jacques Rousseau, Oeuvres complètes, 5 vols, edited by Bernard Gagnebin and Marcel Raymond. III:428。

假借的和从属的生命,但这并不妨碍它以或多或少的活力与明快的方式行事,并且可以说是享有一种或多或少的充沛精力的健康;总之,只要它不直接背离它建制的目的,它就可以根据组建的方式而或多或少地偏离这个目的"。①卢梭根据掌权的人数,把政府分为民主制、贵族制和君主制(王国政府)三种类型,并认为,"一般地说,民主制适合于小国,贵族制适合于中等国家,而君主制则适合于大国"。②

国家成立后,对于政府是以何种方式形成的,主权者如何可能转变为执政者(执政官)这一问题。卢梭认为,这是属于"猝然转化"的行为,即主权者在某一政治时刻转化成民主制完成的,也就是他们在面对具体事务过程中采取了具体的、执行法律的行为。此时就产生了民主制政府③。此种政府有些不便的地方,即它需要经常召集人民处理政治事务,此其一;其二,在人民集会上做出的决策必须借助于设立的政治机构和组织贯彻执行,它势必"改变行政的方式"。卢梭认定"如果政府的职权是分掌在许多人的手里的话",随着此种行政方式的推进,少数人迟早"独揽大权",因为,单就处理公共事务的便利方面,"他们自然而然地就会这样做的"。④由此可知,民主制政府自身具有使其形式变动的强烈倾向。尽管存在困难之处,卢梭还是为近现代国家能够实现民主制政府做了探讨,他提出四个方面的条件:1.人口和面积小的国家,容易集合起来开会,彼此之间认识;2.公民具有纯朴风尚;3.大家的社会地位和财富状况大致平等;4.公民之间没有贪图奢靡之风。

另外,卢梭也阐述了政府对国家的影响。他指出,无论何种政府类型,都存在因政府滥用职权而使之蜕化的现象。⑤卢梭称之为"无政

---

①　卢梭:《社会契约论》,商务印书馆,第 69 页。

②　同上第 73 页。相同表述也可见卢梭:《爱弥儿》,商务印书馆,第 716 页。另外,在《社会契约论》第三卷第八章"论没有任何一种政府形式适合于一切国家"中,卢梭从政治体的自然因素,如气候冷暖、土地肥沃程度、人的消耗量、饮食类型等方面的差异,论证不同政治体应据此而建立适合的政府类型。

③　卢梭如此评论,"通过一次简单的公意行为就可在事实上建立政府,这是民主政府固有的便利。此后,这个临时的政府,或者是继续执政(如果这就是它决定采取的形式的话),或者是以主权者的名义建立一个符合法律规定的政府;这一切都是按规则行事的。此外,就不可能有任何其他合法的方式可以建立政府,而又不违背前面确定的原则"。卢梭:《社会契约论》,商务印书馆,第 112 页。

④　参见卢梭:《社会契约论》,商务印书馆,第 74 页。

⑤　不过,卢梭在《爱弥儿》中也提到衡量好政府和良法的"人口"标准:一个是人口数量,另一个是人口在国家内分布的均衡性:"一个政府,如果人民生活在其治理之下,不靠外来移民,不靠归化,不靠殖民,而能人丁兴旺,人数大增,那么这个政府就是最好的政府。"卢梭:《社会契约论》,商务印书馆,第 94 页。

府状态"，主要表现为两个方面：一是政府收缩，即执政官人数不断减少，政府成员的减少意味着政府的收缩，这是"政府的自然倾向"；二是更为严重的国家解体。政府因滥用职权造成国家解体的方式有两种：首先是政府（君主）不按法律行事，篡夺主权者的权力。也就是在大国中形成了一个由政府成员作为主权者而组成的"小国"，出现大国中有小国的现象，此即国家的解体。小国的主权者成为大国人民的主人，成为大国人民的暴君。"因此，从政府篡夺了主权之时起，社会公约便被破坏了，全体普通公民便当然地又恢复了他们天然的自由。"①其次是政府成员篡夺"行政官总体"的权力，这时，"有多少行政官，就有多少君主，而国家的分裂也不亚于政府；它不是走向灭亡，就是改变形式"。②从这里可知，尽管卢梭没有直接谈到大国政府类型（君主制）的弊端，但君主制政府不仅天然地接近上面的描述，还更易出现上述蜕化现象。

不过，不管怎样，在卢梭看来，一切政府类型都有"收缩"的"自然倾向"。另一方面就是导致政府蜕化原因的探讨。按卢梭的认识，也似乎是任何政府类型都无法避免的，即政府"个别意志"对人民"公意"的违背和抵制。他指出，政府一旦形成，就会形成与公意区别的个别意志——如政府（君主）意志、执政官意志、部门意志等等，它使政府不断地抵制主权，结果就是国家政治体制的改变，更加严重的就是形成"君主"对主权者的压制，从而国将不国。正因为如此，卢梭才在文本中不断强调定期和不定期人民集会（人民大会）以加强主权者的权威，以切实地避免政府对公意的抵制和背离。③

政府统治权作为派生于人民主权的次级权力，在其职能的实现方面，卢梭认为"代议制"的方式是必要的也是可行的。尽管卢梭吸收了孟德斯鸠及后来自由主义者关于"代议制"的某些认识，但卢梭对"代议"的思考抽离了后者"权力分立与制衡"的理论基石。卢梭之所以认可"代议"作为民主政制的一种权力行使方式，在很大程度上源于现代社会大多数国家的幅员范围并非理想的"小国"这一现实情况。也就

---

① 卢梭：《社会契约论》，商务印书馆，第 98 页。

② 同上第 98 页。

③ 如"当人民合法地集会而成为集体的主权者时，政府的一切权能便完全中止，行政权也停止行使；最渺小的公民的身份也和首席执政官的身份是同样的神圣不可侵犯的，因为在被代表的人出现的地方就不再有代表了"。参见《社会契约论》第 104 页。

是说,尽管他中意小国的直接民主政制,但限于幅员条件的局限性,他必须更加切实地思考更具有操作性的权力行使方式,这也是其民主主义政制的一个比较重要的环节。

一般来说,中等国家适合贵族制政府类型,卢梭提出一种"选举的贵族"制度,他写道:"有三种类型的贵族:自然的贵族、选举的贵族和世袭的贵族。第一种只适合原始社会中的人民,第三种是所有政府中最差的,第二种是最好的,这就是真正意义上的贵族。"①"选举的贵族"保证了政治体制中有见识者、品质卓越者发挥政治审慎的作用,以保证具体政治事务和政策过程的正确性。另一方面,关于"选举的贵族"的职权,卢梭没有详尽的思考并列举出来,尽管可以"提出"法律,但它应该是一种类似于"立法者"的法律制订行为。总体来看,其权力是一种派生的、被授予的权力,不具有主权权力那样的权威性,人民对他们的监督与约束保证了权力运行的界限。

卢梭特意剖析了英国式代议制,指出它容易陷入代表统治的危险,从而使人民陷于被统治和不自由之中。卢梭强调人民对代表权力的制约,后者可以审查代表制定的法律和政令以避免他们对公意的抵触。他指出,"任何未经人民批准的法律都是无效的,完全不能称其为法律"。②对于人民直接选举可能产生拥有无限权力的"票选独裁者"(如希特勒)的问题。卢梭最后诉诸于人民具有的善良、不受侵蚀的性情与品质。尽管人民常常受到误导与欺骗,也没有排除受到煽动的可能性,但他最终还是提出人民是"难于腐蚀"的这一"非经验"的论断。

对于这两种"代议制"的差别,奎特鲁普正确地指出,"卢梭同意孟德斯鸠提出的'代表的最大好处是具有就政治问题进行讨论的能力,尤其是那些不适合于使全体民众都参与讨论的那些问题。'但前者不同意后者所谓的公众参与政治是一个重大错误的认识,也不认为人民只需要挑选出代表就可以了"。③总体来看,卢梭怀疑选出的代表(或"选举的贵族")能够始终遵照公意行事,认为选出的代表不是"服务

---

① 参见 Jean-Jacques Rousseau, Oeuvres complètes, 5 vols, edited by Bernard Gagnebin and Marcel Raymond. III:406。

② Jean-Jacques Rousseau, Oeuvres complètes, 5 vols, edited by Bernard Gagnebin and Marcel Raymond. III:430.

③ Mads Qvortrup, The political philosophy of Jean-Jacques Rousseau, Manchester University Press, 2003, p.58.

者"而是"统治者",他对代表持不信任态度,坚信公众参与政治乃一种对代表权力进行监督和约束的有效方式,因为代表的权力是人民授权而得。①

(五)富人的强制抑或多数的暴政:立足穷人反对富人统治的平等观

人类社会的发展改变了自然的平等状态,卢梭在《论人类不平等的起源和基础》中对不平等的追问就是探寻权利与暴力、自然与律法、富者与穷人究竟如何并于何时转换。为平等之追求计,卢梭力图通过社会契约以"道德的和法律的平等"代替"自然所造成人与人之间的身体上的不平等",尽管每个人"在体力和智力上不相等,但由于公约和权利的保证,他们人人都是平等的"。②对不平等的批判及平等的价值追求成为卢梭阐释民主主义法律制度和社会政治制度又一重要路径。

与其他启蒙思想家相比,卢梭的认识和立场使之成为贫穷和弱势群体的代言人。平等是卢梭政治哲学蕴含的一个重要理念。他基于自然、协定与公意等概念而阐述政治思想的一个重要目的就是打破现实社会里的不平等与奴役。

---

①   除了人民集会(人民否决权)、公众参政对政府的监督和约束外,卢梭从古罗马共和国政制中汲取经验,在《社会契约论》中还探讨了"监察官制"和"保民官制"。尤其是监察官制(censorship)在卢梭的民主主义政制中也具有比较重要的作用,他认为,"君主"执行法律,监察官是公众意见的执行者。监察官不是众意的裁决者而是表达者,他只能顺从人民的意见,按照公众意见行事;同时监察官也监测众意,引导众意、道德风尚和舆论向好的方向发展,维系好的人民风尚,它对于防止人民接受有损于公民义务的观点是必要的。卢梭的这一认识不仅是重要的政治理论贡献,还对于在代议制政府中提倡进一步发挥并提升公民投票作用具有现实政治意义。牛津大学法学教授阿尔伯特·戴雪也有此观点。他出生于1835年英格兰北安普敦,其《英宪精义》确定了英国现代法治思想、现代宪法原理的基准:代议制和民主政治、个人权利的司法保障。不过,戴雪力图以思想者的理性和审慎避免卢梭的"狂热教条":"我对于人民拥有否决代表通过的法律权利的捍卫并不是源于卢梭所鼓吹的那些原则的狂热。"Dicey, The Referendum and Its Critics, Quarterly Review, 1910, Vol.10, No. 2. p.539.总体来看,卢梭认为的监察官制是一种使公民履行公共职责和义务的辅助手段,最重要的是本书前述通过教育方式培养人成为公民。

②   卢梭:《社会契约论》,商务印书馆,第 28 页。罗尔斯在"卢梭的平等思想:在何种意义上是独特的"一文中认为,卢梭平等观的独特之处在于阐述了可构成为一个整体的"平等理念家族"(the family of ideas),包括"关于社会是如何被设立的这一最高层面上的平等理念""人们是根据他们的根本利益以及他们在道德自由和社会自由方面的能力而彼此视为平等之公民的理念""自爱及它与(由于任意行使的权力而产生的)不平等之间的联系的理念"。参见罗尔斯:《政治哲学史讲义》,中国社会科学出版社,第 250—254 页。

1. 财产:卢梭对不平等批判的经济理由

对卢梭来说,不平等是万恶之源(tout le mal vient de l'inégalite)。他那个时代的统计数据表明当时存在愈演愈烈的不平等现象:不到2%的人口拥有三分之一的土地,仅仅占人口5%的地主,却获得土地资本和各种农业租金的50%。[1]朱迪丝·施克莱(Judith Shklar)在《让-雅克·卢梭与平等》一文中指出,卢梭思想具有强烈的意识,以使弱者、贫穷者不能屈服于富者,他们必须反抗,拒绝富人的不正当统治。[2]卢梭的这个立场也与其出身和经历有密切关系,出身下层的他——不像出身上层的孟德斯鸠、伏尔泰、洛克等——没有接受过正规的学校教育,深知底层贫苦民众在富人剥削或蒙骗下遭受的悲惨处境,因而表现出在当时思想家看来比较罕见的"信任而非恐惧大众并敌视富人"的政治立场。

卢梭认为,在现实社会中存在两种隶属关系:一种是"物的隶属",一种是"人的隶属";第一种在自然状态中也存在,不含有善恶的价值判断,也不影响人的自由与平等;而第二种隶属关系只在社会中存在。尽管纯粹的"物的隶属"不导致道德和罪恶,然而,根据卢梭在《论人类不平等的起源和基础》的阐述,由于人类在脱离自然状态过程中慢慢地结成了紧密的复杂关系,人们开始相互打量,在意别人的眼光,他们围绕早已存在的第一种隶属关系形成了"你的、我的"私有财产观念,这成为不平等的关键一步。[3]在他看来,私有财产观念及其所有权首先是由于土地分配而产生的新的观念和权利,它与源自于自然法的权利观并不相同。因为前者会因自然的不平等和差别,以及人与人因交

---

[1]　See Fernand Braudel and Ernest Labrousse (eds), Histoire Economique et Sociale de la France(Paris: Presses Universitaires de France, 1970), pp.139, 476—477. 转引自 Mads Qvortrup, The political philosophy of Jean-Jacques Rousseau, Manchester University Press, 2003. p.100。

[2]　在一封写给弗朗屈埃夫人(Mme de Francueil)的信中,他愤怒地指出:"是富人阶级,你们的阶级,偷走了我孩子的面包。"详见 Judith Shklar, Jean-Jacques Rouseseau and Equality, Daedalus, Summer, 1978, pp.13—25。朱迪丝·施克莱(Judith N. Shklar, 1928—1992),美国政治理论家,哈佛大学政治学教授,历任美国政治哲学与法哲学协会主席、美国政治科学协会主席、美国艺术与科学学会研究员等。对法国和美国政治思想传统有精深研究,为自由主义作了独树一帜的辩护,对罗尔斯、理查德·罗蒂等人产生过重要影响。

[3]　参见本书第五章第一部分之(三)。人们开始利用自己的才能和技巧,乃至于利用自身的资源和条件增加自己的所有物,人们不再满足于自身的基本需要了。另外,卢梭认为,"土地的耕种必然会导致土地的分配,而私有一旦被承认,也必然会产生最初的公正规则"。卢梭:《论人类不平等的起源和基础》,李常山译,商务印书馆,第123页。

往和联系的密切"关系"而在社会和政治方面变得越来越不平等。

不过，从《社会契约论》来看，卢梭并没有形成打破"私有财产制度"的认识。相反，他承认私人财产权。人们进入社会政治共同体之后，与自然状态相比，其所拥有财产权的性质没有改变。根据卢梭的社会契约，人们没有把财产交给国家或主权者，国家必须承认最先占有者的财产权。

最先占有者的权利与自然状态中人的财产权不同，前者的财产权不是无限的，卢梭在论证"承认最先占有者占有土地的权利"时，指出需要满足以下几个条件："首先，这块土地尚无人居住；其次，他只能占有为了维持他的生活所需要的数量；第三，对于这块土地的占有，不能单凭某种表面的仪式，而要凭他的劳作与耕耘——在缺乏法律观念的情况下，这两项是财产权受到他人尊重的唯一标志。"[1]由此可知，人通过劳动并把它施予事物之上是财产的最初形式，财产权尤其是先占者的权利必须是基于生活的维持，因为自然并没有给予人所需要的东西，只能凭借自己养活自己，所以，人必须通过必要的"财产"才能维持自身。

在这点上，卢梭与洛克的观点一致，但与洛克继续遵循"劳动产生价值、财富和繁荣，而不虑过程的正当"不同，卢梭关心的是没有财产者和挨饿者的处境，因为在他看来，"占有"的内在逻辑会剥夺和压榨穷人，致使财产聚集于少数富人之手。因此，政治就是所有人获得幸福的手段，共同体就是共同幸福的载体，在现实社会中，没有激进的变革难言所有人的共同幸福，达到了幸福就达到卢梭所言"道德理想国"的目的。当法律在席时，财产必须受到公意和法律的约束和限制：土地是自然所赐之福，任何人在社会中无权凭借其强力或其他剥夺其他人在其上获得生活需要之物；这就表示了对巨富的不认可，以及对贫弱者获得生活必需品的必要保障。因此，卢梭不仅对贫富不平等加以政治和法律限制，还要对最先占有权加上道义和正当的限制。

另外，卢梭也与洛克把财产权作为其他权利的基础和保障根本不同。他认为，自由和平等权不仅不需要财产的保障，后者甚至还是人们获得平等自由的羁绊，"我怎样处理我的父母遗留给我的财产呢？我首先要从不依赖财产做起，我要摆脱一切使我同财产发生关系的因

---

[1]　卢梭：《社会契约论》，商务印书馆，第 26 页。

素；如果他们把财产遗留给我，我就让它保持它原来那个样子；如果他们不给我，我反而能不受财产的牵制。我决不会为了保存我的财产而操心，我要坚定地按我的本分行事"。在他看来，自由和平等的价值远远高于财产，并必须与财产保持距离，"不论我是穷是富，我都要保持我的自由。我不只是在这样的国家和这样的地方才过自由的生活，我在世界上的任何一个地方都要这样。就我来说，我是把一切偏见的束缚都打破了的，我只知道服从需要的法则"。[1]

卢梭尽管不反对私有财产权，但他通过批判私有财产权对人的平等——尤其是社会和政治上的平等——的损害，从而贬低了洛克等人对财产权利的极力推崇。正如普特曼所评论的，卢梭批判财产权的最为突出的方面在于因"持有财产的夸耀信念"而造成对人们在政治方面自由平等权的威胁。[2]他也与霍布斯不同，对后者来说，公民社会是人们克服死亡恐惧的结果，而财产权只是其笔下的统治者同时也是"主权者"可以审慎裁量的一个部分，即他可以把财产看作"最有助于和平的方式"[3]而加以审慎的裁量与安排。另一方面，卢梭也承认国家强大权力的一个重要来源也基于每个人财产的结合。"共同体在接受个人的财富时，不仅没有真正剥夺个人的财富，反而保证了个人对财富的合法拥有，把占有转化为一种真正的权利，把对财富的享用转化为对财富的所有权。"[4]也就是说，生活在国家中任何人的财产权建立在国家保护的基础之上，拥有财产的人的权利因法律力量而得以巩固。就此而言，经过国家法律确认的财产权，就应当接受主权者普遍意志的支配。

从卢梭的文本来看，私有财产是导致不平等与人类悲惨的根源。尽管指出了财产占有不均与不平等的关联性，但他的法律和政治思想并没有着力于物质平等的再分配。作为卢梭研究的知名代表，卡西勒正确地指出，卢梭意在表明物质的（physical）不平等不可取消[5]，因而

[1]　卢梭：《爱弥儿》，商务印书馆，第 727 页。

[2]　Putterman, E., Rousseau's Conception of Property, History of Political Thought, 1999, Vol.20, No.3.

[3]　布鲁姆：《巨人与侏儒》，华夏出版社，第 209—210 页。

[4]　卢梭：《社会契约论》，商务印书馆，第 27 页。

[5]　萨拜因认为卢梭的逻辑如下："为了使人们成为公民，政府必须给人以法律上的自由，必须提供物质福利，消除财富分配上的重大不平等。"萨拜因：《政治学说史》（上下册），商务印书馆，1986 年，第 657 页。

转向法律和道德上的平等,"财产的不平等本身——只是作为所有物分配的不平等——在其思想中只居次要的地位"。他从未将国家设想为福利国家,国家"并不保证每个个体都享有同等份额的财产",其"所关切的只是确保等量的权利与义务"。物质的不平等一旦影响人们在法律和道德上的平等,尤其是当一个人对另一个人拥有施予思想之强制和控制的力量时,国家就有干预的强制权利和资格。①也就是说,可以通过政治权力来监督、约束人们对财产的追求,从而限制贫富差距,削弱因经济竞争而导致的残酷,并通过道德(如前述政治和教育手段)缓和非自然欲望的增长。

2.卢梭的平等认识及其对极权政治的批判

社会和政治上的平等高于经济领域的平等。在社会共同体中,经济不平等不可避免也无法取消,但卢梭认为,它与人在道德和法律上的平等不同。后者是人存在的基础,没有了平等与自由,便贬低了生命存在的价值和意义,这是任何物质财富都不能抵偿的。如果说法律和私有财产权是人类不平等的第一阶段的话,通过对不平等的进展的考察,卢梭认为,官职的设置及合法权力变成专制权力分别是它的第二和第三阶段。第一阶段区分出富人和穷人,第二阶段区分出强者和弱者,第三阶段则使"主人和奴隶"的状态得以认可,而主—奴是"不平等的顶点",也是前两个阶段终于要达到的最后一个阶段。②

人与人天然存在不平等和差别,在自然状态中,它给人类造成的困难和影响很弱。"自然在给人分配天赋时,即使真地像人们所说,往往厚此而薄彼,但是在人与人之间几乎不可能发生任何关系的环境中,那些得天独厚的人们,因受到自然偏爱而获得的好处,对于别人又有什么损害呢?"在自然情境中,每个人孤独、不受束缚,"强者"的权力也不会发挥作用。然而,由于社会中人们的相互结合,由于人为的不平等——尤其是政治的不平等——才导致服从、强制和奴役

① "虽然滥用权力和财富的事情是不可避免的,难道因此就可以认为一点都不去纠正吗? 正是因为事物的力量总是倾向于摧毁平等,所以才需要立法的力量倾向于维持平等。"卢梭:《社会契约论》,商务印书馆,第58页。也可参见恩斯特·卡西勒:《卢梭问题》,译林出版社,第52—53页。由此看来,萨拜因关于卢梭的这个认识值得商榷。

② 卢梭:《论人类不平等的起源和基础》,李常山译,商务印书馆,第141页。

的产生。①在卢梭看来,第二、第三阶段出现了专制权力和极权,而这是"不平等"的顶点。

卢梭强有力地批判了极权政治。极权政治缺乏稳定基础,是人类社会政治关系异化的结果。因为在这样的社会之中,人类被区分为强弱贫富,甚至是主人—奴隶的关系,这些关系的产生不依赖于任何智慧。在此基础上构建的政治大厦类似于"奠基在流动的沙滩上的一种建筑物"②而没有任何稳定基础。

富人的专制权力与穷人的苦难。专制权力是极权政治的重要特征。它不是政府的正常状态而是后者腐化的结果。如果一个政府立基于专制权力之上,那么它在性质上就是不合法的,它也不能作为其他权利的基础。他在《论人类不平等的起源和基础》一书中做了描述,指出在极权统治下,除了掌握权力的富人之外,其他人都平等地生活着,说他们是平等的原因在于每个人都"等于零"。在这样的国家里,富人篡夺了权力,他们就是一切,他们的欲望和意志高于法律和一切社会规则,人们奴隶般地匍匐于"新的自然状态"之中。③即便有法律,那也是富人给穷人套上的枷锁,目的是使财产和不平等以法条的形式固定下来,巧取豪夺因而变成了不可撤销的权利。

卢梭指出,在政治共同体内,任何人或阶层都不能把权力作为暴力来使用,而必须按照法律和程序来行使。富人占有更多财产,但他的财富在任何一个人的生命和自由方面都无足轻重,"任何一个公民都不能富到足以用金钱购买他人",富人必须节制权势,不能滥用权力;对于穷人(小人物)来说,"必须克服贪欲与妄求",但不能沦落到"不得不出卖自身"的境地。④在卢梭设想的国家里,穷人和富人的幸福和苦难在性质上存在差别:富人的痛苦来之于其自身而非社会处境,其不能幸福愉快地生活全在于自身欲求的无限制扩张,"他的痛苦都是他自己造成的,能不能幸福愉快地生活,完全取决于他自己"。然而,穷人的苦难全来自于社会处境而非自身,"来之于压在他身上的严酷的命运"⑤。总之,通过专制权力,富人和强者使穷人和弱者堕入强

---

① 卢梭:《论人类不平等的起源和基础》,李常山译,商务印书馆,第108页。
② 同上第68页。
③ 同上第145—146页。
④ 卢梭:《社会契约论》,商务印书馆,第58页。
⑤ 卢梭:《爱弥儿》,商务印书馆,第310页。

制和奴役的深渊。生活在这种社会共同体中的人毫无平等与自由①，因而也难言幸福。

富人和强者的不道德。在卢梭看来，富人和强者既不符合自然②，也与道德理想国家格格不入。富人对于事物的追求不再纯粹地出自于"自然需要"，而是在野心、自尊和嫉妒等社会情感驱动下而产生的"高人一等"的狂热，他们不再秉持以善报善而是损害他人的"邪恶"意图。卢梭在《论人类不平等的起源和基础》中指出，社会状态下人们之间的差别与不平等主要体现在财产（财富）、身份（爵位或等级）、权势和功绩："在这四种不平等中，个人的身份是其他各种不平等的根源，财富则是最后的一个。而各种不平等最后都必然会归结到财富上去，因为财富是最直接有益于幸福，又最易于转移，所以人们很容易用它来购买其余的一切。"③在它们的共同作用下不仅使人陷入不自由与不平等的境地，还使人们遭受越来越深重的罪恶和苦难。

由财产、社会地位造成的不平等，加上人类滋生出多种多样的非自然欲望、科学、技术和才能等而产生的"无数偏见"，这些都违反了理性、幸福和道德。卢梭论述了古罗马和波兰因财富差距而导致奢侈之风，进而造成统治阶层离心离德，普通民众追逐资利、道德堕落。④他一针见血地指出，声称服务他人的"上层阶级"实际上只会损他人而利自己，"有钱的人是把他的财产看得重于一切的。他们是宁肯要黄金

---

①　在卢梭看来，平等与自由是人类幸福的两个重要目标："如果我们努力探索全体人民的最大幸福——这是一切立法体系的最终目的——究竟是什么，那么，我们将发现它可以归结为两个主要目标，即自由与平等。"卢梭：《社会契约论》，商务印书馆，第 58 页。与传统自由主义（如托克维尔、哈耶克等）的平等自由观不同，卢梭认为自由与平等是兼容的，平等更为重要，它是自由的前提："为什么要自由？这是因为一个人如果依附于他人了，则国家共同体就会少去这个人的力量。为什么要平等？这是因为没有平等，自由就不可能存在。"卢梭：《社会契约论》，商务印书馆，第 58 页。罗尔斯在《政治哲学史讲义》中也正确地指出了卢梭对自由平等关系的认识："对于卢梭来说，在以社会契约为基础的社会中，自由和平等——如果它们能够得到恰当的理解并建立了恰当的关系的话——是不会发生冲突的。这是因为，平等是自由的必要条件。人格独立的缺乏就意味着自由的丧失，而这种独立要以平等为前提。卢梭把平等看成是自由的一个核心的部分，而且，在很大程度上，这是平等之所以重要的原因。"见该书第 239 页。

②　"大自然是从来不制造什么国王、富翁和贵族的。"卢梭：《爱弥儿》，商务印书馆，第 261 页。

③　卢梭：《论人类不平等的起源和基础》，李常山译，商务印书馆，第 143 页。

④　卢梭在《论波兰的治国之道及波兰政府的改革方略》中指出，"大领主和小贵族"之间存在巨大的财富差距是波兰政府在改革中面临的一个重要障碍。

而不要美德的。当他们把别人为他们所做的工作和他们付给别人的金钱拿来一笔,他们总觉得别人所做的工作不如他们付出的金钱多,即使别人以毕生的精力为他们干活,他们也认为别人吃了他们的面包,就欠了他们的债"。①

富人的豪夺是通过各种政治和道德"诡计"来实现的。②社会中所有不平等、奢侈、贪婪、道德衰落、压制等非自然关系都是富人对穷人、强者对弱者制造的恶果。穷人、弱者在其中的处境,并非自然同意,也并非他们软弱而不能抵御,而是受到了前者的欺骗,如罗尔斯所指出的,"对于卢梭来说,政治权威在某种程度上是富人的一种诡计":最早的社会契约就是"富人为了控制和欺骗穷人而设的骗局"。③并且,为了说服穷人,他们建立了一套政治体系和法则,以"维护公正与和平",使穷人相互之间承担义务并建立对统治者的服从,共同抵御外部敌人。然而,这实际上是穷人的"枷锁",社会及政治制度消灭了自由,使富人给弱者套上锁链的同时,并保障他们的财产以及随之而来的不平等。

人民要反抗富人建立的极权统治。按照卢梭的理解,人从自然中获得的真知是做自己的主宰者,而非让自身置于他人的统治之下,这是他从人的"自然平等"认识中得出的判断。然而,在政治社会中,"权利平等是虚假的",其作为保护的手段实际上却在摧毁平等自身,"多数人总是为少数人做牺牲,公众的利益总是为个人的利益做牺牲;正义和从属关系这些好听的字眼,往往成了实施暴力的工具和从事不法行为的武器"。④因此,卢梭号召人们不要接受富人和统治者的命令。除非这一命令出自于自己的意志,否则就是暴力统治,强力不构成权利,人们也没有义务服从。这也是前述卢梭的"统治者"只是人民行使权力代理人的要旨所在。

人民的政治地位高于"君主",高于政府的组成人员;对于后者的政治行为,人们可以按正义和公理进行判断和审判。卢梭非常严厉地

---

①　卢梭:《爱弥儿》,商务印书馆,第641页。

②　"为情势所迫,富人终于想出了一种最深谋远虑的计划,这种计划是前人从来没有想到过的,那就是:利用那些攻击自己的人们的力量来为自己服务,把自己原来的敌人变成自己的保卫者,并向他们灌输一些新的格言,为他们建立一些新的制度,这些制度对富人之有利正如同自然法对富人之有害一样。"卢梭:《论人类不平等的起源和基础》,李常山译,商务印书馆,第127—128页。

③　罗尔斯:《政治哲学史讲义》,北京:中国社会科学出版社,第206页。

④　卢梭:《爱弥儿》,商务印书馆,第328页。

指向了"统治者"的政治合法性:"人民之所以要有首领,乃是为了保卫自己的自由,而不是为了使自己受奴役,这是无可争辩的事实,同时也是全部政治法的基本准则。"①他在一定程度上是对霍布斯笔下"主权者""统治者"和"立法者"这样一个"三位一体"的权力怪物的批判。因为在主权者面前,所有人都匍匐于他的脚下,主权者的利益就是唯一的利益,卢梭不相信霍布斯所谓主权者利益与公共利益结合得最紧密,也不相信具有无限权力的"主权者"能够控制人们对私人利益追求的激情;当然,他也从来不认为人们为了摆脱死亡恐惧和自我保存而牺牲生命中的其他各种"善"(如自由平等)。如果这样的话,人们将比死亡还要难受,因为做奴隶与面临死亡的恐惧相比,其所遭受的不幸并没有减少。

　　正是基于对社会中富者、强者、主人加之于赤贫者、弱者和奴隶身上的种种苦难、强制和奴役的批判,卢梭格外强调政治社会中公民的平等地位。他的思想并非促使人们基于经济平等而走向政治平等,而是让更具优先地位的政治平等纠正其他方面的不平等,进而扫除"处于不利地位者"身上的苦难、强制和奴役。这是卢梭平等思想的独特意蕴,它不仅是卢梭社会契约论所重视的,也是人民及其公意在政治社会生活中拥有最高权力的一个重要原因。在这里,卢梭思想中所蕴含民主主义的激进性完全呈现于人们面前,这也成为法国大革命中雅各宾派领导人对卢梭思想最为熟知的方面:"是人民构成了人类,不属于人民的人就没有什么价值,所以用不着把他算在数内。各种等级的人都是一样的,如果承认这一点的话,则人数最多的等级就最值得我们尊敬。"②在他看来,人民握有国家的最高权力;而富人既没有为自己辩护的有力理由,也没有足以自卫的力量:他虽然很容易制服某一个人,却会被成群的前来抢劫他的财产的人民所制服。③

---

①　卢梭:《论人类不平等的起源和基础》,李常山译,商务印书馆,第 132 页。

②　卢梭:《爱弥儿》,商务印书馆,第 310 页。

③　奎特鲁普认为,"卢梭对穷人遭受的不公正对待以及富人的势利和放纵(snobbishness and wantonness)感到震惊。对于政治上的左翼来说,可能会把他看作英雄对待。尽管如此,卢梭的政治补救方法决不是雅各宾派的做法:既不是制定再分配计划,更不是杀富济贫;毋宁说通过对人的消极教育重获失去的天真无邪以解决之。正如在其早期作品中表现的,卢梭认为政治制度非常必要,尽管如此,他从未试图通过构建一个完美的制度安排实现尽善尽美的社会"。Mads Qvortrup, The political philosophy of Jean-Jacques Rousseau, Manchester University Press,2003,pp.96—97.

关于卢梭批判的富人统治者,布鲁姆明确指出前者批判的对象实际上就是"资产者"(bourgeois)及他们的统治,资产者就是被死亡恐惧支配的一群人。他在《巨人与侏儒》这本书中把他们从"人"中区分出来,特指那些"在与别人交往时只想着自己,而另一方面在理解自己时却想到他人"①的人。这类人与公民自觉把个人利益与集体利益和公益统一起来不同,他们(即资产者)把自己的利益看作首要考虑的利益。卢梭憎恨的就是这种以自私、理性为基础而建立起来的社会政治经济体制,因为资产者的利益需在社会中实现,而其主要手段就是剥削贫穷者的劳动果实。

五、道德情感秩序:一种韧性的社会政治秩序模式

自然状态预示了卢梭构建的社会政治秩序与霍布斯完全不同。卢梭考虑的是一种正义而富有道德、人们在心里面服膺并能长期存续的社会政治秩序,这是《社会契约论》的一个基本目的。②罗尔斯也指出,卢梭的理论着力于这一方面,即"为了保证既实现稳定性,又实现幸福,在权利所许可的和利益所要求的之间就必须要实现某种特定的配合。否则……一个稳定而合法的政体也无法实现"。③卢梭不仅阐述一种正义的、可行的并且是幸福的社会理想,还分析了此种社会"如何能够保持稳定"的问题。

以社会公约为基础的社会政治秩序是人们一切权利的依据。有关社会的约定是一切合法权威的基础,它赋予公共人格的同时也给予人们④以人格的独立;同时也产生了一个具有道德性的社会政治共同体。人们一步入社会,其行为的正义就代替了本能,行动也具有了道

① 布鲁姆:《巨人与侏儒》,华夏出版社,第 227 页。布鲁姆认为,"当人们不再相信公益的存在时,当祖国的观念败坏时,资产者就产生了"。见布鲁姆:《巨人与侏儒》,华夏出版社,第 227 页。
② "要探讨在社会秩序之中,从人类的实际情况与法律的可能情况着眼,是否有某种合法的而又明确的政权规则。在这一研究中,我将努力把权利所许可的同利益所要求的结合起来,使正义与功利二者不致有所分歧。"卢梭:《社会契约论》,商务印书馆,第一卷开篇。
③ 罗尔斯:《政治哲学史讲义》,中国社会科学出版社,第 219 页。
④ 罗尔斯认为,这里的"人们"的含义并不明确,但可以确定的是,这些人不是"沾满了腐败文明的所有恶习和习惯"的人,而是"符合人性的基本原则和倾向的那些人"。同上第 219 页。

德性。这种共同体的道德性在于使每个人接受"公意"的最高指导。它是社会、政府、法律的合法性基础，也是公共善的体现。由于人的善良本性，再加上公意的目的是实现人们的公共善，从而使公意总能让人们获得幸福，并总是公正的。

在公意的最高权力之下，为了使人们能够按照公意行事，认识到自己的幸福并能追求幸福，卢梭树立了一个毫无权力的立法者[①]，这与霍布斯的主权者完全不同。这一差别凸显出他们完全不同的社会政治秩序模式。卢梭之所以利用立法者来维护社会稳定，在于他看到了以纯粹的强力和权宜之计为基础的社会契约存在缺陷。正义而稳定的理想国家不能仅仅凭借强制的公共权力，还需要具有"韧性"道德力量的支持，以弥补"刚性"秩序的"脆弱"。卢梭思想的一个重要贡献就在于此，即为共同体寻找一种充沛道德力量，这种道德力量源于人自然本性中的良善。在这样的社会政治秩序类型里，代表人民普遍意志的公意在现实政治生活中具有最高权力，并通过法律的形式得以显现，同时公意也是正义和道德的汇聚，在政治共同体中处于"最高"指导地位；作为主权者的人民握有最高权力，而"统治者"不过是人民在政府中安排的执行法律的代理人。

人的情感，尤其是出于本能的道德情感不仅能够引人自然而然地做出善良行为，它在支持并维护社会政治秩序及积极的道德示范等方面也发挥着重要作用。就像情感主义者乔瑟夫·巴特勒在《对邻人的爱》中所认为的，如果一个人被对"自己的爱"完全支配，那么人的"幸福"和"良善期望"也会变得完全不可能。正因为对幸福和善的追求，所以人类才需要拥有某些积极的道德情感，"而这些感情的前提是先对他人付出"[②]。近来的科学研究也表明，道德情感驱动的互助互救行为甚至在动物群体中也是存在的；在当今世界，道德情感应该在人类社会政治生活中发挥出弥补政治冷漠的功能。在古今中外的政治

---

① 现实政治生活中指导着公意的个别意志或个别"判断"不一定总是"明智"的，它有可能使遵从"公意"的公民误入歧途，所以，我们就"必须为它指出一条它所寻求的美好道路"。确保公意不受"个别意志的诱惑"，具有远见、认清善恶，"能以遥远的隐患来平衡当前切身利益的诱惑"。卢梭指出了两种影响指导公意的情况，即"个人看得到幸福却又不要它"，"公众在盼望着幸福"却又对它视而不见，因此，我们"必须使前者能用自己的意志服从自己的理性；又必须使后者学会认识自己所盼望的事物"。这是立法者应该做的事情。

② 转引自弗雷泽：《同情的启蒙：18 世纪与当代的正义和道德情感》，译林出版社，第23 页。

思想领域,有相当多的论者①不仅论述了情感与政治的关联,甚至还把前者作为政治立论的基础。在现代西方,著名的政治思想家罗尔斯等都在其系统的政治哲学论著中为情感留出了足够空间。

---

① 如莎伦·克劳斯也极为重视情感的作用,认为对人类道德情感的忽视不仅损害人们的政治行动,还会妨碍政治决策的制定。伴随于人们实践推理能力的"情感"已经在"神经科学和神经心理学领域"出现的"一批革命性"文献中得到了证明。并且,"道德哲学、政治理论与法学中的规范理论家们正日益认识到情感在判断与慎思中的重要性"。情感和激情当然在政治中也具有消极作用,但她在《迈向一种新的激情政治》一文中指出,其理论目标是要人们清楚"情感已然(而且不可避免地)在道德判断、政治商议和法律的权威中发挥作用的方式",道德情感理论给我们"维系民主的公民身份"提供了重要手段。

第六章　大众民主时代的"良序社会"

19 世纪中期,在当时的主要资本主义国家里,大众团体或大众组织开始在政治领域兴起。这一现象开始改变以往政治只是在少数精英圈子内部或者之间斗争的状况,成为世袭集团和有产者在政治生活中独占政治权力结束的一个重要标志。法国著名的政治思想家托克维尔通过对美国社会政治生活的考察,在《论美国的民主》一书中也指出社会政治的民主化乃不可逆转和不可阻挡的世界潮流,审慎地宣告了"大众民主时代"的到来。汤普森通过对"伦敦通讯会"发展过程的考察,试图在《英国工人阶级的形成》中初步界定这样的组织类型,认为它"把经济目标与政治目标混杂在一起,也就是'时局之艰辛'和议会改革混为一谈。它举行的集会既能起社会交往的作用,也能起政治活动中心的作用;出于实际需要,它特别注重会议程序;更重要的是,这些团体都决意要宣传自己的观点,把那些倒向他们的人组织起来,而这就体现在如下指导原则中,即'让我们的成员无数'"。[①]这些社会政治变化与代表平民百姓政治立场的各种民主主义观念(如卢梭、杰斐逊、托马斯·潘恩、掘土派和平等派等)共同发酵,在西方现实政治领域给"民主"酝酿出更加丰富的形式和内涵(即"大众民主"出现决定性飞跃)。从而使这一时代越来越表现出大众民主降临的时代特征。

一、"大众民主时代"权力与道德的演进

19 世纪末 20 世纪初,随着大众生存条件、受教育程度、医疗保健水平等方面的改善与进一步提高,大众参与政治的意识及由此激发的

[①] 本部分是 2020 年安徽省高校人文社科重点项目"淮海经济区资源型城市治理中的正义研究"(SK2020A0058)的阶段成果。E.P.汤普森:《英国工人阶级的形成》(上),译林出版社,第 8 页。

组织意识①进一步觉醒。他们超越少数精英对政治生活的垄断而显示出巨大力量,法国心理学家、保守主义思想家勒庞在《乌合之众》一书中以其精英主义的视角和立场考察了"大众时代"(中央编译出版社出版的《乌合之众》一书译为"群体的时代",即"我们就要进入的时代,千真万确将是一个群体的时代。")的显著特征:大众的声音越来越大并逐渐取得优势,大众日益成为了"统治阶级"。总之,"铸就各民族命运的地方,是在群众的心中,而再也不是在君王们的国务会议上"。②这在社会和政治层面都有所体现:社会方面主要表现为人们的社会地位,如出身、门第等传统因素的合法性遭到削弱并表现出更加平等的要求;政治层面则主要体现为比较激进地进一步改革政治体制(如议会)及对普选权的"民主化"要求,从而在理论方面表现出为建立一种大众能够合法正当地参与政治机制的辩护方面。

　　思想家们对"大众民主"这一社会历史过程的态度从一开始就出现了重大分歧。有的人拥抱和赞颂大众民主,要求更多的民主;有的人害怕民众介入政治生活而导致"暴政"和极权,要求降低民主的"人民性",并矮化大众的政治智慧和素质,把"民主"概念狭隘地界定为人民通过"选举产生政治家(或精英)统治"的程序和制度安排;③还有更加激进的保守主义者(如莫斯卡、奥尔特加、米切尔斯和尼采等)甚至将大众视为"群畜""乌合之众"和"野蛮人";蔑视大众,敌视大众,认为他们是"无法支配"的统治者,一味追求平等而毁坏了自由。"大众民主"的历史进展的确是一个复杂的社会政治过程,它对启蒙运动以来形成的所谓现代西方资本主义社会政治秩序的影响也是多方面的。作为社会政治秩序之基础的权力和道德要素也随之呈现出复杂面目,二者的紧张关系与政治哲学领域中"自由平等正义"的价值冲突纠缠在一起。

―――――――――

　　①　沃林称这一时期为"组织的时代",帕利也将"大众政治和大范围的组织"看作这一时期的基本特征。徐大同、吴春华编:《西方政治思想史》(第4卷),天津人民出版社,第591页。在大众民主时代,大众对政治生活的参与更直接、更全面、更深入,从而使精英边缘化。英格尔哈特认为,西方社会出现由"精英主导"(elite-directed)型政治参与向"挑战精英"(elite-challenging)型政治参与的转变。参见丛日云:《精英民主、大众民主到民粹化民主——论西方民主的民粹化趋向》,《探索与争鸣》,2017年第9期。

　　②　参见古斯塔夫·勒庞:《乌合之众》,中央编译出版社,第6—7页。

　　③　韦伯是这一理论认识的鼻祖,他基于对大众民主时代民主政治内在之煽动性的考量,韦伯认为民主政治这一理性化机制也可能走向非理性,因此,大众民主须得到制约。他抛开了理想化的民主思维定式,直面现代社会政治性现实,从社会历史所提供的可能性条件探讨民主的可操作性,这是一种"最低限度民主"的方法。

随着有组织的工人运动和普选制的进一步发展,到 20 世纪中期,这种紧张和冲突越来越明确地反映于政治思想家的著作中,在西方影响甚大的自由主义政治思潮就是重要代表。"如何在权力与道德之间达成平衡"①是他们关注的重要问题之一。与霍布斯和卢梭的思想不同的是,20 世纪的西方政治哲学——尤其是自由主义的政治哲学——探究权力与道德之间紧张关系的基本逻辑和思想形式已经发生了变化。尽管他们大都为资本主义性质的自由社会政治秩序辩护,但他们是以"自由""平等""公平正义"等为中心来探讨权力与道德的复杂关联的,罗尔斯就是其中影响最大的一个代表。

二、罗尔斯对霍布斯和卢梭思想智慧的汲取

罗尔斯公平正义思想虽然有极强的"理性建构"色彩和特征,但他还是为"正义的道德情感"留下了空间。其动力就在于对以公平正义为核心理念的良序社会及其稳定性的考虑,而这是《正义论》第三编"目的"篇的要旨所在。罗尔斯对"稳定性问题"的思考有特定指向,他特别强调公平正义理性原则所指导的良序社会具有稳定力量的持久性,而这是"由某种适当的动机来保证的";该动机就是"在正义的制度下获得的",并与正义的基本制度、人们的正义感及其培养的相关道德情感密切相关。②实际上,罗尔斯的这一认识深受卢梭政治哲学的启发,后者相信人天性善良,正因为人类善良的自然情感和自然心理才使他们能够克服利己主义言行,以及建立正义、幸福、稳定的社会。罗尔斯也关注人们通过自然本性及道德情感的发展来增进公民对社会的忠诚与依恋、对社会政治体系的理解和信心,以及人们之间的信任在维持社会政治方面具有的重要意义。

通过对政治生活的描述和解释借助公共权力实现政治目标和理

---

① "古典自由主义的财产权与一系列文化遗产包括多元主义就开始受到一定挑战,代表多元价值的竞争性局部利益与大众民主时代民众期待的社会财富分配机制等均出现根本性分歧。"黎敏认为,这些问题与更为基础的"权力与道德"的紧张和冲突密切相关。参见黎敏:《现代民主宪制理论的两种思想形态—以韦伯与施密特的差异为焦点》,《比较法研究》,2021 年第 3 期。

② 笔者对罗尔斯的稳定性思想做了比较系统的探究。参见宋伟冰:《公平正义与良序社会:罗尔斯的稳定性思想研究》,上海三联书店,2022 年。

想是政治理论的一个重要作用,而道德理论则是探讨人们道德情感和能力的一种理论形式。罗尔斯的公平正义理论不仅是一种政治理论,还是一种有关道德情感的理论。后者着重于描述理性人的正义感能力,并把正义的道德情感视为人们在判断事物正义过程中所获得的一种道德实践能力①。与自由至上主义者批判社会正义及其支撑"社会正义"的诸种道德情感和"无限民主权力"相反,罗尔斯不仅认可现代西方民主政体运用积极的政治权力实现正义的理想和"共同善",还把公平正义作为权力概念及社会政治制度的一个构成要素。

罗尔斯主张"正义是社会制度的首要美德",这恰在于他构建一个具有实质意义道德系统的理论努力(即构建有关公平分配的正义理论体系)。他指出,在良序社会中,每个人都能合理地相信他人具有一种源自于理性的正义情感。因此人们也就必须承担一份正义理论所要求的自然义务和职责,比如忠诚的职责就保证了人们能够履行契约和做出承诺,这种源自于道德情感的软性约束是审慎的也是合理的,它的代价也是比较小的。同时,这种积极的人类道德情感与正义的规范体系和政制安排相互支撑,共同维护社会政治秩序,促成社会合作。

通过对霍布斯的解读,罗尔斯认识到,人们的承诺行为在某种意义上也具有霍布斯意义上的主权者功能,即在于保证社会合作与有序,并使之长期维持下去:"允诺的作用和霍布斯赋予最高专制权力的作用类似",专制常常把一种公开的、明显的刑罚置于公共行动的前台,以此来维持社会合作;而允诺是另一种方式,它是一种没有强制的状况,在这一状况下,人们通过相互之间的承诺"建立并稳定他们的私人的合作探索"。相较于霍布斯那种凭借纯粹强制力保障履行契约的理论,罗尔斯的努力正在于后者,并认为后者显然更加有效。②因此,他指出,在良序社会中当人们"作出允诺"时,他们彼此之间履行承诺的意图就要有一种相互的承认和约束,也有一种相信这一"职责"必将得到大家尊重并认可它的"共有的合理信念"。③

---

① 从正义理论来看,人们的正义感能力所涉及的判断不仅与相应的正义观相关,更与人们在"反思平衡"下的相互适应的考虑及判断相关。

② 参见罗尔斯:《正义论》,何怀宏等译,中国社会科学出版社,第271页。

③ 罗尔斯:《正义论》,何怀宏等译,中国社会科学出版社,第272页。允诺是由公开的建构性规范体系规定的行为,它与法律以及其他规范体系一样,"生长于一个多少正常地为人们遵守的社会中",其规则如下:"如果一个人在某些适当的环境中说出'我允诺做某事'的话,那么他就一定要做此事,除非有免除这一允诺的条件形成。"罗尔斯:《正义论》,何怀宏等译,中国社会科学出版社,第270页。

　　那么,人们的"职责"和"共有的合理信念"的来源在哪里呢? 罗尔斯并没有从霍布斯那里进一步探寻,而是从卢梭的思想中看到了"公意"①及内在于人们心里的自然情感、道德心理②和正义感,认为这些道德要素能够长久并低成本地维系社会政治秩序。政治权力的存在以各种类型的社会关系和政治关系为前提,而权力的运用在相当程度上需要人们对它提供心理支持,这实际上涉及政治权力的合法性与正当性问题。

　　卢梭的思想表明只凭借强制权力维持社会政治秩序是不道德的,也是不长久的。如果服从是强力的结果,那么人们就没有必要据义务和职责以服从了,而此时与义务对应的"权利"也就成为空谈了。抛开义务的服从,以及与此对应的权利只是强制的华丽门面而已。强制社会与正义社会的差别在于前者充满了压制和奴役:"不管他们的人数可能有多少,我在这里就只看到一个主人和一群奴隶,我根本就没有看到人民和他们的首领;那只是一种聚集,假如人们愿意这样称呼的话,而不是一种结合;这儿既无公共幸福,也无政治共同体。这个人,即使他奴役了半个世界,也永远只是一个人;他的利益脱离了别人的利益,就永远只是私人的利益。"③

　　在分析卢梭的这些认识时,罗尔斯指出,公平正义理论的一个重要方面在于对人类本性及其内在情感的真正认识。因为在对人类本性和道德情感的讨论中,"真正重要的是关于根本的社会变革的前景以及(根据我们当前的历史和社会条件)采取何种方式来实现这种变革的智慧"④,而卢梭探讨了道德情感使良序社会成为可能并得以长久维持的功能:

---

　　①　罗尔斯甚至把卢梭的"公意"概念解释为公民慎思理性的一种形式,基于公民共有的"基本善"或基本利益,慎思理性(他后来在《政治自由主义》中发展成"公共理性"的理念)也是公民彼此之间所共享的理性能力。在他看来,人们都共享的基本利益是结成社会的纽带,并且使公意称为可能,"公意"也因此不是凌驾于公民至上的某个"实体"的意志。

　　②　《论不平等的起源和基础》与心理学有关,并且和孔狄亚克的心理学很相近。详见卢梭:《论人类不平等的起源和基础》,北京:商务印书馆,第 35 页以后(勒赛克尔的引言)、第 67、114 页脚注。

　　③　卢梭:《社会契约论》,北京:商务印书馆,第 17 页。梁漱溟也说,"国家的法律制度固恃有一'力'字在,然而实际上依赖于'理''利'二者维系其间正不在小"。梁漱溟:《梁漱溟自选集》,北京:首都师范大学出版社,第 139 页。

　　④　罗尔斯:《政治哲学史讲义》,北京:中国社会科学出版社,第 215 页。

如果我们用一种冷静的、客观的眼光来看人类社会政治生活的话，它首先显示出来的似乎只是强者的暴力和弱者的受压迫；于是我们的心灵对某一部分人的冷酷无情愤懑不平，而对另一部分人的愚昧无知则不免表示惋惜。……人类的各种制度，……好像是奠基在流动的沙滩上的一种建筑物。我们只有对这些制度仔细地加以研究；……才能见到这一建筑底层的不可动摇的根基……。但是，如果对人类，对人类的天然能力，以及这些能力继续不断的发展没有认真的研究，我们就永远不能……在现今一切事物的构成中，把哪些是神的意志①所创造的东西，哪些是人类的艺术所创造的东西分别开来。②

卢梭考虑的是一种正义而富有道德，人们在内心信服并认同的社会政治秩序，这是《社会契约论》的一个重要目的。因此罗尔斯在《政治哲学史讲义》中也明确指出，"为了保证既实现稳定性，又实现幸福，在权利所许可的和利益所要求的之间就必须要实现某种特定的配合。否则……一个稳定而合法的政体也无法实现"。③

罗尔斯的政治哲学汲取了霍布斯④的部分理论资源，社会中允许存在强制性惩罚，但权力的实施和运用必须有"正义"的道德情感作为其道德根基，因为"正义构成惩罚概念的本质"⑤。否则，它使社会政治有序的同时也必然会给人类带来危机和灾难。有效的刑罚对于保障人们的安全是必要的，但我们必须权衡"权力"这种强制因素所带来的弊端。

在罗尔斯看来，霍布斯的理论为人们的生存和生命安全提供了一种"权宜之计"，主权者拥有强大的强制力以震慑威胁社会政治秩序的诸种因素；但"利维坦"本身太过脆弱，凭借主权者的权力来锻造长久

---

①　译者注：这样的措辞，并不是由于卢梭的小心谨慎。在卢梭的著作中，神的意志是由自然表达出来的。

②　卢梭：《论人类不平等的起源和基础》，北京：商务印书馆，第 69 页。

③　罗尔斯：《政治哲学史讲义》，北京：中国社会科学出版社，第 219 页。

④　总体来看，罗尔斯并没有完全否定霍布斯，他认识到霍布斯的理论价值在于它满足了人们因惧怕死亡而产生的对自由生活的基本需要。对于后者来说，社会中的道德情感并不是不必要的，他之所以对人类中的诸种价值、道德、美德保持缄默，在于他看到了生活秩序中基本需要的迫切性。

⑤　康德：《实践理性批判》，北京：人民出版社，第 50 页。

的社会政治秩序不仅存在理论困难，更犯下了事实性错误：因为没有任何一个共同体仅仅依靠强制力就能够长久地维持下来。罗尔斯的精神实质和思想基础更多地倾向于卢梭，因为罗尔斯从卢梭那里看到了公意以及人们的自然情感、道德心理和正义感在维持社会政治秩序方面发挥的具有持续性的重要作用。他的这一选择不是偶然的，因为卢梭的研究方式与罗尔斯存在对应关系。无论在《正义论》还是《政治自由主义》中，罗尔斯都始终关注一个比较重要的"稳定性问题"①，在他看来，"稳定性问题"不仅是由理性人缺乏"共有的合理信念"引起的，更是理性的"搭便车者"因为"信任匮乏"和内心焦虑等道德情感的缺乏引起的。尽管前一个问题是后一个问题产生的根源，但"稳定性问题"的有效解决需要把两个方面都放在同等重要的地位。这不仅需要类似霍布斯意义上的强制权力保证人们生存和安全的最低利益，更需要在公平正义的指导下让人们获得更高层次的善与幸福，而这需要内化于人心的对社会政治秩序的道德信服和认同。也就是说，一个良好社会政治秩序不仅需要强制性权力作为最低保障，还需要社会成员基于道德情感而产生对它的持续性认可和支持。

三、良序社会中"公正权力"与公平正义感的平衡与协调

罗尔斯看到了权力与道德因素对社会政治秩序的影响。他认为，良序社会不仅发于理性头脑，还要达于理智的心灵，它需要人们理性与道德情感的相互配合，需要头脑和心灵的交汇。它借助于公共权力，在公平正义原则及规则体系的指导下实现人们的公正要求；在这个基础上培养社会成员的公平正义感，真正满足并促进他们对未来生活的良善愿景和目的，从而克服搭便车行为，促进信任，使社会合作的基础和人们的预期大大加强。

"良序社会"（well-ordered society）是罗尔斯的一个政治理想，"良序社会理念"是他为实现现代西方自由民主社会理想而提出的三个基本理念之一。如果把它作为一种社会类型来看的话，那么"良序社会"

---

①　《公平正义与良序社会》一书围绕"稳定性问题"的提出与解决，比较系统而深入地阐述了罗尔斯的稳定性思想。详见宋伟冰：《公平正义与良序社会》，上海三联书店，2022年。

具有以下特点:社会基本政治制度、经济制度及其体系结构能够满足"公平正义"理念的要求,能够把公平正义作为各政治部门的一项重要的功能性设计;社会成员能够接受理性的公平正义原则(罗尔斯提出的"公平正义二原则"),且在它的指导下发展培育出公平正义的道德情感。从这里来看,作为一种秩序类型的良序社会既注重公共权力在"社会正义"方面所发挥重要的调节和分配作用,还重视人类积极的道德情感(如友爱、团结、信任、互助等),尤其是与公平正义原则契合的正义感在长久地维持社会政治秩序过程中所发挥的重要功能。

作为一种政治理论的公平正义理论具有非常强的实践特征,从西方哲学发展史的视角来看,罗尔斯的政治哲学本身就处于西方从语言分析哲学向实践哲学转变的"轴心式转折点"上,实践理性"构成了《正义论》和《政治自由主义》的基本理论背景"①;从其关注的问题上看,他直接指向现实社会政治生活中人们所面临的问题,即人们在社会政治经济合作中所面临的利益、资源和负担的认识与分配问题。

罗尔斯对"良序社会"权力因素的阐述集中于"正义是社会制度的首要美德"和"社会基本结构是公平正义的首要主题"的论断上。在《政治自由主义》中,他特别关注"社会基本结构"这一理论,"社会基本结构"指社会主要制度(如政治制度和经济制度)及其相关体制安排在分配社会政治经济主体过程中而形成利益、权利及义务的分配方式和表现形式。这首先就把他的正义理论聚焦于一个共同体的政治经济等基本结构及其体制(如竞争性市场体制、法律制度、生产资料制度、家庭制度等)方面了,因为它们之于一个共同体或国家的影响深远且这种影响力一开始就已经存在。②由此可知,作为一种相互协调和分配的方式,社会基本结构对于塑造共同体具有重大的政治意义。总体来看,对一共同体内资源和负担的正当性分配很大程度上在于以公平正义为核心价值理念建构起来的"社会基本结构",掌握公共权力的相关部门基于公共利益或"共同善"的目的发挥了积极作用;而政治权力

---

① 韩水法:《正义的视野》,北京:商务印书馆,第 81 页。

② 不过需要指出的是,对于罗尔斯来说,首要主题并不是公平正义理论的唯一主题,还有其他相关主题,如"社会基本结构和基本制度框架的公平性、社会政治权力运作的合法性、社会多元化文化价值观念与现代公共理性的协调基础,以及个人权利或自由的优先保障与相互间的公平合理性,构成了它的基本主题系列"。罗尔斯:《政治自由主义》,万俊人译,南京:译林出版社,2000 年,第 619 页。

的扩张一直是自由至上主义者（如弗里德曼、伯林、哈耶克等）着力批判的。由此可以看出他们对"大众民主时代"所产生社会政治影响的不同政治态度，以及在基本政治立场及相关权力、道德等政治认识上的明显差异。

罗尔斯所期望的就是以公平正义原则指导并影响这些基本结构和体制，"良序社会"理念本质上强调的是以社会政治领域中核心价值理念指导和支配社会基本体系（尤其是公共权力的分配和运行方式）的构建。他提出两条正义原则（公平正义二原则①）分别对应于以自由公正为核心的政治体制及以平等为重要价值理念的社会和经济体制安排。罗尔斯认为，在"公平正义二原则"指导下建立的基本体系不仅"可欲"而且"可行"。因为这种社会基本结构不仅克服了自由至上主义者力主的竞争性市场体制所造成的贫富差距和不平等问题，还特别地针对社会中"最少受惠者群体"面临的系列社会政治问题而明确主张运用公共权力予以纠正。

为此，罗尔斯在《政治自由主义》中为蕴含公平正义美德的社会制度开列了五个基本指标，第一，确保选举经费及制定政策所需要的信息，以使被选者和其他公职人员能够在利益集团面前抱有"中立"的态度，另外能够根据有效的信息制订正确的思维政策。第二，机会均等（如教育、能力培训等领域机会的公平平等）。第三，财富占有与分配的均衡分布，确保公民拥有好生活所需必要资源。②第四，制订经济和社会政策，并建立相关组织和机构以帮助公民维持体面和自尊，增强安全感、公平感。第五是建立全民医疗保健体系。③这五个方面可作为由社会制度之公平正义理念衍生的纠正方式和调控手段的立足点。从社会制度的视角来看，与"公平正义二原则"相对应，罗尔斯把社会基本制度分为两个方面：即政治制度（立宪民主制度）和经济

---

①　罗尔斯在《正义论》中所列"公平正义二原则"的内容如下：第一个原则：每个人对与所有人所拥有的最广泛平等的基本自由体系相容的类似自由体系都应有一种平等的权利。第二个原则：社会和经济的不平等应这样安排，使他们：①在与正义的储存原则一致的情况下，适合于最少受惠者的最大利益；并且，②依系于在机会公平平等的条件下职务和地位向所有人开放。罗尔斯：《正义论》，何怀宏等译，中国社会科学出版社，第 237 页。在《政治自由主义》和《作为公平的正义：正义新论》等著作中，他对这两条原则也做过阐述。

②　罗尔斯认为，若社会制度缺乏了对这一条件的重视，那么，处于优势的群体就能够轻而易举地控制不利者，并不断攫取原本并不属于这一群体政治权力，从而，为他们获取更多不正当的利益。

③　罗尔斯：《政治自由主义》，万俊人译，译林出版社，平装本导论第 47 页。

制度。

第一个方面是政治制度即立宪民主制度。实际上罗尔斯是以美国的基本政治制度为原型的,第一条正义原则是立宪会议的主要标准,确定能够保障自由的政治结构和宪法。这种制度强调公民政治参与和影响政治过程的公平机会,建立产生正义结果的程序和立法程序,根据社会政治事实和条件制定保证自由的公共性法律规则体系等。第二方面是体现第二条正义原则的基本经济制度,该制度要能够就因市场等相关的"法律、政策和决策"导致的积累效应做出说明和解释,并能在必要时利用公共权力进行干涉和调控以保证"民主的平等"①;在此基础上,罗尔斯也对政治机构的基本功能做了功能性划分,大致分为五类部门:配置部门、稳定部门、转让部门、分配部门和交换部门,基本经济制度不仅重视公平、自由、平等,同时还要兼顾效率。

具体来看,基于以上方面,罗尔斯提出了两种适合公平正义的社会体制方案,一种是"产权民主体制",一种是"自由社会主义政体"。他把产权民主体制作为资本主义的替代性选择;另外在《政治哲学史讲义》的"马克思讲座"中,他指出"自由社会主义"具有四个基本特征:一是宪政的民主体制,保证政治自由的公平价值;二是自由市场,并用法律作为必要调节;三是"一套工人所有制的商业模式,或者(部分地)是通过持有股份而实现的公共所有制模式,并且,它通过选举或企业指定的管理者加以管理";四是生产资料和自然资源所有权是"普遍的甚或是平均分配的"②。这两种社会体制都建立了基本立宪民主制度,并通过运用公共权力在内的其他多种方式和手段保证公平的机会平等、基本自由及其公平价值的实现。

罗尔斯所设想的良序社会政治秩序中的"权力因素"主要表现在上述几个方面,这与霍布斯政治哲学中强调纯粹的强制权力不同。罗尔斯认为,纯粹的强制力在维持社会政治秩序方面虽然有效,但过于粗暴;既不文明,还需要在运用强制权力过程中付出巨大成本,而对人们内在道德情感的依赖则有效且方便得多。他看到在幅员较小的国

---

①　罗尔斯把第二条正义原则蕴含的平等倾向称为"民主的平等"。它承认并允许社会中存在不平等,但这种不平等应首先切实保证机会的公平平等和职位向所有人开放,并力图每个人的境况变得更好。

②　参见罗尔斯:《政治哲学史讲义》,中国社会科学出版社,第335页。

家里,正义的社会契约完全可以只依靠"自然约束力"来实现社会政治秩序,但在地域宽广的国家里,只有"附加了正义感和道德感"才具备类似的稳定性。[①]

正义感与其他任何道德情感一样,是人们心理构造的一个重要部分。它使人们以"内在"道德情感的方式按照正当性正义原则的要求行为,其力量通过人的内在要求和愿望达到调节的目的,它不仅是由理性构成的一种道德观念,还是受理性启迪并发自于内心的真实情操,是人们"最初感情的自然结果"[②]。正义的道德情感能够在良序社会中得到满足,也使人们乐于对良序社会的维持,并不断产生对所处共同体或社群的依恋心理。

总之,罗尔斯关于权力因素的认识始终是以公平正义为基础条件的。像卢梭一样,罗尔斯为共同体最高权力的来源和运用嵌入了一个道德内核:卢梭反对专制主的权力,力主人民主权;人民掌握强制权力的正当性源于"公意"的道德性;对于罗尔斯来说,公共权力并不是霍布斯意义上纯粹的强制权,它也有"韧性"的道德基础,其重要来源在于公平正义理论不仅是一种政治理论还是一种道德理论。正是这种考量才使罗尔斯不断批判霍布斯设想的国家只是一种"权宜之计",同时阐述良序社会得以存在与合宜的正当理由(如上述与公平正义原则契合的"可欲"且"可行"的社会基本制度)和诉诸于人们内心的更加充沛且具有持续力量的道德基础(道德心理和道德情感方面);而对于这两个方面,罗尔斯通过"公平正义"而把它们恰当地连接了起来,并使二者在维持社会政治秩序上能够相互协调、相互补充。

---

① 详见罗尔斯:《道德哲学史讲义》,上海三联书店,第 86 页。罗尔斯在《政治自由主义》时期谈论稳定性问题时,认为虽然这一问题的具体解决方式存在某些差异,然而,正义感的稳定性作用是一贯的,"我对它们将不做任何实质性的改变"。罗尔斯:《作为公平的正义:正义新论》,上海三联书店出版社,第 303 页。

② Edward F. McClennen: *Justice and the Problem of Stability*, Philosophy & Public Affairs, Vol.18, No.1(Winter, 1989), pp.3—30.张国清认为,罗尔斯政治哲学的特点就是以"内在的法"作为"外在的法"的基础,以"主观的法"(即德性)成为"客观的法"的基础,从而使"公正性成为合法性"的基础。参见罗尔斯:《道德哲学史讲义》,上海三联书店,译者序第 3 页。罗尔斯也认为,卢梭社会契约也假定人们具有正义的情操:即"所有人对于正义的政治感既具有一种同等的能力,又具有一种根据相应的正义感去行动的兴趣。这种正义感被看成是一种理解和运用社会契约原则并且根据这些原则去行动的能力"。罗尔斯:《政治哲学史讲义》,中国社会科学出版社,第 223 页。

四、良序社会的道德力量：公平正义感

如果一个社会中的公民持有共享的公平正义理念和信念，社会基本结构能够满足公平正义的要求，人们培养起与之相适应的正义感，那么这样的社会就是"良序社会"。良序社会的道德基础在于人心的稳定，而这有赖于道德情感的稳定性。罗尔斯从休谟的人性论认识中获得启示，认为人类的道德感是具有稳定性的，当人们能够理解人们的道德感根基，以及了解它是如何与同情的道德情感相互联系的时候就证明了它的稳定性。从这一认识出发，通过诉诸于人们的道德心理和道德情感，他提出维持社会长治久安的两种基本方式：一是公平正义感，即人们按照公平正义原则的要求而行动的有效期望，从人们的内在心理和情感层面获取保证社会政治秩序的道德力量，为良序社会提供坚实根基；另一是正义感与善的一致性论证。本部分主要探讨第一种方式，即公平正义的道德情感何以使良序社会具有可持续性支撑力量的？

（一）正义理论与正义感的联系

正义感是人们的一种与正义理论契合的道德情感。当罗尔斯在《正义论》第三编"目的"中着重探讨"稳定性"是正义论的合宜特征的原因时，很明显这进一步凸显了正义感与正义理论的合理性的联系。因为社会作为其成员基于利益或资源分配而合作的"冒险"，它常常因人们的利益或善的冲突性分配要求而导致紧张状态的出现。正义理论的重要目的之一就在于建立"共有的合理信念"与共同承认的观点来裁定冲突，加强合作。也就是说，如果一个共同体成员对他们各自利益的过分关注使彼此不信任的话，那么与一种得到共同承认的正义理论一致的正义感则使"他们牢固的合作成为可能"："一种共有的正义观建立起公民友谊的纽带，对正义的普遍欲望限制着对其他目标的追逐"，而一种为人们共同承认的正义理论则"构成了一个良序的人类联合体的基本宪章"。①

---

① 参见罗尔斯：《正义论》，何怀宏等译，中国社会科学出版社，第 4 页；Edward F. Mc-Clennen：*Justice and the Problem of Stability*，Philosophy & Public Affairs，Vol.18，No.1（Winter，1989），pp.3—30。

对一种正义理论来说,它的稳定需要把握人们的道德心理,使他们能够在正义原则的要求下产生行动的愿望,也就是产生或发展出有效的正义感来契合人们的动机和意图。如果正义理论能够达到这种效果,那么它就能够有效地使人们的言行产生遵从它及其社会制度的愿望,并从而获得维持社会政治秩序的强大力量。

(二)正义感的发展过程及其社会政治功能

一种正义理论不仅具有原则、理想等复杂结构,还涉及理性、行为和情感等因素,包含正义感在内的道德情感是道德心理的一个构成要素,它"不是源自本能的冲动情绪,而是以道德意识为基础的理性化情感"。它是个人理性内容和非理性形式的统一,同时也是人际之间交互情感作用的体现,并受历史环境的决定性影响。从罗尔斯的文本来看,作为一种道德理论的正义理论首先需要把握人们道德心理和正义感等道德情感的形成和发展过程。他把正义理论的"可欲"视为一种特性也源自于以道德情感为中心的"道德心理学法则",从内在心理透视人们在正义原则要求和指导下产生行动愿望的特质。

关于正义感及其他道德情感的发展过程,罗尔斯是在良好社会的条件下描述的。基于西季威克、休谟、康德、密尔、卢梭和皮亚杰等人的道德理论,他提出正义感与人们道德心理和情感的发展紧密相连。通过人类生长经历儿童、青年、成熟三个发展阶段,类比三个具有时间序列特性的道德发展①过程:

首先是在儿童阶段的"权威道德",这也是儿童的道德观。在这个阶段,儿童处于父母的权威和照料下,不具备独立判断事物的能力,但具有道德情感(如爱)的潜在能力。这种能力受父母的直接影响和熏陶,即父母对子女的爱会映射在后者心理并逐渐产生感情。当然儿童的情感并不成熟,其行为是自发行为,由本能和欲望驱动(这类似于霍布斯对人的本性认识,自然状态中人受本能和欲望驱动,是"骄傲的孩

---

① 人的道德心理的形成过程与其成长过程是紧密相关的。罗尔斯把这一过程划分为三个阶段,但有学者也是从这一过程出发,立足于"道德意愿的产生和道德行为的实施"角度而把这一过程分为四个阶段:依次是对于情境的道德解释、道德判断、道德选择和道德行为实施。这四个阶段与罗尔斯的描述并不相同,不同的角度也意味着它们具有不同的功能。"四阶段论"认为,它们并不是随"时间推移而推进的线性过程",道德心理是复杂的,我们不能仅依"某个单一的变量或心理要素来诠释和评价各种道德心理现象"。参见伦理学编写组:《伦理学》,高等教育出版社:人民出版社,第221—223页。

子")。父母的爱使得孩子对父母产生依赖和信任,后者也会在生活中慢慢检验逐渐成熟的能力及与其相对应的心理感觉或情感;孩子的情感来自于父母,这种情感也会率先作用于与他或她亲近的人身上,孩子把父母同他的"成功和快乐",同他的"自我价值感"联系了起来,从而产生"对父母的爱"。①这是第一条道德心理学原则。在这个阶段,道德发展遵循的心理原则就源自于权威的环境,产生的是权威的道德:孩童出于爱、信任及尊敬父母而学会了顺从;一旦孩子违反了父母的命令,爱与信任就会使他产生负罪感。权威道德是初步的暂时的,是许多准则的综合,产生于孩子的特殊境况和有限的理解力。此时,儿童并不能把握和理解社会这种更开放、更民主的大环境。

第二是青年阶段形成的"社团道德"。随着人的交往范围的扩展,家庭变成了人们众多交往的共同体或社团中的一个,社团道德与权威道德明显不同。社团道德包括对更多成员更加丰富的角色或身份规定,行为方式和规则及内在动机出现了根本差异,这些方面都会要求人们做出更高的理智判断和道德区分。从情感方面来看,人们在交往中承担了并不相同的义务和责任,也产生了友好、信心和信任等积极情感,罗尔斯称之为第二条道德心理法则。在性质不同的社群或社团中,也会产生性质和形式不同的"社团道德"。

罗尔斯在这里特别地例举了一个特殊的社群——国家。他认为,在这样的"社团"里,正义理论具有对社会基本结构的指导和调节功能,鉴于所有社会成员都受社会基本结构(社会的主要制度)在身份和角色等方面的塑造和规定,那么就意味着它能够作用于所有公民,影响他们生活的环境和言行,塑造他们的心理和情感等等。人们的交往道德是把每个人看作平等的人、朋友和伙伴,一起加入为公共利益并由相同正义理论调节的"共同体":"正义和公平,忠诚与信任,正直和无偏袒,是这种道德的特有内容。"②

第三个阶段是原则的道德,这个阶段所产生的道德类型以坚持理性原则为基础,以承认社会公平为条件,自觉接受理性规则的指导。社团道德产生了"具有复杂形式交往道德的人",发展出对各种各样社团或共同体的依恋,当然也具有对正义理论和正当性正义原则的理解

---

① 罗尔斯:《正义论》,何怀宏等译,中国社会科学出版社,第367页。
② 同上第373页。

能力。"社团道德"使人们产生对正义的理解和认识,罗尔斯认为,至少在良序社会中,有兴趣参与政治事务的公民和公职人员都不断被要求用正义标准对其言行作出合宜解释。伴随对正义原则的熟悉,加上前两个阶段人们道德心理和情感(如爱、信任、友情和互信等)的进一步发展,"我们和我们所关心的那些人们都是一种牢固而持久的正义制度的受益者这样一种认识,就会在我们身上产出一种相应的正义感",它与其他情感促使我们忠诚于其所处的社会及基本制度、法律、传统习俗和文化等,产生"运用和实行这些正义原则的欲望"。①这是第三条道德心理法则。

第三阶段实际上是正义情感的成熟和完善阶段。当违背正义感时,借助于正义原则来解释由此导致的负罪感;它比权威的负罪感和交往的负罪感更复杂,因为它是在道德全面发展后导致的具有严格意义的道德情感。一旦正义原则为人接受,道德态度就越过了父母和团体成员在交往中获得的幸福和赞许。

这三个阶段受三条道德心理法则支配,人们逐渐产生与"高贵的"道德相联系的道德心理动机,它是心理学法则之间"互补关系"②的结果。根据人们的目的和善受社会主要制度及相关因素影响的程度,人们也相应地产生了对它们的依恋。但由于包括正义感在内的道德情感的影响,人们的利益和目的可能改变,因此正义理论和正义原则"支配着属于我们目的的感情联系的变化,而不仅是我们对相应手段的承认"③。在这种情况下,罗尔斯强调,如果人们采取"以恨报爱"的态度,对公正地对待我们的人或事物报以憎恶和憎恨情感的话,那么社会就会马上坍塌。所以"以善报善"是正常社会成员的正常心理,也即积极的道德心理。人类的正义感就是在这样的道德心理作用下不断完善和成熟的。④

---

① 罗尔斯:《正义论》,何怀宏等译,中国社会科学出版社,第374—375页。

② 同上第393页。

③ Edward F.McClennen: *Justice and the Problem of Stability*, Philosophy & Public Affairs, Vol.18, No.1(Winter, 1989), pp.3—30.

④ 罗尔斯在《政治自由主义》中专门阐述了道德心理学,认为它赋予公民以道德敏感性(moral sensibility),这种道德敏感性与公民的欲望(desire)——依赖于对象的欲望、依赖原则的欲望和依赖观念的欲望——有关。罗尔斯把第三种欲望看作最重要的,因为按照原则行为的欲望被视为属于并有益于某种合理观念、理性观念和政治理想的,而公平正义作为一种正义理论,其内容与公民的不同期望以及所塑造的政治理想有很大关联,这构成了政治正义观念的道德心理学。

在良序社会中公民培育并发展出成熟的正义感,每个人都会从心底遵守正义原则并认同这个体系和国家,因为它给予人们以利益,"既然每个人的利益都被肯定,所有人就都培养起坚持这一体系的倾向"。在这样的社会里,人们会自觉抵制违背正义的"冲动和诱惑"[①],产生服从的强烈期望;就如卢梭所说的"服从自己本人"那样,并培育出对社会的依恋与忠诚。总之,正义感及道德情感是人类维系道德生活和良序社会的一个重要方式,它们是信任的基础,其发展引导社会成员及其他社会政治主体之间产生相互的信任与认同。

(三) 非正义感与信任匮乏

正义感是一种积极的道德情感,它与信任、友谊和互信一起使人们产生对社会政治共同体的依恋和忠诚,并从而遵从正义理论对人们利益和负担的划分与安排,自觉履行职责和义务。不过在现实社会中这只是一种情况。陈少峰教授在《正义的公平》中认为,正义感的内容是多样的也是不稳定的,并认为它是一把"双刃剑"。从道德心理的视角来看,由于人们对"惩罚的正义和补偿的正义"的关注,所以正义感有时也很可能会引起"憎恨"等负面情绪。[②]也就是说,正义感的不稳定源于正义感引发义愤等消极情感。

不可否认的是,"非正义感"与正义感密切相关。如果一个人没有正义感也不会产生义愤和不满情绪,但是这些消极情感实际上并非正义感的结果,正义感也不是产生非正义感的真正原因。真正原因是一些人或群体的言行与正义理论相背所造成的,正义感只是产生消极情绪的中介。因此,如果把正义感作为一种积极的道德情感的话,那么当社会中出现与正义理论要求不一致的言行时,人们就会产生愤恨、义愤、憎恨等消极情感。麦克伦南把它称为"非正义感",如果任其发

---

①　一种正义理论的稳定性依赖于"它培育的正义感和它鼓励的目标必须在正常情况下能胜过不正义的倾向"。罗尔斯:《正义论》,何怀宏等译,中国社会科学出版社,第359页。

②　参见陈少峰:《正义的公平》,人民出版社,第13页。陈少峰教授认为,正义感是"由人们的正义信念、现实中正义的要求在实践上的缺陷等因素而产生的对于不正义的行为或某种社会现象的不满,以及相应的要求对不正义的行为进行惩罚的愿望和对不正义的社会现象加以谴责的意识"。(该书第11页。)由此可知,陈少峰的理解及其对正义感的界定一致,他与罗尔斯对正义感的理解尽管在某些方面相同,如它与正义观念相关,但二者的看法存在很大区别,罗尔斯主要把它当作一种积极的、与公平的正义观念相一致的道德情感看待,而陈著与此不同。本文采用了罗尔斯的看法,与罗尔斯持相同看法的还有戴维·米勒、麦克伦南和弗格森等。

展下去,将会破坏社会政治秩序。

前面已经论述正义感具有"以善报善"正向力量。"爱和友谊这些积极情操,甚至正义感,产生于他人为我们的善而努力的明显意图",因为人们认识到彼此具有友好相待的愿望,那么"我们也就关心他们的幸福",罗尔斯把它称为"互惠观念";这也是其道德哲学和正义感理论所关注和强调的,即这种倾向是一个深刻的心理学事实,是人们能够正常交往的一个条件,而正义理论就应该建立在这种倾向之上。不过,现实社会中也会出现如下情形:一些人本来怀有积极的正义感,但当那些具有正义感的人预料到其他人不正义地行动的时候,这些具有正义感的人如何行为呢? 在这种情况下,罗尔斯指出,正义感并不要求我们无条件地服从我们的社会角色,具有正义感的人仅仅在他们设想其他人(或大多数人)也是如此行动的前提下才遵循正义原则。因此,麦克伦南也认为,互惠观念是复杂的,"它不仅需确信其他人也按照这个倾向行为,还须考虑使用强力迫使搭便车者遵循以善报善"。①

由此可知,罗尔斯只考虑了一个方面,我们还应该在考察正义感的同时探讨非正义感造成的消极情形:人们对于正义原则及搭便车行为的不同反应而形成的道德情绪和情感有两个方面,一方面是罗尔斯阐述的正义感,另一方面就是麦克伦南等人关于"非正义感"的论述。如果一个人的正义感是限制其利己主义行为的话,那么非正义感则鼓动他按照利己主义的方式行为;在对利己主义权衡的过程中,这两种道德情感都有可能发生。第一个方面就在罗尔斯的著作中,已经在前面就"正义感的发展过程及其社会功能"中做了论述。与此相反,当别人对我们进行伤害或对我们的幸福构成威胁时,就可能形成原始的恨意,并逐渐转变为强烈的愤怒或怨恨,以致影响人们既不遵循正义安排,也不履行正当的职责和义务。这些消极情感和背信言行不仅产生不信任,还会产生怨恨和恶意。尽管利己主义并不总是对他人采取抵抗或攻击行为,但从长远来看,它的确滋生更坏的态度,以致产生危机,破坏社会政治秩序。

总体来看,罗尔斯仅通过对正义感的培养阐释良序社会,但他并没有考虑非正义感在社会中产生的不稳定性。他的理论在这方面的

---

①   Edward F.McClennen: *Justice and the Problem of Stability*, Philosophy & Public Affairs, Vol.18, No.1(Winter, 1989), pp.3—30.

缺乏不仅可能导致稳定性目标无法实现,还可能因没有看到另一种更大的不稳定问题而导致其理论前提的不完善或不正确。这个更大的不稳定问题就是人们在非正义感作用下重新立约的可能情况。麦克伦南弥补了罗尔斯在这方面的缺陷。他认为,非正义感可能使人们诉诸于重新谈判的行为,并引起新的稳定性问题。

那么,依靠什么使它恢复平衡呢? 在这方面,麦克伦南并没有超越罗尔斯。他指出,只能再一次依靠正义感:"一个可能就是让人们具有促进他们所心仪的正义安排的力量,同时并期望他人也接受这种改变;也就是再一次诉诸人们的正义感,诉诸人们的以善报善倾向。"①共同体中一部分成员因某些非正义言行等各种因素而产生对正义理论及其指导的社会基本结构和体系安排有所怀疑情况下,一方面,只能再一次依赖正义原则所指导社会基本结构在实现人们正当期望和目标能力等而不断产生的信心和信任,使大多数人培养并进一步加强"正义感",从而树立起对制度更强的认同和信服;另一方面就是通过一直存在于良序社会的"公共权力"进行必要的分配和纠正,并能够在紧急关头利用强制性权力进行必要惩罚,及时纠正一部分社会成员的不正义言行,遏制破坏社会政治秩序的非正义言行及消极情绪和情感(非正义感)。

(四) 罗尔斯关于公平正义感的"相对稳定性力量"剖析

与其他正义理论相比,公平正义理论促进的公平正义感具有更强的"相对稳定性力量"。罗尔斯是通过与功利主义正义理论相比较而凸显其力量的。关于公平正义感的优越性,他在《正义论》中提供了三个理由:

第一,基于"无知之幕"和"契约理论"选择的公平正义原则能够无差别地保证每一个人的善和目的被承认和认真对待。这不仅体现在罗尔斯关于"无知之幕"等相关理论的阐释中,还表现在其对公平正义原则的阐述和解释的过程中。每个人对基本善(如基本自由、自尊等)的享有都具有大致相同的价值和分量,这是公平正义二原则的一个基本点,这极大地避免了以某种较大的善或公共善的名义而忽视某些个体情况的发生;而这恰恰是功利原则可能导致的情况。罗尔斯进一步

---

① Edward F.McClennen: *Justice and the Problem of Stability*, Philosophy & Public Affairs, Vol.18, No.1(Winter, 1989), pp.3—30.

指出,功利主义要想达到与公平正义理论相同的效果,获得更多人的支持,就必须从道德理论涉及的内在情感和动机层面调整上述"三条道德心理原则",尤其是后两条道德心理原则。在功利主义原则作为社会基本结构的指导性原则时,人们发展形成的道德情感和正义感不可能像公平正义原则那样在社会政治秩序方面产生人际之间充足的"以善报善"。因为从功利原则中获利较大的人很难获得社会"最少受惠者阶"的友好情感,在这种情况下,互惠并不能够发挥作用,诉诸于功利原则只可能引起进一步的猜疑。另外,罗尔斯还指出,功利原则产生的道德情感也不会像"契约论"和"无知之幕"的理论中"那样似真"。①

但必须注意的是,罗尔斯关于这方面的探讨并不是在"无知之幕"和契约论中讨论的。当"无知之幕"褪去和公平正义原则选择之后,作为罗尔斯之理想类型的良序社会也不得不面对社会中有利阶层针对"最少受惠者"群体予以特殊对待的抱怨。因为"三条道德心理学原则"是在一般意义的正义理论作为社会背景条件而阐述的,不管对于公平正义理论还是功利主义正义理论,这三条原则都是适用的,任何一种正义理论都有获得人们道德心理支持的能力。应该说,罗尔斯准确的意思是公平正义理论及公平正义感更适合这三条原则,也更能促进人类道德情感的发展及社会政治秩序的维护。笔者认为,相比较于功利主义正义理论中关于平等原则的表述,"差别原则"(公平正义的第二条原则)对人们道德情感的促进可能更加有效也显得比较自然:通过平等地估量个体的功利而以此推及对他者的关心,远远比不上公平正义原则所能表达的对他人的关心。

总体来看,罗尔斯主张必须改变道德心理原则才支持功利主义的正义理论并不准确。例如自由至上主义者对社会政治领域中某些特殊群体或组织予以优先对待而做了理论驳斥,这也说明罗尔斯在这方面的论述也有争议,他的论辩也没能说服站在其他阶层立场上的正义理论者。从公平正义理论与功利主义正义理论的比较来看,这也意味着公平正义的第二原则(差别原则)与平等的功利原则一样都无法保证所有社会阶层的认可和支持,都会遭到不同阶层社会成员的抱怨。

第二,公平正义把自尊作为基本善中最为重要的善,并给予它更多支持。按照公平正义原则建立的社会体系,其成员按照互惠的观念

---

① 罗尔斯:《正义论》,何怀宏等译,中国社会科学出版社,第 395 页。

友好对待，认同他人的善，并欣赏"他人的活动"。它在人们之间形成了一种"稳定的"相互信任，从而在人们身上发展出一种构成"人类之爱的基础"①的自我价值感。与此相比较，功利主义的正义原则对个体人的自尊不仅有害，甚至还具有破坏个体人（尤其是社会中"最少受惠者"）自尊心的倾向。作为一种目的论正义理论，功利主义的正义理论为了更大更高阶的善而要求人做出"牺牲"，这将削弱并扭曲人类积极道德情感的发展。

第三，公平正义原则的"优先性"结构明确也更能抓住人的心灵。与功利主义正义理论相比，公平正义原则明确规定什么时候能判断出平等自由受到了侵犯和对差别原则的偏离，其优先性结构更加适合人的发展，使人们产生或发展出有效的正义感来契合人们的动机和意图，从而达到与善的融合与一致。总之，公平正义原则具有观念的明晰性和"理想的吸引力"②。

总体来看，公平正义感较功利原则的正义感具有优越性。功利原则对我们的要求更为严格并可能导致更大危险，它可能要求人们为了更大的利益做出牺牲，"它可能超出它的同情能力并有害于它的自由"③。在这方面的探讨中，罗尔斯以进化论的观点意在表明其主张更符合自然选择，更适合人的发展，也更与人的心理结构匹配。他为公平正义感所蕴含的"道德力量"提供了较为充分的理由。

五、公平正义与善的理论关系评析

正义理论在维护社会政治秩序方面具有力量，其力量一方面在于正义原则作用于政治及权力方面获得的功绩；另一方面，通过正义感，人们从心底树立起对所处社会政治共同体的强烈认同和信服，因为正义理论能够实现人们对于善的要求和目的。罗尔斯指出，公平正义理论就是这样一种正义理论（a theory of justice），不仅关心人们的善和目的，保证每一个人的善不被忽略和践踏，还能促进人际之间的互惠关系。

---

① 罗尔斯：《正义论》，何怀宏等译，中国社会科学出版社，第 396 页。

② Edward F.McClennen：*Justice and the Problem of Stability*，Philosophy & Public Affairs，Vol.18，No.1（winter，1989），pp.3—30.

③ John Rawls：*A theory of justice*，Harvard university press，1971. p.573.

为进一步探讨公平正义感之于良序社会所具有的道德力量,罗尔斯对公平正义与善的一致做了论证。公平正义和善的一致意味着公平正义原则与人们生活计划的相互适合,体现为正义的社会基本结构能够指导人们关于合理生活计划的选择并且可以实现它;而在公平正义感的帮助下我们才能在"良序社会"中充分实现计划目标,也即充分地达到了善。因此,罗尔斯认为,"在某种意义上,正义感不是人们幸福的手段,而是人们幸福的构成要素"。①也就是说,善和幸福与正义、正义原则、正义感及其他道德情感密切相关,后者成为"善"的构成要素,作为目的的"善"依赖于前者,这是罗尔斯在《正义论》中提出的具有特定内涵的善观念。

(一) 罗尔斯的善观念及其评价

罗尔斯划分了三种善的类型,分别是生活计划的善、理性的善和形式的善。首先是生活计划的善,按照他的理解,"善"一方面是某一物品对于人来说具有他所要求的性质或特性。如果在正义理论中对善进行道德评价的话,那么就须把它扩展为能够对人的动机和愿望的理性做出评价,基于合理的生活计划而形成的一些基本观点要与制定该生活计划的人的"所有价值判断"相一致,就如罗尔斯所说的,生活计划的善是"当一个人的在(或多或少)有利的条件下制定的一项合理生活计划正在(或多或少)成功地付诸实践,并且他有理由相信他的计划能够实现时,他是幸福的。当一个人的计划在顺利进行,他的更重要的期望正在实现,并且他确感他的好运气将持续下去时,他是幸福的"。②其次,善与生活计划的相关性决定了理性在"善观念"中的地位和作用。合理的生活计划鼓励和支持某人的利益与目的的合理性,它是与合理选择原则③保持一致的那项计划。他吸收了西季威克的观

————————

① Edward F.McClennen: *Justice and the Problem of Stability*, Philosophy & Public Affairs, Vol.18, No.1(winter, 1989), pp.3—30.

② 罗尔斯:《正义论》,何怀宏等译,中国社会科学出版社,第 322—323 页。

③ 对计划的合理性作出判断和选择需遵循一些原则,罗尔斯称之为合理选择原则,主要有三个:首先是有效手段原则,人们应该采取最有效的方式进行选择;其次是蕴涵原则,选择那些能实现人的一个或更多其他目标的计划;蕴涵原则与亚里士多德主义原则一致,如果其他条件相同,人们就会把他们已经获得的能力的运用视为一种享受,当这些能力被实现得越多,或被实现的程度越复杂,"这种享受也就越大"。因此,蕴涵原则"是亚里士多德主义原则的一个方面"。罗尔斯:《正义论》,何怀宏等译,中国社会科学出版社,第 327 页。最后是较大可能性原则,也就是我们应挑选那些能最大机率地实现具体目标的计划。

点,表明善是"产生于慎思平衡的冲动力与某些条件"的"虚拟合成物"①。最后是形式性善。第二类"理性善"没有给人们的选择添加任何特殊价值,它所包含的理性因素因人而不同。一般来说,它评估人们期望的强度、确定所想要的东西、采取能达到目标的选择办法等。慎思理性在相对于人之最终目的的意义上成为了一个形式性的正当规则或手段。也就是说,对合理计划的选择以及该计划的目标和价值从属于慎思理性的正当形式规则,人们所处的环境和他的境况决定着计划的合理性及对计划合理选择的程度。因此,善是形式性的:首先表现在善对道德的中立,需要诉诸正当原则(正义原则)以发挥道德价值判断的作用;再一个就是理性的善的解释,也就是善受理性的指导和限制。

罗尔斯关于善观念的阐述给理性和形式性正当原则(正义原则)留下了足够空间,理性虽不能确定这些情感的合理性,但它能确定与理性矛盾的善观念的不合理性。这种道义论式"善观念"拒绝目的和善的优先地位。在罗尔斯那里,目的和善依赖于形式规则,"自我优先于目的并确定目的",幸福变成人们合理生活计划成功后主观上的满足。并且,他的这种善观念也使人类道德情感常常在理性、规范和原则,乃至于人类整体心灵的指导下自我审查、修正和反思,引导人类走上道德情感发展和不断调适的道路上,最终达到其所谓的"反思性平衡"。

这种善观念与目的论式善观念根本不同,也遭到当代西方著名学者布鲁姆等的批判。他们指责罗尔斯的善及其论证使其阻止对事物本性的探讨,"形式的善"也导致其理论陷入相对主义和虚无主义。如果他想避免相对主义和虚无主义,必须对此做出回应。②罗尔斯也注意到了这点,为了避免其理论在"目的"上的偏颇,他试图论证亚里士多德的幸福观与合理选择原则的一致。然而,对于布鲁姆等人来说,罗尔斯的论证并不充分也毫无说服力。并且,就亚里士多德思想本身来看,由于亚里士多德与罗尔斯逻辑思维的差别,布鲁姆等人正确地指出,罗尔斯的这个解释实际上扭曲了亚里士多德的本意,"一个人能

---

① 罗尔斯:《正义论》,何怀宏等译,中国社会科学出版社,第 329 页。

② 参见 Jürgen Habermas: *A Historical Critique of John Rawls' A Theory of Justice*: *Failure to Communicate the Tradition*, From of series of lectures delivered in Frankfurt July 2003;艾伦・布鲁姆的长文《正义:罗尔斯和政治哲学传统》。

力的活跃程度是让我们快乐的东西,他的意思不是罗尔斯认为的能力本身使人快乐。亚里士多德的能力是如人类的视力或智力一样的自然构成,它们有其合适的发展过程和锻炼对象"。①罗尔斯相信"人"的自我,而亚里士多德相信人的灵魂;二者相互排斥、互不相容:自我由自我决定,它最多是神秘不定的根源和无穷的自我表达,自我没有本性,它变幻无常;而灵魂有其本性,因为目的决定它,灵魂不是原因。

不管罗尔斯意义上的善观念是否与亚里士多德的幸福观念具有一致的可能,也不论亚里士多德的幸福观念是否为道义论思维方式留下了可容纳的空间;然而可以确定的是,罗尔斯在道义论思维方式下探讨了善与幸福,他是以公平正义的"正当对善优先"这一理念表达的。

(二) 公平正义的正当对善的优先

罗尔斯批判目的论思维对善和正当关系的认识,因为目的论把比较抽象的关系和概念化约为善的最大化。在公平正义理论中,正当和善具有不同特点。善的形式特征决定了它在作出判断时需要慎思理性的限制,需要正当性正义原则的指导。"正当优先于善"意指某个事物仅当其符合正当性原则时才可称之为善。它意味着正义原则或正当原则对不同生活方式施加了限制,任何超出这种限制的公民行为都是没有价值的。如果说正义是对其进行限制的话,那么与其对应的善则体现了这种限制。

罗尔斯主张正当对于善的优先性。公平正义珍视人的自由与自然权利,拒绝把不同人的利益进行权衡。道义论式公平正义利用"正当"指定或限制"善",不像功利主义那样采用善的最大化去解释正当。公平正义预先接受平等的自由原则,这隐含了"善"必须符合公平正义原则的要求,也就是罗尔斯所说的正义原则"指定了人们的目标体系必须尊重的界限",所以,在公平正义理论中正当优先于善。接受正义原则的限制是保证社会主要制度合宜的前提,同时它也孕育了道德力量。在罗尔斯看来,不同社会成员持不同的善观念,但公平正义的正当原则给人们提供了一种相同的正当观,以平息人们之间相互冲突的

---

① Jürgen Habermas: *A Historical Critique of John Rawls' A Theory of Justice*: *Failure to Communicate the Tradition*, From of series of lectures delivered in Frankfurt July 2003.

要求。

普利察德在"道德哲学停留在一种错误上吗?"一文中否定正当行为具有使行为正确的共通性,并认为不存在适合所有正当行为的目的。关于罗尔斯提出的"正当优先于善"的主张,他指出,公平正义为某些"可允许的生活方式设定了各种界限",它使社会成员感到对"各种僭越这些界限"的目的和追求的行为是一种"毫无价值的事情"。[1]因此,指责该主张没有探讨使一个人行为正当的内在动机,公平正义理论的说服力也显得不足。罗斯和普利察德认为可以利用"纯粹良心行为学说"弥补"何以使正当行为正确"这一问题的不足。不过,"正当优先于善"本身没有涉及这一问题,不意味着公平正义理论的其他方面没有探讨"人们正当行为的动机(the motivation for right action)"。关于"公平正义感"及其他道德情感的"道德心理学"就涉及了这一问题。并且,罗尔斯也剖析了"纯粹良心行为学说"的不足:该学说主张正当的事情足以满足正当行为的所有要求,他否认纯粹良心行为学说的合理性,认为它架空了"正当观",否认正当的地位而只认可人们做"正当的事的欲望"(而这仅是人的直觉层面且不可加以分析的东西)。因此,"我们不应该依赖于一个纯粹良心行为学说"[2],它否定了公平正义感及道义论正义关于人们内在道德动机的强调。

(三)罗尔斯关于公平正义与善的一致性论证

关于公平正义感和道德情感的理论,罗尔斯提出良序社会长治久安的两种基本方式。本章第四部分"良序社会的道德力量:公平正义感"主要探讨了第一种基本方式,这里探讨第二种基本方式,即公平正义与善的一致性。

尽管公平正义的正当具有优先性,但它能够满足人们的目的及对善的要求,且公平正义与善本身就是融贯在一起的,二者具有一致性。也就是说,一种正义理论若不关注"善",那么它"将一事无成",它必须为善观念"留下适当的地盘";同时为认可这一观念的人们"所完全看重的关于善的各种观念必须适当地限定在由权利本身的观念所设定的界限之内",通过这一"适当的地盘",使人们追求这

---

[1]　罗尔斯:《政治自由主义》,万俊人译,译林出版社,第222页。

[2]　John Rawls: *A theory of justice*, Harvard University press, 1971. p.569.

一观念所允许的各自的"目的"。所以"正当的权利设定了界限",而
"善"则体现了这点。①

　　人的行为只有在与善彼此一致的时候才可称得上是正当行为。
罗尔斯把公平正义与善的一致概括为良序社会的一致性,可从四个方
面的一致性进行分析:首先,人的自律与客观原则一致。罗尔斯通过
原初状态、"无知之幕"等理论排除了现实社会中具体境况的干扰以保
证人的自律,但对社会中具体偶然条件的排除并不是扭曲社会、排斥
社会一般事实,而是反映了社会的一般事实。从这样的契约理论中选
择的正义原则保证了客观性,此即人的自律与客观事实的一致性,公
平正义原则是"作为自由平等的理性存在物"的自律行为与客观事
实——"我们客观地看待我们的社会和我们在其中的地位;我们和其
他人分享一种共同的观点,而不是从私人偏见来判断的"——中选择
的正当性规则,因此"我们的道德原则和信念是客观的"。②

　　其次,良序社会与社会中成员善观念的一致。此种一致可概括为
"正当和善的一致如何在良序社会的公共善中反映出来"。个体人的
力量是渺小的,只有通过社会合作才能实现其期望,如果人们能够在
社会合作中获得回报或实现自我价值就倾向于"欣赏这种合作行为"。
按照洪堡的说法,"正是通过建立在社会成员们的需要和潜在性基础
上的社会联合,每一个人才能分享其他人实现出来的天赋才能的总
和"。在社会共同体中其成员"从彼此的由自由的制度激发的美德和
个性中得到享受",人们都会获得欢乐和幸福。③良序社会的最终目的
是建立公平正义的社会基本结构并把它本身作为善来看待,以及社会
主要制度衍生的其他具体制度如宪法、法律、家庭等体制安排也是善
的。因为制度就是为所有人的善而做的安排,个体的善与公共善是一
致的,二者统一于正义的社会基本结构之中。

　　第三,公平正义不以妒忌为基础,它满足人的自我价值感和自尊。
妒忌是这样一种消极情感,即尽管他人拥有的善与自己利益的"增损"没
有多少相关,但仍会采取一种不友善甚至是敌意的态度对待前者。④妒

---

①　罗尔斯:《道德哲学史讲义》,上海三联书店,第 313 页。

②　罗尔斯:《正义论》,何怀宏等译,中国社会科学出版社,第 409 页。

③　这段话是罗尔斯根据洪堡《国家行为的限制》而写的。详见洪堡的《国家行为的限
制》(剑桥大学出版社 1969 年),第 16 页及以后。

④　罗尔斯:《正义论》,何怀宏等译,中国社会科学出版社,第 421 页。

忌别人的人倾向于在损害别人中获益,如果不能获益也宁可损害双方利益以减少二者的差别。罗尔斯认为,"妒忌"的情感既会伤害对象也会伤害主体,它根源于自信的匮乏和无力的自助感,是一种形式的怨恨。良序社会能够减轻或根除产生妒忌的社会条件,保证人的平等地位和自尊①。良序社会的社会差别并不超过"妒忌的界限",也不引起悬殊的财富差距,从而预防妒忌的爆发,保障公民的自我价值感。

最后,公平正义能实现人们的合理生活计划并保证自我的统一。合理生活计划的成功依赖正当的正义原则,这些原则赋予人们的"生活以某种形式",调节人们所在社会的背景条件,调节其追求目标的方式,原因在于"自我优先于由它来肯定的目的",即使是"一种支配性目的也是由自我在大量的可能性中选择的"(也就是在人们慎思理性的限度内选择的)。②罗尔斯把道德人格看成"自我构成"的基本方面,意在拒绝目的对人的支配;而道义论正义理论(公平正义理论)能够保证人的自主和"自我统一"。这一认识是对休谟等情感主义者所导致"理性是情感的奴仆",从而使人类失去了自主和自由这一论断的回应,人们没有必要在理性的自主与情感的他律之间做出抉择。具有道德人格的人表现为具有善观念和正义感能力的人,前者指人的合理生活计划,后者指按照正当原则行为的愿望。因此,"自我统一"和人格的完整完善表现为在正义感和正当原则指导下人的生活计划与善相一致。

这四个方面是罗尔斯在《正义论》中所做的阐释,它们共同构成为"良序社会的一致性"。③然而,《正义论》的一致性解释忽视了西方社

---

① 在良序社会中,自尊的基础由基本权利和自由平等分配,每当人们聚集在一起而从事公共事务时,他们都能具有一种平等的可靠地位。参见罗尔斯:《正义论》,何怀宏等译,中国社会科学出版社,第431页。平等自由支持人们在自尊方面的重要性,这一点也肯定着正义的优先性。

② 罗尔斯:《正义论》,何怀宏等译,中国社会科学出版社,第443页。

③ 正文是罗尔斯所考察西方社会的一种"理想情形"(尽管他本人在文本中常常视之为社会的"正常情形"),即建立了公平正义的社会主要制度,人们理性而具有合理性的公平正义观念,培养起与公平正义原则和良序社会一致的比较充沛的公平正义感。然而,需要指出的是他也考察那些认为正义不是他们善的人的"特殊情况"。认为他们将会因拥有不理性的"善观念"而受到谴责。既然他们预先接受以公平正义为基础的平等自由原则,当人们发现其非常乐意欣赏别人的不自由时,他们将认识到这种欣赏是错误的荒谬的,因为他们没有任何此种"欣赏"的权利:由他人遭受到强制和奴役(或曰不自由)所获得的快乐并不正确,这与由原初状态推出的公平正义原则"背道而驰"。针对这种情况,罗尔斯明确指出须借助于霍布斯式强制性权力,这也是公共权力得以存在的正当理由(必要时除恶)之一。况且在一个大的共同体中,"我们不必为证明正义观念的正当性而主张每个人,不论其能力(转下页)

会存在的一个非常重要的"理性多元学说"事实，它对《正义论》的解释提出了直接挑战，也引起社群主义者的激烈批判，这使他在《政治自由主义》中不得不"重新解释"。《政治自由主义》阶段的"良序社会"仍受公平正义原则的指导，社会基本结构体现了公平正义的核心理念，公民培养起了公平正义感，还有一个重要的同时也是《正义论》没有探讨的，即公民持有并不相同的理性多元学说。这使人们时常面临相互矛盾且用理性也无法说服对方的行为和认识（如善观念、生活习惯、宗教信仰等）。那么，良序社会如何达成相互的一致再次成为罗尔斯要解决的重要难题。

　　《政治自由主义》使公平正义理论走向"政治正义观念"，正义理论的"政治转向"是罗尔斯解决这一难题所提供的基本路径。他在《政治自由主义》中提供的"政治证成"为人们提供了一种接受各自主张和观念的方式。它不仅重视人的理性能力，还重视"理性的负担"，这使人们在各自理性理由的基础上常常会做出彼此相异的判断。鉴于此，政治证成正视这一问题，因为道德价值不仅多元，而且人们常常就某一道德问题而对道德价值做出不同估计，从而导致复杂而难以调和的道德争论；并且政治制度和政治政策也不能包含所有价值，因而人们常常会迫于形势而做出抉择。这决定了人们必须接受理性多元事实。罗尔斯试图通过"政治正义观念"以期望得到持不同"理性完备学说"公民的共同认可，以产生"共享的合理信念"。他在论证公平正义与善的一致的基础上还要探寻良序社会的政治基础——"交叠共识"。后者成为"社会一致性"必须考虑的新的理论策略。

（接上页）与欲望如何，都有保持其正义感的（按照善的弱理论规定的）充分理由。因为，我们的善取决于我们人格的种类，我们所具有和所能够有的需要和欲望的种类"。虽然善应受正义感调节，但并非所有人都按照这种方式行动，"甚至有时许多人都感觉不到一种为着他们的善的正义感"，因此，强制权力应走向前台，在必要时"除恶"。因为在他看来，如果社会"缺乏一致性"，那它"产生不稳定性连同其伴随的恶的可能性"就非常大。（参见《正义论》中国社会科学出版社第456页。）所以，与卢梭一样，必要时借助公共权力除恶（尽管公共权力经常发挥"扬善"的功能）也成为罗尔斯的正当理由之一，也因此，受到强力镇压的持"非理性善观念的人"的反抗就是不正当的。因为人们在接受公平正义原则的同时也隐含地同意其"善观念"也须"符合正义原则的要求，或至少不坚持那些直接违反它们的要求。……正当原则和正义原则限定了哪些满足有价值，在何为一个人的合理善观念方面也给出了限制。……一个正义的社会体系确定了一个范围，个人必须在这一范围内确定他们的目标。它还提供了一个权利、机会和满足手段的结构，人们可以在这一结构中利用所提供的东西来公平地追求他们的目标"。否则就突破了公平正义的限制，也会危及正义的社会基本结构，社会契约也就遭到了破坏。罗尔斯：《正义论》，何怀宏等译，中国社会科学出版社，第24—25页。

(四) 交叠共识与政治正义观念:多元社会的一致性策略

社会基本结构的变化和主体意识的觉醒引起公民在心理、信念和价值取向上的多元化,它既是社会前进的动力,也可能是破坏社会政治秩序的潜在力量。因此,罗尔斯在《政治自由主义》中阐述了一种适合于政治正义观念的"具有调和色彩的良序社会"[①],他正视多元理性学说对公平正义理论造成的冲击,力图实现具有多元分歧特征的社会与公平正义的和解。他对维持公平正义社会的策略做了调整,即在公平正义原则为核心内容的基础上,试图让每一个从各自理性完备学说出发的公民接受政治正义观念,并以政治共识("交叠共识")作为社会长治久安的基础,以回避当代多元社会中因"道德一致"的不可能而带来难以解决的道德危机和道德争论。

交叠共识是打开理性多元社会稳定和有序之门的钥匙。它与政治正义观念相辅相成,是各种理性完备学说从自己的见解出发而共同认可的政治理念,社会的平稳运行和有序以"交叠共识"为基础。在这种情况下,公民支持这一观念,确认正义的要求与他们的根本利益没有"太大冲突",唯有如此,社会政治秩序才有可能。[②]罗尔斯用两条线索即交叠共识的模式化情形(model case),以及它的三个"度"——即深度、广度和具体程度——回应了有关交叠共识的四个方面的反驳意见,即交叠共识是一种临时协定或权宜之计,它是一种怀疑主义,它不是完备性学说,以及它是一种乌托邦。罗尔斯对这四个方面的回应构成了交叠共识理念的主要内容。

政治正义观念既代表了罗尔斯对多元理性学说冲突的回应,也代表了在这一社会背景下对社会一致性策略追寻的延续。然而,他并没有舍弃对人生计划、人生意义、幸福生活和善观念等人生目的的回答;他认为,在政治正义观念的约束下,在人们实践理性的推动下,良序社会能够关注于人们的善、生活计划和幸福等人生目的和人生意义:

假如我们对慎思从方法论上有所突破,使得思维方式受理性指导而不是由机会来决断,那将是最好不过的。它也有助于偶然退回到自身的实践,反躬自问:"我将往何处?""我能行得多远?"或者提醒自己

---

① George Klosko: *Rawls's Argument from Political Stability*, Columbia Law Review, Vol.94, No.6(Oct., 1994), pp.1882—1897.

② 参见罗尔斯:《政治自由主义》,万俊人译,译林出版社,第 141—142 页。

找到问题的要害,并付诸行动。正是通过这些地方和策略,我们才得以逐渐成为了自身的主人。对莱布尼茨来说,真正的幸福应该是我们的欲望的目标,但是除非欲望受到理性的指导,我们便会千方百计地追逐当下的而非永久的快乐,永久的快乐才是幸福。①

按照《正义论》的逻辑,如果公平正义指导的良序社会及其指导的权利能体现善,那么该社会在很大程度上就能保持稳定。罗尔斯的《政治自由主义》遵循了这一思路,尽管多元理性学说的冲突排除了把《正义论》中的"道德一致"作为社会统一的基础;但在罗尔斯看来,交叠共识成为它的替代性策略,人们必须要以不同的方式看社会的一致性,它产生于交叠共识,而它是就政治的正义观念而达成的。

基于此,如果政治正义观念指导的良序社会能够体现善,那么该社会就是稳定的社会,其原因在于在充分考虑相关情况下,公民满足于其所处的社会。②那么,罗尔斯是如何探讨由政治正义观念指导的良序社会能够体现善,并认为二者是一致的呢?

在公平正义理论中,它集中体现为人们权利的正当性具有优先性;在承认优先性的基础上,公平正义把正当与善看作是相互补充的。在政治正义观念中,正当性优先表明政治正义观念的善必须是政治的,并且必须在政治正义观念的范围内发挥作用,"甲、它们是或能够为自由而平等的公民所共享;以及乙、它们并不以任何特殊的充分(或部分)之完备性学说为先决前提"。③只有在政治正义观念的前提下,才允许人们在社会中追求各自的善;也就是说,《政治自由主义》首先保证相关权利的优先性,"保证所有市民都胜任多用途的手段(基本工具)以便他们能够灵活运用他们的自由权利"。在此基础上,公民才能确保自己的幸福和善,因为政治自由主义在人们的幸福和善等目的上是中立的,并认为这是"市民自己的事"。④

由此可知,正义观念不是不讲善,而是首先用正义原则及其规定的权利划定界限,再通过善表明这种界限规定的目的。在罗尔斯看来,所有正义观念都不可能从权利或善中抽身而出,它们须用一种明确而恰当的方式"把权利与善结合起来"。

---

① 罗尔斯:《道德哲学史讲义》,上海三联书店,第188页。
② 罗尔斯:《作为公平的正义:正义新论》,上海三联书店出版社,第333页。
③ 罗尔斯:《政治自由主义》,万俊人译,译林出版社,第187页。
④ 参见罗尔斯:《道德哲学史讲义》,上海三联书店出版社,第492页。

　　不同的完备性学说规定了不同的人生目的、价值和生活方式,但在现实社会中,并没有哪一种学说可以得到公民的普遍认可。如果通过政治制度和强力保证任何一种善观念,都会造成使政治社会产生分裂和发生冲突的危险。鉴于此,政治自由主义寻求能为公民共享并能实现各自政治目的的善观念,以使它能成为交叠共识的核心。因此,它必定在人们的不同生活目的上是中立的。它只在一种公共政治观念的范围内确保公民的"普遍认可"①,在"基本制度和公共政策不是设计用来偏袒任何特殊完备性学说"的意义上满足目的的中立。按照罗尔斯的逻辑,这种中立性实际上就是政治正义观念在对各自完备性善观念限制的基础上,让人们各自判断自己的生活目的、幸福和生活意义,并从而过上自己认为合适的生活。

　　罗尔斯之所以确认不同的生活方式,在于对理性多元论及其历史要求的顺应。因为许多历经考验的生活方式之所以流传至今,在于它们赢得了不同人的信任;与此相应,在不同群体的不同生活方式中都能发现值得认可的多元完备性观念。因此,政治正义观念并不强行推行某一种生活方式;恰恰相反,它在目的上的中立表明:社会中的公民所期许的政治制度和美德可能并不是政治正义观念规定的那些制度和政治美德,但是,这些制度和美德必须与公平正义原则可允许的善观念契合,才能为理性公民接受。在这种情况下,政治正义观念必须要在其自身的范围里为这些生活方式留下足够的发展空间。②虽然公平正义不能从更为宽泛的范围里探讨这些"发展空间",但交叠共识确认了"自由而基本的制度给那些值得公民为之奉献忠诚的生活方式",并为各种生活方式的存在和发展留下了足够空间。③

　　虽然政治自由主义在目的上中立,但它仍然可以认可道德品格的优越并鼓励某些道德美德。作为公平的正义阐述了"某些政治美德","如公民美德与宽容的美德、理性和公平感的美德"等可以归结为"社

---

　　① 罗尔斯:《政治自由主义》,万俊人译,译林出版社,第205页。

　　② 罗尔斯以儿童的教育(官方的儿童教育)为例,阐释公平正义对完备性善观念的公平性:它认为,儿童教育包括对宪法所规定的各种权利和自由、平等价值,并使他们成为能参与社会合作的社会成员,具有自我支撑的能力;同时,鼓励相互尊重、相互合作以及信任的政治美德。公平正义不培养他们的具体的自律,它"尽可能地尊重那些希望按照宗教教令从现代世界中退缩出来的人的要求——只要他们承认政治正义观念的原则并尊重其个人与社会的政治理想"。罗尔斯:《政治自由主义》,万俊人译,译林出版社,第213页。

　　③ 参见罗尔斯:《作为公平的正义:正义新论》,上海三联书店出版社,第235页。

会合作的美德"；但我们应认识到，罗尔斯把"这些美德纳入政治观念并不导向一种完备性学说的完善论（至善论 perfectionist）状态"。①因为，这些美德和理想表现出宪政民主国家公民理想的基本特征，它们与完备性宗教学说和哲学学说所代表的那些美德有明显区别。在罗尔斯看来，通过采用良心自由和言论自由一致的方式论述宽容、信任的美德，不会导致柏拉图、亚里士多德式的至善论，也不会建立以教权为基础的国家。

　　政治正义观念指导的良序社会也不是一种"私人社会"。其社会成员有共同的政治目的，它不仅能够认可人们之间的"正义的目的"，还认可"他们所共享并通过其政治安排来实现的其他目的"。②这些目的为良序社会的善提供了基础和依据。同时，良序社会也体现了善，它使社会成员锻炼并实践他们的道德能力、维持他们的自尊，以及重视平等、自由、宽容、信任、合作等价值。这是"一种政治的善，一种有意义的善，一种适合于政治观念的善"。③由政治正义观念指导的良序社会体现了善。

　　总体来看，罗尔斯在《正义论》与《政治自由主义》中关于"一致性"的论证方式没有多大改变：政治正义观念及其指导的社会基本结构与公平正义理论一样也是善的体现，也把"正当与善结合起来"④。不过在涉及公民的善和自我的统一上罗尔斯的论证有所发展。因为政治正义观念不仅包括公平正义原则的限制，还包括政治观念的限制（公平正义指导的良序社会并不能与其成员的完备性善保持一致），而只能使之与主要体现为政治价值的公民的"政治的善"保持一致。政治正义观念并不能像完备性学说那样实现人们的所有生活计划，不能规定人们的具体生活方式，也不能规定实现幸福的条件和内容。因为这些是私人领域的事情，政治正义观念在人们目的上的中立使之难以有进一步的要求和限制。

　　对于一种社会政治秩序来说，如何避免冲突和动乱，从而保持平稳发展需要很高的政治智慧。这依赖权力、理性、道德情感及其衍生因素的共同作用。在罗尔斯看来，良序社会的建立与维持不只是权力

---

① 罗尔斯：《政治自由主义》，万俊人译，译林出版社，第 206 页。
② 罗尔斯：《作为公平的正义：正义新论》，上海三联书店出版社，第 329 页。
③ 同上第 332 页。
④ 罗尔斯：《政治自由主义》，万俊人译，译林出版社，第 184 页。

和服从带来的权宜之计,深谙西方政治哲学传统的罗尔斯明白,能够维持社会长治久安的基础条件不仅有正当性规范、还包括人们内在心理和道德情感层次上对规范、制度乃至公共权力的认同和信服。他在公平正义理论的框架内试图为良序社会提供更加坚实的正当基础,从道德心理和道德情感的角度论证了利己主义和信任匮乏对社会政治秩序的冲击;从公平正义感的视角剖析了它对利己主义倾向和信任匮乏的遏制;并且还深入探讨了良序社会中人们的善与公平正义相互促进、相互协调的理论关系。

不过,罗尔斯的理论蕴含了深刻的具有特殊性的西方价值观,并表现出强烈的西方中心色彩。良序社会是以典型的西方宪政民主社会的"特殊性"为背景的社会,它不具有普遍的社会特征。并且把西方的政治模式说成是先进的需要模仿的模式,还"把西方文化神圣化、绝对化,否定边缘价值"①其实质在于希望借助一层普遍主义的"外衣"来掩盖其特殊的历史和价值前提,是以"粉饰过的社会—历史"为基础的。"无知之幕"在一定程度上"体现了美国人认为自己在一块白地上构成了一个民主国家的深层意识"。②按照马克思主义经典作家的逻辑,罗尔斯稀释公平正义理论特殊性色彩的目的就在于通过特殊利益和特殊思想形式的普遍化,实现资产阶级的利益。罗尔斯的"政治"帝国是与美国"宪法自身的帝国倾向"联系在一起的。政治正义观念以"政治的"方式掩盖西方价值的特殊性内核,从而以"政治"帝国的装扮和虚假面目出现在世人面前,他的这一做法潜藏着霸权逻辑。③

---

① 田丰:《文化进步论:对全球化进程中的文化的哲学思考》,广东高等教育出版社,第36页。

② 韩水法:《正义视野》,商务印书馆,第56页。

③ 世界主义也是一种普遍主义形式,它希望在全球化时代寻求一种在世界范围内统一的政府和公民社会。然而,这种思想与罗尔斯的霸权倾向有所区别,世界主义者主张抛弃民族国家的狭隘界限,它是反国家、反种族的;因为他们认为,这些政治实体无法代表全人类的利益。因此世界主义思想"不仅对世界公民社会的稳定,对世界范围内的流动资本,还是对民主的创新来说,都表明国家的思想、理论和制度都必须摆脱民族国家的狭隘性,为世界主义的时代开放门户"。乌尔里希·贝克:《全球化时代的权力和反权力》,桂林:广西师范大学出版社,第8—9页。另外,对于以民族和国家这些政治实体为基础的霸权思想,世界主义思想的代表乌尔里希·贝克认为,不能承认任何以国家或民族为主体形式的普遍主义,否则只会给人类带来无穷无尽的灾难;"因为国家会利用托付给自己的世界主义的活动机会去增强自己的霸权地位,跨国地建设监控国家"。同上第301页。

参 考 文 献

《马克思恩格斯选集》(1—4 卷),中央编译局译,人民出版社,1995。

马基雅维里:《君主论》,商务印书馆,1985 年。

马基雅维里:《君主论·李维史论》,吉林出版集团有限责任公司,2013 年。

马基雅维里:《佛罗伦萨史》,商务印书馆,2005 年。

霍布斯:《利维坦》,黎思复等译,商务印书馆,1986 年。

霍布斯:《贝希摩斯 英国内战缘由史》,李石译,北京大学出版社,2019 年。

霍布斯:《〈利维坦〉附录》,赵雪纲译,华夏出版社,2008 年。

霍布斯:《论公民》,应星等译,贵州人民出版社,2002 年。

卢梭:《社会契约论》,商务印书馆,2011 年。

卢梭:《爱弥儿》,商务印书馆,1996 年。

卢梭:《论科学与艺术》,商务印书馆,1963 年。

卢梭:《论人类不平等的起源和基础》,商务印书馆,1997 年。

卢梭:《政治经济学》,商务印书馆,2018 年。

卢梭:《忏悔录》,人民文学出版社,1980 年。

卢梭:《论波兰的治国之道及波兰政府的改革方略》,商务印书馆,2014 年。

卢梭:《山中来信》,商务印书馆,2012 年。

卢梭:《文学与道德杂篇》,华夏出版社,2009 年。

卢梭:《一个孤独的散步者的梦》,商务印书馆,2008 年。

罗尔斯:《政治哲学史讲义》,中国社会科学出版社,2011 年。

罗尔斯:《正义论》(修订版),中国社会科学出版社,2009 年。

罗尔斯:《政治自由主义》,万俊人译,译林出版社,2000 年。

罗尔斯:《作为公平的正义:正义新论》,上海三联书店出版社,

2002 年。

罗尔斯:《万民法》,吉林人民出版社,2001 年。

罗尔斯:《道德哲学史讲义》,上海三联书店出版社,2003 年。

罗尔斯:《罗尔斯论文全集》,吉林出版集团,2013 年。

罗尔斯:《简论罪与信的涵义》,左稀等译,中国法制出版社,
2012 年。

罗尔斯等:《政治自由主义:批评与辩护》,广东人民出版社,
2003 年。

亚瑟·梅尔泽:《人的自然善好——论卢梭思想的体系》,任崇彬
译,上海人民出版社,2020 年。

哈耶克:《自由秩序原理》(上下册),生活·读书·新知三联书店,
1997 年。

哈耶克:《个人主义与经济秩序》,生活·读书·新知三联书店,
2003 年。

哈耶克:《通往奴役之路》,王明毅等译,中国社会科学出版社,
1997 年。

哈耶克:《法律、立法与自由》(1—3 卷),中国大百科全书出版社,
2000 年。

哈耶克:《科学的反革命:理性滥用之研究》,译林出版社,2003 年。

哈耶克:《哈耶克论文集》,邓正来选编译,首都经济贸易大学出版
社,2001 年。

柏拉图:《理想国》,郭斌和译,商务印书馆,1986 年。

康德:《历史理性批判文集》,何兆武译,商务印书馆,1990 年。

康德:《法的形而上学原理:权利的科学》,沈叔平译,商务印书馆,
1991 年。

约翰·密尔:《代议制政府》,汪瑄译,商务印书馆,1982 年。

约翰·密尔:《论自由》,叶启芳、程崇华译,商务印书馆,1982 年。

塔克:《战争与和平的权利》,译林出版社,2009 年。

塔克:《哲学与治术》,译林出版社,2013 年。

斯密:《道德情操论》,商务印书馆,2003 年。

埃德蒙·柏克:《法国革命论》,何兆武等译,商务印书馆,1998 年。

托克维尔:《旧制度与大革命》,商务印书馆,1997 年。

尼采:《权力意志:重估一切价值的尝试》,张念东等译,中央编译

出版社,2000 年。

安东尼奥·葛兰西:《狱中札记》,河南大学出版社,2014 年。

罗杰·夏蒂埃:《法国大革命的文化起源》,译林出版社,2015 年。

弗里德里希·迈内克:《马基雅维里主义》,商务印书馆,2008 年。

威尔·杜兰:《世界文明史　理性开始时代》,东方出版社,1998 年。

威尔·杜兰:《世界文明史　卢梭与大革命》,东方出版社,1998 年。

凯利:《多面的历史:从希罗多德到赫尔德的历史》,生活·读书·新知三联书店,2003 年。

阿克顿:《法国大革命讲稿》,商务印书馆,2013 年。

施特劳斯:《霍布斯的政治哲学》,申彤译,译林出版社,2001 年。

施特劳斯:《自然权利与历史》,生活·读书·新知三联书店,2003 年。

施特劳斯:《关于马基雅维里的思考》,译林出版社,2003 年。

施特劳斯等编:《政治哲学史》,法律出版社,2010 年。

施特劳斯:《古典理性主义的重生》,郭振华等译,华夏出版社,2011 年。

沃格林:《没有约束的现代性》,华东师范大学出版社,2007 年。

亨廷顿:《变化社会中的政治秩序》,生活·读书·新知三联书店,1989 年。

亨廷顿:《文明的冲突与世界秩序的重建》,新华出版社,1998 年。

拉塞尔·柯克:《美国秩序的根基》,张大军译,江苏凤凰文艺出版社,2018 年。

萨拜因:《政治学说史》(下卷,第四版),邓正来译,上海人民出版社,2009 年。

萨拜因:《政治学说史》(上下册),商务印书馆,1986 年。

阿伦特:《过去与未来之间》,译林出版社,2011 年。

阿伦特:《论革命》,译林出版社,2011 年。

斯金纳:《霍布斯与共和主义自由》,上海三联书店,2011 年。

斯金纳:《马基雅维里》,译林出版社,2014 年。

斯金纳:《近代政治思想的基础》(上下卷),奚瑞森、亚方译,商务印书馆,2002 年。

麦金泰尔:《谁之正义? 何种合理性?》,当代中国出版社,1996 年。

理查德·内德·勒博:《政治的悲剧观:道德、利益与秩序》,陈锴译,上海人民出版社,2023 年。

汉斯·格奥尔格·穆勒:《道德愚人:置身道德高地之外》,刘增光译,东方出版中心,2023 年。

莱纳·福斯特:《正义的语境:超越自由主义与社群主义的政治哲学》,张义修译,上海人民出版社,2023 年。

格瑞斯沃德:《让-雅克·卢梭与亚当·斯密》,康子兴译,生活·读书·新知三联书店,2023 年。

霍华德·沃伦德:《霍布斯的政治哲学》,唐学亮译,华东师范大学出版社,2022 年。

欧文·白璧德:《卢梭与浪漫主义》,商务印书馆,2015 年。

皮尔逊:《尼采反卢梭》,华夏出版社,2005 年。

马尔蒂尼:《霍布斯》,华夏出版社,2015 年。

阿兰·瑞安:《论政治　从霍布斯至今》(下卷),林华译,中信出版社,2016 年。

马歇尔·米斯纳:《霍布斯》,中华书局,2003 年。

布鲁姆:《巨人与侏儒》,华夏出版社,2003 年。

恩斯特·卡西勒:《卢梭问题》,译林出版社,2009 年。

恩斯特·卡西尔:《卢梭·康德·歌德》,生活·读书·新知三联书店,1992 年。

阿马蒂亚·森:《以自由看待发展》,中国人民大学出版社,2002 年。

莱斯诺夫:《二十世纪的政治哲学家》,商务印书馆,2001 年。

尼布尔:《道德的人与不道德的社会》,贵州人民出版社,1998 年。

金里卡:《当代政治哲学》,上海三联书店,2004 年。

波普:《开放的社会及其敌人》,中国社会科学出版社,1999 年。

波普尔:《历史决定论的贫困》,杜如楫等译,上海人民出版社,2009 年。

柯林武德:《自然的观念》,吴国胜等译,华夏出版社,1999 年。

阿尔都塞:《政治与历史》,西北大学出版社,2018 年。

奥克肖特:《政治中的理性主义》,上海译文出版社,2004 年。

卡洛·安东尼:《历史主义》,黄艳红译,上海人民出版社,2010 年。

诺夫乔伊:《存在巨链》,江西教育出版社,2002 年。

丹尼斯·朗:《权力论》,中国社会科学出版社,2001 年。

弗雷泽:《同情的启蒙 18 世纪与当代正义道德情感》,译林出版社,2016 年。

克劳斯:《公民的激情　道德情感与民主商议》,译林出版社,2015 年。

克劳斯:《自由主义与荣誉》,译林出版社,2015 年。

索雷尔:《进步的幻象》,吕文江译,上海人民出版社,2003 年。

曼斯菲尔德:《驯化君主》,译林出版社,2005 年。

波考克:《马基雅维里时刻》,译林出版社,2013 年。

麦克高希:《世界文明史》,华夏出版社,2003 年。

马斯洛:《自我实现的人》,生活·读书·新知三联书店,1987 年。

布鲁姆:《巨人与侏儒》,华夏出版社,2003 年。

贝尔:《社群主义及其批评者》,三联书店,2002 年。

斯蒂文·卢克斯:《个人主义》,江苏人民出版社,2001 年。

马赫:《感觉的分析》,商务印书馆,1997 年。

汤普森:《英国工人阶级的形成》(上下),译林出版社,2013 年。

安东尼·阿巴拉斯特:《西方自由主义的兴衰》,吉林人民出版社,2004 年。

刘小枫主编:《城邦与自然》,郭振华等译,华夏出版社,2010 年。

徐大同总主编:《西方政治思想史》(1—5 卷),天津人民出版社,2005 年。

段德敏,《现代民主的马基雅维里时刻》,南京大学出版社,2023 年。

梁漱溟:《人心与人生》(第 2 版),上海人民出版社,2011 年。

费孝通:《中华文化在新世纪面临的挑战》,《炎黄春秋》,1998 年第3 期。

顾准:《顾准文集》,贵州人民出版社,1994 年。

韩水法:《正义视野》,商务印书馆,2009 年。

唐士其:《理性主义的政治学:流变、困境与超越》,北京大学出版社,2021 年。

宋惠昌:《权力的哲学》,中共中央党校出版社,2014 年。

刘时工:《爱与正义》,中国社会科学出版社,2004 年。

赵汀阳等:《学问中国》,江西教育出版社,1998 年。

赵汀阳:《论可能生活》,生活·读书·新知三联书店,1994 年。

慈继伟:《正义的两面》,生活·读书·新知三联书店,2001 年。

黄进兴:《历史主义与历史理论》,陕西师范大学出版社,2002 年。

马德普:《普遍主义的贫困——自由主义政治哲学批判》,人民出版社,2005 年。

张桂林:《西方政治哲学》,中国政法大学出版社,1999 年。

齐延平:《自由大宪章研究》,中国政法大学出版社,2007 年。

陈学明等:《通向理解之路》,云南人民出版社,1998 年。

俞可平:《社群主义》,中国社会科学出版社,1998 年。

丛日云:《西方政治文化传统》,大连出版社,1996 年。

金林南:《西方政治认识论的演变》,上海人民出版社,2008 年。

何兆武:《中西文化交流史论》,湖北人民出版社,2007 年。

应奇,刘训练:《第三种自由》,江苏人民出版社,2006 年。

贺照田编:《西方现代性的曲折与展开》,吉林人民出版社,2002 年。

顾肃:《自由主义基本理念》,中央编译出版社,2003 年。

何信全:《哈耶克自由理论研究》,北京大学出版社,2004 年。

郭为桂:《大众民主:一种思想史的文本解读与逻辑重构》,武汉大学出版社,2008 年。

梁峰:《知识与自由——哈耶克政治哲学研究》,知识产权出版社,2007 年。

马永翔:《心智、知识与道德——哈耶克的道德哲学及其基础研究》,三联书店,2006 年。

姚中秋编:《自发秩序与理性》,浙江大学出版社,2008 年。

欧阳英:《走进西方政治哲学——历史、模式与结构》,中央编译出版社,2006 年。

刘玮:《马基雅维里与现代性:施特劳斯、政治现实主义与基督教》,华东师范大学出版社,2012 年。

陈晏清等:《政治哲学的当代复兴》,中国社会科学出版社,2011。

王军伟:《霍布斯政治思想研究》,人民出版社,2010 年。

朱学勤:《道德理想国的覆灭》,上海三联书店,2005 年。

唐土红:《和谐社会与权力道德生态》,社会科学文献出版社,2012 年。

张芝联编:《法国通史》,北京大学出版社,1989 年。

金观涛:《在历史的表象背后》,四川人民出版社,1983年。

金观涛:《兴盛与危机》,中文大学出版社,1992年。

金观涛:《探索现代社会的起源》,社会科学文献出版社,2010年。

王岩:《政治哲学:理性反思与现实实践》,世界知识出版社,2006年。

王利:《国家与正义:利维坦释义》,上海人民出版社,2007年。

李小兵:《当代西方政治哲学主流》,中共中央党校出版社,2001年。

张旭东:《全球化时代的文化认同》,北京大学出版社,2005年。

胡绳:《帝国主义与中国政治》,人民出版社,1996年第7版。

徐戬:《古今之争与文明自觉》,华东师范大学出版社,2010年。

李妍妍,《卢梭美学思想研究》,社会科学文献出版社,2015年。

林国华:《古典的"立法诗":政治的哲学主题研究》,华东师范大学出版社,2006年。

马晓星:《广义权力道德论》,华中科技大学,2017年。

吕鹏:《权力与道德——以制度伦理为视角的权力道德研究》,吉林大学,2014年。

孙英:《公共权力的道德制约研究》,辽宁大学,2012年。

唐土红:《道德视域下的权力研究》,中山大学,2007年。

汤云:《权力、道德与社会秩序》,四川大学学报(哲学社会科学版),2020年第2期。

吴增定:《权力的游戏——马基雅维里与斯宾诺莎的政治哲学比较》,同济大学学报(社会科学版),2020年第5期。

骆宣庆:《马基雅维里的新德性观》,南昌大学学报(人文社会科学版),2021年第1期。

刘嘉娴:《从马基雅维里到霍布斯:国家中的信仰维度》,社会科学动态,2023年第4期。

俞可平:《马基雅维里悖论解析》,北京大学学报(哲学社科版),2017年第6期。

何怀宏:《卢梭论文明与道德——重温〈论科学与艺术〉》,道德与文明,2020年第1期。

崇明:《卢梭思想中的世界主义和普遍意志》,中国人民大学学报,2011年第4期。

王幸华:《卢梭、罗尔斯和努斯鲍姆:道德心理学的演变》,哲学动态,2019 年第 12 期。

佟德志:《卢梭命题与西方宪政民主理论的逻辑困境》,政治学研究,2005 年第 2 期。

黄裕生:《论意志与法则——卢梭与康德再道德领域的突破》,哲学研究,2018 年第 8 期。

林壮青:《卢梭公意的界定》,兰州学刊,2007 年第 12 期。

陈江进:《重思霍布斯的政治哲学与宗教的关系》,武汉大学学报(哲学社会科学版),2023 年第 1 期。

霍华德·沃伦德:《霍布斯的道德观》,陈江进译,伦理学术,2022 年第 1 期。

汤姆·索雷尔:《霍布斯的道德哲学》,文雅译,伦理学术,2022 年第 1 期。

王博:《霍布斯自然法的明智解释与道德解释之辩》,伦理学术,2022 年第 1 期。

陈建洪、刘燕妮:《论霍布斯代表概念的双重面向》,江海学刊,2022 年第 5 期。

郭为桂:《秩序的解体与重构:霍布斯"绝对主权"思想评析》,东南学术,2004 年第 1 期。

周濂:《哈耶克与罗尔斯论社会正义》,哲学研究,2014 年第 10 期。

马郑刚:《论权力文明》,理论前沿,2005 年第 11 期。

唐土红:《权力之善何以可能——权力与道德关系之镜像探析》,理论与改革,2011 年第 5 期。

姚云帆:《主权权力的悬置和复归》,世界哲学,2015 年第 5 期。

杨春学:《从无知到自由的逻辑:对哈耶克式自由主义的理解》,中国社会科学季刊(香港)1998 年夏季卷。

丛日云:《精英民主、大众民主到民粹化民主——论西方民主的民粹化趋向》,探索与争鸣,2017 年第 9 期。

黎敏:《现代民主宪制理论的两种思想形态——以韦伯与施密特的差异为焦点》,比较法研究,2021 年第 3 期。

蔡英文等编:《自由主义》,台北:中央研究院中山人文社科学研究所专书,2001 年。

Thomas Hobbes, The Elements of Law, New York: Barnes

Noble, Inc., 1969.

Mads Qvortrup, The political philosophy of Jean-Jacques Rousseau, Manchester University Press, 2003.

Rosenblatt, H. & Schweigert, P.(Eds.), Thinking with Rousseau: From Machiavelli to Schmitt. Cambridge: Cambridge University Press, 2017.

Frederick G. Whelan, Hume and Machiavelli: Political Realism and Liberal Thought, Oxford: Lexington Books, 2004.

David Gauthier, Hobbes and Political Contractarianism: Selected Writings, ed. by Susan Dimock, Claire Finkelstein and Christopher W. Morris, Oxford: Oxford University Press, 2020.

Danielle Allen, Justice by Means of Democracy, The University of Chicago Press, 2023.

Frederick Neuhouser, Rousseau's Critique of Inequality: Reconstructing the Second Discourse, Cambridge: Cambridge University Press, 2014.

Riley P.(ed.), The Cambridge Companion to Rousseau, Cambridge: Cambridge University Press, (2001a).

G. A. J. Rogers and Alan Ryan(ed.), Perspectives on Thomas Hobbes, Oxford: Oxford University Press, 1988.

Roger D. Masters, Beyond Relativism: Science and Human Values, University Press of England, 1993.

Trachtenberg, Making Citizens, Rousseau's Political Theory of Culture, New York: Routledge, 1993.

Pateman C., Participation and Democratic Theory, Cambridge: Cambridge University Press, 1970.

Masters R., The Political Philosophy of Rousseau, Princeton: Princeton University Press, 1968.

Riker W., Liberalism against Populism. Prospect Heights, IL: Waveland Inc. Press.1982.

Matthew Fox, Cicero's Philosophy of History, Oxford University Press, 2007.

James Jay Hamilton, Hobbes's Study and the Hardwick Library,

Journal of the History of Philosophy, 16, 1978.

Hayek, Law, Legislation and Liberty: The Political Order of a People (III), The University of Chicago Press, 1979.

Hayek, The Constitution of Liberty, London: Rouledge, 1960.

Hayek, The Counter-Revollution of Science: Studies on the Abuse of Reason. Glencoe: The Free Press, 1952.

Blocker, H.G., and E.H. Smith, eds., John Rawls's Theory of Social Justice, Athens: Ohio University Press 1980.

Brooks, Thom, and Fabian Freyenhagen, eds., The Legacy of John Rawls (reprinted from Journal of Moral Philosophy), New York and London: Continuum 2005.

Eric Aarons, Hayek versus Maix: today's challenge. New York: Rouledge, 2009.

Wood, Hobbes and the Crisis of the English Aristocracy, History of Political Thought, 1, 1980.

Leo Strauss. Natural Right and Historical Approach. The Review of Politics. 1950, oct.

Hannah Arendt, Philosophy and Politics. Social Research, Vol71:No3: Fall 2004.

Richard Tuck, Philosophy and Government: 1572—1651, Cambridge University Press, 1993.

Vickie Sullivan, Machiavelli, Hobbes and the Formation of a Liberal Republicanism in England, Cambridge University Press, 2004.

Johann P. Sommerville, Thomas Hobbes: Political Ideas in Historical Context, New York: St. Martin's Press, 1992.

Norberto Bobbio, Thomas Hobbes and the Natural Law Tradition, trans. Daniela Gobetti, University of Chicago Press, 1993.

Quentin Skinner, Reason and Rhetoric in the Philosophy of Hobbes, Cambridge: Cambridge University Press, 1996.

Mary G. Dietz (ed.), Thomas Hobbes and Political Theory, Lawrence: University of Kansas Press, 1990.

Tom Sorell(ed.), the Cambridge Companion to Hobbes, Cambridge：Cambridge University Press，1996.

N. Fernon，Domesticating Passions. Rousseau，Women and Nation，London：Wesleyan University Press，1997.

Nancy Hirschman，Rousseau's Republican Romance，review article，Political Theory，vol. 30，2000.

Elisabeth Rose Wingrove，Rousseau's Republican Romance，Princeton：Princeton University Press，2000.

Rousseau，Jean-Jacques La Nouvelle Héloïse. University Park：The Pennsylvania State University Press. 1968.

Louis Manyeli，Niccolo Machiavelli and His Influence on Lesotho Political Rulers，Studies in Social Science Research. Volume 2，Issue 2. 2021.

Loiacono Alessia，Political subjects in Machiavelli：the people，the great，the civil prince，RASSEGNA DELLA LETTERATURA ITALIANA. Volume 124，Issue 1. 2020.

Nick Burns，The new Machiavellians，New Statesman，Volume 149，Issue 5517. 2020.

Juarez Garcia Mario I. and Schaefer Alexander，Exit & isolation：Rousseau's state of nature，Synthese. Volume 200，Issue 3. 2022.

Daly Eoin，Alchemising peoplehood：Rousseau's lawgiver as a model of constituent power，History of European Ideas. Volume 47，Issue 8. 2021.

Aleksandra Golubović，Rousseau's thoughts on philosophy of education and primarily on moral education，Acta Iadertina. Volume，Issue. 2017.

Zaffini Sarita，the Two Bodies of Hobbes and Rousseau，The European Legacy. Volume 27，Issue 6. 2022.

Vereb Zachary，The Unity of Hobbes's Philosophy：Science，Politics，and God? Philosophies. Volume 7，Issue 4. 2022.

McQueen Alison，Absolving God's Laws：Thomas Hobbes's Scriptural Strategies，Political Theory. Volume 50，Issue 5. 2022.

Walker Paul and Lovat Terence，The Moral Authority of Consensus，The Journal of medicine and philosophy. Volume 47，Issue 3. 2022.

　　Judith Shklar，Jean-Jacques Rouseseau and Equality，Daedalus，Summer，1978.

图书在版编目(CIP)数据

权力与道德视域下近现代西方社会政治秩序观念研究/
宋伟冰著.—上海:上海三联书店,2025.3
ISBN 978 - 7 - 5426 - 8457 - 8

Ⅰ.①权… Ⅱ.①宋… Ⅲ.①政治制度-研究-西方
国家-近现代 Ⅳ.①D521

中国国家版本馆 CIP 数据核字(2024)第 072494 号

权力与道德视域下近现代西方社会政治秩序观念研究

著　者 / 宋伟冰

责任编辑 / 殷亚平
装帧设计 / 徐　徐
监　制 / 姚　军
责任校对 / 王凌霄

出版发行 / 上海三联书店
　　　　(200041)中国上海市静安区威海路 755 号 30 楼
邮　箱 / sdxsanlian@sina.com
联系电话 / 编辑部:021 - 22895517
　　　　　发行部:021 - 22895559
印　刷 / 上海惠敦印务科技有限公司

版　次 / 2025 年 3 月第 1 版
印　次 / 2025 年 3 月第 1 次印刷
开　本 / 655mm×960mm　1/16
字　数 / 250 千字
印　张 / 18.25
书　号 / ISBN 978 - 7 - 5426 - 8457 - 8/D・632
定　价 / 88.00 元

敬启读者,如发现本书有印装质量问题,请与印刷厂联系 13917066329